MÉTHODE ÉLÉMENTAIRE

DE

MUSIQUE.

PREMIÈRE PARTIE.

MUSIQUE VOCALE.

La première édition de cet ouvrage a été autographiée à Paris, en 1838, sous le titre de *Méthode générale élémentaire de musique*, par madame Emile Chevé (Nanine Paris).

PREMIÈRE PARTIE : *Traité élémentaire complet de musique vocale.*

C'est qu'en effet, le travail de madame Chevé comprend trois parties distinctes : 1° *Méthode élémentaire de musique vocale*, c'est le livre que nous publions aujourd'hui ; 2° *Méthode élémentaire d'instrumentation*, contenant des exercices de doigté et de mesure POUR TOUS LES INSTRUMENTS ; 3° *Traité élémentaire d'Harmonie* ; ouvrage complétement original, qui rend l'étude de cette science accessible à toutes les intelligences. — Cet ouvrage est déjà à moitié imprimé.

MÉTHODE ÉLÉMENTAIRE

DE

MUSIQUE VOCALE

PAR

MME ÉMILE CHEVÉ (NANINE PARIS).

LA PARTIE THÉORIQUE DE CET OUVRAGE EST RÉDIGÉE

PAR

ÉMILE CHEVÉ, D. M. P.

CHEVALIER DE LA LÉGION-D'HONNEUR, ANCIEN CHIRURGIEN DE LA MARINE ROYALE, PROFESSEUR DE MATHÉMATIQUES, DE MÉDECINE ET D'ANATOMIE.

> Or, en toute autre étude, on a deux moyens de s'instruire : les maîtres et les livres ; mais en musique, c'est différent : on est dénué du second, et, pour ainsi dire, réduit au premier. Un traité élémentaire de musique, une simple exposition analytique des principes de cet art, qui soit puisée dans l'observation de la pure pratique, est un ouvrage encore à naître ; car je ne pense pas que l'on prenne pour des expositions analytiques nos solfèges, nos méthodes vocales et instrumentales, qui ne présentent rien à l'esprit que de la musique à lire. On ne les regarde sans doute que comme des collections de phrases ou de passages, d'exercices enfin, pour délier les doigts ou le gosier : J'ENTENDS PAR UNE EXPOSITION ANALYTIQUE, UN LIVRE TEL QU'UN HOMME DE SENS PUT Y APPRENDRE LA MUSIQUE TOUT SEUL, S'IL Y ÉTAIT CONDAMNÉ ; ET QUE, TOUS NOS MUSICIENS VENANT A SE PERDRE DANS UNE NUIT, LEUR ART NE FUT PAS NÉANMOINS PERDU POUR LE GENRE HUMAIN.
>
> GALIN. Exposition d'une nouvelle méthode pour l'enseignement de la musique. Paris, 1818.

DEUXIÈME ÉDITION.

PRIX : 7 fr. 50 CENT. | PAR LA POSTE 9 FR.

A PARIS,

CHEZ L'AUTEUR, RUE SAINT-ANDRÉ-DES-ARTS, N° 60.

NOVEMBRE 1844.

IMP. DE HAUQUELIN ET BAUTRUCHE, RUE DE LA HARPE, 90.

A la Mémoire

De mon Père André Paris,

Nanine Chevé.

POURQUOI LA MUSIQUE
EST SI PEU RÉPANDUE EN FRANCE.

> Un inventeur est obligé de contredire les erreurs dominantes ; un charlatan pour faire des dupes flagorne tous les sophistes; lequel des deux est digne de confiance?
> FOURIER. *Nouveau monde industriel.* 32.
>
> Ainsi, la France revendique après coup toutes les découvertes, même les minuties comme la soupe Rumfort; pourquoi donc est-elle si vandale envers les inventeurs qu'aucun d'eux ne peut, DE SON VIVANT trouver accès et examen méthodique !
> FOURIER. *Nouv. mond.* 555.
>
> Le dernier des crimes qu'on pardonne est celui d'annoncer des vérités nouvelles.
> THOMAS. *Éloge de Descartes.*
>
> Lorsqu'un trésor est apporté, hâtez-vous d'en jouir au lieu d'intenter des procès à celui qui l'a trouvé ; pourquoi le quereller sur les formes et le style? Qu'il s'exprime en patois, peu importe ; L'invention en a-t-elle moins de valeur ?. FOURIER. *Nouv. mond.* 32.

Pourquoi la musique est-elle si peu répandue en France? pourquoi si peu de personnes sont-elles musiciennes, c'est-à-dire sont-elles en état de lire et d'écrire correctement la musique, comme elles lisent et écrivent le français ?

Cela tient-il à ce que les Français sont inhabiles à apprendre la musique, à ce qu'ils ne sont pas nés musiciens, comme tant de gens le répètent à l'envi? Evidemment non : car la musique ne se compose que d'un petit nombre d'éléments qui se rencontrent à peu près dans le premier air venu, et il n'est presque personne qui ne sache chanter un ou plusieurs airs. Ce n'est donc ni la faculté d'intonation, ni la faculté de mesure qui manquent chez nous.

Le petit nombre des personnes sachant bien la musique tiendrait-il à ce que peu de gens s'adonnent à l'étude de cet art? Non encore : car chacun sait que, quoique l'enseignement de la musique ne soit pas à beaucoup près aussi répandu qu'il devrait l'être (1), cependant beaucoup de personnes commencent cette

---

(1) Est-il croyable qu'à l'époque où nous vivons, la musique n'ait pas encore droit de domicile dans toutes les grandes écoles du gouvernement, à Saint-Cyr, à l'école Navale, à l'école Polytechnique, et surtout à l'école Normale, appelée à former des professeurs pour toute la France?—Et cependant cette lacune s'explique facilement, quand on pense au temps énorme qu'il faut consacrer à l'étude de la musique, pour ne l'apprendre que médiocrement, et souvent même pas du tout.

étude ; mais, sur cent personnes qui l'entreprennent, plus des neuf dixièmes restent en chemin, rebutées par des difficultés infranchissables pour celles qui ne sont pas douées d'une organisation d'élite, d'une volonté que rien n'arrête, et qui n'ont pas quatre ou cinq ans à consacrer à une étude qui n'est encore que de luxe pour nous.

Le petit nombre des personnes sachant bien la musique tient-il enfin à ce que nous n'avons pas eu de bons musiciens? Non encore; car, malgré la mauvaise route suivie, nous n'avons pas manqué de grands musiciens : Gluck, Sacchini, Méhul, Mozart, etc., et, plus près de nous, Boïeldieu, Rossini, Weber, Meyerbeer, Auber, etc. ; et, comme exécutants, nos artistes célèbres, sont là pour prouver que les grands talents n'ont pas manqué en musique.

Comment se fait-il donc que ces grands musiciens n'aient pas su rendre praticable au vulgaire la route qu'ils ont si brillamment parcourue?

Hélas! c'est peut-être là qu'il faut aller chercher le *pourquoi* de notre ignorance en musique. Tous les hommes que je viens de citer, et tous ceux, bien plus nombreux, que je n'ai pu nommer, étaient *compositeurs*, étaient *artistes*, mais sans doute n'étaient pas *professeurs*. Forts et puissants d'organisation, ils n'ont pas vu tout ce qui arrête les organisations ordinaires; ou, si l'on veut, ils n'ont pas voulu se donner la peine de chercher un meilleur chemin, dont une magnifique organisation leur permettait, à la rigueur, de se passer. Peut-être, enfin, quelques-uns n'ont-ils pas été fâchés de laisser entre eux et la masse une barrière infranchissable (1).

Peut-être aussi le défaut d'une théorie claire et précise, qui dominât toute la pratique en l'éclairant, n'a-t-il pas permis la découverte de la méthode pratique.

Quoi qu'il en soit, on n'arrive pas à apprendre la musique aux masses (2), c'est un fait ; et ce fait tient à ce que les moyens employés sont insuffisants et, partant, incapables de conduire au but qu'on se propose d'atteindre. En un mot, l'*écriture musicale est mauvaise;* et, de plus, on manque de méthode, et par méthode nous entendons ici, non pas *le moyen qui permet à dix individus sur cent d'arriver*, mais *celui qui conduit forcément au but quatre-vingt-dix sur cent.* La méthode doit être faite pour les organisations ordinaires, et non pour les organisations d'élite, qui arrivent quand même.

---

(1) Il m'a été répondu par un artiste qu'il n'y aurait plus grand mérite à être musicien, si chacun pouvait le devenir sans trop de peine ni de temps. — Je n'ai pas trouvé de réponse à cet argument.

(2) Par apprendre la musique aux masses, j'entends apprendre la musique à une réunion de personnes de bonne volonté et prises au hasard; et de manière que les $^{9}/_{10}$ puissent, dans un temps raisonnable et sans un travail exorbitant, parvenir à posséder l'intonation et la mesure; en un mot, la lecture et l'écriture musicale, au point de ne les jamais oublier, pas plus qu'on n'oublie la lecture et l'écriture de sa propre langue.

Rendons cette idée palpable par une comparaison : qu'il s'agisse, par exemple, d'escalader une montagne escarpée. Que dirait-on à Auriol, ou à tout autre individu agile et fort comme lui, si, après en avoir atteint le sommet au moyen des accidents de terrain, de quelques crochets et de quelques cordes, il prétendait avoir tracé la route qui conduit sur le sommet de la montagne ; l'avoir ouverte à tous ; affirmant, d'ailleurs, avec aplomb, que tout individu qui ne pourra pas grimper par le même chemin, et à l'aide des mêmes moyens, n'est qu'un être mal organisé, disgracié, et condamné par la nature à ne jamais pouvoir atteindre le sommet de la montagne.

On serait en droit de lui dire : Vous avez suivi une route qui n'est accessible qu'aux hommes de votre trempe ; il est évident que vos moyens ne sont nullement calculés sur les forces physiques du plus grand nombre : peu de gens sont capables, comme vous, d'escalader un rocher, de se hisser au moyen d'une corde ou d'une perche ; et vraiment il n'y a pas bonne logique de votre part à nous traiter de culs-de-jatte et de manchots, parce que nous ne pouvons, ou que nous n'osons pas vous suivre.

Mais faites nous construire une bonne échelle, et mieux encore un bon escalier, dont les marches soient calculées sur les mouvements de nos jambes ; ajoutez-y, de distance en distance, des paliers où nous puissions nous reposer quand nous sommes essoufflés ; et vous verrez si nous sommes des êtres disgraciés et condamnés à ne jamais voir le sommet de la montagne : nous y monterons alors très-facilement ; et peut-être plus vite que vous, si vous continuez à monter par votre ancienne route. La jouissance de la belle vue que donne le sommet de la montagne ne sera plus le privilége des organisations d'élite ; petits et grands, jeunes et vieux, pourront monter ; et, un peu plus tôt, un peu plus tard, chacun est sûr d'arriver au but : les véritables culs-de-jatte sont cette fois seuls exceptés ; mais ils sont si peu nombreux !

Eh bien ! la montagne à escalader, c'est la musique à apprendre ; les Auriols, sont les belles organisations musicales qui grimpent le long des rochers, qui escaladent la montagne, qui l'emportent, pour ainsi dire, d'assaut ; mais qui sont complétement inhabiles à faire monter la foule après eux. Les cordes, les crochets, les accidents de terrain, sont les prétendues méthodes, bonnes tout au plus pour les forts, qu'elles n'empêchent pas de monter ; mais mauvaises pour les faibles, qu'elles arrêtent complétement ; et jugées, à tout jamais, par leur impuissance. L'escalier, c'est la méthode rationnelle, la méthode calculée sur l'organisation humaine, et appropriée, non plus à la force des hercules, mais à la faiblesse des enfants. Les culs-de-jatte sont les individus, très-peu nombreux d'ailleurs, qui sont complétement privés de la faculté de produire un son, de mesurer un intervalle ou de marquer une durée. Et encore, peut être ne sont-ils arrivés à cet état qu'en laissant atrophier pendant trente ans les organes chargés de ces fonctions : comme un enfant qu'on tiendrait couché jusqu'à vingt ans, verrait ses muscles s'atrophier, devenir fibreux, et ne pourrait plus à cet âge apprendre à marcher. Est-ce à dire qu'il soit né cul-de-jatte? Non; c'est vous qui l'avez rendu tel par une éducation imbécille. Vous n'avez pas exercé les organes que Dieu a mis en vous; il vous en punit, en vous en retirant à tout jamais l'usage.

Mais, me dira-t-on, comment pouvez-vous affirmer que les anciens solféges ne sont pas des méthodes dans le sens que vous attachez à ce mot? Parce qu'aucun d'eux n'a encore pu résoudre le problème que voici : « Prendre au hasard cent personnes de bonne volonté; et, dans un temps donné, les conduire toutes, ou à peu près, à être musiciennes. » Or, ce problème n'ayant pas été résolu par les solféges, on est en droit de les accuser d'impuissance, et de chercher une autre route, une méthode meilleure.

Et comment reconnaître au milieu des méthodes, prétendues rationnelles, celle qui est vraiment l'escalier en question, si toutefois cette méthode existe? En s'assurant, **EXPÉRIMENTALEMENT** (1), s'il y en a une qui puisse résoudre le problème dont je viens de parler. Tant que ce problème n'aura pas été résolu, il n'y aura pas de méthode réelle.

Mais avant de nous occuper des méthodes nouvelles, jetons un coup-d'œil sur les solféges, et tâchons de découvrir la cause ou les causes de cette impuissance radicale dont ils sont frappés pour l'enseignement scientifique de la musique aux masses : rien ne me paraît plus facile.

En effet, toute personne qui s'est occupée sérieusement d'enseignement, et qui a les plus simples notions du mécanisme de l'intelligence humaine, doit admettre, comme incontestables, les propositions suivantes :

1° Toute idée doit être représentée à l'esprit de l'élève par un signe clair et précis;

2° La même idée doit toujours être représentée par le même signe;

3° Le même signe ne doit représenter que la même idée;

4° Un livre élémentaire, une méthode, ne doit jamais présenter à l'esprit deux difficultés à la fois;

5° Il ne faut s'adresser à la mémoire que quand le raisonnement est impos-

---

(1) J'entends s'écrier : « Mais cette expérience a été faite, et se répète tous les jours dans nos écoles. » — Non, cela n'est pas. Savoir la musique, ce n'est pas *chanter ensemble des morceaux que l'on sait par cœur et que l'on est censé lire*; savoir la musique, c'est *chanter à première vue un morceau d'ensemble que l'on n'a jamais lu ni entendu; c'est écrire, sous la dictée d'une voix qui vocalise, un air qui vous est inconnu.* —Or, c'est ce qu'AUCUNE MASSE EN FRANCE N'A ENCORE FAIT, en dehors de l'école de Galin.

; c'est-à-dire que, s'il y a science, il faut déduire les faits particuliers des lois générales dont ils dépendent; si, au contraire, il n'y a pas science, s'il n'y a que collection de faits sans liens, sans lois, on les apprend par cœur;

6° Enfin, la méthode doit être un ensemble de moyens calculés pour que les organisations ordinaires puissent parvenir au but qu'on se propose de leur faire atteindre.

Voyons si les anciennes méthodes de musique remplissent les six conditions que je viens d'indiquer, et dont ne peut se passer un enseignement rationnel et consciencieux; en un mot, scientifique.

1° Dans les solféges, chaque idée est-elle représentée par un signe clair et précis?

Non; l'intonation est représentée par des points posés sur des lignes noires ou entre ces lignes noires; le nom est donné à chacun de ces points par une clé, qui dénomme un barreau, mais cette clé peut changer de place, de sorte que le même point, placé sur la même ligne, peut porter successivement les sept noms ut, ré, mi, fa, sol, la, si. Aussi, quel désespoir pour un grand nombre de musiciens, quand, habitués à lire sur une clé, on leur en présente une autre.

De plus, ces mêmes points peuvent représenter un son bécarre, un son dièse, ou un son bémol; ils peuvent remplir dans la gamme le rôle de tonique, de médiante, de sensible, etc. Ces signes d'intonation ne sont donc ni clairs ni précis.

Quant aux signes de durée, ils sont encore plus embrouillés. Rien d'obscur comme ces signes de valeurs qui offrent quelquefois une telle complication, une si grande confusion d'entiers et de fractions de toutes espèces cousus ensemble, que l'on admire vraiment le talent du petit nombre de ceux qui arrivent à les débrouiller facilement et exactement. Il y a telles pages de musique qui ne sont guère plus claires pour le commun des martyrs que les hiéroglyphes de l'obélisque.

2° La même idée doit toujours être représentée par le même signe; cette condition est-elle remplie par les solféges?

Pas davantage; pour l'intonation, *un même son* peut être représenté par chacun des barreaux ou des interlignes de la portée musicale.

Pour la mesure, le mal est encore plus grand; l'unité de temps est représentée par la *blanche* dans le 2 temps, le $\frac{4}{2}$ et le $\frac{3}{2}$; par la *noire*, dans le 2/4, le 3/4 et le 4; par la *noire pointée*, dans le 6/8, le 9/8 et le 12/8; par la *croche*, dans le 3/8; etc. Cela est incroyable.

Les trois seules mesures qui existent, 2 temps, 3 temps et 4 temps; mesures que les subdivisions binaire et ternaire portent à 6 formes principales, sont exprimées par tous ces nombres : 2 temps, 4 temps, 2/4, 3/4, 3/8, 6/8, 6/2, 9/4, 3/8,

$^6/_4$, $^9/_8$, $^{12}/_8$, etc ; et autres formes fractionnaires plus inintelligibles les unes que les autres, et dont telles personnes, s'occupant depuis longtemps de musique, ne sont jamais parvenues à embrasser l'ensemble.

La mesure à deux temps, division binaire, est représentée par les mots 2 temps, $^2/_4$; le 2 temps, division ternaire, par les mots $^6/_8$, $^6/_4$; le 3 temps, division binaire, par les expressions 3 temps, $^3/_4$, $^3/_8$, etc.

3° Le même signe ne représente-t-il que la même idée?

Le premier barreau venu peut, selon la clé, représenter l'une quelconque des sept notes, soit bécarre, soit dièse, soit bémol. Le bécarre après un bémol signifie montez ; après un dièse, il signifie descendez ; après un double dièse, le dièse, signe d'élévation, veut dire descendez ; après le double bémol, le bémol, signe d'abaissement, veut dire montez.

Pour les durées, la blanche vaut 1 *temps* dans les mesures 2 temps, $\frac{2}{2}$, $\frac{4}{8}$; elle vaut 2 *temps* dans les mesures $\frac{4}{4}$, $^3/_4$, 4 temps. La noire vaut une *demi-unité* dans les mesures 2 temps, $^2/_2$, $\frac{4}{8}$; elle vaut 2 *tiers* dans le $^6/_4$, le $^9/_4$, le $^{12}/_4$; elle vaut une *unité* dans le $^2/_4$, le $^3/_4$ et le 4 temps, elle vaut 2 *unités* dans le $^3/_8$. La croche peut, de même, signifier successivement $^1/_4$, $^1/_3$, $^1/_2$, etc., et ainsi du reste.

Le point de prolongation peut signifier toute espèce de fraction. Il existe sept signes de silence, quand il n'en faut qu'un : c'est à n'y rien comprendre.

Et comme pour combler la mesure, et rendre la musique inabordable au plus grand nombre, combien de musiciens semblent prendre plaisir à grouper ces mauvais signes de manière à les rendre encore plus incompréhensibles : c'est désolant.

Et cependant, il s'est trouvé des hommes haut placés en musique, qui se sont déclarés satisfaits des signes de la notation musicale. M. Fétis, en 1830, dans son livre intitulé LA MUSIQUE MISE A LA PORTÉE DE TOUT LE MONDE, écrivait, page 13, les lignes suivantes que je copie textuellement : « Les signes dont se servent les Européens modernes, après avoir subi une foule de modifications successives, SONT ARRIVÉS A UN DEGRÉ DE PERFECTION RELATIVE, et, malgré leur apparente complication, sont peut-être les **PLUS SIMPLES** qu'on puisse imaginer. » J'ai la confiance que les pages qui précèdent cette citation me dispensent de relever ce qu'elle a d'aventuré.

Résumons-nous, et disons : Que l'écriture actuelle de la musique est essentiellement défectueuse, puisque les idées sont à chaque instant cachées sous de mauvais signes que peut déchiffrer (1) un maître, mais qu'un élève ne devine

---

(1) Déchiffrer ! ce mot exprime bien la clarté des signes musicaux ; on ne dit pas lire la musique, on dit : déchiffrer la musique ; et on a bien raison.

pas ; que cette imperfection de l'écriture musicale a dû avoir une influence immense et des plus fâcheuses sur l'enseignement, et contribuer considérablement à la difficile propagation de la musique. C'est ainsi que les mathématiques sont restées dans les langes tant qu'elles n'ont employé que les chiffres romains, et qu'on les a vu se développer et atteindre la haute position qu'elles occupent de nos jours, quand elles ont eu des signes rationnels et précis pour représenter leurs idées.

Abordons maintenant les trois autres propositions.

4° On ne doit jamais présenter à l'esprit deux difficultés à la fois. — Or, la première chose que l'on montre à un débutant en musique, c'est une portée, avec une clé, et des points, noirs ou blancs, qu'on lui dit représenter des sons, et de plus, des sons dont la durée est limitée, mesurée ; c'est-à-dire, qu'on lui donne à faire trois opérations intellectuelles à la fois : trouver le nom de la note, lui appliquer le son qui lui convient, enfin donner à ce son une durée déterminée. Et encore ces trois idées sont-elles cachées sous les signes défectueux que nous avons critiqués plus haut. Voilà donc encore un vice capital ; je dis capital, car combien de personnes ont été rebutées par ces premières difficultés, et ont abandonné l'étude dès le début.

5° Rendre compte des faits, enseigner la science.

Eh bien ! ici encore, tout est déplorable dans les solféges. Quoi de plus éloigné d'un raisonnement que le pauvre catéchisme musical que l'on trouve en tête de tous les solféges, depuis le premier jusqu'au dernier. Aussi, combien est petit le nombre des élèves de solféges, qui comprennent bien la théorie si claire et si précise de la musique. C'est dans l'harmonie surtout que cette absence complète de théorie a produit les plus déplorables effets : elle a rendu cette science à peu près inintelligible pour les plus savants.

Demandez à la plupart des musiciens pourquoi l'on a introduit des dièses et des bémols dans les gammes ? Demandez-leur ce que c'est qu'un dièse, ce que c'est qu'un bémol ? demandez-leur pourquoi l'on rencontre 5 dièses dans le ton de Si Majeur ? pourquoi l'on est en Si Majeur avec 5 dièses ? etc. Il en est peu qui vous répondront ; mais ne les accusez pas ; les maîtres et les livres ne leur ont jamais rien dit là-dessus.

Demandez-leur encore pourquoi ils estropient la gamme mineure, en lui retirant sa modale supérieure en montant, et en ne lui donnant point de sensible en descendant ; demandez-leur pourquoi ce n'est pas l'inverse qu'ils font ; pourquoi ils ne montent pas la gamme mineure comme ils la descendent ; et pourquoi ils ne la descendent pas comme ils la montent ? Toutes ces questions sont lettres closes pour le plus grand nombre.

Et qu'on ne s'y trompe pas, la connaissance de la théorie musicale n'est pas une simple affaire de curiosité, de luxe, comme le disent beaucoup de gens, qui en sont encore à se demander ce que l'on entend par la *Théorie de la Musique*. C'est l'absence de théorie qui a conduit à enseigner l'intonation par cette *immense absurdité du ton absolu*. Tout le reste eût été parfait dans les solféges, que l'enseignement par le ton absolu était plus que suffisant, *à lui seul*, pour rendre l'intonation à peu près inapprenable. Qui s'est jamais mis dans l'idée d'enseigner la *température absolue*, la *pesanteur absolue*, l'*odeur absolue*, la *saveur absolue*, la *couleur absolue?* Le professeur, n'ayant pas démontré l'identité de toutes les gammes majeures, non plus que celle de toutes les gammes mineures, se croit obligé de les faire apprendre toutes, ou à peu près, et jette ainsi ses élèves dans un dédale inextricable, d'où le plus grand nombre ne peut sortir. Quant à ceux qui parviennent à franchir ces difficultés, ce n'est pas par les sons absolus qu'ils y arrivent, mais en attachant aux sons qu'ils chantent des idées de propriété. Rien n'est plus facile à démontrer.

6° Enfin, avoir une méthode calculée pour les intelligences ordinaires.

Hélas! que tous les professeurs de solféges mettent la main sur la conscience et qu'ils répondent à cette simple question : « Si l'on vous donnait cent per-« sonnes de bonne volonté, prises au hasard et n'ayant aucune notion de musi-« que, combien vos méthodes produiraient-elles de lecteurs au bout d'un « an, à une heure de travail par jour ? »

Je me trompe fort, ou tous répondront : *Pas beaucoup*.

Et si vous disiez d'en conduire quatre-vingt dix sur cent à lire correctement la musique et à l'écrire de même sous la dictée d'un instrument qu'on ne voit pas, ou d'une voix qui vocalise, tous se récrieraient que la chose est impossible. Ceci est connu de tout le monde. Aussi regarde-t-on comme bien plus difficile de faire comprendre la musique que les mathématiques. — Est-ce à dire que la musique soit plus difficile que les mathématiques? Non sans doute; mais les mathématiques emploient des signes rationnels et raisonnent toujours : La musique fait tout le contraire.

De tout ce qui précède, je crois pouvoir conclure QU'ON MANQUE DE MOYENS CONVENABLES POUR ENSEIGNER LA MUSIQUE AUX MASSES, et que les solféges ne sont point des méthodes rationnelles. « Ce sont de simples recueils qui ne présentent que de la musique à lire. » (GALIN.)

Je dirai donc aux solféges :

Avouez votre impuissance en fait d'enseignement musical; et, encore une fois, ne vous vantez pas d'avoir produit tous nos grands compositeurs et tous nos grands artistes. Non! vous ne les avez pas produits; ils sont arrivés malgré vos mauvais moyens d'enseignement : ils ont escaladé la montagne. Mais la masse qui n'a ni leur génie, ni leur force, ni leur persévérance, est à jamais condamnée à se morfondre au pied, après avoir dépensé inutilement son temps et son argent. Aussi combien de pères de famille, effrayés par la perspective de plusieurs années d'un travail si rebutant, n'osent pas faire entreprendre à leurs enfants une étude presque toujours sans résultats.

Si je ne me trompe, les considérations qui précèdent (quelque incomplètes qu'elles soient) sont plus que suffisantes pour expliquer l'insuccès des solféges et de leurs maladroites copies.

Je me résume en deux mots, et je dis : Les anciennes méthodes (1) de musique, ne remplissant aucune des six conditions que chacun doit reconnaître indispensables dans un bon livre élémentaire, *sont mauvaises, très-mauvaises*. Elles n'ont donc pas le droit d'accuser le génie français d'être peu musicien. Si elles n'ont pu parvenir à vulgariser la musique en France, la faute retombe sur elles seules : qu'elles aient donc une bonne fois la force et la franchise de l'avouer. A ce prix, le génie musical de la France, muselé par elles si longtemps, leur pardonnera; et, pour toute pénitence, les relèguera sur les rayons des bibliothèques publiques, au milieu de tant d'autres collections de momies qu'elles ne dépareront certes pas.

En écrivant les lignes qu'on vient de lire, j'ai senti tout ce que le lecteur a le droit d'exiger de nous; et combien il peut se montrer sévère à notre égard. Aussi, n'est-ce qu'après avoir *souvent, très-souvent, expérimenté les moyens que nous employons, et en avoir toujours obtenu les mêmes résultats;* ce n'est qu'après avoir recueilli les suffrages unanimes d'un grand nombre d'hommes intelligents et instruits, que nous nous décidons à publier cette méthode élémentaire. Soumettons-la d'ailleurs à l'analyse que nous avons fait subir aux solféges, et voyons si elle répond aux six propositions indiquées plus haut; nous citerons ensuite les résultats authentiques qu'elle a produits.

1° Toute idée doit être représentée par un signe clair et précis;

2° La même idée doit toujours être representée par le même signe;

3° Le même signe ne doit représenter que la même idée.

J'embrasse à la fois les trois propositions relatives à l'écriture musicale.

Nous employons, pour représenter les idées d'intonation, les sept premiers chiffres proposés par J.-J. Rousseau, et si heureusement modifiés par Galin; pour les idées de durée, nous nous servons de l'admirable chronoinériste de Galin. Expliquons-nous plus clairement :

Pour l'intonation, il n'y avait à représenter que sept noms : *ut, ré, mi, fa, sol, la, si;* il suffisait donc de sept caractères, et les sept chiffres, 1, 2, 3, 4, 5, 6, 7, proposés par J.-J. Rousseau, atteignent parfaitement le but. Les voix humaines,

---

(1) Par le mot d'*anciennes méthodes*, je désigne *toutes les Méthodes qui débutent dans l'enseignement par l'emploi des* CARACTÈRES ORDINAIRES DE LA MUSIQUE. Nous venons de le voir, ces caractères masquent si souvent les idées qu'ils sont appelés à représenter, que toute la force intellectuelle est dépensée à les déchiffrer, et qu'il n'en reste plus pour trouver l'intonation et la durée.

de la plus grave à la plus aiguë, parcourent un ensemble d'environ trois octaves(1), représentées par trois séries successives des mots *ut*, *ré*, *mi*, *fa*, *sol*, *la*, *si*; trois séries des chiffres 1, 2, 3, 4, 5, 6, 7, représentent ces trois séries de mots. Mais il fallait que l'œil pût distinguer laquelle des trois séries indiquent les sept chiffres; pour cela, Galin met un point au-dessous des chiffres de la première série, *série grave*; il n'en met pas aux chiffres de la série du milieu, *série du medium*; il met un point au-dessus des chiffres de la troisième série, *série aiguë*.

Voici sa notation :

CHIFFRES POINTÉS EN DESSUS.	$\dot{1}\ \dot{2}\ \dot{3}\ \dot{4}\ \dot{5}\ \dot{6}\ \dot{7}$	SÉRIE DES SONS AIGUS.
CHIFFRES NON POINTÉS.	1 2 3 4 5 6 7	SÉRIE DES SONS DU MÉDIUM.
CHIFFRES POINTÉS EN DESSOUS.	$\underset{.}{1}\ \underset{.}{2}\ \underset{.}{3}\ \underset{.}{4}\ \underset{.}{5}\ \underset{.}{6}\ \underset{.}{7}$	SÉRIE DES SONS GRAVES.

Voici les vingt-et-un sons écrits sur la même ligne, du grave à l'aigu :

$\underset{.}{1}\ \underset{.}{2}\ \underset{.}{3}\ \underset{.}{4}\ \underset{.}{5}\ \underset{.}{6}\ \underset{.}{7}$	1 2 3 4 5 6 7	$\dot{1}\ \dot{2}\ \dot{3}\ \dot{4}\ \dot{5}\ \dot{6}\ \dot{7}$
OCTAVE GRAVE.	OCTAVE DU MÉDIUM.	OCTAVE AIGUË.

Or, rien de plus clair, de plus précis, que ces caractères, qui doivent leur nom à leur *forme absolue*, et non pas, comme les notes de la portée, au barreau, *toujours variable*, sur lequel elles sont écrites. Aussitôt que l'œil voit 1, 2, 3, 4, 5, 6, 7, c'est comme s'il lisait : *ut*, *ré*, *mi*, *fa*, *sol*, *la*, *si*. Pour lui, jamais d'hésitation possible : Si un chiffre est pointé en dessous, il reconnaît l'octave grave; s'il est pointé en dessus, l'octave aiguë; enfin s'il n'est pas pointé, l'octave du medium. Ceci est irréprochable : aussi, dès la troisième leçon, l'esprit ne balance jamais sur la signification du signe.

Les notes peuvent être naturelles, diésées ou bémolisées. Dans le premier cas, quand les notes sont *naturelles*, on les représente par les sept chiffres, purement et simplement, 1, 2, 3, 4, 5, 6, 7; dans le second cas, pour les *sons diésés*, on marque les chiffres d'un *accent aigu*, $\acute{1}$, $\acute{2}$, $\acute{3}$, $\acute{4}$, $\acute{5}$, $\acute{6}$, $\acute{7}$;

---

(1) Cette notation par les chiffres ne s'applique ici qu'à la musique vocale; dans la méthode instrumentale que nous publierons incessamment, nous aborderons la notation pour les instruments.

dans le troisième, pour les *sons bémolisés*, on marque ces mêmes chiffres d'un *accent grave*, 1̀, 2̀, 3̀, 4̀, 5̀, 6̀, 7̀;

En résumé, toutes les idées d'intonation et de silence sont représentées par les sept premiers chiffres et le zéro. Les octaves sont différenciées par les points au-dessus ou au-dessous des chiffres; les dièses et les bémols sont caractérisés par l'accent aigu et par l'accent grave, appliqués sur le chiffre même. *Il en résulte qu'un signe donné représente toujours la même idée, ne peut représenter qu'elle, et rappelle toujours à l'esprit, clairement et nettement, l'idée qu'il exprime.* En un mot, la même idée est toujours représentée par le même signe, le même signe représente la même idée.

Etudions maintenant les signes de durée; comme je l'ai déjà dit, ici le travail tout entier appartient à Galin.

En mesure, trois idées principales se présentent; il faut exprimer : 1° un son articulé, 2° un son prolongé, 3° un silence. Galin adopte trois signes : le *chiffre* pour le *son articulé*, le *point* pour la *prolongation*, le *zéro* pour le *silence*. Les trois idées à rendre ont donc chacune son signe particulier, parfaitement distinct des deux autres.

Ces trois caractères, *chiffre*, *point*, *zéro*, peuvent être appelés à exprimer des durées très-différentes; ainsi, l'on peut avoir à représenter l'*unité de durée*, la *demi-unité*, le *tiers*, le *quart*, etc. Voici le système de signes créé par Galin pour atteindre ce but.

Notre oreille ne peut *apprécier rigoureusement* que la *division binaire* et la *division ternaire* du temps. Quand le fractionnement est poussé plus loin, l'oreille établit d'abord la division binaire ou la ternaire, puis elle fait subir la même subdivision aux moitiés et aux tiers, et ainsi de suite.

Galin avait d'abord à exprimer l'entier, il a dit : Tout signe ISOLÉ représentera l'UNITÉ de temps, qu'il soit signe d'articulation, de prolongation ou de silence. Ainsi, un chiffre seul vaut une unité articulée; un point seul vaut une unité de prolongation; un zéro seul vaut une unité de silence.

EXEMPLE :	Unité articulée.	5
	Unité de prolongation.	•
	Unité de silence.	0

Pour les divisions de l'unité, Galin pose cette loi absolue : LES DIVERSES PARTIES DE L'UNITÉ SERONT TOUJOURS RÉUNIES EN UN SEUL GROUPE, SOUS UNE BARRE PRINCIPALE, ET UN GROUPE QUELCONQUE CONTIENDRA TOUJOURS LES DIVERSES PARTIES DE L'UNITÉ : JAMAIS PLUS, JAMAIS MOINS.

Pour représenter les moitiés, Galin tire un trait horizontal qui recouvre deux signes; pour les tiers, le trait en recouvre trois.

Il écrit les moitiés de cette manière :	1 2	Pour les sons articulés.
	• •	Pour les sons prolongés.
	0 0	Pour les silences.
Il écrit les tiers de cette manière :	123	Pour les sons articulés.
	• • •	Pour les sons prolongés.
	000	Pour les silences.

Les moitiés et les tiers étant exprimés, il s'agit de marquer les moitiés et les tiers de moitié (quarts et sixièmes); les moitiés et les tiers de tiers (sixièmes et neuvièmes); et il s'agit de le faire de manière que l'œil puisse toujours reconnaître si la première division a été *binaire* ou *ternaire*, et si la seconde a également été *binaire* ou *ternaire*.

Galin les écrit ainsi :

Souche binaire : 1 2 / • • / 0 0	*Subdivision binaire.* — Moitiés divisées par deux. Quarts.	12 34	Pour les sons articulés.
		•• ••	Pour les sons prolongés.
		00 00	Pour les silences.
	Subdivision ternaire. — Moitiés divisées par trois. Sixièmes.	123 456	Pour les sons articulés.
		••• •••	Pour les sons prolongés.
		000 000	Pour les silences.
Souche ternaire : 1 2 3 / • • • / 0 0 0	*Subdivision binaire.* — Tiers divisés par deux. Sixièmes.	12 34 56	Pour les sons articulés.
		•• •• ••	Pour les sons prolongés.
		00 00 00	Pour les silences.
	Subdivision ternaire. — Tiers divisés par trois. Neuvièmes.	123 456 345	Pour les sons articulés.
		••• ••• •••	Pour les sons prolongés.
		000 000 000	Pour les silences.

Ici, toujours chaque groupe vaut une unité de temps, qu'il contienne des chiffres, des points ou des zéros. Les moitiés et les tiers sont indiqués à l'œil par une barre simple surmontant deux signes pour les moitiés, trois pour les tiers. Si les *moitiés* ou les *tiers* sont à leur tour subdivisés par deux, *deux* ou trois *petites barres*, placées sous la grande, *couvrent chacune deux signes* (chiffres, points, zéros) ; si ces *moitiés* ou ces *tiers* ont subi la subdivision par *trois*, *chaque petite barre couvre* trois signes (chiffres, points ou zéros).

Et ainsi du reste de la mesure, en faisant toujours subir aux fractions d'unité déjà obtenues les subdivisions *binaire* ou *ternaire*, les seules que l'oreille puisse apprécier; et en groupant toujours le résultat de la nouvelle subdivision sous un trait unique, placé lui-même sous le trait précédemment introduit (1).

Quoi de plus simple et de plus clair que cette écriture. Je le répète : tout signe isolé représente l'unité; tout groupe de même. Quand il y a groupe, chaque grande barre supérieure relie toutes les diverses fractions de l'unité; si la *division* est binaire, on voit au-dessous deux caractères; on en voit trois, si elle est ternaire. Quand la *subdivision* est binaire, on voit au-dessous de la grande barre deux petits traits marquant les moitiés, et couvrant chacun deux ou trois signes selon que les moitiés ont subi la division binaire ou ternaire. Quand la première division a été ternaire, la grande barre couvre trois petits traits, dont chacun surmonte à son tour deux ou trois signes selon que les tiers ont été divisés par deux ou par trois.

En un mot, l'esprit n'a jamais devant lui que l'unité, et il l'a toujours complète, intégrale ; il est immédiatement prévenu que la division est binaire ou ternaire, que la subdivision est également ou ternaire, ou binaire. Le signe est donc parfait, et satisfait pleinement aux conditions exigées.

En résumé, l'écriture de Galin est parfaite puisqu'elle rend clairement et nettement toutes les idées d'intonation et de durée; que chaque idée est représentée *toujours et partout* par un signe unique; et qu'un signe donné représente *toujours et partout* la même idée. La méthode de Galin n'eût-elle, sur **TOUTES LES AUTRES MÉTHODES**, que l'avantage d'une écriture irréprochable, qu'elle leur serait déjà, par cela seul, infiniment supérieure, puisqu'elle rend toutes les idées musicales accessibles à toutes les intelligences; ce qui est exactement le contraire des méthodes écrites en musique ordinaire.

Ici je dois, en passant, réfuter une objection très-spécieuse, mais en même temps très-absurde; la voici dans toute sa force : « Vous commencez à enseigner la musique au moyen de caractères autres que ceux qui ont cours dans les livres, et vous enseignez plus tard à lire ces anciens caractères que vous déclarez mauvais; autant valait alors commencer par les anciens caractères, puisque vous êtes obligés d'y venir : vous n'auriez pas dépensé votre temps à apprendre des caractères inutiles, qu'il vous faudra laisser de côté. »

Certes, cette objection paraît écrasante, et pourtant il n'en est rien. En effet,

---

(1) Voir le chronoméristе de Galin à la partie théorique, pages 258 et 261.

que désire celui qui étudie la musique? il désire connaître la musique, c'est-à-dire : 1° à l'inspection d'une page de musique, pouvoir chanter les sons avec leur durée; 2° à l'audition d'un air qui lui plaît, il désire pouvoir l'écrire sans l'intermédiaire d'un instrument; 3° à l'inspection d'une page de musique, il désire pouvoir en faire l'analyse, soit sous le point de vue de la mélodie, soit sous celui de l'harmonie.

Or, il est démontré que par l'emploi des caractères actuels de la musique, très-peu de personnes arrivent aux trois résultats que je viens d'indiquer; et l'une des principales causes de ce défaut de réussite, c'est que les idées sont tellement cachées sous les signes, qu'on a une peine extrême à les y découvrir : ceci est surtout vrai pour la théorie; que, si au contraire, on emploie les caractères nouveaux, qui sont parfaitement bons, et dont on se rend maître en un instant, on arrive à connaître très-vite toutes les idées d'intonation, de rhythme et de théorie, puis il ne reste plus qu'à découvrir sous de mauvais signes des idées parfaitement connues.

Or, tout le monde arrive facilement à ce résultat, tandis que très-peu de personnes parviennent à se rendre maîtresses de faits inconnus, quand elles n'ont, pour y arriver, que de mauvais signes. En employant des signes corrects on apprend donc vite la musique; puis, quand on la sait, on apprend à la lire avec les signes barbares qui sont encore en usage dans les livres.

Je me permettrai encore une petite digression : si demain un gouvernement absurde venait à proscrire, dans les relations publiques, l'emploi des chiffres arabes, en leur substituant celui des chiffres romains, pensez-vous que l'on fît bien d'imiter le gouvernement dans les écoles; et parce qu'il faudrait à vingt ans écrire les dates en chiffres romains, croyez-vous que l'École polytechnique, et toutes les autres, dussent ne plus employer que les chiffres romains pour leurs calculs, sous prétexte que, puisqu'il faut finir par employer ces caractères, c'est du temps perdu que d'en apprendre d'autres. L'histoire est là pour dire où l'on arrive avec les chiffres romains; et le bon sens et l'expérience réunis vous crient : « Instruisez-vous au moyen des meilleurs signes possibles; puis une fois instruits, cédez à la masse, employez les mauvais signes avec ceux qui sont assez malheureux pour n'en pas connaître de meilleurs.

Il y aurait, du reste, peu de chose à faire pour rendre excellents les signes de la portée musicale; mais pour cela, il faudrait que tout le monde fût d'accord. Et qu'on ne dise pas qu'en changeant l'orthographe musicale actuelle on se prive de la lecture de tous les bons auteurs dont les œuvres sont imprimées; pas le moins du monde; pas plus qu'on ne s'est privé de la lecture d'Amyot, de Montaigne et de tous nos auteurs de la renaissance, parce que Port-Royal et Voltaire ont changé leur orthographe. D'ailleurs, il existe aujourd'hui très-peu d'exemplaires de chaque ouvrage de musique, parce que peu de personnes les lisent; mais si dans vingt ans toute la France savait lire la musique, il faudrait avoir à 100,000 exemplaires les livres qui existent aujourd'hui à 100 ou à 1000. Il faudrait donc réimprimer tout ce qui en vaudrait la peine, et alors on imprimerait cette ancienne musique avec la nouvelle orthographe. Où serait le mal ?

Aussi, j'espère que le jour n'est pas loin où *toute la musique vocale ne s'imprimera plus qu'en chiffres*. Alors, tout le monde pourra apprendre *à lire seul et couramment la musique ;* alors le pauvre aura sa musique aussi, et une très-faible dépense lui permettra de se faire une riche bibliothèque musicale, qui lui fournira un moyen puissant de distraction dans ses peines, et une occupation agréable, utile dans ses loisirs : les cabarets seuls y perdront beaucoup ; mais aussi quelle immense influence exercée sur le moral de la classe pauvre en masse. Enfin, je le répète une dernière fois : pour que le problème soit INTÉGRALEMENT RÉSOLU, il faut que, *sans aucune perte d'un temps qui lui est indispensable pour gagner son pain quotidien*, l'ouvrier puisse *apprendre à lire la musique très-facilement*, afin que la peine et la perte de temps ne le rebutent pas ; il faut aussi que la musique ne lui coûte pas plus cher que les volumes du MAITRE PIERRE ou de toute autre publication populaire. J'ai la confiance que les travaux de Galin et de son école conduisent directement à ce but si important et si désirable.

Mais revenons à notre analyse.

4° Isoler les difficultés, ne les présenter à l'esprit que l'une après l'autre.

A l'exemple de Galin et de tous ses bons disciples, nous isolons toutes les difficultés ; l'intonation et la mesure (1) sont étudiées séparément ; la transposition fait le sujet d'une autre série d'exercices. Enfin, la lecture des signes usuels de durée complète l'étude ; mais on n'y arrive que quand on est déjà maître de la mesure, de l'intonation et de la transposition. Ainsi, après avoir surmonté les difficultés une à une, l'élève les reprend deux à deux, trois à trois, jusqu'à ce que l'enseignement soit complet.

5° Rendre compte des faits, avoir une théorie raisonnée. Ici encore tout ap-

---

(1) Pour rendre chacun maître des effets de durée les plus compliqués, nous employons la langue des durées créée par M. Aimé Paris, qui, depuis 24 ans, consacre si courageusement sa puissante intelligence aux idées de progrès. La mnémotechnie, qui lui doit de si beaux travaux, et la théorie de Galin dont il est le plus courageux et le plus brillant disciple, ont été portées par lui dans toutes les grandes villes de France et dans beaucoup de villes étrangères. Peu d'hommes auront dépensé dans leur vie plus d'intelligence et d'activité ; bien peu auront déployé un plus grand courage dans des luttes incessantes contre la routine : nul n'aura eu plus de dévouement. C'est au cours que M. Paris a fait en 1836, à Paris, que j'ai connu la théorie de Galin ; j'étais loin alors de penser qu'un jour je monterais aussi sur la brèche, prêt à imiter son courageux exemple.

partient à Galin. Depuis qu'il a publié son EXPOSITION D'UNE NOUVELLE MÉTHODE POUR APPRENDRE LA MUSIQUE, on n'a rien, ou presque rien ajouté aux admirables déductions qu'il y a consignées. Et l'on ne pouvait y rien ajouter, car il a porté, sur ce point, la théorie musicale à un degré de perfection qu'il est difficile de surpasser.

Ainsi, Galin rend compte de tous les faits avec une rigueur mathématique. Il constate l'égalité des secondes majeures entre elles, et celle des secondes mineures entre elles; puis l'inégalité des secondes majeures et mineures, et il déduit de là toute la théorie de la musique, comme les mathématiciens déduisent l'arithmétique de la numération. Nous avons déjà vu son admirable tableau des durées.

Notre tâche ici a consisté à présenter purement et simplement les idées de Galin, et à les rendre compréhensibles, même aux intelligences les plus paresseuses. Le livre de Galin s'adresse plutôt au professeur qu'à l'élève; le nôtre s'adresse surtout à ce dernier.

6° Reste, enfin, la sixième question, la question de méthode pratique; c'est ici que commence le travail original de madame Émile Chevé.

Après la mort de Galin (1), plusieurs de ses disciples continuèrent son enseignement. Tous professèrent ses idées théoriques, plus ou moins complétement, et contribuèrent ainsi à répandre les saines doctrines musicales.

Mais Galin n'avait pas laissé de méthode pratique; il n'avait imprimé que sa théorie. Force fut donc à chaque professeur de faire lui-même sa méthode pratique : tous (2) conservèrent l'écriture de Galin; mais chacun suivit une marche différente pour l'enseignement de l'intonation, de la mesure et de la lecture. C'est pour cela que chacun des élèves de Galin a publié le résultat de ses travaux, dans la croyance qu'il avait mieux trouvé que les autres. C'est aussi cette croyance qui nous porte à publier aujourd'hui, pour la deuxième fois, les exercices pratiques auxquels madame Chevé travaille depuis quinze ans. Aujourd'hui ils sont arrivés à un point tel, que le nombre des personnes sur lesquelles ils échouent diminue de plus en plus, et que chez les enfants nous ne trouvons, pour ainsi dire, plus d'organisations complétement rebelles.

Aussi notre confiance dans notre méthode pratique est telle, que nous proposons le concours suivant à tous les solféges quelconques et à toutes les méthodes de Wilhem, Mainzer et autres qui, dans leur enseignement, se servent de l'écriture usuelle de la musique :

« Prendre au hasard dix, vingt, cent personnes de bonne volonté et complé-

---

(1) *Voir* la notice sur Galin, publiée par M. Aimé Paris, en tête de l'édition qu'il a faite du livre de Galin.

(2) Tous ceux qui avaient le sens commun.

» tement étrangères à l'étude de la musique; donner à chacune d'elles une « moyenne de dix leçons individuelles d'une heure chacune, pour les habituer « à s'écouter chanter; leur faire ensuite un cours simultané, à quatre leçons « par semaine, pendant huit à neuf mois; permettre à chaque élève de consa- « crer une demi-heure par jour à l'étude particulière entre les leçons. Puis, « l'expérience terminée, avoir les neuf dixièmes des élèves capables de répondre « INDIVIDUELLEMENT au programme suivant : »

1° Prendre un recueil de plusieurs milliers d'airs écrits avec les signes usuels de la musique, en lire dix pris au hasard, huit à première vue, deux à la seconde ou à la troisième lecture;

2° Écrire sous la dictée, dans le ton et avec la clé que l'on voudra, un air pris au hasard dans le même recueil, et vocalisé une première fois pour l'intonation, une deuxième pour la mesure (1); rechanter immédiatement cet air après l'avoir écrit;

3° Lire à première vue un morceau écrit sur chacune des sept clés;

4° Répondre à toutes les questions de théorie relatives à la formation des gammes, tant majeures que mineures; à la génération des tons et aux modulations; à toutes les questions de mesure et de rhythme; en un mot, faire l'analyse logique et grammaticale d'un air quelconque;

5° Enfin, savoir l'harmonie. Et voici ce que nous entendons par savoir l'harmonie : 1° une page d'harmonie *à autant de parties que l'on voudra* étant donnée, l'analyser de manière à donner exactement à *tous les accords* le nom qui leur convient; à justifier leur emploi après ou avant tel accord donné, et cela sans hésitation et avec des réponses toujours identiques, quelque nombreux que soient les répondants; 2° une mélodie quelconque étant donnée, majeure ou mineure, avec ou sans modulations, et dans le ton que l'on voudra, en faire un duo, un trio, un quatuor, etc., en faisant partout une harmonie *correcte et conforme aux règles établies par les grands maîtres.*

Voilà notre programme. Que celui qui a confiance en sa méthode se présente : NOUS ACCEPTONS IMMÉDIATEMENT LE CONCOURS AVEC LA CONDITION UNIQUE QUE LE PROCÈS-VERBAL AUTHENTIQUE DES EXPÉRIENCES SERA RENDU PUBLIC PAR TOUS LES MOYENS ORDINAIRES D'UNE PUBLICITÉ HONNÊTE. Car il n'est pas ici question d'un intérêt individuel; nous embrassons la question d'un point de vue plus élevé. Il s'agit pour nous de *vulgariser complétement la musique*, comme moyen puissant de moralisation pour le pauvre, et même aussi pour les classes moins malheureuses; la marine surtout, et l'armée, en tireraient un bien

(1) Cette expérience est presque immanquable chez les enfants; chez les adultes, elle manque plus souvent, parce que leurs organes musicaux sont pour ainsi dire atrophiés.

immense. Notre but, nous le disons avec courage, avec fierté, est un but noble, digne, élevé... Aussi accepterons-nous la lutte avec bonheur; tout sera bénéfice pour nous : si nous triomphons, nous aurons doté le monde d'une chose éminemment utile, précieuse surtout à l'époque de démoralisation profonde dans laquelle nous nous enfonçons de plus en plus; si, au contraire, nous succombons, c'est à nous que l'on devra la découverte d'une méthode plus puissante que la nôtre, si supérieure déjà aux méthodes officielles!

A l'époque où nous sommes, il n'est plus possible de répondre par une fin de non-recevoir, quand il est question d'une chose aussi importante que l'enseignement du peuple... Quand un moyen est annoncé comme devant abréger des trois quarts le temps d'étude, et comme devant faire arriver neuf personnes sur dix qui l'emploieront; quand ce moyen est proposé par des hommes graves, et ayant fait leurs preuves dans les sciences exactes; quand surtout ce moyen peut déjà invoquer des preuves de fait comme celles que je vais citer plus bas; quand tout cela se réunit, nous avons la confiance que les hommes éminents placés à la tête de l'enseignement public ne peuvent se dispenser de le faire essayer publiquement, et de le mettre en mesure de prouver qu'il ne promet rien qu'il ne puisse tenir et au-delà. Si l'expérience ne répond pas à ce que l'on annonce, le pis-aller est d'avoir fait une chose inutile, mais nullement nuisible; si, au contraire, l'expérience réussit, on a trouvé le moyen d'apprendre la musique à tout le monde, comme on apprend la lecture et l'écriture, et avec infiniment moins de peine et de temps.

Nous sommes donc prêts à accepter toutes les expériences que l'on voudra, à la seule condition qu'elles soient mises sous la sauve-garde de la publicité. Nous avons nos raisons pour parler ainsi, et, s'il le faut, nous les dirons.

Maintenant, qu'il nous soit permis de transcrire ici le *compte-rendu officiel* de l'expérience que j'ai faite à Lyon sur 150 soldats de la garnison. Cette pièce doit porter la conviction dans les esprits les plus incrédules : c'est du moins ce que nous ont dit tous ceux qui l'ont lue.

Je ne terminerai pas cet écrit sans remercier ici publiquement les personnes courageuses qui n'ont pas craint de prêter leur concours à une vérité nouvelle qui demandait à faire ses preuves; je dis qui n'ont pas *craint*, car il faut plus de courage qu'on ne pense pour braver les sarcasmes de la foule : et tel qui ne craint pas une balle, tremble devant la moindre épigramme. Je remercie donc ici M. Gautier, capitaine au 12e régiment d'artillerie : le premier, il m'a confié les 150 artilleurs de sa batterie. M. Gélibert, colonel au 12e régiment d'artillerie, a encouragé par tous les moyens en son pouvoir cette première expérience, arrêtée par le départ du 12e régiment d'artillerie pour Toulouse.

Je dois remercier aussi M. le lieutenant-général baron de Lascours, commandant la 7e division militaire, pour la bienveillance avec laquelle il a fait mettre à ma disposition les militaires du gymnase de Lyon, pour tenter sur eux une expérience complète ; je le remercie surtout des encouragements qu'il a donnés à mes élèves pendant la durée du cours.

Enfin, je prie M. le capitaine d'Argy, du 70e régiment, et M. le lieutenant Grenier, du 12e léger, tous deux désignés par le général pour suivre les leçons que je faisais aux soldats, de recevoir ici l'expression de ma gratitude. Pendant un an, ces deux officiers ont eu la constance de suivre toutes les leçons ; et c'est à leur fermeté que j'ai dû de conserver mes élèves, que l'on a tout fait pour dégoûter de suivre mes leçons. Ils ont su braver les épithètes de fous (1), que ne manquent jamais de s'attirer les âmes généreuses qui savent se dévouer à une idée de progrès.

Je remercie M. A. Bureau de l'empressement qu'il a mis à nous donner des expériences particulières, pour s'assurer de la puissance de nos moyens d'enseignement.

A mon ami Eugène Béléguic, lieutenant de vaisseau, un dernier remerciement : lui aussi est un fou; il y a bien longtemps qu'il a osé proclamer la vérité.

Paris, 8 mars 1844.

E. CHEVÉ, D. M. P.

Compte rendu de l'expérience musicale faite à Lyon en 1842-43, par le docteur Émile CHEVÉ, sur les militaires du gymnase.

« Un ordre du jour de M. le lieutenant-général baron de Lascours, commandant la septième division militaire, mit, le 25 septembre 1842, les militaires qui suivaient sous ma direction les exercices du gymnase militaire de Lyon, à la disposition de M. le docteur Émile Chevé, pour essayer sur eux l'emploi d'une nouvelle méthode propre à l'enseignement de la musique à de grandes masses d'hommes.

« M. le lieutenant Grénier, du 12e léger, et moi, fûmes chargés par cet offi-

---

(1) Un médecin militaire, entendant chaque jour tous les officiers de sa table dire qu'un *médecin fou faisait chanter des soldats dans une caserne*, avait fini par me croire un échappé de Charenton.—Dans cette conviction, il vint à une de mes leçons, pour constater officiellement l'état de mon cerveau. J'ignore ce qui se sera passé dans le sien pendant ma leçon; mais en sortant, il dit à l'officier qui l'accompagnait : « Plût à Dieu que je fusse fou comme ce monsieur ! »

cier général de suivre chaque jour les exercices, et de constater officiellement la marche de l'enseignement.

« Le 1er octobre 1842 eut lieu la première leçon. Les hommes qui y furent conduits, et que le hasard seul avait désignés, appartenaient au 12e léger, aux 16e et 29e régiments de ligne. Chacun de ces corps fournit 50 hommes de divers grades, ce qui forma un détachement de 150 élèves. M. Émile Chevé accepta tous ceux qu'on lui présenta, et prit l'engagement formel de conduire, au bout d'un an, et sans étude entre les leçons, les huit dixièmes de cette masse au résultat suivant :

« 1° Connaître la théorie raisonnée de la musique ;

« 2° Lire seul, et sans aucun instrument, *tout* morceau de musique à la portée des voix ordinaires ;

« 3° Ecrire sous la dictée un air improvisé.

« La salle de l'école mutuelle de la caserne des Collinettes fut désignée pour recevoir le cours ainsi organisé.

« La vérité veut que nous disions que tous les disciples, à une faible exception près, ne se rendirent au cours qu'avec répugnance, et seulement pour obéir aux ordres reçus. Il fallut plusieurs mois pour vaincre ce mauvais vouloir et obliger le plus grand nombre à pratiquer les exercices ; quelques-uns se refusèrent même à chanter, prétextant qu'ils étaient vieux, qu'ils n'avaient pas de voix, qu'ils ne savaient pas lire, etc., etc.

« A la fin du premier mois, le professeur, voulant classer les voix, fit chanter chaque homme isolément. L'expérience fut loin d'être encourageante : plus des trois quarts ne purent venir à bout de suivre la gamme ; douze ne voulurent émettre aucun son, déclarant formellement qu'à aucun prix ils ne chanteraient. Ces douze élèves furent exclus immédiatement. On garda le reste, malgré le défaut absolu de dispositions musicales de la plupart d'entre eux. Beaucoup d'hommes avouèrent, du reste, qu'ils n'avaient pas encore ouvert la bouche depuis l'ouverture du cours, en promettant qu'à l'avenir ils feraient tous les exercices. Le professeur, avec ces apparences si défavorables, s'engagea de nouveau à conduire au but tous ceux qui voudraient se soumettre scrupuleusement à la pratique des exercices, faisant ses *réserves* pour ceux qui s'en abstiendraient désormais d'une manière évidente. Depuis lors, à l'exception de trois ou quatre mutins, personne ne fut renvoyé.

« Il résulte de cet exposé que M. Émile Chevé a commencé et fait son expérience sur les sujets que le hasard lui a fournis ; tous étaient complétement étrangers à la connaissance de la musique, beaucoup ne savaient pas lire, et il n'y a eu de mis de côté que ceux qui n'ont pas voulu se soumettre aux exercices, 12 sur 150.

« Le nombre des leçons fut fixé à cinq par semaine, leur durée à une heure et demie ; elles ont eu lieu depuis le 1er octobre jusqu'à ce jour. Nous ferons toutefois observer que le mois d'octobre 1842 a été très-peu profitable aux élèves par les absences continuelles, motivées par l'inspection générale. Les mois d'avril et de mai 1843 ont présenté aussi des interruptions pour diverses causes de service.

« Les maladies, l'avancement, les punitions, les mutations, mais surtout le licenciement de la classe 1836, qui enleva les quelques sous-officiers qui suivaient le cours, réduisirent petit à petit le nombre des élèves sans qu'on pût les remplacer; de telle sorte qu'en juillet 1843 ils n'étaient plus que cinquante et quelques. Toutes ces diminutions affectaient vivement le professeur, lorsque la formation du camp de Lyon le laissa avec 28 hommes en tout.

« Le hasard seul ayant présidé à ces réductions, M. Chevé ne peut être responsable que vis-à-vis des élèves qui lui restent, et il suffit que le résultat soit produit sur les huit dixièmes des sujets qu'on lui laisse pour que sa promesse soit tenue.

« Deux mois après l'ouverture du cours, M. Émile Chevé fit imprimer, à ses frais, un recueil de cent quarante morceaux d'ensemble pris dans les meilleurs auteurs, et en donna un exemplaire relié à chacun de ses élèves, pour qu'ils pussent lire sans tableaux. Quand nous disons *lire*, nous voulons parler de la musique, car beaucoup ne connaissaient pas les caractères de l'écriture ordinaire ou de l'imprimerie.

« Trois mois environ après l'ouverture du cours, M. le lieutenant-général de Lascours voulut assister à une séance. Il fut frappé, comme tous les assistants, des progrès déjà réalisés; les élèves étaient déjà très-avancés en intonation et en mesure, lisaient facilement sur toutes les clés, et chantaient des morceaux d'ensemble avec beaucoup d'aplomb et de justesse.

« Le 25 avril 1843, le général revint, accompagné de tous les chefs du corps, de madame de Lascours, de plusieurs autres dames et de diverses notabilités de la ville. Cette fois, voici quel fut le programme de la séance : 1° *Un quatuor de Webbe*; 2° *un air languedocien à trois voix*, de Desrues ; 3° *un trio de l'opéra d'Œdipe à Colonne*, de Sacchini ; 4° *lecture à première vue de toute espèce d'intervalles majeurs ou mineurs*; 5° *lecture à première vue sur les huit clés*; 6° *deux canons à trois voix*, de Silher ; 7° *un quatuor de la Clemenza di Tito*, de Mozart ; 8° *le quatuor d'Iphigénie en Aulide*, de Gluck ; 9° *un trio de Corysandre ou la Rose magique*, de Berton ; 10° *Recherche de la tonique sur toutes les clés avec toutes les armures par dièses et par bémols*; 11° *reconnaître des sons vocalisés*; 12° *lecture* A PREMIÈRE VUE *d'un trio de la Flûte enchantée*, de Mozart ; 13° *Ave Regina, à trois voix*, par Choron ; 14° *le Gondolier, canon à trois parties*, de Desrues; 15° *un quatuor de la Flûte enchantée*, de Mozart ; 16° *un chœur de l'opéra de Tancrède*, de Rossini ; 17° *la Prière de l'opéra de Joseph*, de Méhul.

« Il serait difficile de peindre l'étonnement produit par cette séance sur tous les assistants ; l'aplomb vraiment surprenant avec lequel ces hommes chantèrent à première vue les intonations les plus difficiles en ton majeur et mineur, la facilité avec laquelle ils lurent sur toutes les clés, enfin la sûreté et la spontanéité avec laquelle ils reconnurent TOUS, *sans exception aucune*, les divers sons vocalisés, convainquirent les assistants que ces hommes possédaient l'intonation d'une manière tout à fait supérieure. Tous les morceaux d'ensemble furent chantés avec une justesse irréprochable et sans que le professeur battît la mesure, sauf les deux premières, nécessaires à l'indication du mouvement.

« Avec l'assentiment de M. le lieutenant-général, tous les hommes s'occupant d'éducation dans la ville de Lyon furent admis à une séance particulière; toutes les institutions, y compris le collége royal, y eurent des représentants. L'expérience produisit les mêmes résultats; les suffrages furent unanimes : admiration et étonnement, tels furent les sentiments de cette journée. Le professeur recueillit detoutes parts des éloges bien mérités pour de pareils succès obtenus en si peu de temps et avec des éléments aussi ingrats.

« Ces militaires sont arrivés aujourd'hui (1er septembre 1843) à une force prodigieuse en intonation et en lecture sur toutes les clés. Lorsqu'un morceau à *deux*, *trois* ou *quatre parties* est écrit *en chiffres*, ils peuvent le CHANTER ENSEMBLE A PREMIÈRE VUE, pourvu que la mesure ne soit pas trop vive. Si le morceau est écrit avec les signes ordinaires de la musique, ils peuvent aussi le lire à première vue, *quels qu'en soient le ton et la clé;* mais chaque partie est lue une fois séparément par tout le monde avant de chanter ensemble. Tous possèdent parfaitement la théorie raisonnée de la musique, et écrivent sous la dictée un air qu'on leur vocalise, quelles qu'en soient les modulations.

« Tels sont les résultats obtenus par M. le docteur Émile Chevé sur une masse prise au hasard, et dont la volonté n'a point été consultée. L'expérience a aujourd'hui onze mois de durée; il y a eu dix-sept ou dix-huit leçons données par mois, c'est-à-dire cent quatre-vingt-dix à deux cents leçons en tout. Les élèves n'ont jamais travaillé entre les leçons; ceux qui restent aujourd'hui ont perdu plusieurs séances pour cause de punition, de maladie, de permission, etc., ainsi que cela arrive à tous les militaires.

« Quant à la marche suivie par M. Chevé, la voici :

« En théorie, il démontre *de facto* l'inégalité des secondes majeures et mineures, et de là il déduit la théorie des gammes. Ici M. Émile Chevé suit pas à pas les traces de son maître Galin. La théorie de la mesure est puisée de même chez cet auteur. Pour la pratique, il enseigne l'intonation au moyen des chiffres proposés par J. J. Rousseau et modifiés par Galin, tout en suivant une série d'exercices créés par madame Émile Chevé. Ce sont surtout ces exercices qui rendent si vite et si imperturbablement maître de l'intonation. La pratique de la mesure est aussi enseignée à part, au moyen de caractères créés par Galin, d'un langage des durées, imaginé par M. Aimé Paris, et de tableaux d'exercices, créés par madame Émile Chevé. La transposition est également étudiée isolément; et ce n'est que quand les élèves savent bien faire deux choses séparément que le professeur les leur fait exécuter simultanément.

« C'est ainsi qu'il conduit ses élèves à lire, *avec la notation usuelle*, toute espèce de musique ayant la première clé venue, armée de tous les dièses ou bémols qu'on veut, et en exécutant dans le courant du morceau changements de mode ou de ton possibles.

« M. le lieutenant-général devant nommer une commission compétente pour juger les résultats produits par M. Chevé (1), nous nous abstiendrons de parler de cette séance finale, à laquelle nous regrettons vivement de ne pouvoir assister (2), nous bornant à rendre compte de ce qui s'est accompli devant nous, tout pénétrés de la conviction profonde que les MOYENS EMPLOYÉS PAR M. ÉMILE CHEVÉ SONT IMMANQUABLES DANS LEURS RÉSULTATS, et persuadés que le jour où ils seront appliqués EN GRAND sur la population, et surtout sur les jeunes générations, le *sot préjugé de croire que les Français ne sont pas nés musiciens sera anéanti pour toujours*. »

Signé à Lyon, le 11 *septembre* 1843.	*Signé à Lons-le-Saulnier, le* 1er *septembre* 1843.
GRENIER,	D'ARGY,
Lieutenant au 12e léger.	Capitaine au 70e régiment de ligne.

---

(1) La commission dont il est ici question devait être nommée dans les dix derniers jours de septembre, après la levée du camp de Lyon, fixée au 20 septembre; mais la présence de S. A. R. le duc de Nemours au camp jusqu'à la fin de septembre, empêcha, *malgré mes instances réitérées*, de nommer cette commission.

Le 30 septembre, le camp fut dissous ; et dès le lendemain tous les régiments étaient en marche ; mon cours me fut ainsi enlevé.

(2) Ces regrets sont exprimés par M. le capitaine d'Argy, que son service retient au régiment.

P. S. Au moment de clore mon travail, on me communique l'ouvrage de M. Danjou, *organiste de la métropole de Paris et de la paroisse Saint-Eustache, membre de l'académie de Sainte-Cécile, à Rome, etc.*; cet ouvrage a pour titre : DE L'ÉTAT ET DE L'AVENIR DU CHANT ECCLÉSIASTIQUE EN FRANCE.

J'en extrais les lignes suivantes, pages 29 et 30, qui viennent constater une fois de plus l'impuissance radicale des vieilles méthodes, et en particulier de celle de M. Wilhem. —Voici le passage; je copie textuellement :

« Il existe bien un article de la loi sur l'instruction primaire qui prescrit aux « maîtres d'école de savoir la musique et de l'enseigner; il y a bien des villes « où le conseil municipal a généreusement voté des fonds pour établir des cours « de musique; ces cours sont même en vigueur à Paris depuis longtemps; ils « ont été fondés par un HOMME DU PLUS GRAND MÉRITE, M. WILHEM; ils « sont DIGNEMENT CONTINUÉS par son successeur M. HUBER; on y suit une « MÉTHODE EXCELLENTE; on y compte chaque année QUATRE A CINQ MILLE « ÉLÈVES, et pourtant **ILS NE PRÉSENTENT AUCUN RÉSULTAT**. Non « seulement il n'en sort pas des artistes éminents (ce n'est pas, suivant moi, « ce qu'on doit attendre de ces institutions), mais encore on ne voit pas que « ces cours aient, **DEPUIS VINGT ANS QU'ILS SONT ÉTABLIS**, servi à pro- « pager le goût de la bonne musique, la pensée des associations pour en exé- « cuter. »

Récapitulons : 1° *Professeur du plus grand mérite*; 2° *méthode excellente*; 3° chaque année *quatre à cinq mille élèves*; 4° cela DURE DEPUIS VINGT ANS : et pourtant, **POINT DE RÉSULTATS**. — Tous les éléments de succès réunis, et pas de résultats!.. D'où cela vient-il donc? je vous l'ai dit plus haut.

En présence de pareils faits et de pareils aveux, que chacun mette la main sur sa conscience, et réponde à ces deux questions : Faut-il persister dans cette route sans issue? En faut-il chercher une autre?

Paris, 16 mars 1844. E. CHEVÉ.

AVIS IMPORTANT.

Cet ouvrage est divisé en trois parties, ainsi qu'il suit :

Première partie. Etude de l'intonation et de la mesure au moyen des chiffres ; c'est la musique pratique proprement dite.

Deuxième partie. Etude des signes de la notation usuelle de la musique ; c'est la lecture des solféges.

Troisième partie. Théorie de la musique.

La PREMIÈRE PARTIE est subdivisée en quatre classes d'exercices :

Première classe. Intonation, mode majeur.

Deuxième classe. Intonation, mode mineur.

Troisième classe. Intonation des modulations.

Quatrième classe. Mesure.

On doit étudier simultanément le *mode majeur* et la *mesure ;* toutefois, il ne faut commencer la mesure que quand on est bien maître de la première série des exercices du mode majeur.

Quand on possédera bien le *mode majeur*, on commencera simultanément l'étude du mode mineur et des modulations.

La DEUXIÈME PARTIE est subdivisée en trois classes d'exercices :

Première classe. Etude de la transposition, ou lecture sur toutes les clés.

Deuxième classe. Etude simultanée de la transposition et des modulations.

Troisième classe. Etude des signes de durée de la notation usuelle.

On commencera l'étude de la transposition quand on sera arrivé à la fin de la *septieme série* des exercices du *mode majeur*.

On commencera l'étude simultanée de la transposition et des modulations quand on saura bien les *trois premières séries des exercices de modulation.*

On commencera l'étude des signes de durée de la notation usuelle, quand on possédera bien les *trois premières séries de la mesure en chiffres.*

TROISIÈME PARTIE : Théorie.

Dans toute la *partie pratique* nous ne donnerons que les explications rigoureusement nécessaires pour l'étude pratique. Tous les développements et toutes les démonstrations sont exclusivement réservés pour la partie théorique de l'ouvrage.

Lors donc que, dans la partie pratique, les explications paraîtront insuffisantes, on consultera la théorie.

Dans tous nos exercices on n'a nul besoin de se préoccuper de la hauteur à laquelle il faut prendre l'UT de départ.

La seule précaution à préndre, est de ne pas débuter par un UT qui ne permette pas d'atteindre la limite grave ou la limite aiguë de l'exercice que l'on va chanter.

Si donc on avait pris un UT qui ne permît pas d'atteindre *sans fatigue* la limite aiguë de l'exercice, on le remplacerait par un UT plus grave ; *et vice versâ.*

MÉTHODE ÉLÉMENTAIRE

DE

MUSIQUE VOCALE.

PREMIÈRE PARTIE.

1° ÉTUDE DE L'INTONATION.

2° ÉTUDE DE LA MESURE.

La musique se compose de deux choses, qui sont :

1° Les SONS, ou l'INTONATION ;

2° La DURÉE des sons, ou la MESURE.

Il faut des SIGNES pour écrire les idées D'INTONATION.

Il faut aussi des SIGNES pour écrire les idées DE MESURE.

Les signes que l'on emploie pour représenter les idées d'intonation et les idées de mesure constituent l'ÉCRITURE MUSICALE.

Afin de rendre l'étude plus facile,

1° Nous étudierons d'abord séparément l'intonation et la mesure, parce que l'esprit ne peut vaincre facilement qu'une difficulté à la fois.

2° Nous emploierons, MOMENTANÉMENT, pour exprimer les idées d'intonation et les idées de mesure, des signes beaucoup plus simples que ceux de l'écriture musicale ordinaire.

ÉTUDE DE L'INTONATION.

Pour rendre plus facile l'étude de l'intonation, nous substituons, MOMENTANÉMENT, les chiffres aux points noirs que l'on écrit ordinairement sur les cinq lignes de la portée musicale.

Nous représentons les sept mots UT, RÉ, MI, FA, SOL, LA, SI, par les sept premiers chiffres, ainsi qu'il suit : 1, 2, 3, 4, 5, 6, 7.

L'étendue des voix humaines, de la plus grave à la plus aiguë, comprenant à peu près trois séries de sept notes, un point nous servira, dans l'écriture en chiffres, à distinguer entre des caractères de même forme ceux qui appartiennent à chaque série.

EXEMPLE :

PREMIÈRE SÉRIE.	DEUXIÈME SÉRIE.	TROISIÈME SÉRIE.
UT RÉ MI FA SOL LA SI	UT RÉ MI FA SOL LA SI	UT RÉ MI FA SOL LA SI
1 2 3 4 5 6 7	1 2 3 4 5 6 7	1 2 3 4 5 6 7
Sons GRAVES ou BAS ; un POINT AU-DESSOUS.	Sons du MILIEU ou MEDIUM ; SANS POINT.	Sons AIGUS ou ÉLEVÉS ; un POINT AU-DESSUS.

Nos études d'intonation se divisent en trois classes :

1re Classe : Étude de la gamme d'*ut*, *mode majeur*.

2e Classe : Étude de la gamme de *la*, *mode mineur*.

3e Classe : Étude des *modulations*.

COMMENT IL FAUT ÉTUDIER LES EXERCICES DE LA PREMIÈRE SÉRIE.

Les *exercices d'intonation* sont tous *disposés en colonnes*. Chacune des colonnes est surmontée d'une flèche et doit être étudiée d'abord isolément, ligne par ligne. Une colonne ne doit être quittée que lorsque l'on s'en est rendu parfaitement maître.

VOICI COMMENT DOIT SE FAIRE L'ÉTUDE DE CHACUNE DES COLONNES.

1° Il faut étudier d'abord la 1re ligne de la colonne, lentement, et en s'écoutant chanter avec le plus grand soin, jusqu'à ce que l'on s'en soit rendu maître.

Il est impossible d'indiquer, au juste, quel est le nombre de répétitions nécessaires ; ce doit être de deux à dix, selon l'organisation plus ou moins heureuse de la personne qui étudie ; mais on doit, pendant ces répétitions, s'écouter chanter avec le plus grand soin ; car on peut, en prenant l'habitude de s'écouter chanter, diminuer de beaucoup le nombre des répétitions nécessaires.

2° Il faut ensuite étudier successivement chacune des utres lignes de la colonne, en s'écoutant toujours avec le plus grand soin, et en pensant continuellement à la première ligne de la colonne.

3° Il faut, avant d'émettre un son, penser au son que l'on veut émettre, et ne l'exprimer que lorsque l'on sent qu'on le chantera juste. Ceci sera facile si l'on pense continuellement à la première ligne de la colonne que l'on étudie.

4° Il faut s'arrêter plus longtemps sur toutes les notes qui sont suivies d'un espace blanc. Ce temps d'arrêt est destiné à chercher l'intonation de la note qui suit.

5° Il faut porter une attention particulière aux passages dont les notes se trouvent entre deux virgules. Il est très-important de se rendre maître de ces passages.

6° *Lorsque plusieurs colonnes sont réunies sous la même flèche*, il faut, après avoir étudié isolément chacune des colonnes en particulier, lire à la suite l'une de l'autre la première ligne de chacune des colonnes, puis la deuxième, et ainsi de suite jusqu'au bas des colonnes réunies sous la même flèche.

C'est de cette manière que l'on doit repasser les exercices, lorsque l'on s'est rendu maître de chacune des colonnes en particulier.

COMMENT DOIT SE FAIRE L'ÉTUDE DE CHAQUE JOUR.

1° Il faut commencer l'étude de chaque jour par répéter lentement, et avec attention, c'est-à-dire en s'écoutant avec le plus grand soin, tous ceux des exercices que l'on sait déjà.

2° Il faut ensuite continuer, de la manière indiquée ci-dessus, l'étude des exercices que l'on ne sait pas encore.

COMMENT ET QUAND IL FAUT ÉTUDIER LES EXERCICES DE LA DEUXIÈME SÉRIE.

Les exercices de la deuxième série doivent être étudiés de la même manière que ceux de la première, et conjointement avec eux, chaque jour,

de la manière suivante :

1° La première moitié de l'étude de chaque jour doit être consacrée aux exercices de la première série.

2° La deuxième moitié de l'étude de chaque jour doit être consacrée aux exercices de la deuxième série.

COMMENT ON DOIT ÉTUDIER CHACUNE DES AUTRES SÉRIES D'EXERCICES.

Chacune des autres séries d'exercices doit être étudiée de la même manière que les deux premières ; mais une à une et non pas deux à deux.

Il faut avoir soin de ne quitter une série d'exercices que lorsqu'elle est parfaitement sue.

AVIS TRÈS-IMPORTANT : Aucun des exercices d'intonation ne sera difficile si l'on a étudié convenablement ceux qui le précèdent.

Si donc, dans le cours de l'étude, on se trouve arrêté par une difficulté insurmontable d'intonation, il faudra recommencer les exercices avec plus de soin, jusqu'à ce que, arrivé au passage auquel on se sera arrêté, on le franchisse sans difficulté.

Il est très-important de se bien pénétrer des instructions que nous venons de donner ; car *le fruit que l'on doit recueillir de l'étude dépend de la manière dont elle est faite.*

PREMIÈRE CLASSE.

*Étude de la gamme d'*ut *mode majeur, en treize séries d'exercices.*

PREMIÈRE SÉRIE D'EXERCICES.

Étude des notes { ut, ré, mi, fa, sol. / 1 2 3 4 5 }

Les éléments de l'intonation se trouvent dans un petit nombre d'airs populaires. Par exemple : les cinq premières notes de l'air de la *Pipe de tabac* sont : { ut ré mi fa sol / 1 2 3 4 5 }

On peut donc, au moyen de l'air de la *Pipe de tabac*, apprendre les cinq notes { ut ré mi fa sol / 1 2 3 4 5 } Lorsque, après les avoir répétées plusieurs fois, on les saura bien, on pourra passer aux exercices ci-dessous :

N° 1.

1re COLONNE.	2e COLONNE.	3e COLONNE.	4e COLONNE.	5e COLONNE.
,12345,	,1 2 3 4 5,	,12 3 4 5,	,12 345,	,123 45,
12345 1	11 22 33 44 55 1	12 23 34 45 51	12,2345, 1	123 ,345, 1
1234 1	11 22 33 44 1	12 23 34 4 1	12,234, 1	123 ,34, 1
123 1	11 22 33 1	12 23 3 1	12,23, 1	123 3 1
12 1	11 22 1	12 2 1	12,2 1	12 1
12345 151	11 22 33 44 55 151	12 23 34 45 51 51	12,23451 51	123 ,345, 151,

Étude des notes { SOL FA MI RÉ UT / 5 4 3 2 1 }

Les quatre premières notes de l'air *Lorsque dans une tour obscure* sont { sol fa mi ré / 5 4 3 2 } on y ajoutera facilement { ut / 1 }

On peut donc, au moyen de l'air *Lorsque dans une tour obscure*, apprendre les cinq notes { sol fa mi ré ut / 5 4 3 2 1 } Lorsque, après les avoir répétées plusieurs fois, on les saura bien, on pourra passer aux exercices ci-dessous :

N° 2.

,54321,	,5 4 3 2 1,	,54 3 2 1,	,54 321,	,543 21,
54321 5	55 44 33 22 11 5	54 43 32 21 15	54 ,4321, 5	543 ,321, 5
5432 5	55 44 33 22 5	54 43 32 2 5	54 ,432, 5	543 ,32, 5
543 5	55 44 33 5	54 43 3 5	54 ,43, 5	543 3 5
54 5	55 44 5	54 4 5	54 4 5	54 5
54321 ,51,	55 44 33 22 11 ,551,	54 43 32 21 ,1551,	54 ,4321, 551	,543, 321 ,51,

N° 3.

1 2 3 4 5	5 4 3 2 1	5 4 3 2 1	1 2 3 4 5	151
11 22 33 44 55	55 44 33 22 11	55 44 33 22 11	11 22 33 44 55	151
12 23 34 45	5 4 43 32 21	5 4 43 32 21	12 23 34 45	151
12 ,2 3 4 5,	5 4 ,4 3 2 1,	54 ,4 3 2 1,	12 ,2 3 4 5,	151
1 2 3 ,345,	5 4 3 ,3 2 1,	54 3 ,3 2 1,	1 2 3 ,3 4 5,	151

N° 4.

12345 54321	54321 12345	123454321	543212345
12345 4321	54321 2345	1334 321	5432 345
1234 4321	5432 2345	123 21	543 45
1234 321	5432 345	12 1	54 5
123 321	543 345	123 21	543 45
123 21	543 45	1234 321	5432 345
12 1	54 5	123454321 51	54321234515l
12345 54321 51	54321 12345 151		

N° 5.

123 345	543 321	135 531	531 135	13 31 35	53 35 31
123,13,345,35,	543,53,321,31,	135 31	531 35	13 31 5	53 35 1
,13, ,35,	,53, ,31,	13 31	53 35	13 1 5	53 5 1
,13 5,	,53 1,	13 1	53 5		
		135 531 51	531 135 151		

N° 6.

123 ,343,	,343,321	1 2 345	54321 51
123 43	343 21	12 2345,	54322222
12 43	34 21	1 2,2 5,	5 222
,1 43,	34 1	1,2 5,	52 51 52 51

Les exercices suivants sont composés de notes de deux caractères différents. Ils doivent être étudiés par colonnes, comme les exercices précédents.

Voici comment il faut étudier chacune des lignes de chacune des colonnes.

1° Il faut d'abord chanter toutes les notes, grandes et petites, que contient la ligne, jusqu'à ce que l'on s'en soit rendu maître.

2° Il faut ensuite ne plus chanter que les grandes notes, mais il faut les chanter en s'arrêtant plus longtemps sur chacune de celles qui précèdent les petites, afin de penser à ces petites notes intermédiaires, qui doivent nous servir de moyen pour trouver l'intonation des grandes. On doit, comme toujours, répéter chacune des lignes, jusqu'à ce que l'on s'en soit rendu maître.

Il faut ne jamais chanter un *fa* sans penser au *mi*, avant et après, donc : toutes les fois qu'un *fa* se rencontrera, il faudra le chanter en pensant : *mi fa mi*. — Ceci est TRÈS-IMPORTANT.

N° 7.

123434321	123454321	123454321	12345 4321	1
12345	$1_2\,345_{43}\;2$	$1_{23}\;432_{34}5$	$1_{234}\;5432$	1
$123_4\;54$	$1_2\,34_5\,2_{34}5$	$1_{23}\;43_4\,5_{43}2$	$1_{234}\;54_3\,23$	1
$12_3\,43_4\,5$	$1_2\,3_4\,54_3\,2$	$1_{23}\;4_3\,23_4\,5$	$1_{234}\;5_4\,32_3\,4$	1
$12_3\,45_4\,3$	$1_2\,3_4\,5_{43}2_3\;4$	$1_{23}\;4_3\,2_{34}5_4\,3$	$1_{234}\;5_4\,3\;4_3\,2$	1
$12_{32}54\;3$	$1_2\,32_3\,45$	$1_{23}\;45_4\,32$	$1_{234}\;5_{43}\;234$	1
$12_{34}5_4\;34$	$1_2\,32_{34}54$	$1_{23}\;45_{43}23$	$1_{234}\;5_{43}\;2_3\,43$	1

Les exercices suivants sont écrits sans les notes intermédiaires. Il faudra les étudier en pensant aux notes intermédiaires, comme si elles étaient écrites.

N° 6.

12345	13452	14325	15432	1	54321	53214	52134	51234	1
12354	13425	14352	15423	1	54312	53241	52143	51243	1
12435	13542	14235	15324	1	54213	53124	52341	51342	1
12453	13524	14253	15342	1	54231	53142	52314	51324	1
12543	13245	14532	15234	1	54123	53421	52431	51432	1
12534	13254	14523	15243	1	54132	53412	52413	51423	1

DEUXIÈME SÉRIE D'EXERCICES.

Étude des notes { ut si la sol / 1̇ 7 6 5 }

Il est indifférent de placer le point au-dessus de l'ut, comme nous l'avons fait (1̇765) ou au-dessous des trois autres notes (17̣6̣5̣), puisque des deux manières on voit que l'ut est plus élevé que les notes si, la, sol. Nous avons préféré mettre le point au-dessus de l'ut, parce que, de cette manière, nous n'avons qu'un point au lieu de trois.

Les quatre premières notes de l'air *A coups d'pied à coups d'poing* sont : { ut si la sol / 1̇ 7 6 5 }

On peut donc, au moyen de l'air *A coups d'pied à coups d'poing*, apprendre les quatre notes { ut si la sol / 1̇ 7 6 5 } Lorsque, après les avoir répétées plusieurs fois, on les saura bien, on pourra passer aux exercices ci-dessous :

N° 1.

,1̇765,	,1̇ 7 6 5,	,1̇7 6 5,	,1̇7 6 5,
,1̇765, 1̇	1̇1̇ 77 66 55 1̇	1̇7 76 65 51̇	1̇7 ,765, 1̇
1̇76 1̇	1̇1̇ 77 66 1̇	1̇7 76 6 1̇	1̇7 76 1̇
1̇7 1̇	1̇1̇ 77 1̇	1̇7 7 1̇	1̇7 7 1̇
1̇765 1̇51̇	1̇1̇ 77 66 55 1̇51̇	1̇7 76 65 51̇	1̇7 765 1̇51̇

Étude des notes { sol la si ut / 5 6 7 1̇ }

Les quatre premières notes de l'air de *Cadet Roussello* sont : { sol la si ut / 5 6 7 1̇ }

On peut donc, au moyen de l'air de *Cadet Rousselle*, apprendre les quatre notes { sol la si ut / 5 6 7 1̇ } Lorsque, après les avoir répétées plusieurs fois, on les saura bien, on pourra passer aux exercices ci-dessous :

N° 2.

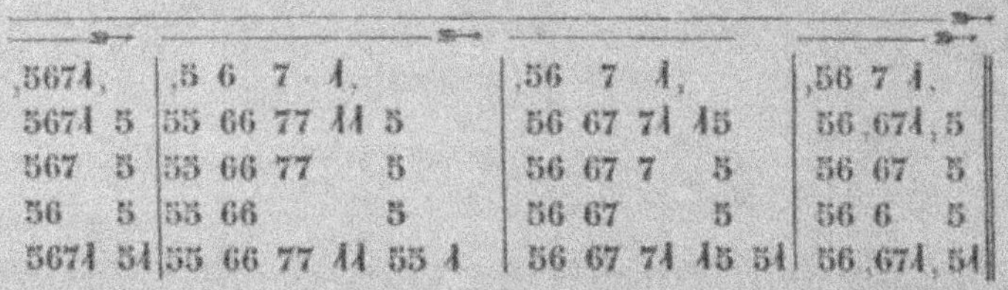

,5671̇,	,5 6 7 1̇,	,56 7 1̇,	,56 7 1̇,
5671̇ 5	55 66 77 1̇1̇ 5	56 67 71̇ 1̇5	56 ,671̇, 5
567 5	55 66 77 5	56 67 7 5	56 67 5
56 5	55 66 5	56 67 5	56 6 5
5671̇ 51̇	55 66 77 1̇1̇ 55 1̇	56 67 71̇ 1̇5 51̇	56 ,671̇, 51̇

N° 3.

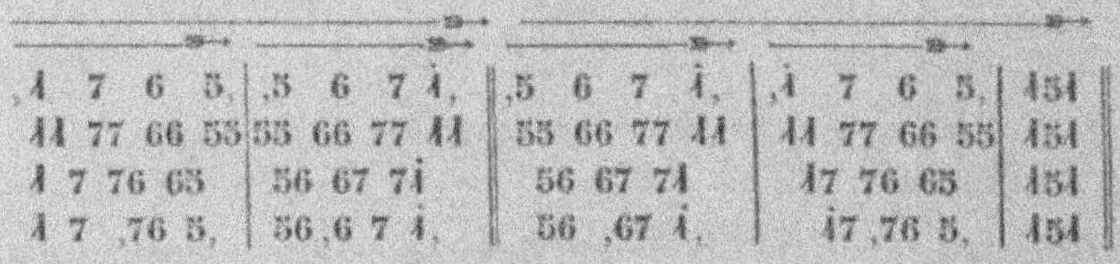

,1̇ 7 6 5,	,5 6 7 1̇,	,5 6 7 1̇,	,1̇ 7 6 5,	1̇51̇
1̇1̇ 77 66 55	55 66 77 1̇1̇	55 66 77 1̇1̇	1̇1̇ 77 66 55	1̇51̇
1̇ 7 76 65	56 67 71̇	56 67 71̇	1̇7 76 65	1̇51̇
1̇ 7 ,76 5,	56 ,6 7 1̇,	56 ,67 1̇,	1̇7 ,76 5,	1̇51̇

N° 4.

1̇765 567 1̇	5671̇ 1̇765	1̇7655671̇	5671̇765
1̇765 67 1̇	5671̇ 765	1̇76 71̇	567 65
1̇76 67 1̇	567 765	1̇7 1̇	56 5
1̇76 7 1̇	567 65	1̇76 71̇	567 65
1̇7 1̇	56 5	1̇7655671̇ 51̇	5671̇765 1̇51̇
1̇765 5671̇ 51̇	5671̇ 1̇765 1̇51̇		

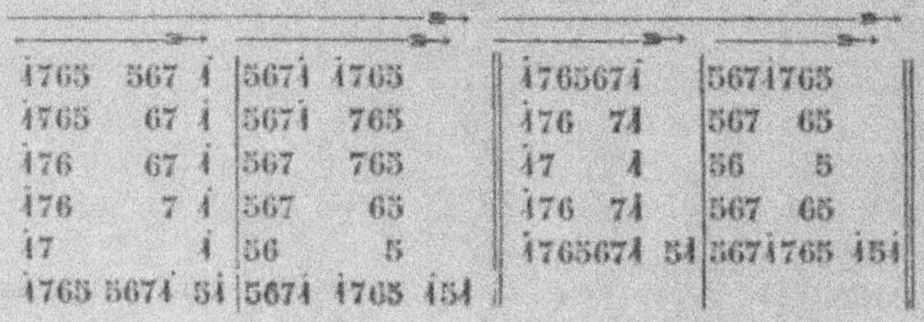

N. 5.

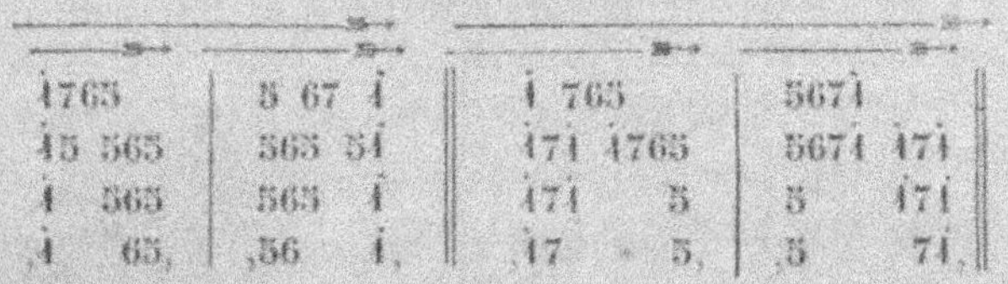

1̇765	5 67 1̇	1̇ 765	5671̇
1̇5 565	565 51̇	1̇71̇ 1̇765	5671̇ 1̇71̇
1̇ 565	565 1̇	1̇71̇ 5	5 1̇71̇
,1̇ 65,	,56 1̇,	,1̇7 5,	,5 71̇,

Il faudra étudier le numéro 6, ci-dessous, de la même manière que le numéro 7 de la première série (voir ci-dessus, première série, page 38, comment l'on doit étudier le numéro 7).

Il ne faut jamais chanter un *si*, sans penser à l'*ut*, avant et après, donc : toutes les fois qu'un *si* se présentera il faudra le chanter en pensant *ut si ut*.— Ceci est TRÈS-IMPORTANT.

N° 6.

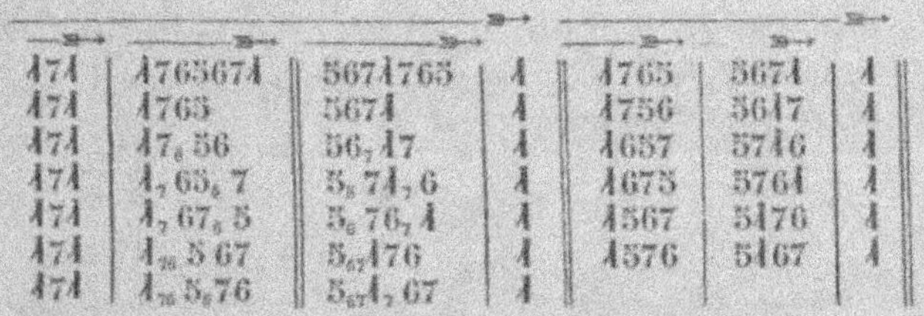

171̇	1̇765671̇	5671̇765	1̇	1̇765	5671̇	1̇
171̇	1̇765	5671̇	1̇	1̇756	561̇7	1̇
171̇	1̇7_{6} 56	56_{7} 1̇7	1̇	1̇657	571̇6	1̇
171̇	1̇$_{7}$ 65_{6} 7	5_{6} 71̇$_{7}$ 6	1̇	1̇675	5761̇	1̇
171̇	1̇$_{7}$ 67_{6} 5	5_{6} 76_{7} 1̇	1̇	1̇567	51̇76	1̇
171̇	1̇$_{76}$ 5 67	5_{67}1̇76	1̇	1̇576	51̇67	1̇
171̇	1̇$_{76}$ 5_{6}76	5_{67}1̇$_{7}$ 67	1̇			

TROISIÈME SÉRIE D'EXERCICES.

N° 1.

Etude des notes 12345671̇ 1̇7654321.

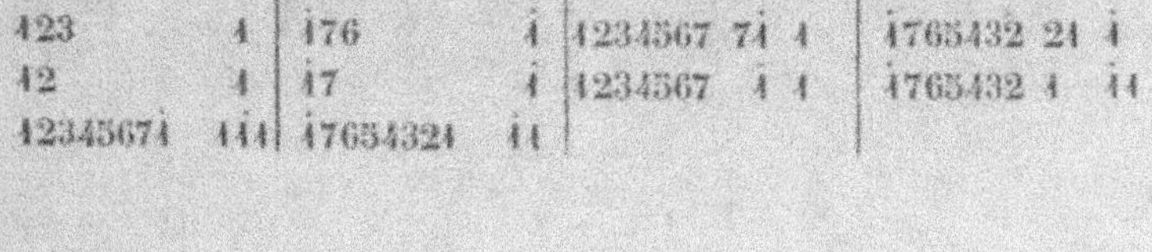

12345 ,5671̇,	1̇765 54321	12345671̇ 1	1̇7654321 1̇
12345 671̇ 1	1̇765 4321 1̇	12 2345671̇ 1	1̇7 7654321 1̇
12345 67 1	1̇765 432 1̇	123 345671̇ 1	1̇76 654321 1̇
12345 6 1	1̇765 43 1̇	1234 45671̇ 1	1̇765 54321 1̇
12345 1	1̇765 4 1̇	12345 5671̇ 1	1̇7654 4321 1̇
1234 1	1̇765 1̇	123456 671̇ 1	1̇76543 321 1̇
123 1	1̇76 1̇	1234567 71̇ 1	1̇765432 21 1̇
12 1	1̇7 1̇	1234567 1̇ 1	1̇765432 1 11
12345671̇ 11̇1	1̇7654321 1̇1		

12345671	17654321	17654321	12345671	1234567	17654321	1765432	12345671
12345671	7654321	17654321	2345671	1234567	654321	1765432	345671
1234567	7654321	1765432	2345671	123456	54321	176543	45671
1234567	654321	1765432	345671	12345	4321	17654	5671
123456	654321	176543	345671	1234	321	1765	671
123456	54321	176543	45671	123	21	176	71
12345	54321	17654	45671	12	1	17	1
12345	4321	17654	5671	123	21	176	71
1234	4321	1765	5671	1234	321	1765	671
1234	321	1765	671	12345	4321	17654	5671
123	321	176	671	123456	54321	176543	45671
123	21	176	71	1234567	654321	1765432	345671
12	1	17	1	1234567	17654321	1765432	12345671
12345671	17654321	17654321	12345671				

N° 2.

123		345		5671		1765		543		321		1351	1531			1531	1351	
123	13	345	35	5671	51	1765	15	543	53	321	31	1351	531			1531	351	
	13		35		51		15		53		31	135	531			153	351	
	13		5		1		15		3		1	135	31			153	51	
												13	1			15	1	
												1351	1531	11		1531	1351	1

1351531		1531351		13	31	35	53	51	15	51	53	35	31
135	31	153	51	13	313	5	535	1	15	515	3	353	1
13	1	15	1	13	31	5	53	1	15	51	3	35	1
135	31	153	51	13	1	5	3	1	15	1	3	5	1
1351531		15313511											

QUATRIÈME SÉRIE D'EXERCICES.

Étude des notes 17654321765 56712345671.

N° 1.

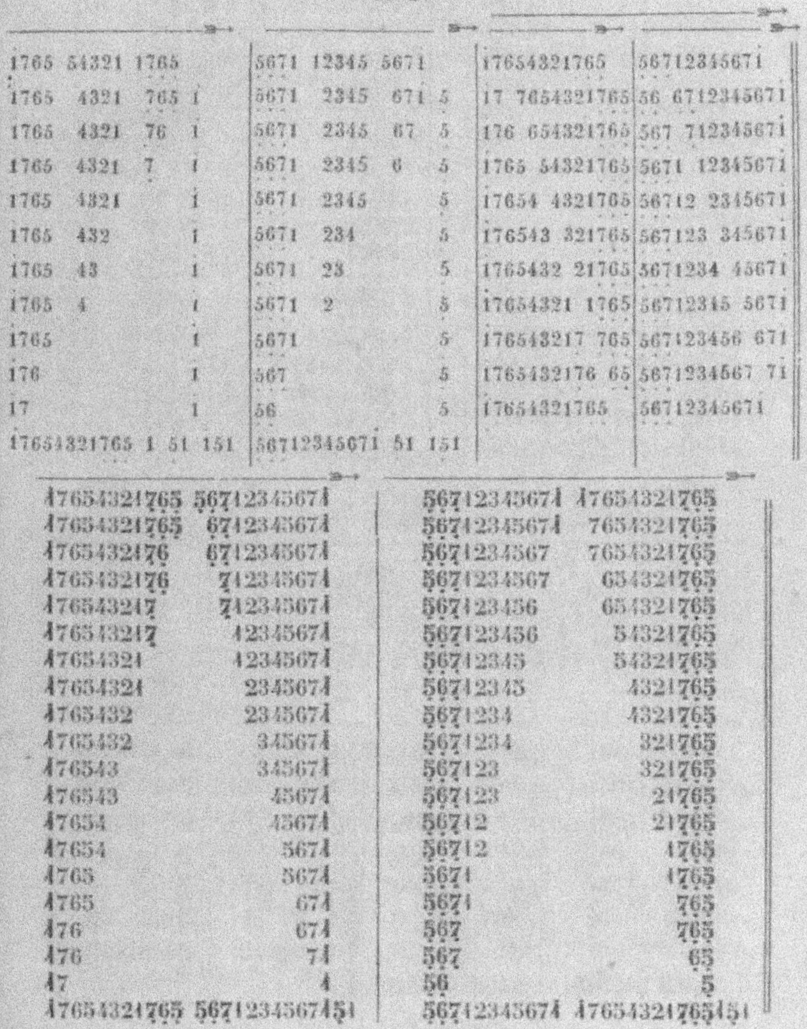

1765	54321	1765		5671	12345	5671		17654321765	56712345671
1765	4321	765	1	5671	2345	671	5	17 7654321765	56 6712345671
1765	4321	76	1	5671	2345	67	5	176 654321765	567 712345671
1765	4321	7	1	5671	2345	6	5	1765 54321765	5671 12345671
1765	4321		1	5671	2345		5	17654 4321765	56712 2345671
1765	432		1	5671	234		5	176543 321765	567123 345671
1765	43		1	5671	23		5	1765432 21765	5671234 45671
1765	4		1	5671	2		5	17654321 1765	56712345 5671
1765			1	5671			5	176543217 765	567123456 671
176			1	567			5	1765432176 65	5671234567 71
17			1	56			5	17654321765	56712345671
17654321765 1 51 151				56712345671 51 151					

17654321765	56712345671	56712345671	17654321765
17654321765	6712345671	56712345671	7654321765
1765432176	6712345671	5671234567	7654321765
1765432176	712345671	5671234567	654321765
176543217	712345671	567123456	654321765
176543217	12345671	567123456	54321765
17654321	12345671	56712345	54321765
17654321	2345671	56712345	4321765
1765432	2345671	5671234	4321765
1765432	345671	5671234	321765
176543	345671	567123	321765
176543	45671	567123	21765
17654	45671	56712	21765
17654	5671	56712	1765
1765	5671	5671	1765
1765	671	5671	765
176	671	567	765
176	71	567	65
17	1	56	5
17654321765	5671234567151	56712345671	1765432176515 1

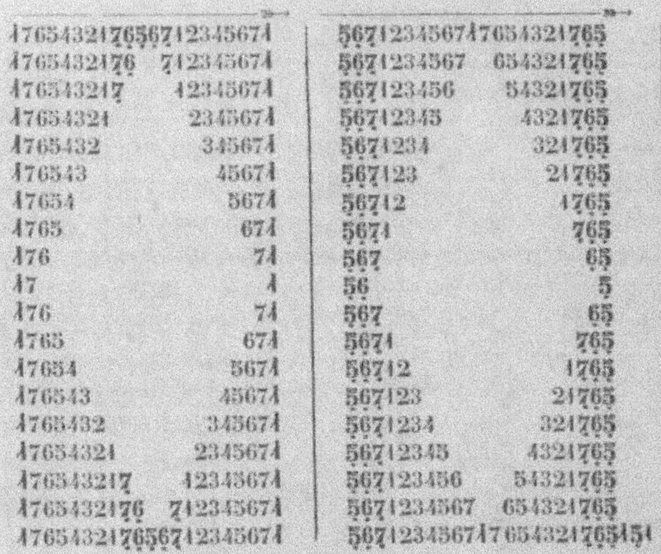

1765432176567	12345671	567123456717654321	765
176543217б	712345671	5671234567	654321765
176543217	12345671	567123456	54321765
17654321	2345671	56712345	4321765
1765432	345671	5671234	321765
176543	45671	567123	21765
17654	5671	56712	1765
1765	671	5671	765
176	71	567	65
17	1	56	5
176	71	567	65
1765	671	5671	765
17654	5671	56712	1765
176543	45671	567123	21765
1765432	345671	5671234	321765
17654321	2345671	56712345	4321765
176543217	12345671	567123456	54321765
1765432176	712345671	5671234567	654321765
1765432176567	12345671	567123456717654321	76515 1

N° 2.

1765		543		321		1765		5671		123		345		5671	
1765	15	543	53	321	31	1765	15	5671	51	123	13	345	35	5671	51
	15		53		31		15		51		13		35		51
	15		3		1		5		51		3		5		1

15315	51351	51351	15315	15315	1351	51351	5315
15315	1351	51351	5315	1531	351	5135	315
1531	1351	5135	5315	153	51	513	15
1531	351	5135	315	15	1	51	5
153	351	513	315	153	51	513	15
153	51	513	15	1531	351	5135	315
15	1	51	5	15315	1351	51351	53151
15315	513515 1	51351	15315 1				

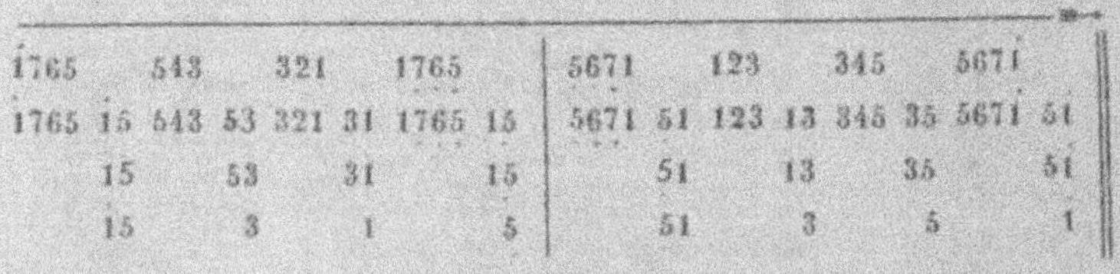

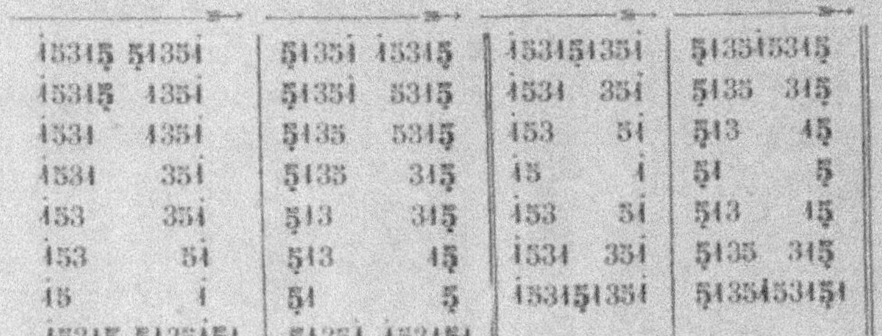

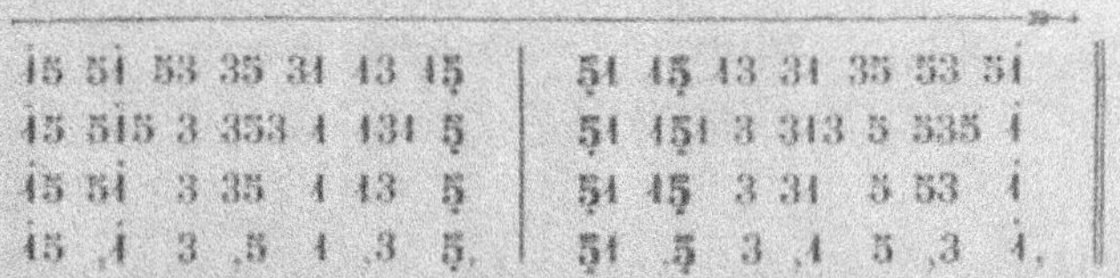

15 51 53 35 31 13 15	51 15 13 31 35 53 51
15 515 3 353 1 131 5	51 151 3 313 5 535 1
15 51 3 35 1 13 5	51 15 3 31 5 53 1
15 ,1 3 ,5 1 ,3 5,	51 ,5 3 ,1 5 ,3 1,

N° 3.

176 654 432 217 765	567 712 234 456 671
176 16 654 64 432 42 217 27 765 75	567 57 712 72 234 24 456 46 671 61
16 64 42 27 75	57 72 24 46 61
16 4 2 7 5	57 2 4 6 1

164275	572464	572464	164275	164275	72464	572464	64275
164275	72464	572464	64275	16427	2464	57246	4275
16427	72464	57246	64275	1642	464	5724	275
16427	2464	57246	4275	164	64	572	75
1642	2464	5724	4275	16	4	57	5
1642	464	5724	275	164	64	572	75
164	464	572	275	1642	464	5724	275
164	64	572	75	16427	2464	57246	4275
16	4	57	5	164275	72464	572464	642751
164275	57246451	572464	1642751				

16 61 64 46 42 24 27 72 75	57 75 72 27 24 42 46 64 61
16 6164 4642 2427 7275	57 7572 2724 4246 6461
16 61 4 46 2 24 7 72 5	57 75 2 27 4 42 6 64 1
16 1 4 6 2 4 7 2 5	57 5 2 7 4 2 6 4 1

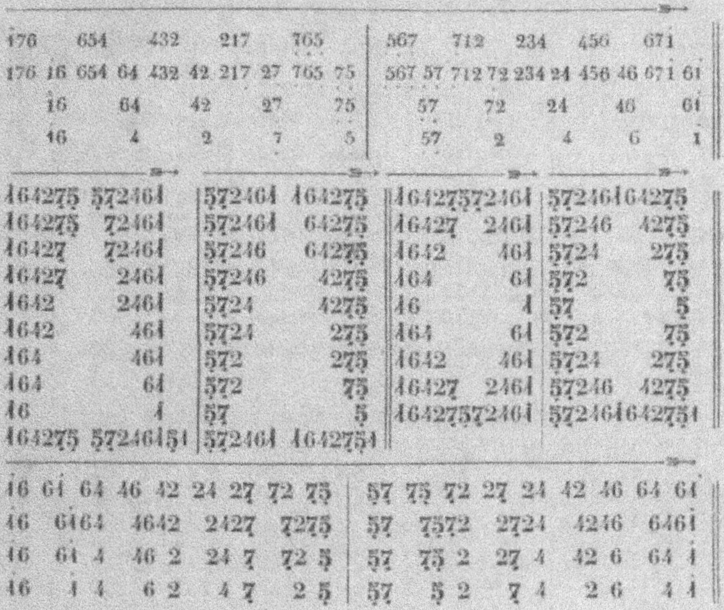

CINQUIÈME SÉRIE D'EXERCICES.

Étude des notes 135, 146, 725.

N° 1.

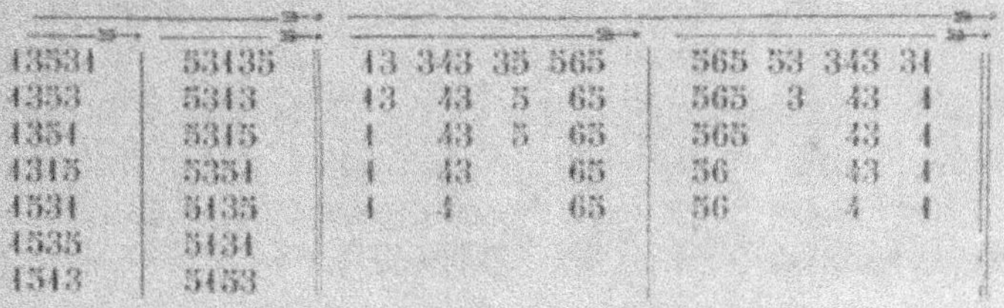

13531	53135	13 343 35 565	565 53 343 31
1353	5313	13 43 5 65	565 3 43 1
1351	5315	1 43 5 65	565 43 1
1315	5351	1 43 65	56 43 1
1531	5135	1 4 65	56 4 1
1535	5131		
1513	5153		

171	12	2345	25	5432	52	21	171
171	12		25	5	2	21	171
171	2		25	5	2	21	71
171	2		5	5	2	1	71
17	2		5	5	2		71

N° 2.

13531	14641	13531	72527	13531	1	53135	64146	53135	52725	53135	1
1353	1464	1353	7252	1353	1	5313	6414	5313	5272	5313	1
1351	1461	1351	7257	1351	1	5315	6416	5315	5275	5315	1
1315	1416	1315	7275	1315	1	5351	6461	5351	5257	5351	1
1531	1641	1531	7527	1531	1	5135	6146	5135	5725	5135	1
1535	1646	1535	7525	1535	1	5131	6141	5131	5727	5131	1
1513	1614	1513	7572	1513	1	5153	6164	5153	5752	5153	1

SIXIÈME SÉRIE D'EXERCICES.

Études des notes 513 614 572.

N° 1.

13151	51315
1315	5131
1351	5135
1353	5153
1513	5315
1531	5313
1535	5351

565	51	13	313	313	31	15	565
565	51	3	13	313		15	565
565	1	3	13	313		1	565
565	1		13	313		1	65
56	1		13	31		1	65

51	171	121	121	171	15
51	171	21	121	71	15
51	71	21	121	71	5
51	7	21	12	71	5
5	7	21	12	7	5

N° 2.

13151	14161	13151	72757	13151	1	51315	61416	51315	57275	51315	1
1315	1416	1315	7275	1315	1	5131	6141	5131	5727	5131	1
1351	1461	1351	7257	1351	1	5135	6146	5135	5725	5135	1
1353	1464	1353	7252	1353	1	5153	6164	5153	5752	5153	1
1513	1614	1513	7572	1513	1	5315	6416	5315	5275	5315	1
1531	1641	1531	7527	1531	1	5313	6414	5313	5272	5313	1
1535	1646	1535	7525	1535	1	5351	6461	5351	5257	5351	1

SEPTIÈME SÉRIE D'EXERCICES.

Études des notes 155 164 752.

N° 1.

15351	51535	15 565 53 313	313 35 565 51	171 15 5432 52	2345 25 51 171
1535	5153	15 65 3 13	313 35 65 1	171 15 52	2 5 51 171
1531	5135	15 65 13	313 5 65 1	171 5 52	2 5 5 171
1515	5131	15 6 13	313 65 1	171 5 2	2 5 171
1351	5351	1 6 13	31 65 1	17 5 2	2 5 71
1353	5315				
1315	5313				

N° 2.

15351	16461	15351	75257	15351	1	51535	61646	51535	57525	51535	1
1535	1646	1535	7525	1535	1	5153	6164	5153	5752	5153	1
1531	1641	1531	7527	1531	1	5135	6146	5135	5725	5135	1
1513	1614	1513	7572	1513	1	5131	6141	5131	5727	5131	1
1351	1461	1351	7257	1351	1	5351	6461	5351	5257	5351	1
1353	1464	1353	7252	1353	1	5315	6416	5315	5275	5315	1
1315	1416	1315	7275	1315	1	5313	6414	5313	5272	5313	1

HUITIÈME SÉRIE D'EXERCICES.

Étude des notes 135 136 724.

N° 1.

13531	13631	13531	72427	13531	1	53135	63136	53135	42724	53135	1
1353	1363	1353	7242	1353	1	5313	6313	5313	4272	5313	1
1351	1361	1351	7247	1351	1	5315	6316	5315	4274	5315	1
1315	1316	1315	7274	1315	1	5351	6361	5351	4247	5351	1
1531	1631	1531	7427	1531	1	5135	6136	5135	4724	5135	1
1535	1636	1535	7424	1535	1	5131	6131	5131	4727	5131	1
1513	1613	1513	7472	1513	1	5153	6163	5153	4742	5153	1

Étude des notes 513 613 472.

N° 2.

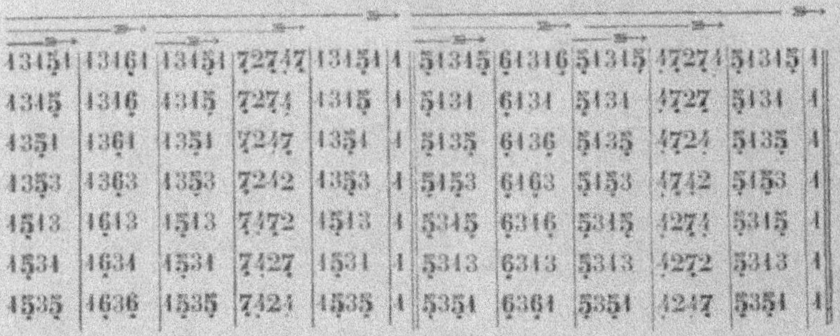

13151	13161	13151	72747	13151	1	51315	61316	51315	47274	51315	1
1315	1316	1315	7274	1315	1	5131	6131	5131	4727	5131	1
1351	1361	1351	7247	1351	1	5135	6136	5135	4724	5135	1
1353	1363	1353	7242	1353	1	5153	6163	5153	4742	5153	1
1513	1613	1513	7472	1513	1	5315	6316	5315	4274	5315	1
1531	1631	1531	7427	1531	1	5313	6313	5313	4272	5313	1
1535	1636	1535	7424	1535	1	5351	6361	5351	4247	5351	1

Étude des notes 153, 163, 742.

N° 3.

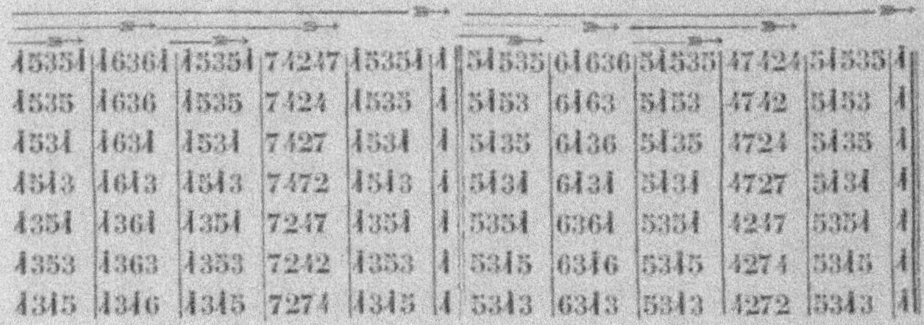

15351	16361	15351	74247	15351	1	51535	61636	51535	47424	51535	1
1535	1636	1535	7424	1535	1	5153	6163	5153	4742	5153	1
1531	1631	1531	7427	1531	1	5135	6136	5135	4724	5135	1
1513	1613	1513	7472	1513	1	5131	6131	5131	4727	5131	1
1351	1361	1351	7247	1351	1	5351	6361	5351	4247	5351	1
1353	1363	1353	7242	1353	1	5315	6316	5315	4274	5315	1
1315	1316	1315	7274	1315	1	5313	6313	5313	4272	5313	1

NEUVIÈME SÉRIE D'EXERCICES.

Étude des notes 135, 246, 735.

N 1.

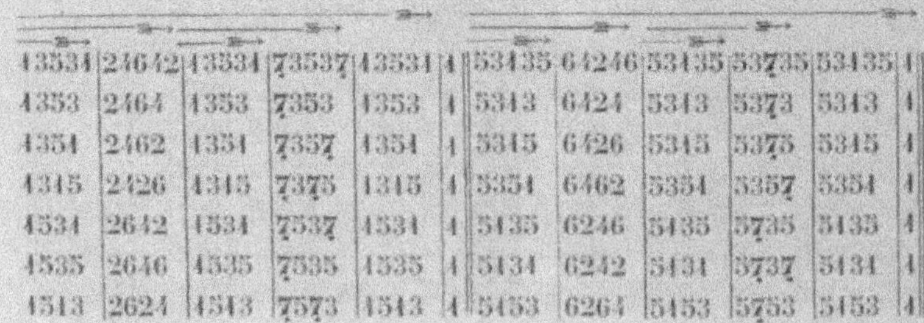

13531	24642	13531	73537	13531	1	53135	64246	53135	53735	53135	1
1353	2464	1353	7353	1353	1	5313	6424	5313	5373	5313	1
1351	2462	1351	7357	1351	1	5315	6426	5315	5375	5315	1
1315	2426	1315	7375	1315	1	5351	6462	5351	5357	5351	1
1531	2642	1531	7537	1531	1	5135	6246	5135	5735	5135	1
1535	2646	1535	7535	1535	1	5131	6242	5131	5737	5131	1
1513	2624	1513	7573	1513	1	5153	6264	5153	5753	5153	1

Étude des notes 513 624 573.

N° 2.

13151	24262	13151	73757	13151	1	51315	62426	51315	57375	51315	1
1315	2426	1315	7375	1315	1	5131	6242	5131	5737	5131	1
1351	2462	1351	7357	1351	1	5135	6246	5135	5735	5135	1
1353	2464	1353	7353	1353	1	5153	6264	5153	5753	5153	1
1513	2624	1513	7573	1513	1	5315	6426	5315	5375	5315	1
1531	2642	1531	7537	1531	1	5313	6424	5313	5373	5313	1
1535	2646	1535	7535	1535	1	5351	6462	5351	5357	5351	1

Étude des notes 135 264 153.

N° 3.

15351	26462	15351	75357	15351	1	51535	62646	51535	57535	51535	1
1535	2646	1535	7535	1535	1	5153	6264	5153	5753	5153	1
1531	2642	1531	7537	1531	1	5135	6246	5135	5735	5135	1
1513	2624	1513	7573	1513	1	5131	6242	5131	5737	5131	1
1351	2462	1351	7357	1351	1	5351	6462	5351	5357	5351	1
1353	2464	1353	7353	1353	1	5315	6426	5315	5375	5315	1
1315	2426	1315	7375	1315	1	5313	6424	5313	5373	5313	1

DIXIÈME SÉRIE D'EXERCICES.

Étude des notes 135 1246 7245.

N° 1.

13531	1246421	13531	7245427	13531	1
53135	6421246	53135	5427245	53135	1
13151	1242161	13151	7242757	13151	1
51315	6124216	51315	5724275	51315	1

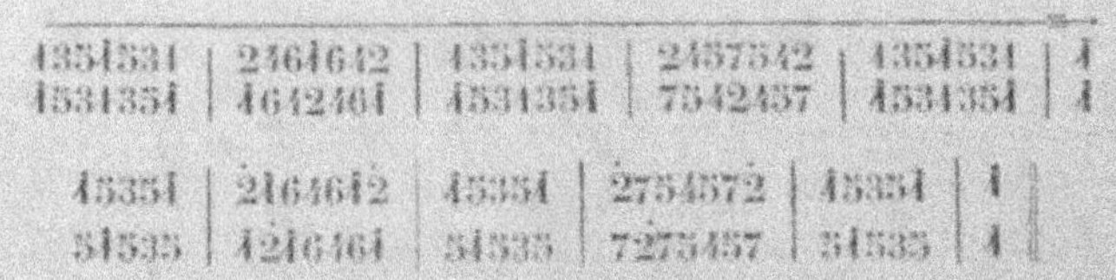

1351̇531	2461̇642	1351̇531	2457542	1351̇531	1̇
1̇531351̇	1̇642461̇	1̇531351̇	7542457	1̇531351̇	1̇

1̇5351̇	2̇1̇6461̇2̇	1̇5351̇	2̇754572̇	1̇5351̇	1̇
51̇535	1̇2̇1̇6461̇	51̇535	72̇75457	51̇535	1̇

Étude des notes 135 1346 7̣246.

N° 2.

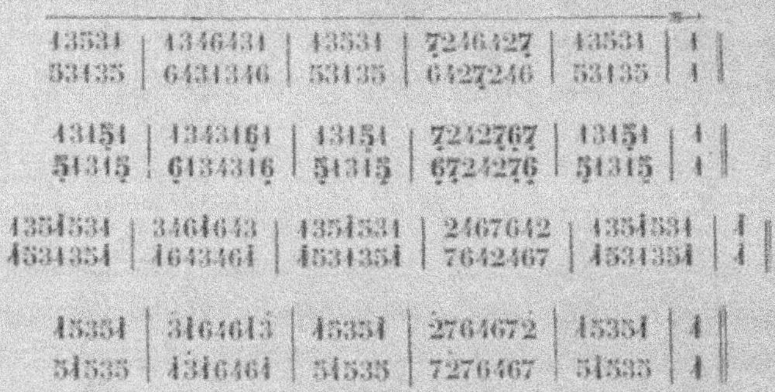

13531	1346431	13531	7̣246427̣	13531	1
53135	6431346	53135	6427̣246	53135	1

1315̣1	134316̣1	1315̣1	7̣2427̣6̣7̣	1315̣1	1
5̣1315̣	6̣134316̣	5̣1315̣	6̣7̣2427̣6̣	5̣1315̣	1

1351̇531	3461̇643	1351̇531	2467642	1351̇531	1̇
1̇531351̇	1̇643461̇	1̇531351̇	7642467	1̇531351̇	1̇

1̇5351̇	3̇1̇6461̇3̇	1̇5351̇	2̇764672̇	1̇5351̇	1̇
51̇535	1̇3̇1̇6461̇	51̇535	72̇76467	51̇535	1̇

Étude des notes 135 1356 7235.

N° 3.

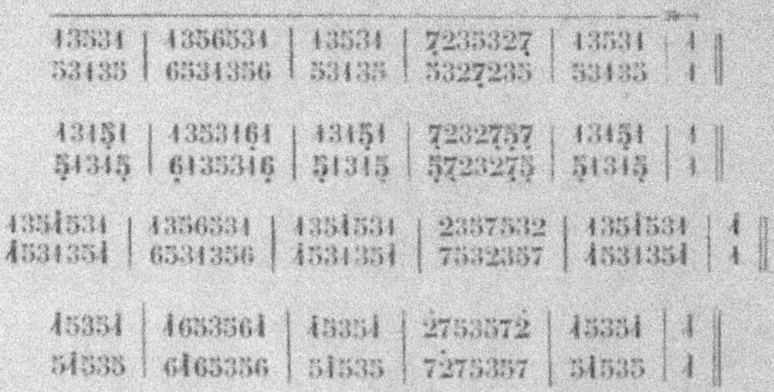

13531	1356531	13531	7̣235327̣	13531	1
53135	6531356	53135	5327̣235	53135	1

1315̣1	135316̣1	1315̣1	7̣2327̣5̣7̣	1315̣1	1
5̣1315̣	6̣135316̣	5̣1315̣	5̣7̣2327̣5̣	5̣1315̣	1

1351̇531	1356531	1351̇531	2357532	1351̇531	1̇
1̇531351̇	6531356	1̇531351̇	7532357	1̇531351̇	1̇

1̇5351̇	1̇653561̇	1̇5351̇	2̇753572̇	1̇5351̇	1̇
51̇535	61̇65356	51̇535	72̇75357	51̇535	1̇

ONZIÈME SÉRIE D'EXERCICES.

Étude des gammes harmoniques pour l'étendue de la voix humaine.

N° 1.

1	2	3	4	5	6	7	1	
13531	25752	35153	46164	51315	61416	72527	13531	1
1353	2575	3515	4616	5131	6141	7252	1353	1
1351	2572	3513	4614	5135	6146	7257	1351	1
1315	2527	3531	4641	5153	6164	7275	1315	1
1531	2752	3153	4164	5315	6416	7527	1531	1
1535	2757	3151	4161	5313	6414	7525	1535	1
1513	2725	3135	4146	5351	6461	7572	1513	1

1	7	6	5	4	3	2	1	
13531	72527	61416	51315	46164	35153	25752	13531	1
1353	7252	6141	5131	4616	3515	2575	1353	1
1351	7257	6146	5135	4614	3513	2572	1351	1
1315	7275	6164	5153	4641	3531	2527	1315	1
1531	7527	6416	5315	4164	3153	2752	1531	1
1535	7525	6414	5313	4161	3151	2757	1535	1
1513	7572	6461	5351	4146	3135	2725	1513	1

N° 1 *bis*.

53135	75257	13531	16461	31513	41614	52725	53135	1
5313	7525	1535	1646	3151	4161	5272	5313	1
5315	7527	1531	1641	3153	4164	5275	5315	1
5351	7572	1513	1614	3135	4146	5257	5351	1
5135	7257	1351	1461	3513	4614	5725	5135	1
5131	7252	1353	1464	3515	4616	5727	5131	1
5153	7275	1315	1416	3531	4641	5752	5153	1

53135	52725	41614	31513	16461	15351	75257	53135	1
5313	5272	4161	3151	1646	1535	7525	5313	1
5315	5275	4164	3153	1641	1531	7527	5315	1
5351	5257	4146	3135	1614	1513	7572	5351	1
5135	5725	4614	3513	1461	1351	7257	5135	1
5131	5727	4616	3515	1464	1353	7252	5131	1
5153	5752	4641	3531	1416	1315	7275	5153	1

N° 2.

1	2	3	4	5	6	7	1	
15351	27572	31513	41614	53135	64146	75257	15351	1
1535	2757	3151	4161	5313	6414	7525	1535	1
1531	2752	3153	4164	5315	6416	7527	1531	1
1513	2725	3135	4146	5351	6461	7572	1513	1
1351	2572	3513	4614	5135	6146	7257	1351	1
1353	2575	3515	4616	5131	6141	7252	1353	1
1315	2527	3531	4641	5153	6164	7275	1315	1

1	7	6	5	4	3	2	1	
15351	75257	64146	53135	41614	31513	27572	15351	1
1535	7525	6414	5313	4161	3151	2757	1535	1
1531	7527	6416	5315	4164	3153	2752	1531	1
1513	7572	6461	5351	4146	3135	2725	1513	1
1351	7257	6146	5135	4614	3513	2572	1351	1
1353	7252	6141	5131	4616	3515	2575	1353	1
1315	7275	6164	5153	4641	3531	2527	1315	1

N° 2 *bis.*

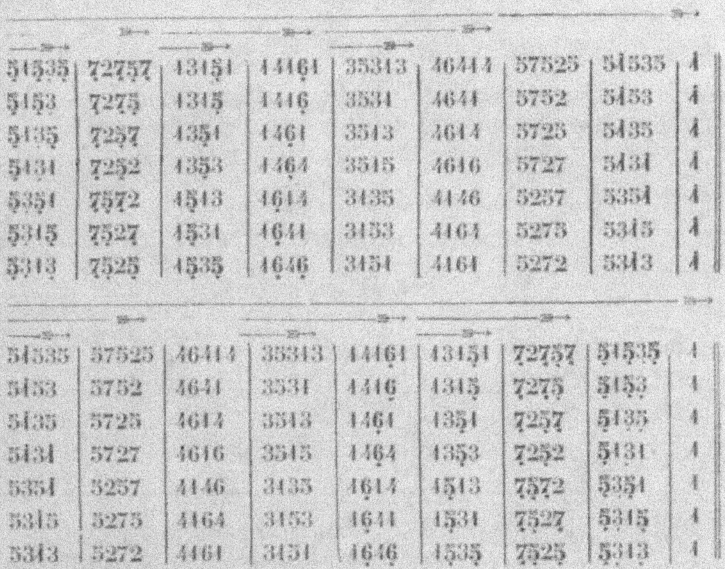

51535	72757	43151	44161	35313	46444	57525	51535	1
5153	7275	4315	4416	3531	4641	5752	5153	1
5135	7257	4351	4461	3513	4614	5725	5135	1
5131	7252	4353	4464	3515	4616	5727	5131	1
5351	7572	4513	4614	3135	4146	5257	5351	1
5315	7527	4531	4641	3153	4164	5275	5315	1
5313	7525	4535	4646	3151	4161	5272	5313	1

51535	57525	46414	35313	44161	43151	72757	51535	1
5153	5752	4641	3531	4416	4315	7275	5153	1
5135	5725	4614	3513	4461	4351	7257	5135	1
5131	5727	4616	3515	4464	4353	7252	5131	1
5351	5257	4146	3135	4614	4513	7572	5351	1
5315	5275	4164	3153	4641	4531	7527	5315	1
5313	5272	4161	3151	4646	4535	7525	5313	1

DOUZIÈME SÉRIE D'EXERCICES.

Étude des marches harmoniques pour l'étendue de la voix humaine.

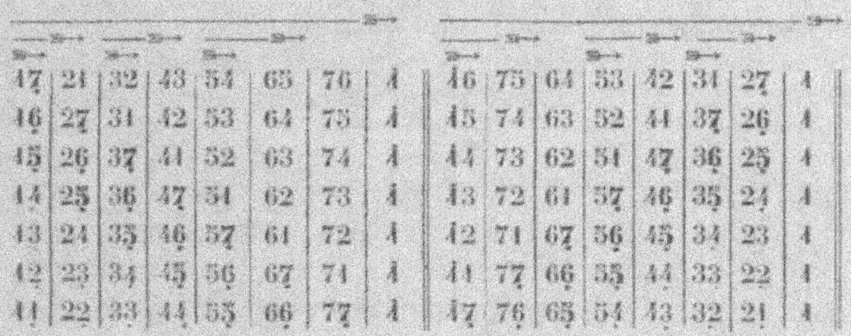

47	21	32	43	54	65	76	1	46	75	64	53	42	31	27	1
46	27	31	42	53	64	75	1	45	74	63	52	41	37	26	1
45	26	37	41	52	63	74	1	44	73	62	51	47	36	25	1
44	25	36	47	51	62	73	1	43	72	61	57	46	35	24	1
43	24	35	46	57	61	72	1	42	71	67	56	45	34	23	1
42	23	34	45	56	67	71	1	41	77	66	55	44	33	22	1
41	22	33	44	55	66	77	1	47	76	65	54	43	32	21	1

(NOTA. La treizième série d'exercices de cette classe a été rejetée dans les modulations).

DEUXIÈME CLASSE.

Étude de la gamme de LA, *mode mineur, en douze séries d'exercices.*

NOTA. Les deux premières séries peuvent, comme celles de la gamme d'ut mode majeur, être étudiées simultanément, et de la même manière. Les autres séries doivent être étudiées une à une et non deux à deux.

PREMIÈRE SÉRIE D'EXERCICES.

Étude des notes 6 7 1 2 3.

N° 1.

176 671 123 321 176
671 23 321 76
671 23 21 76 36

123 321 176 671 123
321 76 671 23
321 76 71 23636

67123	32176		32176	67123	
67123	2176		32176	7123	
6712	2176		3217	7123	
6712	176		3217	123	
671	176		321	123	
671	76		321	23	
67	6		32	3	
67123	32176	36	32176	67123	636

N° 2.

671 123	321 176	613 316	316 613	61 16 13	31 13 16
671 61 123 13	321 31 176 16	613 16	316 13	61 1613	31 1316
61 13	31 16	61 6	31 3	61 16 3	31 13 6
61 3	31 6	613 316 36	316 613 636	61 6 3	31 3 6

N° 3.

67123	61237	62317	63217	6	32176	31762	37126	36712	6
67132	61273	62371	63271	6	32167	31726	37162	36721	6
67231	61327	62173	63172	6	32761	31672	37216	36127	6
67213	61372	62137	63127	6	32716	31627	37261	36172	6
67321	61723	62713	63712	6	32671	31276	37612	36217	6
67312	61732	62731	63721	6	32617	31267	37621	36271	6

DEUXIÈME SÉRIE D'EXERCICES.

176	6543	6543	6543	343	36	
			6543	43	6	
			65	43	6	
			6	43	6	36

Étude des notes LA JÉ FA MI.

DÉFINITION DU JÉ OU SOL DIÈSE.

Le JÉ, ou sol dièse, est un son qui PRODUIT AVEC le LA le même air que le SI avec l'UT.

COMMENT SE MARQUE LE DIÈSE.

LE DIÈSE, qui indique un son plus aigu, se marque sur la note, par un trait oblique tourné dans le même sens que l'ACCENT AIGU, de la manière suivante : 5́.

COMMENT ON APPREND A FAIRE LE SOL DIÈSE OU JÉ.

Puisque d'après la définition du JÉ, ou sol dièse, donnée ci-dessus, LE JÉ DOIT PRODUIRE AVEC LE LA le même air que le SI avec l'UT;

Il faut, pour s'habituer à faire le JÉ, chanter, sur l'air 171, les syllabes

LA	JÉ	LA
6	5́	6

COMMENT ON DOIT FAIRE CET EXERCICE.

Répétez plusieurs fois de suite l'air 171, en vous écoutant avec soin, afin d'appliquer exactement le même air aux syllabes, LA JÉ LA, que vous répéterez aussi plusieurs fois de suite en vous écoutant avec soin, afin de retenir l'effet que produit cet air.

Recommencez cet exercice jusqu'à ce que vous vous soyez rendu assez maître de LA JÉ LA pour le produire sans avoir besoin de UT SI UT pour vous guider.

AVIS TRÈS-IMPORTANT. Dans les exercices suivants, il ne faut jamais produire un 5́ sans le placer, par la pensée, entre deux 6, ainsi : 65́6. Ne chantez donc jamais un 5́ sans penser 65́6. Ceci est TRÈS-IMPORTANT.

De même, il ne faut jamais produire un 4 sans le placer, par la pensée, entre deux 3, ainsi : 343. N'exprimez donc jamais un 4 sans penser 343. Ceci est aussi TRÈS-IMPORTANT. Tout le succès de l'étude tient à ces précautions.

N° 1.

```
176 6543 343 36    ‖ 656 343       | 343 656    ‖
    6543  43 6     ‖ 656  43       | 343  56    ‖
    65    43 6     ‖ 65   43       | 34   56    ‖
    6     43 6 36  ‖ 656 343 636   | 343 656 36 ‖
```

N° 2.

```
6543 3456    |3456 6543    ‖6543456    |3456543    ‖6543|3456|6‖
6543  456    |3456  543    |654  56    |345  43    |6534|3465|6|
654   456    |345   543    |65    6    |34    3    |6435|3564|6|
654    56    |345    43    |654  56    |345  43    |6453|3546|6|
65      6    |34      3    |6543456 36 |3456543636 |6345|3654|6|
6543 3456 36 |3456 6543 636‖           |           |6354|3645|6‖
```

TROISIÈME SÉRIE D'EXERCICES.

Étude des notes 67123456 65432176.

N° 1.

```
67123 3456 6543 32176       ‖67123456 65432176    |65432176 67123456     ‖
67123  456 6543  2176       |67123456  5432176    |65432176  7123456     |
67123  456  543  2176 66    |6712345   5432176    |6543217   7123456     |
                            |6712345    432176    |6543217    123456     |
6543 32176 67123 3456       |671234     432176    |654321     123456     |
6543  2176 67123  456       |671234      32176    |654321      23456     |
6543  2176  7123  456 666   |67123       32176    |65432       23456     |
                            |67123        2176    |65432        3456     |
                            |6712         2176    |6543         3456     |
                            |6712          176    |6543          456     |
                            |671           176    |654           456     |
                            |671            76    |654            56     |
                            |67              6    |65              6     |
                            ‖67123456 65432176 66 |65432176 67123456 666 ‖
```

6712345654321 76	6543217 67123456
6712345 432176	6543217 123456
671234 32176	654321 23456
67123 2176	65432 3456
6712 176	6543 456
671 76	654 56
67 6	65 6
671 76	654 56
6712 176	6543 456
67123 2176	65432 3456
671234 32176	654321 23456
6712345 432176	6543217 123456
671234565432176 66	654321767123456 666

N° 2.

671 123 3456	6543 321 176
671 61 123 13 3456 36	6543 63 321 31 176 16
61 13 36	63 31 16
61 3 6	63 1 6

136 6316	6316 6136	6136316	6316136	61 16 13 31 36	63 36 31 13 16
136 316	6316 136	613 16	631 36	61 1613 3136	63 3631 1316
13 316	631 136	61 6	63 6	61 16 3 31 6	63 36 1 13 6
13 16	631 36	613 16	631 36	61 6 3 1 6	63 6 1 3 6
1 6	63 6	6136316 66	6316136 6		
136 6316 66	6316 6136 6				

QUATRIÈME SÉRIE D'EXERCICES.

Etude des notes 65432176543 34567123456.

N° 1.

6543 32176 6543 3456 67123 3456	3456 67123 3456 6543 32176 6543
6543 2176 543 3456 7123 456	3456 7123 456 6543 2176 543
6543 2176 543 456 7123 456	3456 7123 456 543 2176 543 36

65432176543	34567123456
65432176543	4567123456
6543217654	4567123456
6543217654	567123456
654321765	567123456
654321765	67123456
65432176	67123456
65432176	7123456
6543217	7123456
6543217	123456
654321	123456
654321	23456
65432	23456
65432	3456
6543	3456
6543	456
654	456
654	56
65	6
65432176543	34567123456

34567123456	65432176543	
34567123456	5432176543	
3456712345	5432176543	
3456712345	432176543	
345671234	432176543	
345671234	32176543	
34567123	32176543	
34567123	2176543	
3456712	2176543	
3456712	176543	
345671	176543	
345671	76543	
34567	76543	
34567	6543	
3456	6543	
3456	543	
345	543	
345	43	
34	3	
34567123456	65433176543	36

6543217654334567123456	
6543217654	567123456
654321765	67123456
65432176	7123456
6543217	123456
654321	23456
65432	3456
6543	456
654	56
65	6
654	56
6543	456
65432	3456
654321	23456
6543217	123456
65432176	7123456
654321765	67123456
6543217654	567123456
6543217654334567123456	

345671234565432176543		
3456712345	432176543	
345671234	32176543	
34567123	2176543	
3456712	176543	
345671	76543	
34567	6543	
3456	543	
345	43	
34	3	
345	43	
3456	543	
34567	6543	
345671	76543	
3456712	176543	
34567123	2176543	
345671234	32176543	
3456712345	432176543	
345671234565432176543		36

N° 2.

6543		324		476		6543		3456		674		423		3456	
6543	63	324	34	476	46	6543	63	3456	36	674	64	423	43	3456	36
	63		34		46		63		36		64		43		36
	63		4		6		3		36		4		3		6

63463	36436	36436	63463		634636436	364363463		
63463	6436	36436	3463		6346 436	3643 463		
6346	6436	3643	3463		634 36	364 63		
6346	436	3643	463		63 6	36 3		
634	436	364	463		634 36	364 63		
634	36	364	63		6346 436	3643 463		
63	6	36	3		634636436	364363463	36	
63463	36436	36436	63463	36				

63 36 34 43 46 64 63	36 63 64 46 43 34 36
63 3634 4346 6463	36 6364 4643 3436
63 36 4 43 6 64 3	36 63 4 46 3 34 6
63 6 4 3 6 4 3	36 3 4 6 3 4 6

N° 3.

654		432		247		765		543		345		567		712		234		456	
654	64	432	42	247	27	765	75	543	53	345	35	567	57	712	72	234	24	456	46
	64		42		27		75		53		35		57		72		24		46
	64		2		7		5		3		35		7		2		4		6

642753	357246	357246	642753		642753357246	357246642753	
642753	57246	357246	42753		64275 7246	35724 2753	
64275	57246	35724	42753		6427 246	3572 753	
64275	7246	35724	2753		642 46	357 53	
6427	7246	3572	2753		64 6	35 3	
6427	246	3572	753		642 46	357 53	
642	246	357	753		6427 246	3572 753	
642	46	57	53		64275 7246	35724 2753	
64	6	35	3		642753357246	357246642753	36
642753	357246	357246	642753	36			

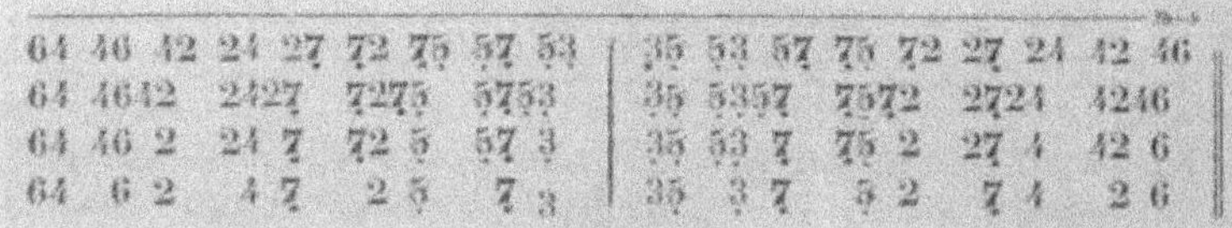

64	46	42	24	27	72	75	57	53	35	53	57	75	72	27	24	42	46
64	4642		2427		7275		5753		35	5357		7572		2724		4246	
64	46 2		24 7		72 5		57 3		35	53 7		75 2		27 4		42 6	
64	6 2		4 7		2 5		7 3		35	3 7		5 2		7 4		2 6	

CINQUIÈME SÉRIE D'EXERCICES.

Étude des notes 613, 624, 573.

N° 1.

176 671232176 67123432176 671232176 6567123217656

N° 2.

61316	62426	61316	57375	61316	6	31613	42624	31613	37573	31613	6
6131	6242	6131	5737	6131	6	3161	4262	3161	3757	3161	6
6136	6246	6136	5735	6136	6	3163	4264	3163	3753	3163	6
6163	6264	6163	5753	6163	6	3136	4246	3136	3735	3136	6
6316	6426	6316	5375	6316	6	3613	4624	3613	3573	3613	6
6313	6424	6313	5373	6313	6	3616	4626	3616	3575	3616	6
6361	6462	6361	5357	6361	6	3631	4642	3631	3537	3631	6

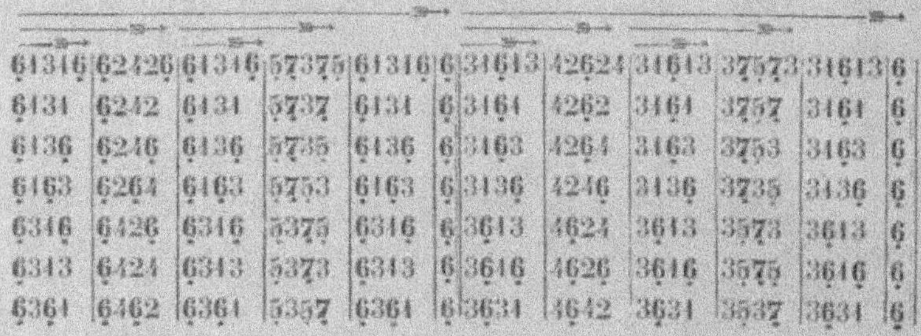

SIXIÈME SÉRIE D'EXERCICES.

Étude des notes 361, 462, 357.

N° 1.

176, 67176543456, 67121765456, 671765434 56, 65676543456.

N° 2.

61636	62646	61636	57535	61636	6	36163	46264	36163	35753	36163	6
6163	6264	6163	5753	6163	6	3616	4626	3616	3575	3616	6
6136	6246	6136	5735	6136	6	3613	4624	3613	3573	3613	6
6131	6242	6131	5737	6131	6	3631	4642	3631	3537	3631	6
6361	6462	6361	5357	6361	6	3163	4264	3163	3753	3163	6
6316	6426	6316	5375	6316	6	3161	4262	3161	3757	3161	6
6313	6424	6313	5373	6313	6	3136	4246	3136	3735	3136	6

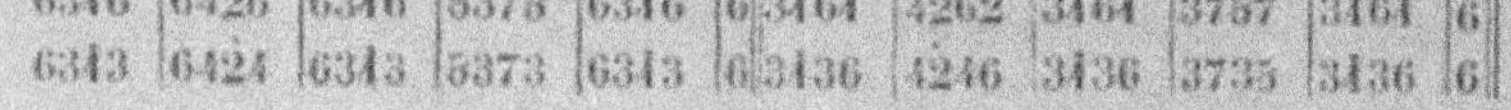

SEPTIÈME SÉRIE D'EXERCICES.

Étude des notes 631, 642, 537.

N° 1.

176, 65432123456, 654323456, 65432123456. 6543217123456.

N° 2.

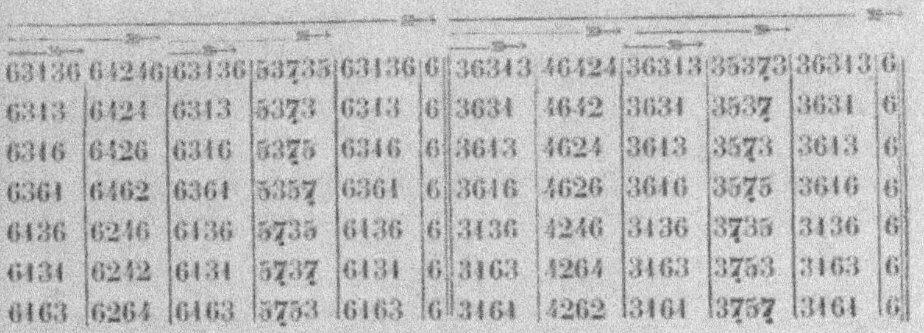

63136	64246	63136	53735	63136	6	36313	46424	36313	35373	36313	6
6313	6424	6313	5373	6313	6	3631	4642	3631	3537	3631	6
6316	6426	6316	5375	6346	6	3613	4624	3613	3573	3613	6
6361	6462	6361	5357	6361	6	3616	4626	3616	3575	3616	6
6136	6246	6136	5735	6136	6	3136	4246	3136	3735	3136	6
6131	6242	6131	5737	6131	6	3163	4264	3163	3753	3163	6
6163	6264	6163	5753	6163	6	3161	4262	3161	3757	3161	6

HUITIÈME SÉRIE D'EXERCICES.

Étude des notes 613 614 572.

N° 1.

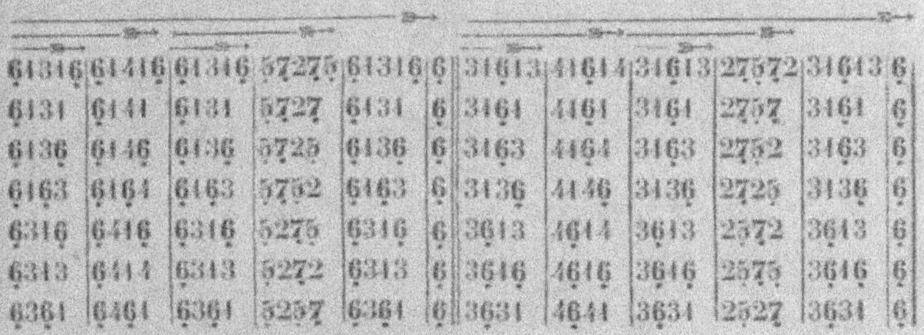

61316	61416	61316	57275	61316	6	31613	41614	31613	27572	31613	6
6131	6141	6131	5727	6131	6	3161	4161	3161	2757	3161	6
6136	6146	6136	5725	6136	6	3163	4164	3163	2752	3163	6
6163	6164	6163	5752	6163	6	3136	4146	3136	2725	3136	6
6316	6416	6316	5275	6316	6	3613	4614	3613	2572	3613	6
6313	6414	6313	5272	6313	6	3616	4616	3616	2575	3616	6
6361	6461	6361	5257	6361	6	3631	4641	3631	2527	3631	6

Étude des notes 361, 461, 257.

N° 2.

61636	61646	61636	57525	61636	6	36163	46164	36163	25752	36163	6
6163	6164	6163	5752	6163	6	3616	4616	3616	2575	3616	6
6136	6146	6136	5725	6136	6	3613	4614	3613	2572	3613	6
6131	6141	6131	5727	6131	6	3631	4641	3631	2527	3631	6
6361	6461	6361	5257	6361	6	3163	4164	3163	2752	3163	6
6316	6416	6316	5275	6316	6	3161	4161	3161	2757	3161	6
6313	6414	6313	5272	6313	6	3136	4146	3136	2725	3136	6

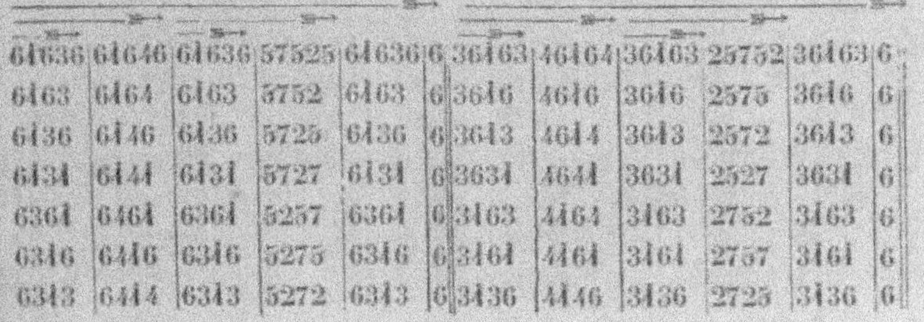

Étude des notes **631 641 527.**

N° 3.

63136	64146	63136	52725	63136	6	36313	46414	36313	25272	36313	6
6313	6414	6313	5272	6313	6	3631	4641	3631	2527	3631	6
6316	6416	6316	5275	6316	6	3613	4614	3613	2572	3613	6
6361	6461	6361	5257	6361	6	3616	4616	3616	2575	3616	6
6136	6146	6136	5725	6136	6	3136	4146	3136	2725	3136	6
6131	6141	6131	5727	6131	6	3163	4164	3163	2752	3163	6
6163	6164	6163	5752	6163	6	3161	4161	3161	2757	3161	6

NEUVIÈME SÉRIE D'EXERCICES.

Étude des notes **613, 724, 513.**

N° 1.

61316	72427	61316	51315	61316	6	31613	42724	31613	31513	31613	6
6131	7242	6131	5131	6131	6	3161	4272	3161	3151	3161	6
6136	7247	6136	5135	6136	6	3163	4274	3163	3153	3163	6
6163	7274	6163	5153	6163	6	3136	4247	3136	3135	3136	6
6316	7427	6316	5315	6316	6	3613	4724	3613	3513	3613	6
6313	7424	6313	5313	6313	6	3616	4727	3616	3515	3616	6
6361	7472	6361	5351	6361	6	3631	4742	3631	3531	3631	6

Étude des notes **361, 472, 351.**

N° 2.

61636	72747	61636	51535	61636	6	36163	47274	36163	35153	36163	6
6163	7274	6163	5153	6163	6	3616	4727	3616	3515	3616	6
6136	7247	6136	5135	6136	6	3613	4724	3613	3513	3613	6
6131	7242	6131	5131	6131	6	3631	4742	3631	3531	3631	6
6361	7472	6361	5351	6361	6	3163	4274	3163	3153	3163	6
6316	7427	6316	5315	6316	6	3161	4272	3161	3151	3161	6
6313	7424	6313	5313	6313	6	3136	4247	3136	3135	3136	6

Étude des notes 631, 742, 531.

N° 3.

63136	74247	63136	53135	63136	6	36313	47424	36313	35313	36313	6
6313	7424	6313	5313	6313	6	3631	4742	3631	3531	3631	6
6316	7427	6316	5315	6316	6	3613	4724	3613	3513	3613	6
6361	7472	6361	5351	6361	6	3616	4727	3616	3515	3616	6
6136	7247	6136	5135	6136	6	3136	4247	3136	3135	3136	6
6131	7242	6131	5131	6131	6	3163	4274	3163	3153	3163	6
6163	7274	6163	5153	6163	6	3161	4272	3161	3151	3161	6

DIXIÈME SÉRIE D'EXERCICES.

Étude des notes 613, 6724, 5723.

N° 1.

61316	6724276	61316	5723275	61316	6
31613	4276724	31613	3275723	31613	6
61636	6727646	61636	5727535	61636	6
36163	4672764	36163	3572753	36163	6
6136316	7246427	6136316	7235327	6136316	6
6316136	6427246	6316136	5327235	6316136	6
63136	7642467	63136	7532357	63136	6
36313	4676424	36313	3575323	36313	6

Étude des notes 613, 6124, 5724.

N° 2.

61316	6124216	61316	5724275	61316	6
31613	4216124	31613	4275724	31613	6
61636	6421646	61636	5727545	61636	6
36163	4642164	36163	4572754	36163	6
6136316	6124216	6136316	7245427	6136316	6
6316136	4216124	6316136	5427245	6316136	6
63136	6421246	63136	7542457	63136	6
36313	2464212	36313	4575424	36313	6

Étude des notes 613, 4613, 5713.

N° 3.

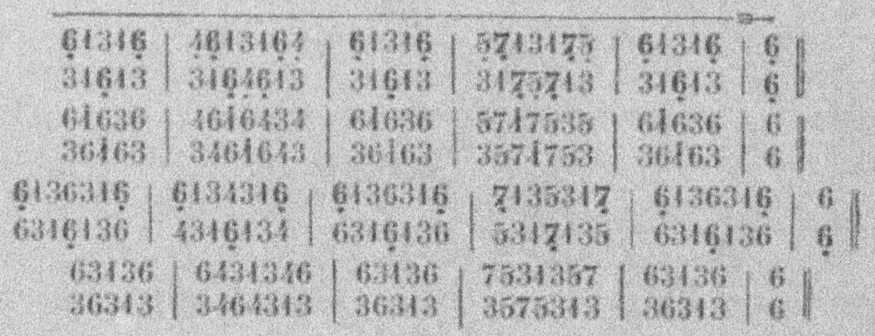

61316	4613464	61316	5713175	61316	6
31613	3464613	31613	3175713	31613	6
61636	4616434	61636	5717535	61636	6
36163	3461643	36163	3571753	36163	6
6136316	6134316	6136316	7135317	6136316	6
6316136	4316134	6316136	5317135	6316136	6
63136	6431346	63136	7531357	63136	6
36313	3461313	36313	3575313	36313	6

ONZIÈME SÉRIE D'EXERCICES.

Étude des gammes harmoniques pour l'étendue de la voix humaine.

N° 1.

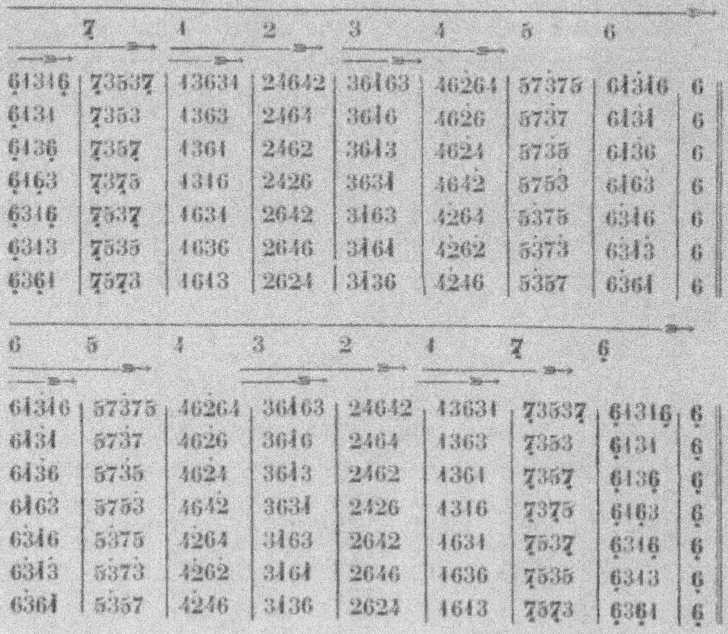

7	1	2	3	4	5	6		
61316	73537	13631	24642	36163	46264	57375	61316	6
6131	7353	1363	2464	3616	4626	5737	6131	6
6136	7357	1361	2462	3613	4624	5735	6136	6
6163	7375	1316	2426	3631	4642	5753	6163	6
6316	7537	1631	2642	3163	4264	5375	6316	6
6313	7535	1636	2646	3161	4262	5373	6313	6
6361	7573	1613	2624	3136	4246	5357	6361	6

6	5	4	3	2	1	7	6	
61316	57375	46264	36163	24642	13631	73537	61316	6
6131	5737	4626	3616	2464	1363	7353	6131	6
6136	5735	4624	3613	2462	1361	7357	6136	6
6163	5753	4642	3631	2426	1316	7375	6163	6
6316	5375	4264	3163	2642	1631	7537	6316	6
6313	5373	4262	3161	2646	1636	7535	6313	6
6361	5357	4246	3136	2624	1613	7573	6361	6

N° 1 *bis*.

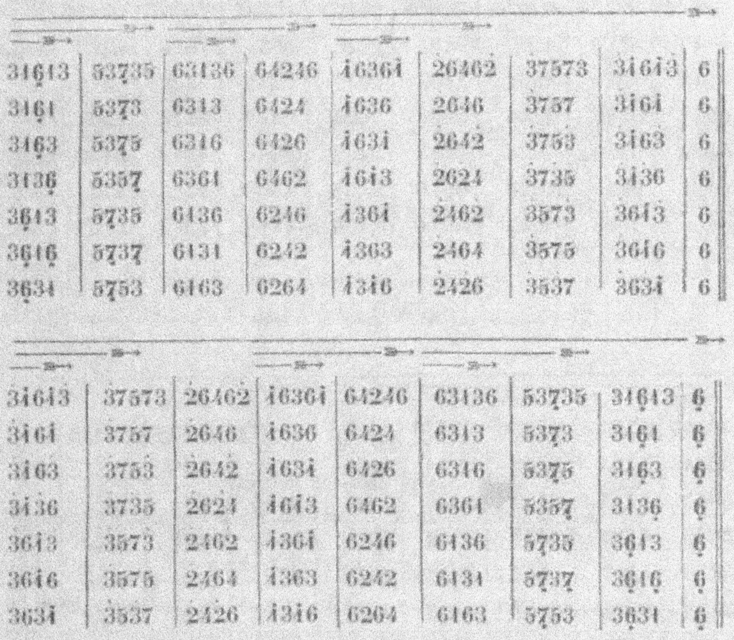

31613	53735	63136	64246	16361	26462	37573	31613	6
3161	5373	6313	6424	1636	2646	3757	3161	6
3163	5375	6316	6426	1631	2642	3753	3163	6
3136	5357	6361	6462	1613	2624	3735	3136	6
3613	5735	6136	6246	1361	2462	3573	3613	6
3616	5737	6131	6242	1363	2464	3575	3616	6
3631	5753	6163	6264	1316	2426	3537	3631	6

31613	37573	26462	16361	64246	63136	53735	31613	6
3161	3757	2646	1636	6424	6313	5373	3161	6
3163	3753	2642	1631	6426	6316	5375	3163	6
3136	3735	2624	1613	6462	6361	5357	3136	6
3613	3573	2462	1361	6246	6136	5735	3613	6
3616	3575	2464	1363	6242	6131	5737	3616	6
3631	3537	2426	1316	6264	6163	5753	3631	6

N° 2.

63136	75357	16361	26462	31613	42624	53735	63136	6
6313	7535	1636	2646	3161	4262	5373	6313	6
6316	7537	1631	2642	3163	4264	5375	6316	6
6361	7573	1613	2624	3136	4246	5357	6361	6
6136	7357	1361	2462	3613	4624	5735	6136	6
6131	7353	1363	2464	3616	4626	5737	6131	6
6163	7375	1316	2426	3631	4642	5753	6163	6

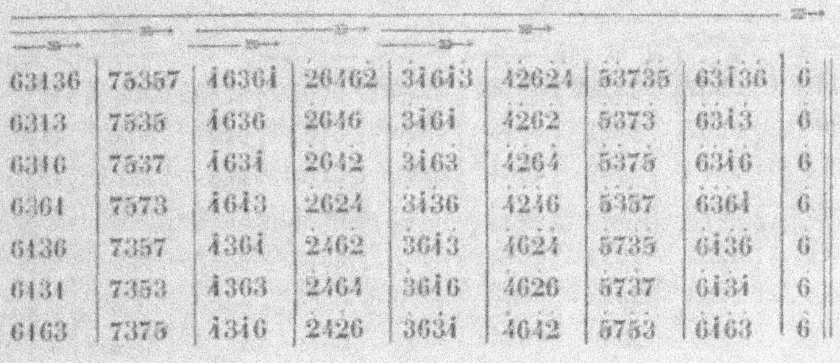

63136	53735	42624	31613	26462	16361	75357	63136	6
6313	5373	4262	3161	2646	1636	7535	6313	6
6316	5375	4264	3163	2642	1631	7537	6316	6
6361	5357	4246	3136	2624	1613	7573	6361	6
6136	5735	4624	3613	2462	1361	7357	6136	6
6131	5737	4626	3616	2464	1363	7353	6131	6
6163	5753	4642	3631	2426	1316	7375	6163	6

N° 2 *bis.*

36313	57535	61636	62646	13161	24262	35373	36313	6
3631	5753	6163	6264	1316	2426	3537	3631	6
3613	5735	6136	6246	1361	2462	3573	3613	6
3616	5737	6131	6242	1363	2464	3575	3616	6
3136	5357	6361	6462	1613	2624	3735	3136	6
3163	5375	6316	6426	1631	2642	3753	3163	6
3161	5373	6313	6424	1636	2646	3757	3161	6

36313	35373	24262	13161	62646	61636	57535	36313	6
3631	3537	2426	1316	6264	6163	5753	3631	6
3613	3573	2462	1361	6246	6136	5735	3613	6
3616	3575	2464	1363	6242	6131	5737	3616	6
3136	3735	2624	1613	6462	6361	5357	3136	6
3163	3753	2642	1631	6426	6316	5375	3163	6
3161	3757	2646	1636	6424	6313	5373	3161	6

DOUZIÈME SÉRIE D'EXERCICES.

Étude des marches harmoniques pour l'étendue de la voix humaine.

65	76	17	21	32	43	54	6	64	53	42	31	27	16	75	6
64	75	16	27	31	42	53	6	63	52	41	37	26	15	74	6
63	74	15	26	37	41	52	6	62	51	47	36	25	14	73	6
62	73	14	25	36	47	51	6	61	57	46	35	24	13	72	6
61	72	13	24	35	46	57	6	67	56	45	34	23	12	71	6
67	71	12	23	34	45	56	6	66	55	44	33	22	11	77	6
66	77	11	22	33	44	55	6	65	54	43	32	21	17	76	6

TROISIÈME CLASSE.

Étude des DIÈSES *et des* BÉMOLS (MODULATIONS).

DÉFINITION GÉNÉRALE DU DIÈSE.

LE DIÈSE *produit avec le son supérieur* le même air que le SI avec l'UT.

COMMENT SE MARQUE LE DIÈSE.

Le dièse, qui indique un son plus aigu que celui qu'il doit remplacer, se marque sur la note par un trait oblique tourné dans le même sens que l'*accent aigu*, ainsi : **1234567**.

COMMENT ON NOMME LES DIÈSES.

1	2	3	4	5	6	7
TÉ	RÉ	MÉ	FÉ	JÉ	LÉ	SÉ
Il remplace	Il remplace	Il remplace	Il remplace	Il remplace	Il remplace	Il remplace
UT	RÉ	MI	FA	SOL	LA	SI

On voit que chacun des *noms dièses* se compose d'une *articulation* à laquelle on ajoute la *finale* É (vérifiez).

Ces articulations sont les mêmes que celles des notes non *diésées*. Excepté pour le sol, dont l'articulation S, se retrouvant dans le SI, a dû être remplacée par J (vérifiez).

COMMENT ON APPREND A FAIRE LES DIÈSES.

Puisque (d'après la définition générale du dièse, donnée ci-dessus) *le dièse doit produire avec le son supérieur*, le même air que le SI avec l'UT,

Il faut, pour s'habituer à faire les dièses, *chanter l'air* UT, SI, UT, *en y adoptant successivement les syllabes*

RÉ	TÉ	RÉ.
2	1	2
MI	RÉ	MI.
3	2	3
SOL	FÉ	SOL
5	4	5
LA	JÉ	LA
6	5	6
SI	LÉ	SI
7	6	7
FÉ	MÉ	FÉ.
4	3	4
TÉ	SÉ	TÉ.
1	7	1

Comme on chante, sur le même air, les différents couplets d'une chanson.

PREMIÈRE SÉRIE D'EXERCICES SUR LES DIÈSES.

COMMENT ON DOIT ÉTUDIER LES EXERCICES CI-DESSOUS.

Il faut, pour chaque ligne, répéter plusieurs fois l'air UT, SI, UT, en s'écoutant attentivement afin d'appliquer exactement le même air aux autres syllabes que l'on répétera aussi plusieurs fois de suite, afin de retenir l'effet qu'elles produisent. Recommencez cet exercice jusqu'à ce que vous vous soyez rendu assez maître des dièses pour les produire, au moyen de la note supérieure, sans avoir besoin de chanter UT, SI, UT, pour vous guider.

1° Chantez 17̣1	Chantez ensuite sur le même air, c'est-à-dire, avec les mêmes sons, les syllabes :	RÉ TÉ RÉ 212
2° Chantez 17̣1		MI RÉ MI 323
3° Chantez 17̣1		SOL FÉ SOL 545
4° Chantez 17̣1		LA JÉ LA 656
5° Chantez 17̣1		SI LÉ SI 767
6° Chantez 17̣1		FÉ MÉ FÉ 434
7° Chantez 17̣1		TÉ SÉ TÉ 171

DÉFINITION GÉNÉRALE DU BÉMOL.

LE BÉMOL *produit avec le son inférieur* le même air que le FA avec le MI.

COMMENT SE MARQUE LE BÉMOL.

Le bémol, qui indique un son plus grave que celui qu'il doit remplacer, se marque sur la note par un trait oblique tourné dans le même sens que l'*accent grave* ainsi : 1 2 3 4 5 6 7.

COMMENT ON NOMME LES BÉMOLS.

1	2	3	4	5	6	7
TEU	REU	MEU	FEU	JEU	LEU	SEU
Il remplace	Il remplace	Il remplace	Il remplace	Il remplace	Il remplace	Il remplace
UT	RÉ	MI	FA	SOL	LA	SI

On voit que chacun des *noms bémols* se compose d'une *articulation* à laquelle on ajoute la *finale* EU (vérifiez).

Ces articulations sont les mêmes que celles des notes non bémolisées ; excepté pour le sol, dont l'articulation S, se retrouvant dans le SI, a dû être remplacée par J (vérifiez).

COMMENT ON APPREND A FAIRE LES BÉMOLS.

Puisque (d'après la définition générale du bémol donnée ci-dessus) *le bémol doit produire avec le son inférieur*, le même air que le FA avec le MI,

Il faut, pour s'habituer à faire les bémols, *chanter l'air* MI, FA, MI, *en y adaptant successivement les syllabes*

UT	REU	UT.
1	2	1
RÉ	MEU	RÉ.
2	3	2
FA	JEU	FA.
4	5	4
SOL	LEU	SOL
5	6	5
LA	SEU	LA.
6	7	6
SEU	TEU	SEU.
7	1	7
MEU	FEU	MEU
3	4	3

Comme on chante, sur le même air, les différents couplets d'une chanson.

PREMIÈRE SÉRIE D'EXERCICES SUR LES BÉMOLS.

COMMENT ON DOIT ÉTUDIER LES EXERCICES CI-DESSOUS.

Il faut, pour chaque ligne, répéter plusieurs fois l'air MI, FA, MI, en s'écoutant attentivement pour appliquer exactement le même air aux autres syllabes, que l'on répétera aussi plusieurs fois de suite, afin de retenir l'effet qu'elles produisent. Recommencez cet exercice jusqu'à ce que vous vous soyez rendu assez maître des bémols pour les produire, au moyen de la note inférieure, sans avoir besoin de chanter MI, FA, MI, pour vous guider.

1° Chantez 343	Chantez ensuite sur le même air, c'est-à-dire, avec les mêmes sons, les syllabes :	UT REU UT 121
2° Chantez 343		RÉ MEU RÉ 232
3° Chantez 343		FA JEU FA 434
4° Chantez 343		SOL LEU SOL 565
5° Chantez 343		LA SEU LA 676
6° Chantez 343		SEU TEU SEU 71̇7
7° Chantez 343		MEU FEU MEU 343

DEUXIÈME SÉRIE D'EXERCICES.

Étude des DIÈSES *et des* BÉMOLS *en montant et en descendant la gamme.*

PREMIER GROUPE.

DIÈSES.

12	212						
12	3	323					
12	3	4	434				
12	3	4	5	545			
12	3	4	5	6	656		
12	3	4	5	6	7	767	
12	3	4	5	6	7	1̇	1̇71̇

1̇71̇								
1̇	7	767						
1̇	7	6	656					
1̇	7	6	5	545				
1̇	7	6	5	4	434			
1̇	7	6	5	4	3	323		
1̇	7	6	5	4	3	2	212	21

1	212						
1	2	323					
1	2	3	434				
1	2	3	4	545			
1	2	3	4	5	656		
1	2	3	4	5	6	767	
1	2	3	4	5	6	7	1̇71̇

1̇76							
1̇	767						
1̇	7	656					
1̇	7	6	545				
1̇	7	6	5	434			
1̇	7	6	5	4	323		
1̇	7	6	5	4	3	212	1

1	212	323	434	545	656	767	1̇	1̇	767	656	545	434	323	212	1

DEUXIÈME GROUPE.

BÉMOLS.

121	1̇7 71̇7
1 2 232	1̇7 6 676
1 2 3 343	1̇7 6 5 565
1 2 3 4 454	1̇7 6 5 4 454
1 2 3 4 5 565	1̇7 6 5 4 3 343
1 2 3 4 5 6 676	1̇7 6 5 4 3 2 232
1 2 3 4 5 6 7 71̇7 71̇	1̇7 6 5 4 3 2 1 121

121	1̇ 71̇7
1 232	1̇ 7 676
1 2 343	1̇ 7 6 565
1 2 3 454	1̇ 7 6 5 454
1 2 3 4 565	1̇ 7 6 5 4 343
1 2 3 4 5 676	1̇ 7 6 5 4 3 232
1 2 3 4 5 6 71̇7 1̇	1̇ 7 6 5 4 3 2 121

121 232 343 454 565 676 71̇7 1̇	1̇ 71̇7 676 565 454 343 232 121

TROISIÈME GROUPE.

DIÈSES et BÉMOLS alternativement.

121	1̇71̇
1 2 212	1̇7 71̇7
1 2 232	1̇7 767
1 2 3 323	1̇7 7 6 676
1 2 3 343	1̇7 6 656
1 2 3 4 434	1̇7 6 5 565
1 2 3 4 454	1̇7 6 5 545
1 2 3 4 5 545	1̇7 6 5 4 454
1 2 3 4 5 565	1̇7 6 5 4 434
1 2 3 4 5 6 656	1̇7 6 5 4 3 343
1 2 3 4 5 6 676	1̇7 6 5 4 3 323
1 2 3 4 5 6 7 767	1̇7 6 5 4 3 2 232
1 2 3 4 5 6 7 71̇7	1̇7 6 5 4 3 2 212
1 2 3 4 5 6 7 1̇ 1̇71̇	1̇7 6 5 4 3 2 1 121

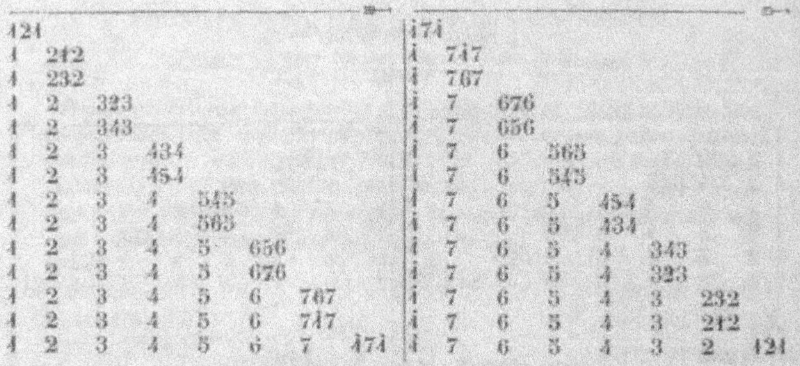

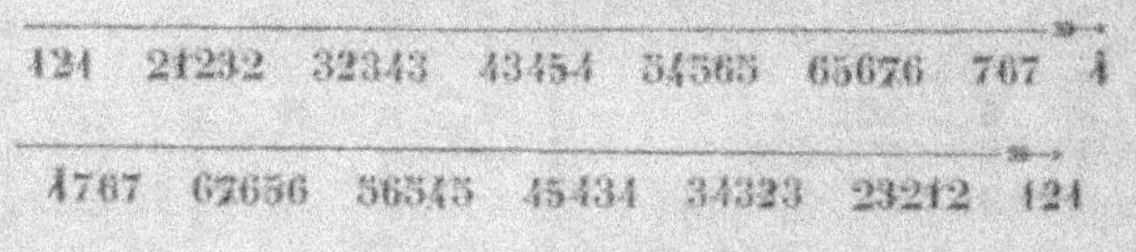

121							
1	212						
1	232						
1	2	323					
1	2	343					
1	2	3	434				
1	2	3	454				
1	2	3	4	545			
1	2	3	4	565			
1	2	3	4	5	656		
1	2	3	4	5	676		
1	2	3	4	5	6	767	
1	2	3	4	5	6	717	
1	2	3	4	5	6	7	171

171							
1	717						
1	767						
1	7	676					
1	7	656					
1	7	6	565				
1	7	6	545				
1	7	6	5	454			
1	7	6	5	434			
1	7	6	5	4	343		
1	7	6	5	4	323		
1	7	6	5	4	3	232	
1	7	6	5	4	3	212	
1	7	6	5	4	3	2	121

121 21232 32343 43454 54565 65676 767 1

1767 67656 56545 45434 34323 23212 121

TROISIÈME SÉRIE D'EXERCICES.

ÉTUDE DU FA DIÈSE.

PREMIER GROUPE.

FA DIÈSE accidentel (1) pris EN DESCENDANT.

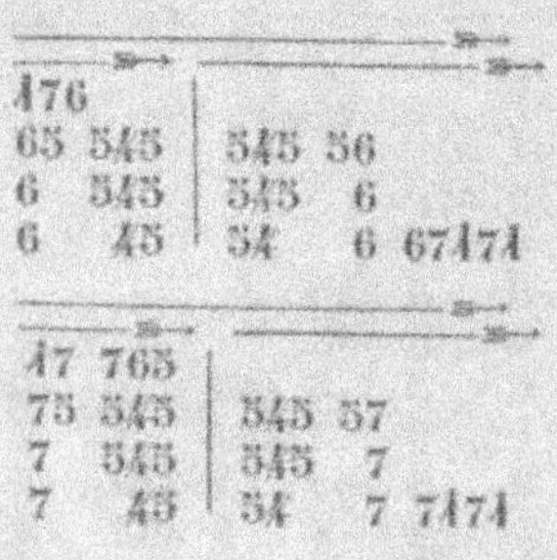

176	
65 545	545 56
6 545	545 6
6 45	54 6 67171

17 765	
75 545	545 57
7 545	545 7
7 45	54 7 7171

ÉTUDE DU SI BÉMOL.

PREMIER GROUPE.

SI BÉMOL accidentel pris EN MONTANT.

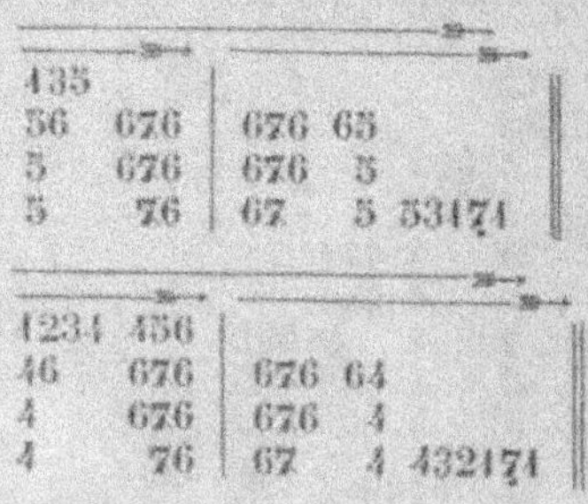

135	
56 676	676 65
5 676	676 5
5 76	67 5 53171

1234 456	
46 676	676 64
4 676	676 4
4 76	67 4 432171

(1) *Voir* la signification de ce mot dans la partie théorique.

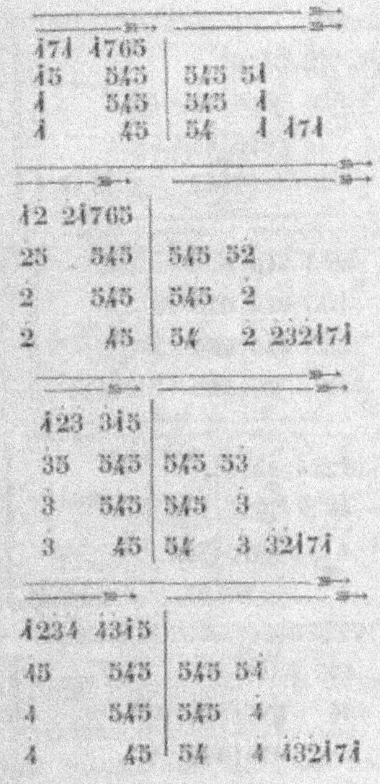

```
171 1765
15   545 | 545 51
1    545 | 545  1
1     45 | 54   1 171

12 21765
23   545 | 545 32
2    545 | 545  2
2     45 | 54   2 232171

123 345
35   545 | 545 53
3    545 | 545  3
3     45 | 54   3 32171

1234 4345
45   545 | 545 54
4    545 | 545  4
4     45 | 54   4 432171
```

```
123 3456
36   676 | 676 63
3    676 | 676  3
3     76 | 67   3 32171

12 23456
26   676 | 676 62
2    676 | 676  2
2     76 | 67   2 232171

171 123456
16      676 | 676 61
1       676 | 676  1
1        76 | 67   1 171

17 7136
76   676 | 676 67
7    676 | 676  7
7     76 | 67   7 7171
```

DEUXIÈME GROUPE.

FA DIÈSE accidentel pris EN MONTANT

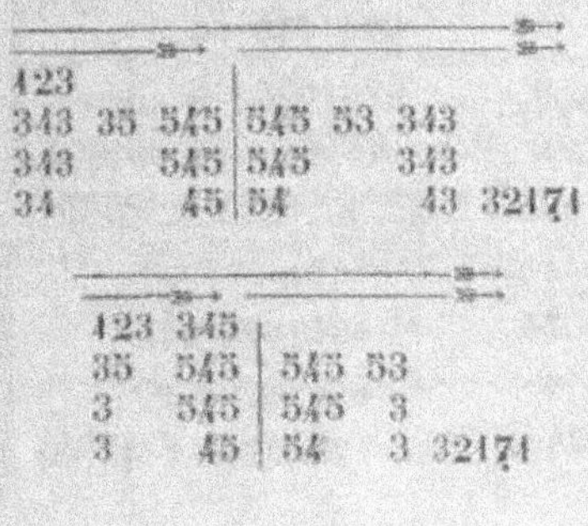

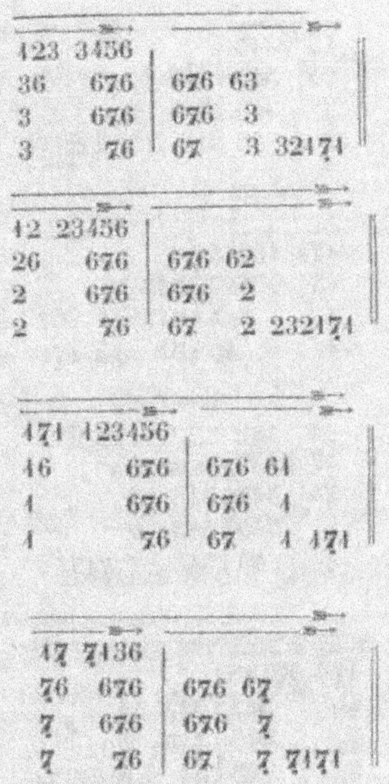

```
123
343 35 545 | 545 53 343
343    545 | 545    343
34      45 | 54      43 32171

123 345
35   545 | 545 53
3    545 | 545  3
3     45 | 54   3 32171
```

DEUXIÈME GROUPE.

SI BÉMOL accidentel pris EN DESCENDANT.

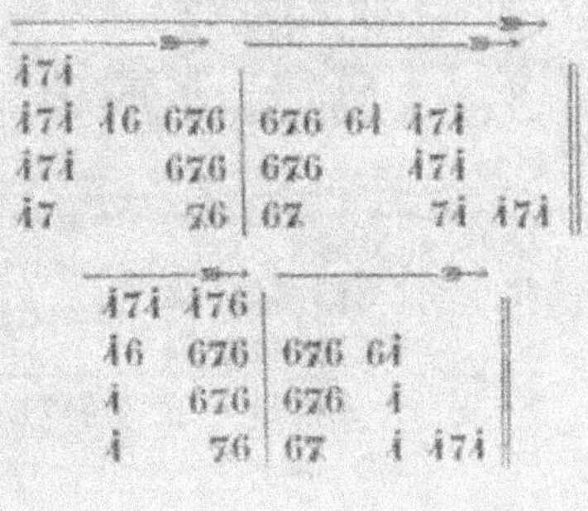

```
171
171 16 676 | 676 61 171
171    676 | 676    171
17      76 | 67      71 171

171 176
16   676 | 676 61
1    676 | 676  1
1     76 | 67   1 171
```

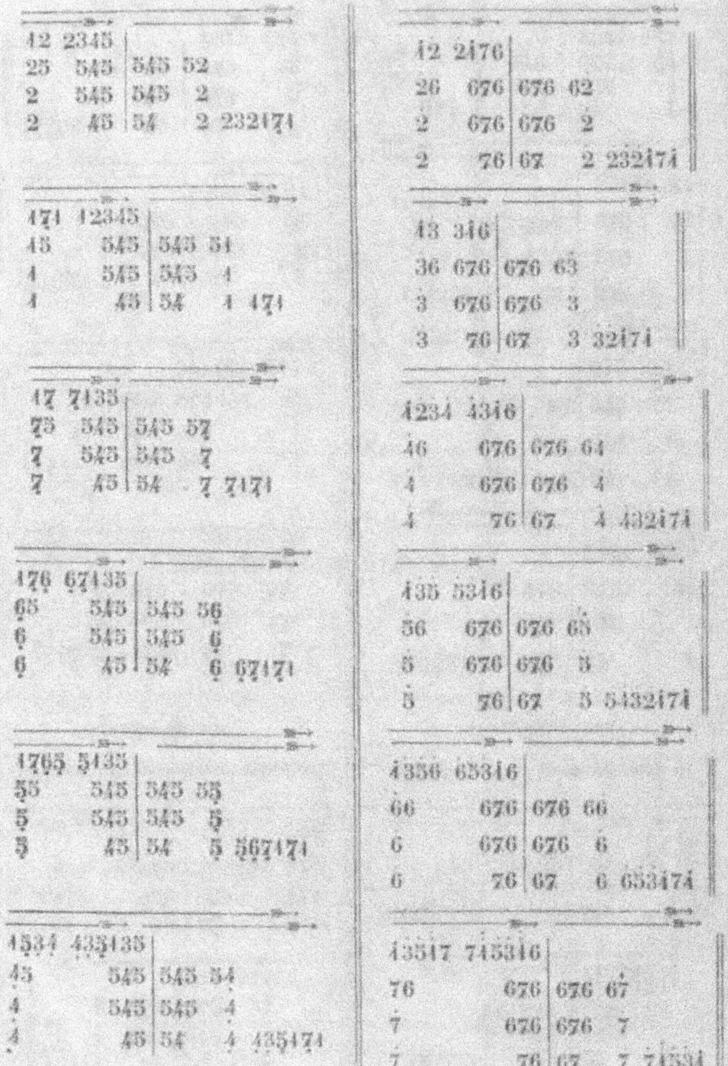

12 2345 |
25 545 | 545 52
2 545 | 545 2
2 45 | 54 2 232171

171 12345 |
15 545 | 545 51
1 545 | 545 1
1 45 | 54 1 171

17 7135 |
75 545 | 545 57
7 545 | 545 7
7 45 | 54 7 7171

176 67135 |
65 545 | 545 56
6 545 | 545 6
6 45 | 54 6 67171

1765 5135 |
55 545 | 545 55
5 545 | 545 5
5 45 | 54 5 567171

1534 435135 |
45 545 | 545 54
4 545 | 545 4
4 45 | 54 4 435171

12 2176 |
26 676 | 676 62
2 676 | 676 2
2 76 | 67 2 232171 ||

13 316 |
36 676 | 676 63
3 676 | 676 3
3 76 | 67 3 32171 ||

1234 4316 |
46 676 | 676 64
4 676 | 676 4
4 76 | 67 4 432171 ||

135 5316 |
56 676 | 676 65
5 676 | 676 5
5 76 | 67 5 5432171 ||

1356 65316 |
66 676 | 676 66
6 676 | 676 6
6 76 | 67 6 653171 ||

13517 715316 |
76 676 | 676 67
7 676 | 676 7
7 76 | 67 7 71534 ||

TROISIÈME GROUPE.

FA DIÈSE et SI BÉMOL accidentels.

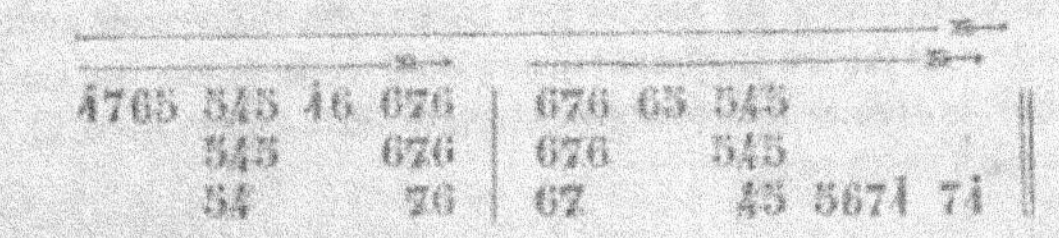

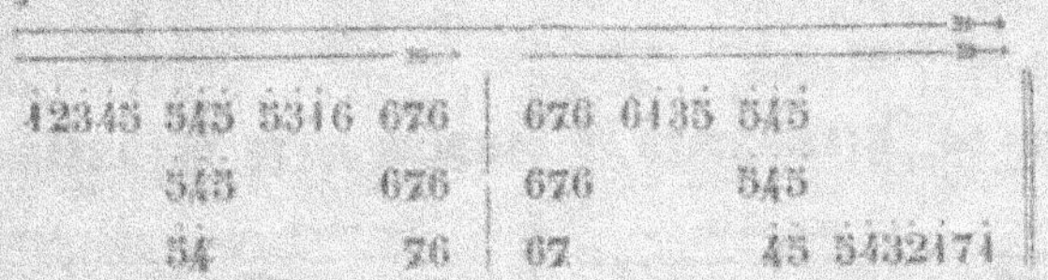

1765 545 16 676	676 65 545
545 676	676 545
54 76	67 45 5671 71

12345 545 5316 676	676 6135 545
545 676	676 545
54 76	67 45 5432171

QUATRIÈME GROUPE.

FA DIÈSE fondamental (1) PAR DEGRÉS CONJOINTS.

Étude de 23456 65432.

Première partie de la gamme de RÉ, MODE MAJEUR;
Accompagnée de celle de RÉ, MODE MINEUR.

COMMENT ON DOIT FAIRE CETTE ÉTUDE.

1° Chantez plusieurs fois de suite, en vous écoutant avec soin, les notes 12345 54321.

2° Chantez ensuite, en vous écoutant encore avec soin, les notes 23456 65432 sur l'air 12345 54321. Répétez cet exercice jusqu'à ce que vous vous soyez rendu maître de l'air 23456 65432, au point de le reproduire très-fidèlement sans avoir besoin de chanter 12345 54321 pour vous guider.

QUATRIÈME GROUPE.

SI BÉMOL fondamental PAR DEGRÉS CONJOINTS.

Étude de 56712 21765.

Première partie de la gamme de SOL, MODE MINEUR;
Accompagnée de celle de SOL, MODE MAJEUR.

COMMENT ON DOIT FAIRE CETTE ÉTUDE.

1° Chantez plusieurs fois de suite, en vous écoutant avec soin, les notes 67123 32176.

2° Chantez ensuite, en vous écoutant encore avec soin, les notes 56712 21765, sur l'air 67123 32176. Répétez cet exercice jusqu'à ce que vous vous soyez rendu maître de l'air 56712 21765, au point de pouvoir le reproduire fidèlement sans avoir besoin de chanter 67123 32176 pour vous guider.

(1) *Voir* la signification de ce mot dans la partie théorique.

Observation. Dorénavant, nous supprimerons toute explication du genre de celle qui précède, et nous nous bornerons à écrire le mot modèle au-dessus des parties de la gamme d'ut, mode majeur, et de la gamme de la, mode mineur, qui devront servir de patron aux parties des différentes gammes que l'on devra étudier. Il faudra toujours suivre pour cette étude les instructions que nous venons de donner immédiatement avant cette observation. Il importe donc de s'en bien pénétrer.

MODÈLES.

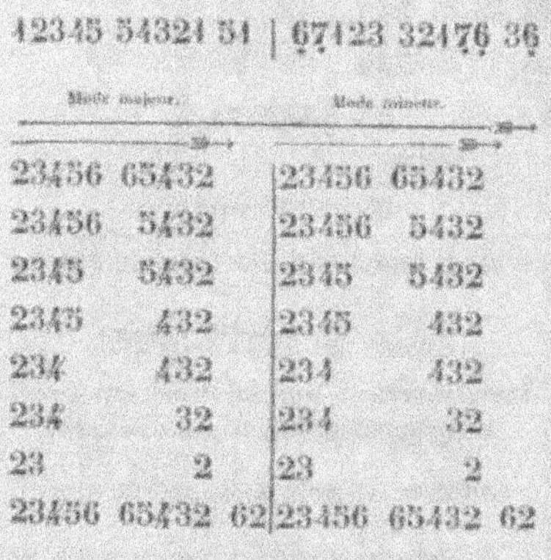

12345 54321 51 | 6̣7̣123 321 7̣6̣ 36̣

Mode majeur.			Mode mineur.		
23456	65432		23456	65432	
23456	5432		23456	5432	
2345	5432		2345	5432	
2345	432		2345	432	
234	432		234	432	
234	32		234	32	
23	2		23	2	
23456	65432	62	23456	65432	62

MODÈLES.

6̣7̣123 321 7̣6̣ 36̣ | 12345 54321 51

Mode mineur.			Mode majeur.		
5671̇2̇	2̇1̇765		5671̇2̇	2̇1̇765	
5671̇2̇	1̇765		5671̇2̇	1̇765	
5671̇	1̇765		5671̇	1̇765	
5671̇	765		5671̇	765	
567	765		567	765	
567	65		567	65	
56	5		56	5	
5671̇2̇	2̇1̇765	2̇5	5671̇2̇	2̇1̇765	2̇5

Étude de 34567 76543.

Première partie de la gamme de mi, mode mineur.

MODÈLE.

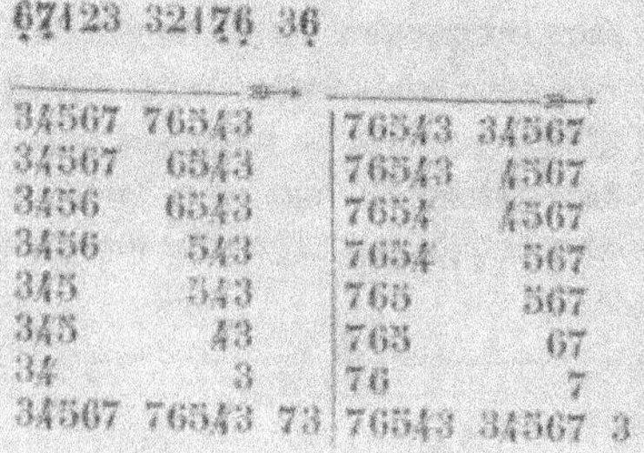

6̣7̣123 321 7̣6̣ 36̣

34567	76543		76543	34567	
34567	6543		76543	4567	
3456	6543		7654	4567	
3456	543		7654	567	
345	543		765	567	
345	43		765	67	
34	3		76	7	
34567	76543	73	76543	34567	3

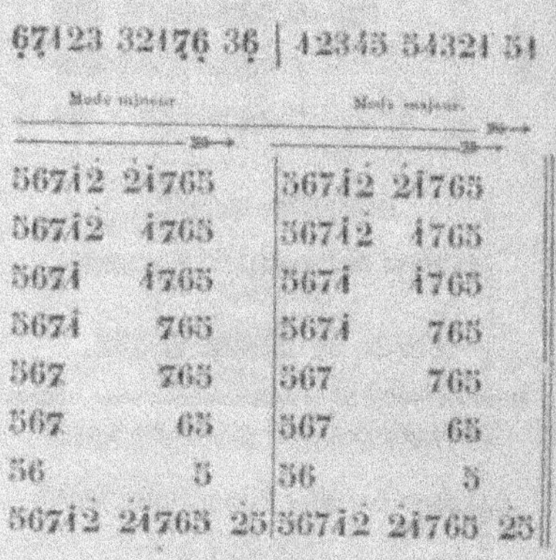

Étude de 45671̇ 1̇7654.

Première partie de la gamme de fa, mode majeur.

MODÈLE.

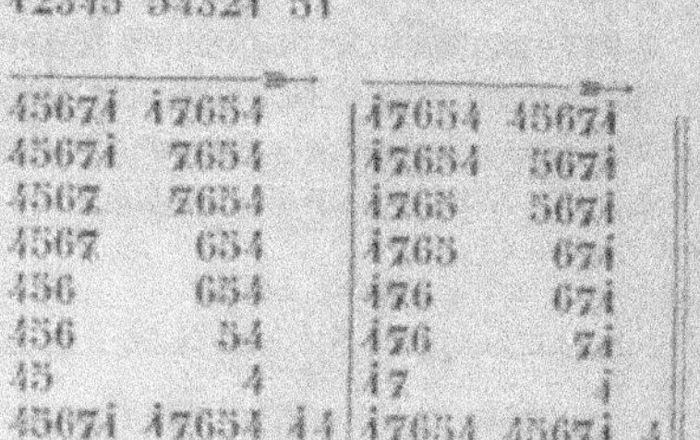

12345 54321 51

45671̇	1̇7654		1̇7654	45671̇	
45671̇	7654		1̇7654	5671̇	
4567	7654		1̇765	5671̇	
4567	654		1̇765	671̇	
456	654		1̇76	671̇	
456	54		1̇76	71̇	
45	4		1̇7	1̇	
45671̇	1̇7654	44	1̇7654	45671̇	4

Étude de 5432 2345.

Deuxième partie de la gamme de SOL MODE MAJEUR.

MODÈLE.

4765 5674 54

5432 2345	2345 5432
5432 345	2345 432
543 345	234 432
543 45	234 32
54 5	23 2
5432 2345 25	2345 5432 5

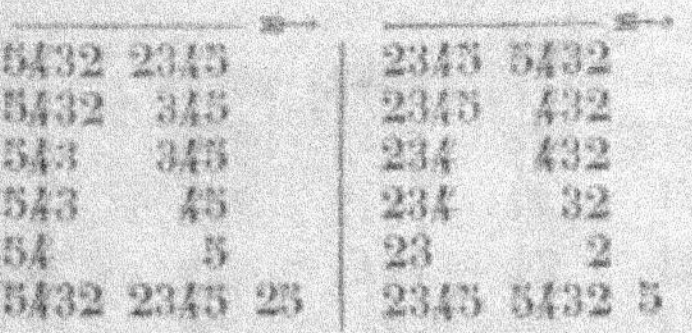

CINQUIÈME GROUPE.

FA DIÈSE fondamental par DEGRÉS DISJOINTS.

Étude de 2462 2642.

Accord de quinte de tonique de RÉ, MODE MAJEUR;
Accompagné de celui de RÉ, MODE MINEUR.

MODÈLES.

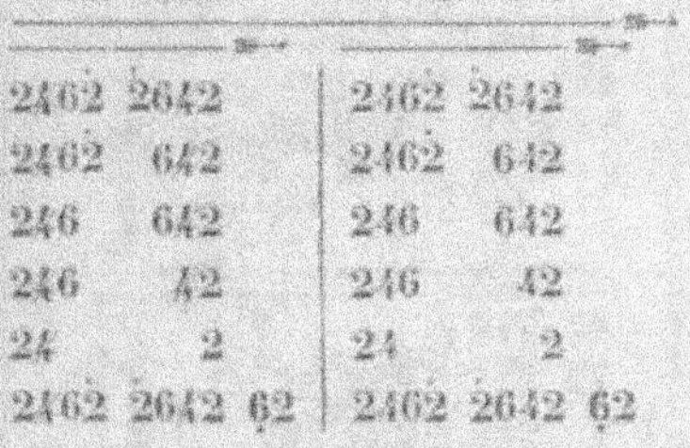

4354 4534 54 — Mode majeur.
6136 6316 36 — Mode mineur.

2462 2642	2462 2642
2462 642	2462 642
246 642	246 642
246 42	246 42
24 2	24 2
2462 2642 62	2462 2642 62

Étude de 2464 4642.

Accord de septième de dominante de SOL { MODE MAJEUR; MODE MINEUR.

MODÈLE.

5724 4275 4

2464 4642	4642 2464
2464 642	4642 464
246 642	464 464
246 42	464 64
24 2	46 4
2464 4642 5	4642 24646425

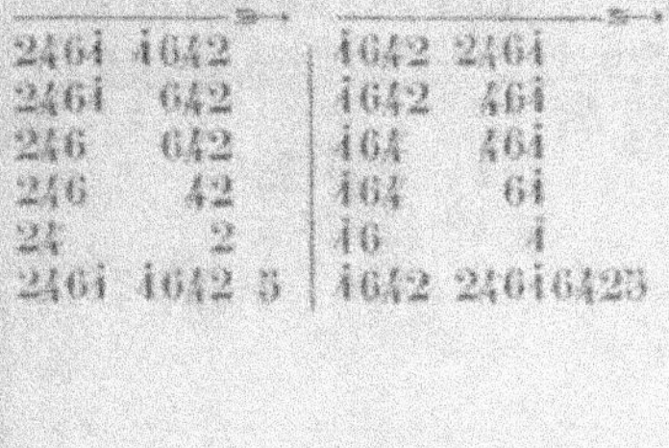

Étude de 7654 4567.

Deuxième partie de la gamme de SI BÉMOL, MODE MAJEUR.

MODÈLE.

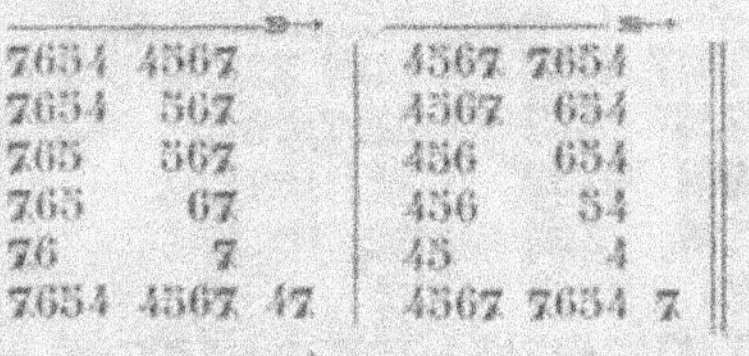

4765 5674 54

7654 4567	4567 7654
7654 567	4567 654
765 567	456 654
765 67	456 54
76 7	45 4
7654 4567 47	4567 7654 7

CINQUIÈME GROUPE.

SI BÉMOL fondamental par DEGRÉS DISJOINTS.

Étude de 5725 5275.

Accord de quinte de tonique de SOL, MODE MINEUR;
Accompagné de celui de SOL, MODE MAJEUR.

MODÈLES.

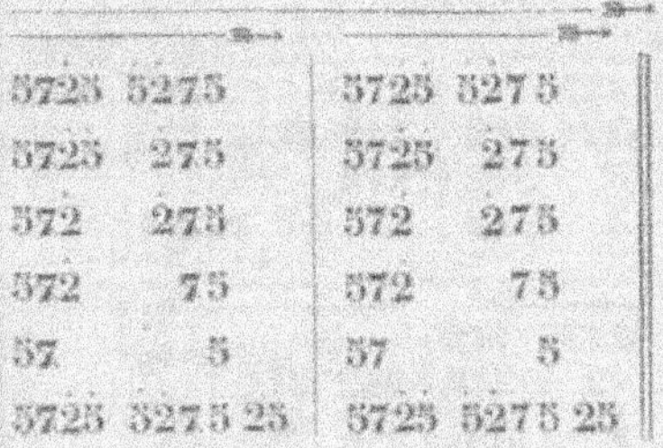

6136 6316 36 — Mode mineur.
4354 4534 54 — Mode majeur.

5725 5275	5725 5275
5725 275	5725 275
572 275	572 275
572 75	572 75
57 5	57 5
5725 5275 25	5725 5275 25

Étude de 4357 7534.

Accord de septième de dominante de FA { MODE MAJEUR. MODE MINEUR.

MODÈLE.

5724 4275 4

4357 7534	7534 4357
4357 534	7534 357
435 534	753 357
435 34	753 57
43 4	75 7
4357 7534 4	7534 43575314

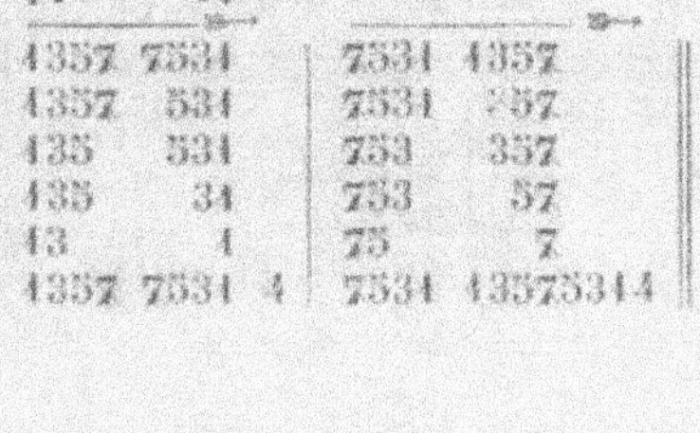

Étude de 7247 7427.

Accord de quinte de tonique de SI, MODE MINEUR.

MODÈLE.

6136 6316 36

7247 7427 | 7427 7247
7247 427 | 7427 247
724 427 | 742 247
724 27 | 742 47
72 7 | 74 7
7247 742747 | 7427 724742747

Étude de 7247 7427.

Accord de quinte de tonique de SI BÉMOL, MODE MAJEUR.

MODÈLE.

1351 1531 51

7247 7427 | 7427 7247
7247 427 | 7427 247
724 427 | 742 247
742 27 | 742 47
72 7 | 74 7
7247 7427 47 | 7427 724742747

QUATRIÈME SÉRIE D'EXERCICES.

ÉTUDE DE L'UT DIÈSE.

PREMIER GROUPE.

UT DIÈSE accidentel pris EN DESCENDANT.

423
32 212 | 212 23
3 212 | 212 3
3 12 | 21 3 32171

4234 432
42 212 | 212 24
4 212 | 212 4
4 12 | 21 4 432171

435 5432
52 212 | 212 25
5 212 | 212 5
5 12 | 21 5 5432171

4356 65432
62 212 | 212 26
6 212 | 212 6
6 12 | 21 6 65432171

ÉTUDE DU MI BÉMOL.

PREMIER GROUPE.

MI BÉMOL accidentel pris EN MONTANT.

171
12 232 | 232 21
1 232 | 232 1
1 32 | 23 1 171

17 712
72 232 | 232 27
7 232 | 232 7
7 32 | 23 7 7171

176 6712
62 232 | 232 26
6 232 | 232 6
6 32 | 23 6 67171

1765 56712
52 232 | 232 25
5 232 | 232 5
5 32 | 23 5 567171

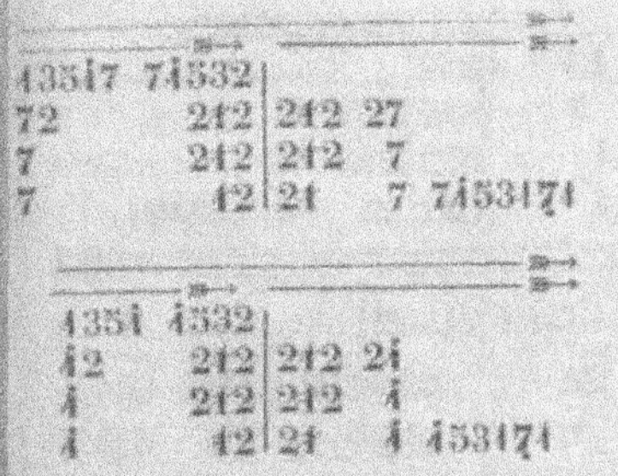

```
13517 71532
72        212 212 27
7         212 212  7
7          12 21    7 7153171
```

```
1351 1332
12      212 212 21
1       212 212  1
1        12 21    1 153171
```

DEUXIÈME GROUPE.

UT DIÈSE accidentel pris EN MONTANT.

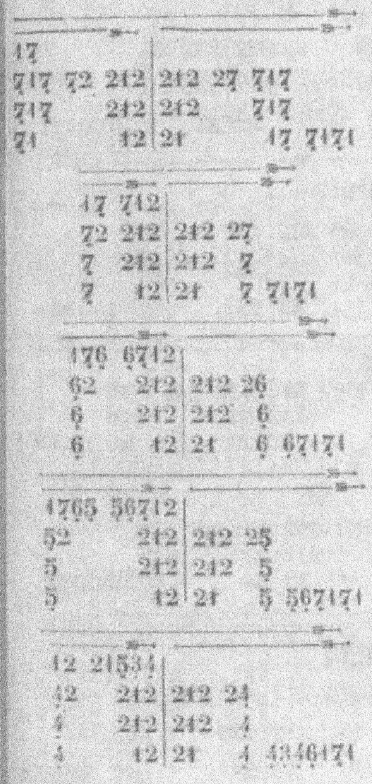

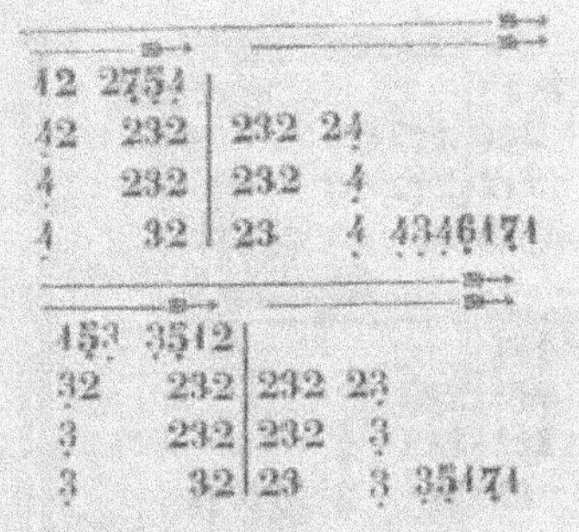

```
17
717 72 212 212 27 717
717    212 212    717
71      12 21      17 7171
```

```
17 712
72 212 212 27
7  212 212  7
7   12 21   7 7171
```

```
176 6712
62    212 212 26
6     212 212  6
6      12 21   6 67171
```

```
1765 56712
52     212 212 25
5      212 212  5
5       12 21   5 567171
```

```
12 21531
12   212 212 21
1    212 212  1
1     12 21   1 4346171
```

```
12 2751
12   232 232 21
1    232 232  1
1     32 23   1 4346171
```

```
153 3512
32   232 232 23
3    232 232  3
3     32 23   3 35171
```

DEUXIÈME GROUPE.

MI BÉMOL accidentel pris EN DESCENDANT.

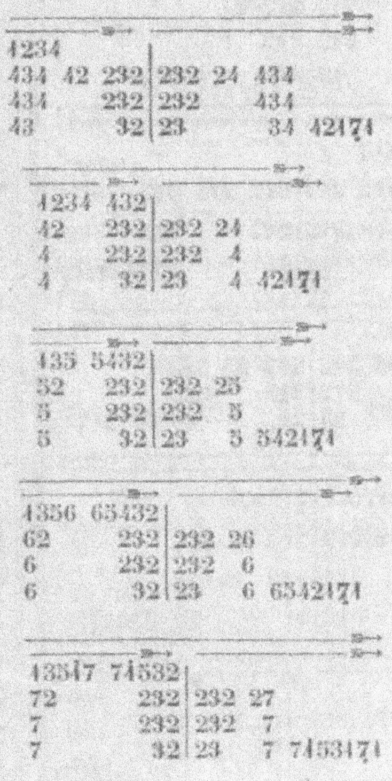

```
1234
434 42 232 232 24 434
434    232 232    434
43      32 23      34 42171
```

```
1234 432
42    232 232 24
4     232 232  4
4      32 23   4 42171
```

```
135 5432
32   232 232 23
3    232 232  3
3     32 23   3 542171
```

```
1356 65432
62     232 232 26
6      232 232  6
6       32 23   6 6542171
```

```
13517 71532
72        232 232 27
7         232 232  7
7          32 23   7 7153171
```

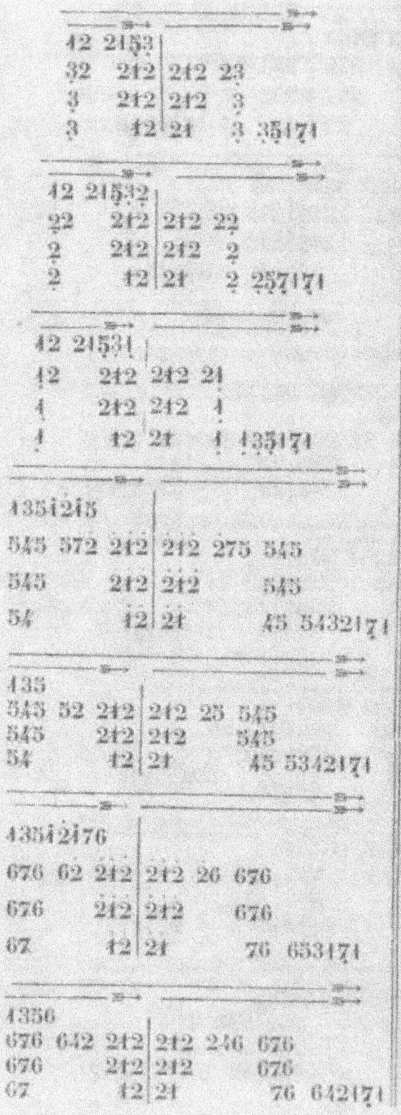

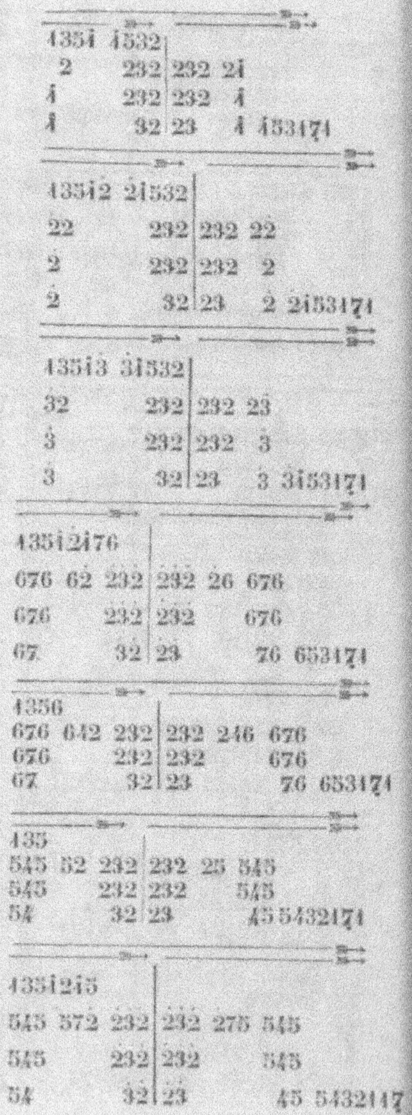

12 2153
32 212 212 23
3 212 212 3
3 12 21 3 35171

12 21532
22 212 212 22
2 212 212 2
2 12 21 2 257171

12 21531
12 212 212 21
1 212 212 1
1 12 21 1 135171

1351215
545 572 212 212 275 545
545 212 212 545
54 12 21 45 5432171

135
545 52 212 212 25 545
545 212 212 545
54 12 21 45 5342171

13512176
676 62 212 212 26 676
676 212 212 676
67 12 21 76 653171

1356
676 642 212 212 246 676
676 212 212 676
67 12 21 76 642171

1351 1532
2 232 232 21
1 232 232 1
1 32 23 1 153171

13512 21532
22 232 232 22
2 232 232 2
2 32 23 2 2153171

13513 31532
32 232 232 23
3 232 232 3
3 32 23 3 3153171

13512176
676 62 232 232 26 676
676 232 232 676
67 32 23 76 653171

1356
676 642 232 232 246 676
676 232 232 676
67 32 23 76 653171

135
545 52 232 232 25 545
545 232 232 545
54 32 23 45 5432171

1351215
545 572 232 232 275 545
545 232 232 545
54 32 23 45 5432117

TROISIÈME GROUPE.

UT DIÈSE fondamental, par DEGRÉS CONJOINTS.

Étude de 67123 32176.

Première partie de la gamme de LA, MODE MAJEUR.

MODÈLE.

12345 54321 51

Mode majeur.	Mode mineur.
67123 32176	67123 32176
67123 2176	67123 2176
6712 2176	6712 2176
6712 176	6712 176
671 176	671 176
671 76	671 76
67 6	67 6
67123 32176 36	67123 32176 36

Étude de 71234 43217.

Première partie de la gamme de SI, MODE MINEUR.

MODÈLE.

67123 32176 36

71234 43217	43217 71234
71234 3217	43217 1234
7123 3217	4321 1234
7123 217	4321 234
712 217	432 234
712 17	432 34
71 7	43 4
71234 43217 47	43217 71234 7

Étude de 2176 6712.

Deuxième partie de la gamme de RÉ, MODE MAJEUR.

MODÈLE.

1765 5674 51

2176 6712	6712 2176
2176 712	6712 176
217 712	671 176
217 12	671 76
21 2	67 6
2176 6712 62	6712 2176 2

TROISIÈME GROUPE.

SI BÉMOL fondamental, par DEGRÉS CONJOINTS.

Étude de 12345 54321.

Première partie de la gamme d'UT, MODE MINEUR.

MODÈLE.

67123 32176 36

Mode mineur.	Mode majeur.
12345 54321	12345 54321
12345 4321	12345 4321
1234 4321	1234 4321
1234 321	1234 321
123 321	123 321
123 21	123 21
12 1	12 1
12345 54321 51	12345 54321 51

Étude de 71234 43217.

Première partie de la gamme de SI BÉMOL, MODE MAJEUR.

MODÈLE.

12345 54321 51

71234 43217	43217 71234
71234 3217	43217 1234
7123 3217	4321 1234
7123 217	4321 234
712 217	432 234
712 17	432 34
71 7	43 4
71234 43217 47	43217 71234 7

Étude de 3217 7123.

Deuxième partie de la gamme de SI BÉMOL, MODE MAJEUR.

MODÈLE.

1765 5674 51

3217 7123	7123 3217
3217 123	7123 217
321 123	712 217
321 23	712 17
32 3	71 7
3217 7123 73	7123 3217 3

Étude de 2176 6712.

Deuxième partie de la gamme de RÉ, MODE MINEUR.

MODÈLES.

6543 3456 36	1765 5671 51
Mode mineur.	Mode majeur.

2176 6712	2176 6712
2176 712	2176 712
217 712	217 712
217 12	217 12
21 2	21 2
2176 6712 62	2176 6712 62

Étude de 5432 2345.

Deuxième partie de la gamme de SOL, MODE MINEUR.

MODÈLES.

6543 3456 36	1765 5671 51

5432 2345	5432 2345
5432 345	5432 345
543 345	543 345
543 45	543 45
54 5	54 5
5432 2345 25	5432 2345 25

QUATRIÈME GROUPE.

UT DIÈSE fondamental, par DEGRÉS DISJOINTS.

Étude de 6136 6316.

Accord de quinte de tonique de LA, MODE MAJEUR.

MODÈLE.

1351 1531 51

Mode majeur.	Mode mineur.
6136 6316	6136 6316
6136 316	6136 316
613 316	613 316
613 16	613 16
61 6	61 6
6136 6316 36	6136 6316 36

Étude de 6135 5316.

Accord de septième de dominante de RÉ { MODE MAJEUR. / MODE MINEUR.

MODÈLE.

5724 4275 1

6135 5316	5316 6135
6135 316	5316 135
613 316	531 135
613 16	531 35
61 6	53 5
6135 5316 2	5316 61355316 2

QUATRIÈME GROUPE.

MI BÉMOL fondamental, PAR DEGRÉS DISJOINTS.

Étude de 1351 1531.

Accord de quinte de tonique d'UT, MODE MINEUR.

MODÈLE.

6136 6316 36

Mode mineur.	Mode majeur.
1351 1531	1351 1531
1351 531	1351 531
135 531	135 531
135 31	135 31
13 1	13 1
1351 1531 51	1351 1531 51

Étude de 4613 3164.

Accord de septième de dominante de SI BÉMOL { MODE MAJEUR. / MODE MINEUR.

MODÈLE.

5724 4275 1

4613 3164	3164 4613
4613 164	3164 613
461 164	316 613
461 64	316 13
46 4	31 3
4613 3164 7	3164 46133164 7

Étude de 4614 4164.

Accord de quinte de tonique de FA DIÈSE, MODE MINEUR.

MODÈLE.

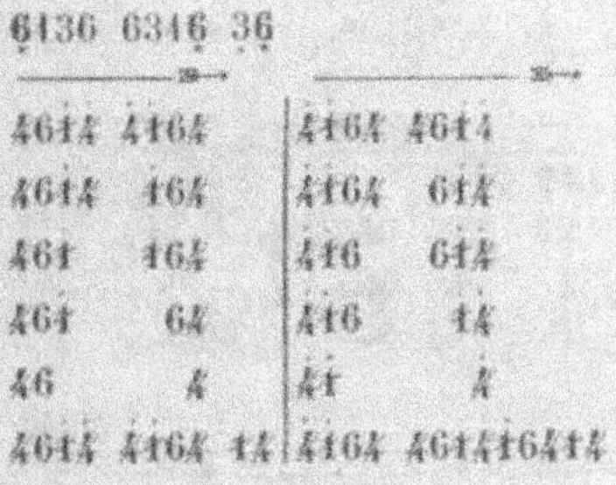

6136 6316 36

4614	4164	4164	4614
4614	164	4164	614
461	164	416	614
461	64	416	14
46	4	41	4
4614	4164 14	4164	461416414

Étude de 3573 3753.

Accord de quinte de tonique de MI BÉMOL, MODE MAJEUR.

MODÈLE.

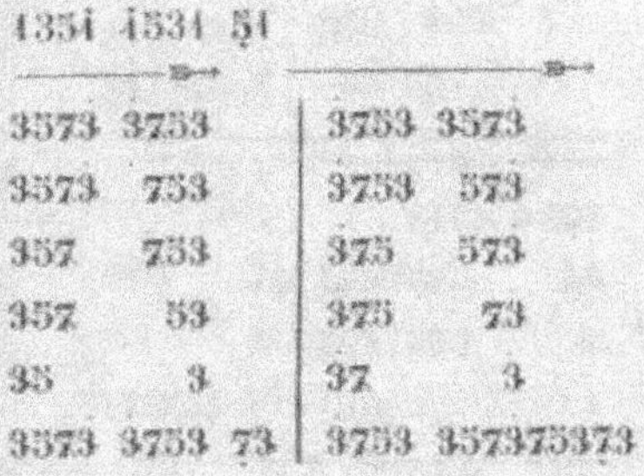

1351 1531 51

3573	3753	3753	3573
3573	753	3753	573
357	753	375	573
357	53	375	73
35	3	37	3
3573	3753 73	3753	357375373

CINQUIÈME SÉRIE D'EXERCICES.

ÉTUDE DU SOL DIÈSE.

PREMIER GROUPE.

SOL DIÈSE accidentel pris EN DESCENDANT.

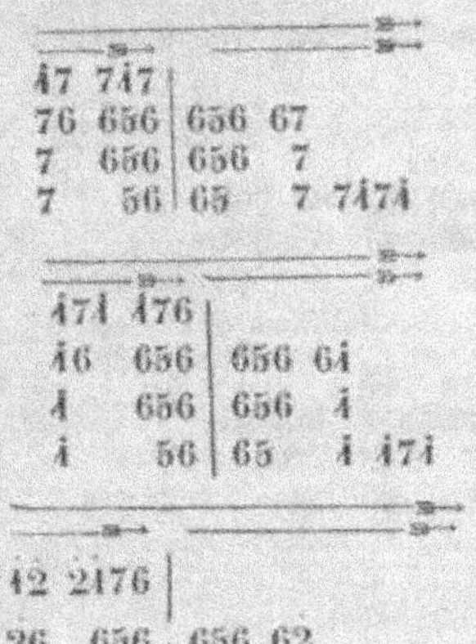

17	717		
76	656	656	67
7	656	656	7
7	56	65	7 7171

171	176		
16	656	656	61
1	656	656	1
1	56	65	1 171

12	2176		
26	656	656	62
2	656	656	2
2	56	65	2 232171

ÉTUDE DU LA BÉMOL.

PREMIER GROUPE.

LA BÉMOL accidentel pris EN MONTANT.

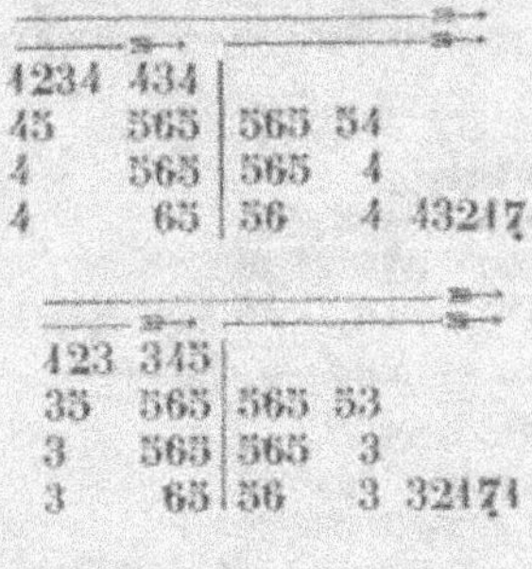

1234	434		
45	565	565	54
4	565	565	4
4	65	56	4 432171

123	345		
35	565	565	53
3	565	565	3
3	65	56	3 32171

12	2345		
25	565	565	52
2	565	565	2
2	65	56	2 232171

```
13 316
36 656 | 656 63
3  656 | 656  3
3   56 | 65   3 32171
```

```
1234 4316
46    656 | 656 64
4     656 | 656  4
4      56 | 65   4 432171
```

```
135 5316
56   656 | 656 65
5    656 | 656  5
5     56 | 65   5 54321 71
```

DEUXIÈME GROUPE.

SOL DIÈSE accidentel pris EN MONTANT.

```
1356
656 65 | 56 656
656  5 | 5  656
65   5 | 5   56 653171
```

```
1234 456
46   656 | 656 64
4    656 | 656  4
4     56 | 65   4 432171
```

```
123 3456
36   656 | 656 63
3    656 | 656  3
3     56 | 65   3 32171
```

```
171 135
15  565 | 565 51
1   565 | 565  1
1    65 | 56   1 171
```

```
17 7135
75  565 | 565 57
7   565 | 565  7
7    65 | 56   7 7171
```

```
176 67135
65   565 | 565 56
6    565 | 565  6
6     65 | 56   6 67171
```

DEUXIÈME GROUPE.

LA BÉMOL accidentel pris EN DESCENDANT.

```
1765
565 56 | 65 565
565  6 | 6  565
56   6 | 6   65 567171
```

```
17 765
75 565 | 565 57
7  565 | 565  7
7   65 | 56   7 7171
```

```
171 1765
15   565 | 565 51
1    565 | 565  1
1     65 | 56   1 171
```

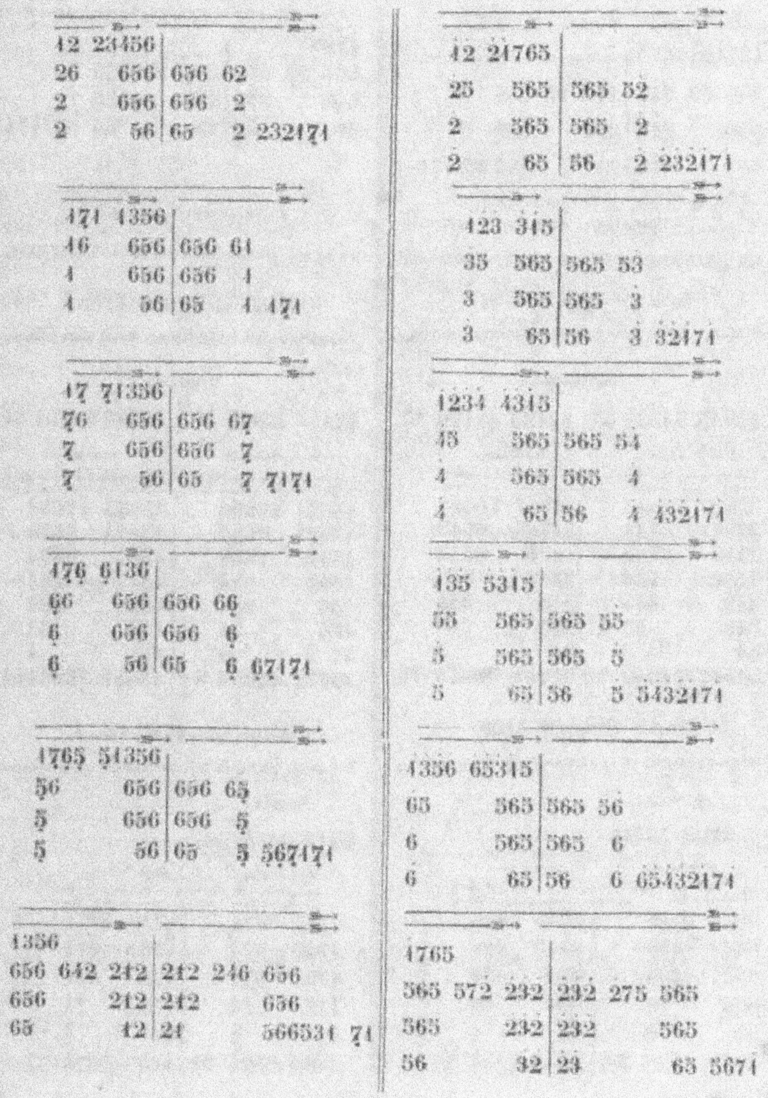

12 23456 |
26 656 | 656 62
2 656 | 656 2
2 56 | 65 2 232171

171 1356 |
16 656 | 656 61
1 656 | 656 1
1 56 | 65 1 171

17 71356 |
76 656 | 656 67
7 656 | 656 7
7 56 | 65 7 7171

176 6136 |
66 656 | 656 66
6 656 | 656 6
6 56 | 65 6 67171

1765 51356 |
56 656 | 656 65
5 656 | 656 5
5 56 | 65 5 567171

1356 |
656 612 212 | 212 216 656
656 212 | 212 656
65 12 | 21 566531 71

12 21765 |
25 565 | 565 52
2 565 | 565 2
2 65 | 56 2 232171

123 315 |
35 565 | 565 53
3 565 | 565 3
3 65 | 56 3 32171

1234 4315 |
45 565 | 565 54
4 565 | 565 4
4 65 | 56 4 432171

135 5315 |
55 565 | 565 55
5 565 | 565 5
5 65 | 56 5 5432171

1356 65315 |
65 565 | 565 56
6 565 | 565 6
6 65 | 56 6 65432171

1765 |
565 572 232 | 232 275 565
565 232 | 232 565
56 32 | 23 65 5671

13512176

656 62 212	212 26 656
656 212	212 656
65 12	21 56 67171

1765	
565 52 232	232 25 565
565 232	232 565
56 32	23 65 567171

TROISIÈME GROUPE.

SOL DIÈSE fondamental, par DEGRÉS CONJOINTS.

Étude de 34567 76543.

Première partie de la gamme de MI, MODE MAJEUR.

MODÈLES.

12345 54321 51 | 67123 32176 36

Mode majeur.	Mode mineur.
34567 76543	34567 76543
34567 6543	34567 6543
3456 6543	3456 6543
3456 543	3456 543
345 543	345 543
345 43	345 43
34 3	34 3
34567 76543 73	34567 76543 73

Étude de 6543 3456.

Deuxième partie de la gamme de LA, MODE MAJEUR.

MODÈLE.

1765 5671.

Mode majeur.	Mode mineur.
6543 3456	6543 3456
6543 456	6543 456
654 456	654 456
654 56	654 56
65 6	65 6
6543 3456 36	6543 3456 36

TROISIÈME GROUPE.

LA BÉMOL fondamental, par DEGRÉS CONJOINTS.

Étude de 45671 17654.

Première partie de la gamme de FA, MODE MINEUR.

MODÈLES.

67123 32176 36 | 12345 54321 51

Mode mineur.	Mode majeur.
45671 17654	45671 17654
45671 7654	45671 7654
4567 7654	4567 7654
4567 654	4567 654
456 654	456 654
456 54	456 54
45 4	45 4
45671 17654 14	45671 1765414

Étude de 1765 5671.

Deuxième partie de la gamme d'UT, MODE MINEUR.

MODÈLE.

6543 3456 36.

Mode mineur.	Mode majeur.
1765 5671	1765 5671
1765 671	1765 671
176 671	176 671
176 71	176 71
17 1	17 1
1765 5671 51	1765 5671 51

Étude de 45671 17654.

Première partie de la gamme de FA DIÈSE, MODE MINEUR.

MODÈLE.

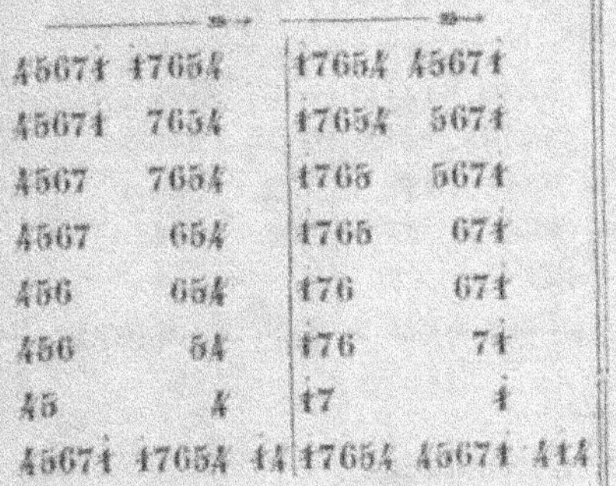

67123 32176 36.

45671 17654	17654 45671
45671 7654	17654 5671
4567 7654	1765 5671
4567 654	1765 671
456 654	176 671
456 54	176 71
45 4	17 1
45671 17654 14	17654 45671 414

QUATRIÈME GROUPE.

SOL DIÈSE fondamental, par DEGRÉS DISJOINTS.

Étude de 3573 3753.

Accord de quinte de tonique de MI, MODE MAJEUR.

MODÈLES.

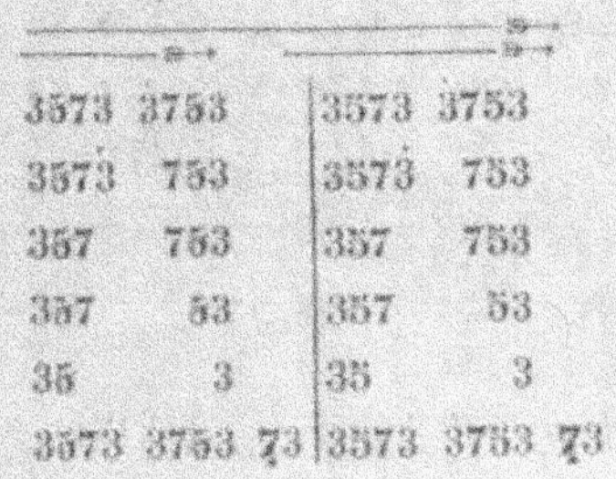

1354 4531 51 | 6136 6316 36

Mode majeur. Mode mineur.

3573 3753	3573 3753
3573 753	3573 753
357 753	357 753
357 53	357 53
35 3	35 3
3573 3753 73	3573 3753 73

Étude de 34567 76543.

Première partie de la gamme de MI BÉMOL, MODE MAJEUR.

MODÈLE.

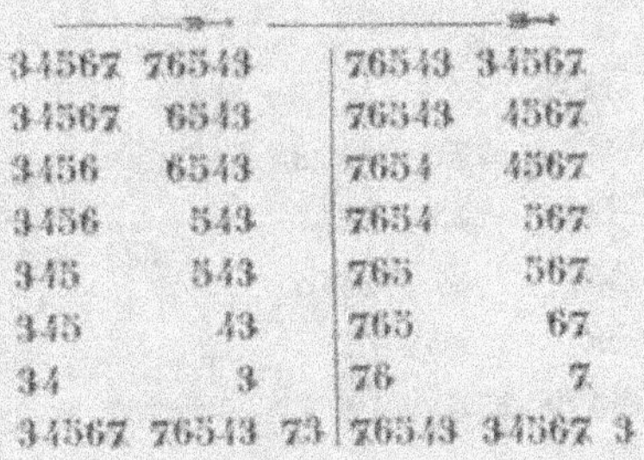

12345 54321 51.

34567 76543	76543 34567
34567 6543	76543 4567
3456 6543	7654 4567
3456 543	7654 567
345 543	765 567
345 43	765 67
34 3	76 7
34567 76543 73	76543 34567 3

QUATRIÈME GROUPE.

LA BÉMOL fondamental, par DEGRÉS DISJOINTS.

Étude de 4614 4164.

Accord de quinte de tonique de FA, MODE MINEUR.

MODÈLES.

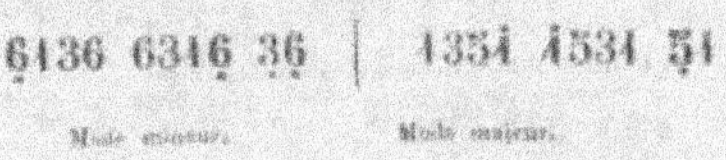

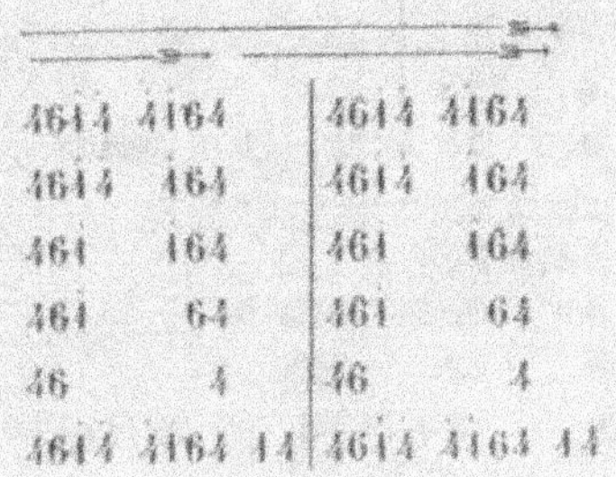

6136 6316 36 | 1354 4531 51

Mode mineur. Mode majeur.

4614 4164	4614 4164
4614 164	4614 164
461 164	461 164
461 64	461 64
46 4	46 4
4614 4164 44	4614 4164 44

Étude de 3572 2753.

Accord de septième de dominante de LA | MODE MAJEUR. MODE MINEUR.

MODÈLE.

5724 4275 1.

3572 2753	2753 3572
3572 753	2753 572
357 753	275 572
357 53	275 72
35 3	27 2
3572 2753 6	2753 3572753 6

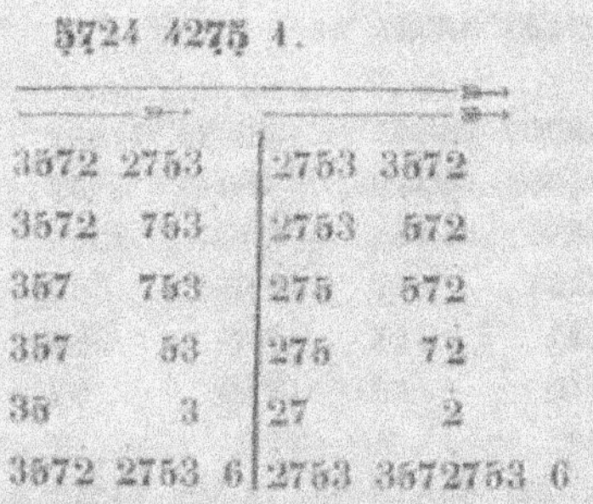

Étude de 7246 6427.

Accord de septième de dominante de MI BÉMOL | MODE MAJEUR. MODE MINEUR.

MODÈLE.

5724 4275 1.

7246 6427	6427 7246
7246 427	6427 246
724 427	642 246
724 27	642 46
72 7	64 6
7246 6427 3	6427 7246427 3

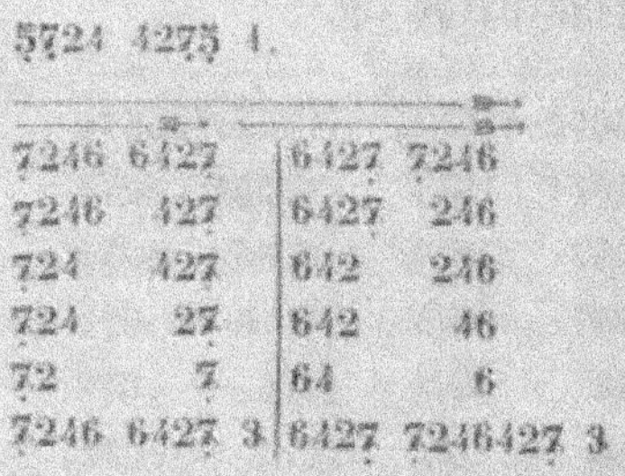

SIXIÈME SÉRIE D'EXERCICES.

ÉTUDE DU RÉ DIÈSE.

PREMIER GROUPE.

RÉ DIÈSE accidentel pris EN DESCENDANT.

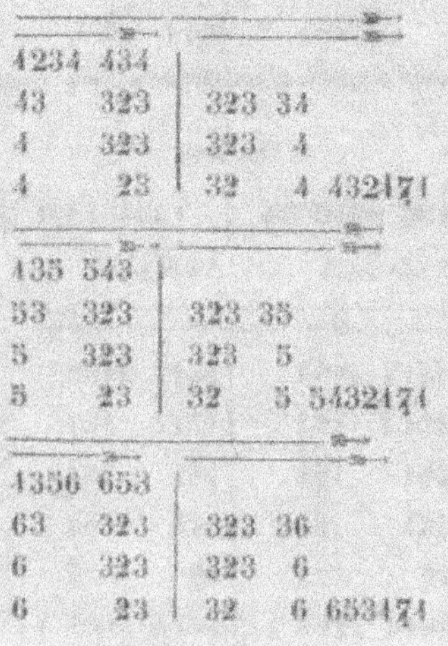

4234 434	
43 323	323 34
4 323	323 4
4 23	32 4 432171

135 543	
53 323	323 35
5 323	323 5
5 23	32 5 5432171

1356 653	
63 323	323 36
6 323	323 6
6 23	32 6 653171

ÉTUDE DU RÉ BÉMOL.

PREMIER GROUPE.

RÉ BÉMOL accidentel pris EN MONTANT.

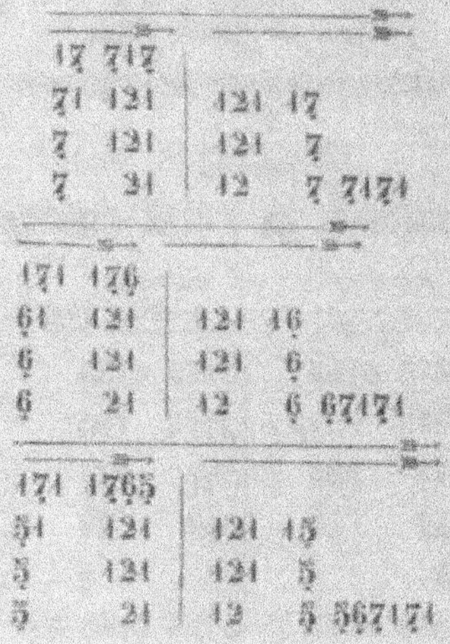

17 717	
71 121	121 17
7 121	121 7
7 21	12 7 7171

171 176	
61 121	121 16
6 121	121 6
6 21	12 6 67171

171 1765	
51 121	121 15
5 121	121 5
5 21	12 5 567171

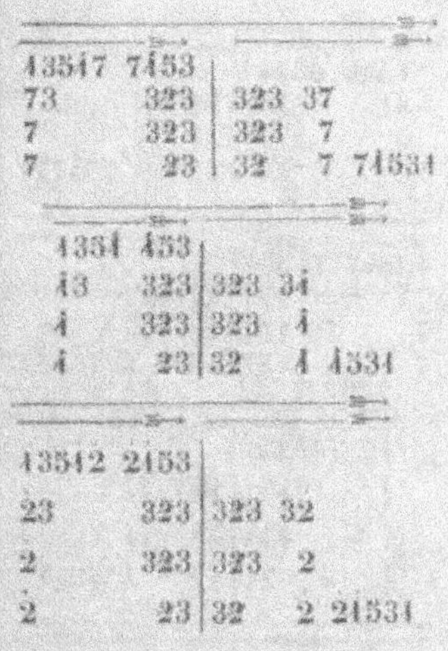

13517 7153			
73	323	323 37	
7	323	323 7	
7	23	32 7	71531

1351 153			
13	323	323 31	
1	323	323 1	
1	23	32 1	1531

13512 2153			
23	323	323 32	
2	323	323 2	
2	23	32 2	21531

DEUXIÈME GROUPE.

RÉ DIÈSE accidentel pris EN MONTANT.

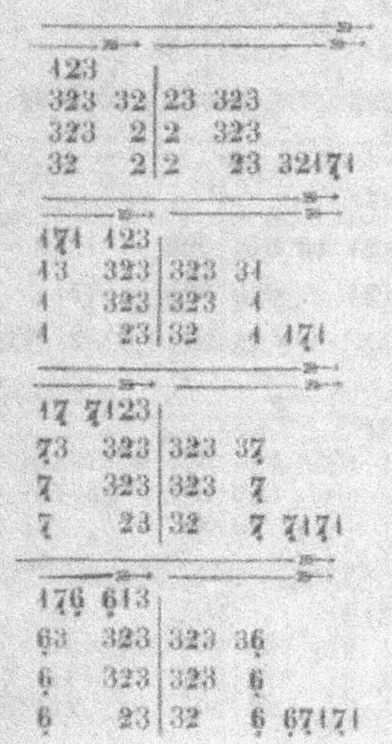

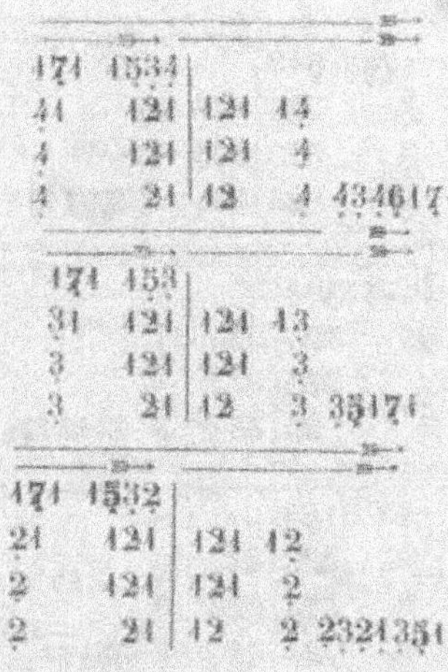

123			
323	32	23 323	
323	2	2 323	
32	2	2 23	32171

171 123			
13	323	323 31	
1	323	323 1	
1	23	32 1	171

17 7123			
73	323	323 37	
7	323	323 7	
7	23	32 7	7171

176 613			
63	323	323 36	
6	323	323 6	
6	23	32 6	67171

171 1534			
41	121	121 14	
4	121	121 4	
4	21	12 4	4346171

171 153			
31	121	121 13	
3	121	121 3	
3	21	12 3	35171

171 1532			
21	121	121 12	
2	121	121 2	
2	21	12 2	2321351

DEUXIÈME GROUPE.

RÉ BÉMOL accidentel pris EN DESCENDANT.

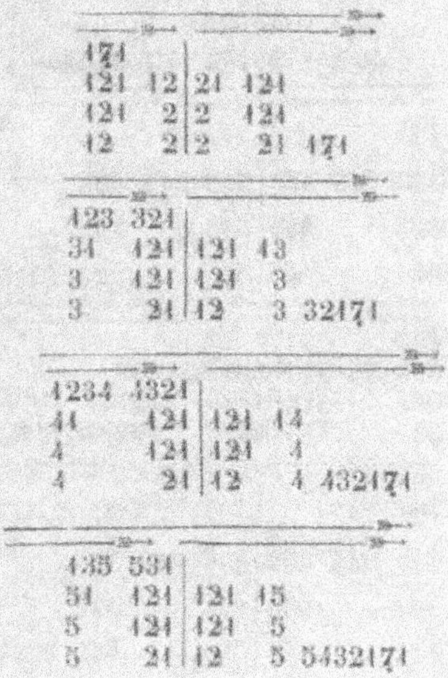

171			
121	12	21 121	
121	2	2 121	
12	2	2 21	171

123 321			
31	121	121 13	
3	121	121 3	
3	21	12 3	32171

1234 4321			
41	121	121 14	
4	121	121 4	
4	21	12 4	432171

135 531			
51	121	121 15	
5	121	121 5	
5	21	12 5	5432171

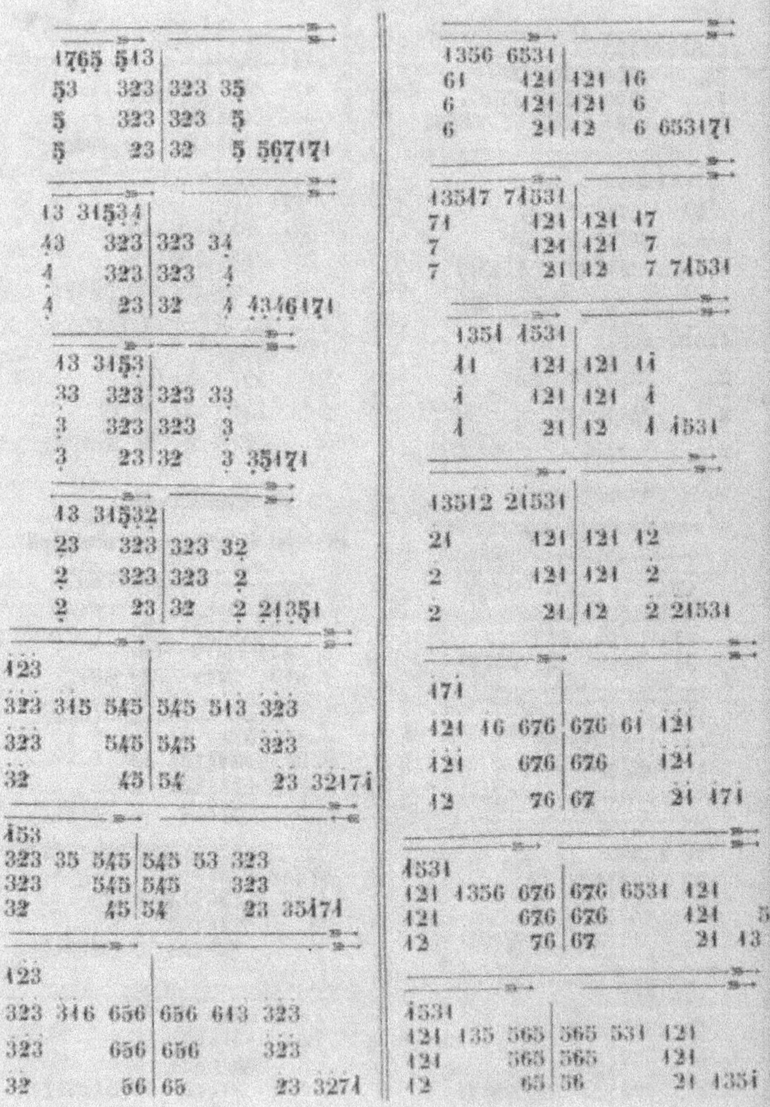

1765 513 |
53 323 | 323 35
5 323 | 323 5
5 23 | 32 5 567171

13 31531 |
43 323 | 323 34
4 323 | 323 4
4 23 | 32 4 4346171

13 3153 |
33 323 | 323 33
3 323 | 323 3
3 23 | 32 3 35171

13 31532 |
23 323 | 323 32
2 323 | 323 2
2 23 | 32 2 21351

123
323 345 545 | 545 543 323
323 545 | 545 323
32 45 | 54 23 32171

153
323 35 545 | 545 53 323
323 545 | 545 323
32 45 | 54 23 35171

123
323 346 656 | 656 643 323
323 656 | 656 323
32 56 | 65 23 3271

1356 6531 |
61 121 | 121 16
6 121 | 121 6
6 21 | 12 6 653171

13517 71531 |
71 121 | 121 17
7 121 | 121 7
7 21 | 12 7 71531

1351 1531 |
11 121 | 121 11
1 121 | 121 1
1 21 | 12 1 1531

13512 21531 |
21 121 | 121 12
2 121 | 121 2
2 21 | 12 2 21531

171
121 16 676 | 676 61 121
121 676 | 676 121
12 76 | 67 21 171

1531
121 1356 676 | 676 6531 121
121 676 | 676 121 51
12 76 | 67 21 13

1531
121 135 565 | 565 531 121
121 565 | 565 121
12 65 | 56 21 1351

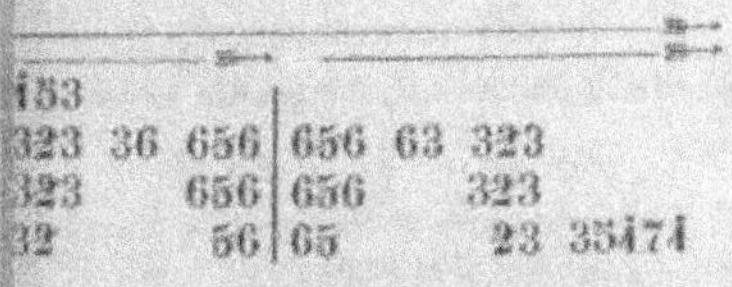

153
323 36 656 | 656 63 323
323 656 | 656 323
32 56 | 65 23 35171

TROISIÈME GROUPE.

RÉ DIÈSE fondamental, par DEGRÉS CONJOINTS.

Étude de

3217 7123	3217 7123.
Deuxième partie de la gamme de MI, MODE MAJEUR.	Deuxième partie de la gamme de SI, MODE MINEUR.

MODÈLES.

1765 5671 51	6543 3456 36.
Mode majeur.	Mode mineur.

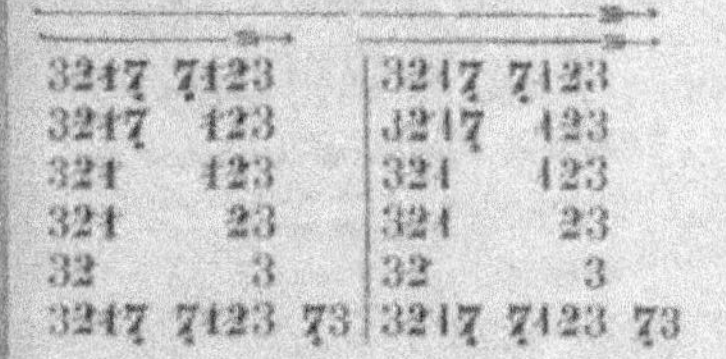 3217 7123	3217 7123
3217 123	3217 123
321 123	321 123
321 23	321 23
32 3	32 3
3217 7123 73	3217 7123 73

Étude de 71234 43217.

Première partie de la gamme de SI, MODE MAJEUR.

MODÈLES.

12345 54321 51	67123 32176 36
Mode majeur.	Mode mineur.

71234 43217	71234 43217
71234 3217	71234 3217
7123 3217	7123 3217
7123 217	7123 217
712 217	712 217
712 17	712 17
71 7	71 7
71234 43217 47	71234 43217 47

171
121 15 565 | 565 51 121
121 565 | 565 121
12 65 | 56 21 171

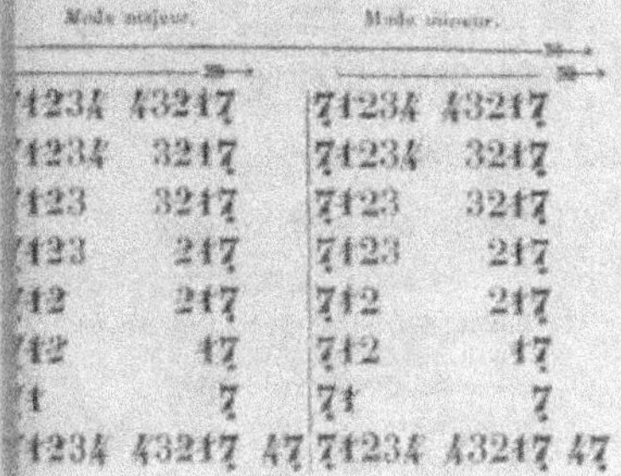

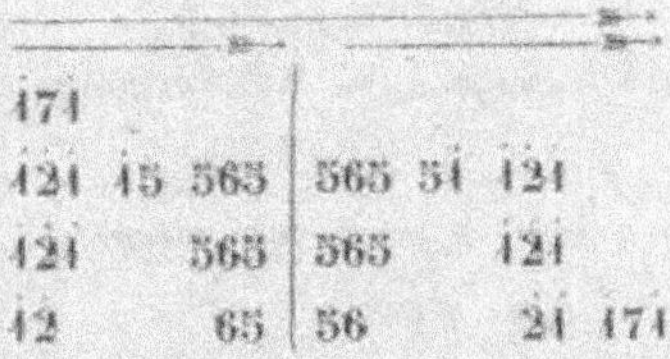

TROISIÈME GROUPE.

RÉ BÉMOL fondamental, par DEGRÉS CONJOINTS.

Étude de 4321 1234.

Deuxième partie de la gamme de FA, MODE MINEUR.

MODÈLES.

6543 3456 36	1765 5671 51.
Mode mineur.	Mode majeur.

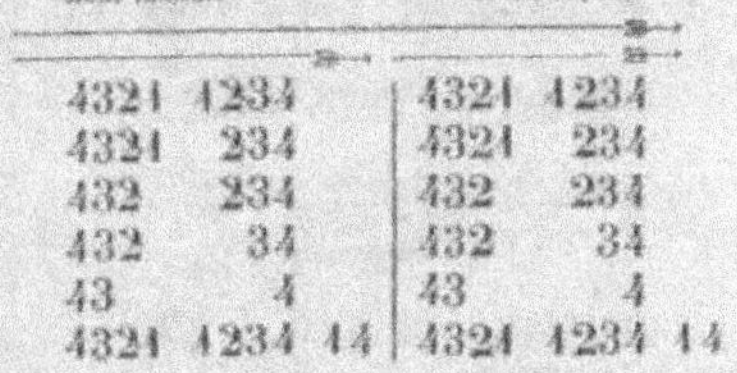

4321 1234	4321 1234
4321 234	4321 234
432 234	432 234
432 34	432 34
43 4	43 4
4321 1234 14	4321 1234 14

Étude de 71234 43217.

Première partie de la gamme de SI BÉMOL, MODE MINEUR.

MODÈLES.

67123 32176 36	12345 54321 51.
Mode mineur.	Mode majeur.

71234 43217	71234 43217
71234 3217	71234 3217
7123 3217	7123 3217
7123 217	7123 217
712 217	712 217
712 17	712 17
71 7	71 7
71234 43217 47	71234 43217 47

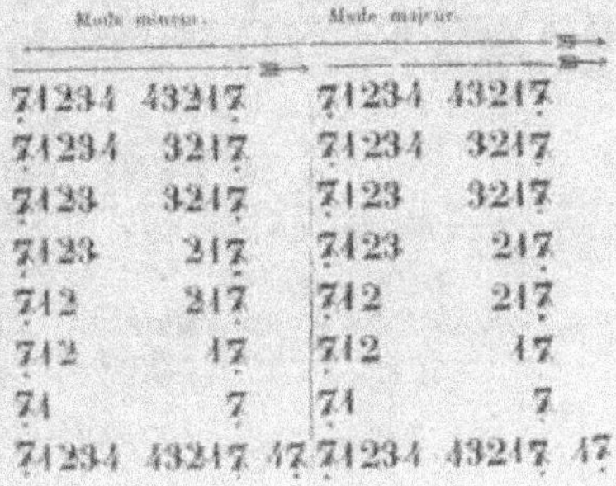

QUATRIÈME GROUPE.

RÉ DIÈSE fondamental, par DEGRÉS DISJOINTS.

Étude de 7247 7427.

Accord de quinte de tonique de SI, MODE MAJEUR.

MODÈLES.

4354 4534 54 | 6136 6316 36

Mode majeur. | Mode mineur.

7247 7427	7247 7427
7247 427	7247 427
724 427	724 427
724 27	724 27
72 7	72 7
7247 7427 47	7247 7427 47

Étude de 7246 6427.

Accord de septième de dominante de

MI | MODE MAJEUR. | MODE MINEUR.

MODÈLE.

5724 4275 4

7246 6427	6427 7246
7246 427	6427 246
724 427	642 246
724 27	642 46
72 7	64 6
7246 6427 3	6427 7246427 3

QUATRIÈME GROUPE.

RÉ BÉMOL fondamental, par DEGRÉS DISJOINTS.

Étude de 7247 7427.

Accord de quinte de tonique de SI BÉMOL, MODE MINEUR.

MODÈLES.

6136 6316 36 | 4354 4534 54

Mode mineur. | Mode majeur.

7247 7427	7247 7427
7247 427	7247 427
724 427	724 427
724 27	724 27
72 7	72 7
7247 7427 47	7247 7427 47

Étude de 3572 2753.

Accord de septième de dominante de

LA BÉMOL | MODE MAJEUR. | MODE MINEUR.

MODÈLE.

5724 4275 4

3572 2753	2753 3572
3572 753	2753 572
357 753	275 572
357 53	275 72
35 3	27 2
3572 2753 6	2753 3572753 6

SEPTIÈME SÉRIE D'EXERCICES.

ÉTUDE DU LA DIÈSE.

PREMIER GROUPE.

LA DIÈSE accidentel pris EN DESCENDANT.

474	
47 767	767 74
4 767	767 4
4 67	76 4 474

ÉTUDE DU SOL BÉMOL.

PREMIER GROUPE.

SOL BÉMOL accidentel pris EN MONTANT.

43 343	
34 454	454 43
3 454	454 3
3 54	45 3 32171

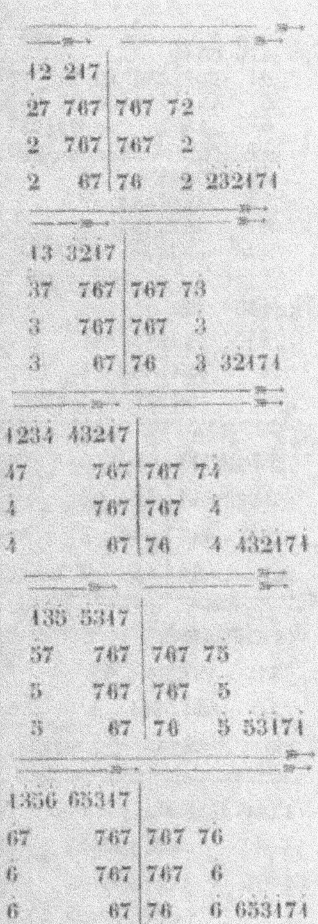

12 217 |
27 767 | 767 72
2 767 | 767 2
2 67 | 76 2 232171

13 3217 |
37 767 | 767 73
3 767 | 767 3
3 67 | 76 3 32171

1234 43217 |
47 767 | 767 74
4 767 | 767 4
4 67 | 76 4 432171

135 5317 |
57 767 | 767 75
5 767 | 767 5
5 67 | 76 5 53171

1356 65317 |
67 767 | 767 76
6 767 | 767 6
6 67 | 76 6 653171

DEUXIÈME GROUPE.

LA DIÈSE accidentel pris EN MONTANT.

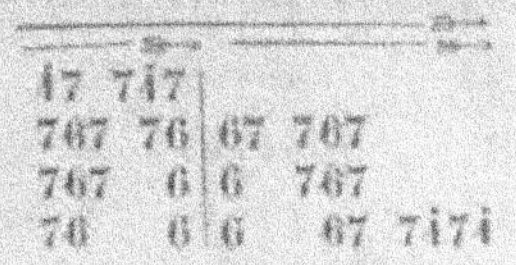

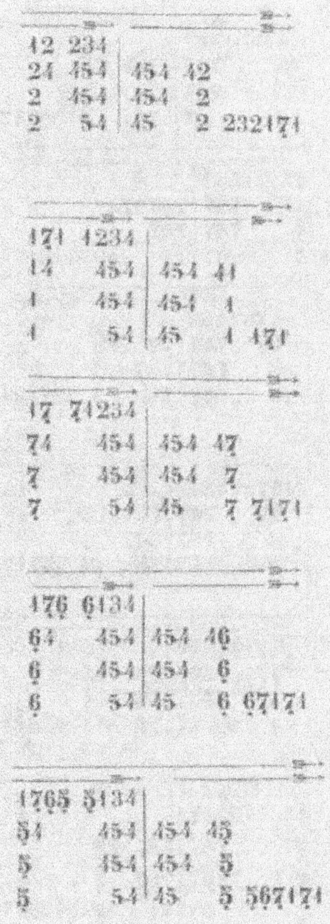

17 717 |
767 76 | 67 767
767 6 | 6 767
76 6 | 6 67 7171

12 234 |
24 454 | 454 42
2 454 | 454 2
2 54 | 45 2 232171

171 1234 |
14 454 | 454 41
1 454 | 454 1
1 54 | 45 1 171

17 71234 |
71 454 | 454 47
7 454 | 454 7
7 54 | 45 7 7171

176 6134 |
61 454 | 454 46
6 454 | 454 6
6 54 | 45 6 67171

1765 5134 |
51 454 | 454 45
5 454 | 454 5
5 54 | 45 5 567171

DEUXIÈME GROUPE.

SOL BÉMOL accidentel pris EN DESCENDANT.

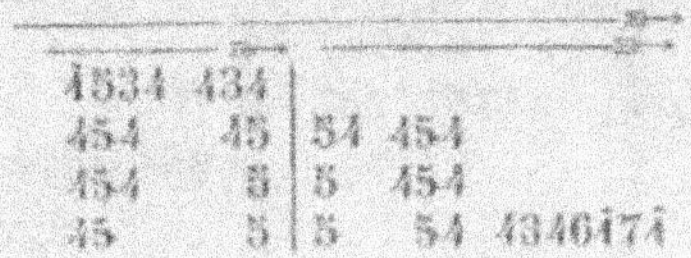

1534 434 |
454 45 | 54 454
454 5 | 5 454
45 5 | 5 54 4346171

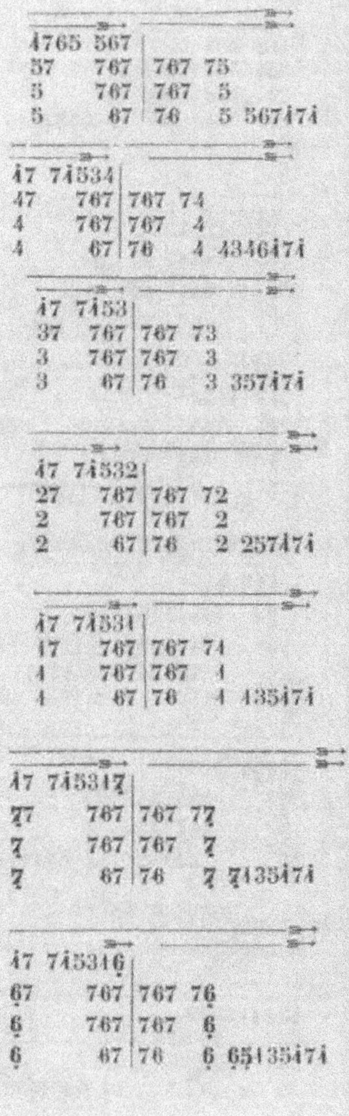

```
1̇765 567 |
57    767 | 767 75
5     767 | 767  5
5      67 | 76   5 5671̇71̇
```

```
1̇7 71̇534 |
47    767 | 767 74
4     767 | 767  4
4      67 | 76   4 43461̇71̇
```

```
1̇7 71̇53 |
37   767 | 767 73
3    767 | 767  3
3     67 | 76   3 3571̇71̇
```

```
1̇7 71̇532 |
27    767 | 767 72
2     767 | 767  2
2      67 | 76   2 2571̇71̇
```

```
1̇7 71̇531 |
17    767 | 767 71
1     767 | 767  1
1      67 | 76   1 1351̇71̇
```

```
1̇7 71̇5317̣ |
7̣7      767 | 767 77̣
7̣       767 | 767  7̣
7̣        67 | 76   7̣ 7̣1351̇71̇
```

```
1̇7 71̇5316̣ |
6̣7      767 | 767 76̣
6̣       767 | 767  6̣
6̣        67 | 76   6̣ 6̣5̣1351̇71̇
```

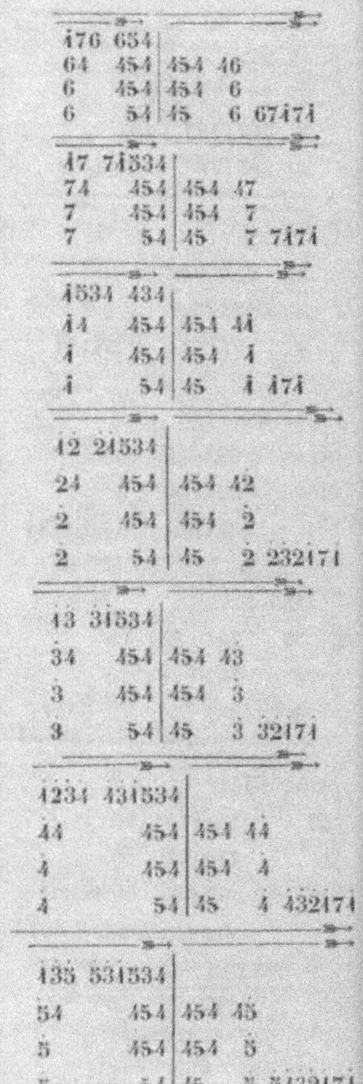

```
1̇76 654 |
64  454 | 454 46
6   454 | 454  6
6    54 | 45   6 671̇71̇
```

```
1̇7 71̇534 |
74    454 | 454 47
7     454 | 454  7
7      54 | 45   7 71̇71̇
```

```
1̇534 434 |
1̇4    454 | 454 41̇
1̇     454 | 454  1̇
1̇      54 | 45   1̇ 1̇71̇
```

```
1̇2̇ 2̇1̇534 |
2̇4    454 | 454 42̇
2̇     454 | 454  2̇
2̇      54 | 45   2̇ 2̇3̇2̇1̇71̇
```

```
1̇3̇ 3̇1̇534 |
3̇4    454 | 454 43̇
3̇     454 | 454  3̇
3̇      54 | 45   3̇ 3̇2̇1̇71̇
```

```
1̇2̇3̇4̇ 4̇3̇1̇534 |
4̇4          454 | 454 44̇
4̇           454 | 454  4̇
4̇            54 | 45   4̇ 4̇3̇2̇1̇71̇
```

```
1̇3̇5̇ 5̇3̇1̇534 |
5̇4         454 | 454 45̇
5̇          454 | 454  5̇
5̇           54 | 45   5̇ 5̇4̇3̇2̇1̇71̇
```

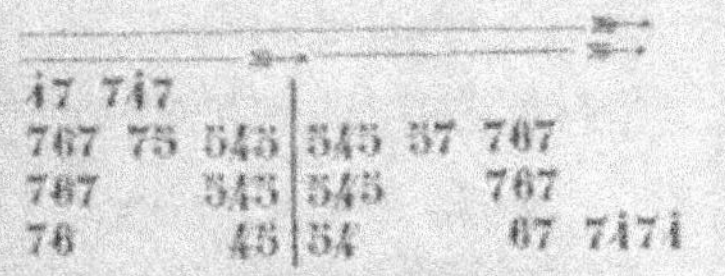

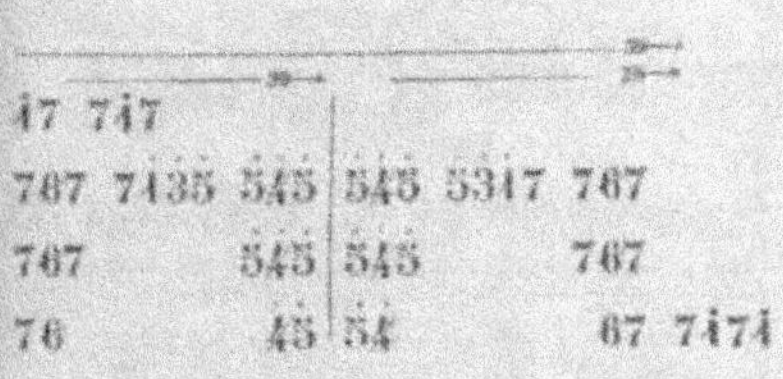

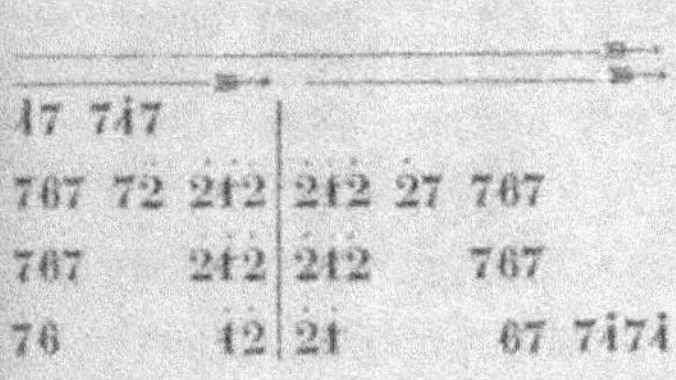

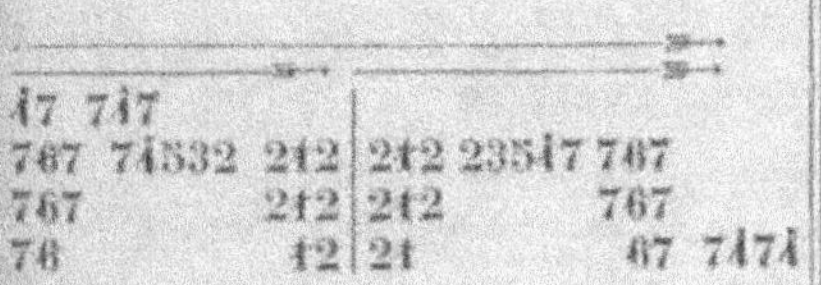

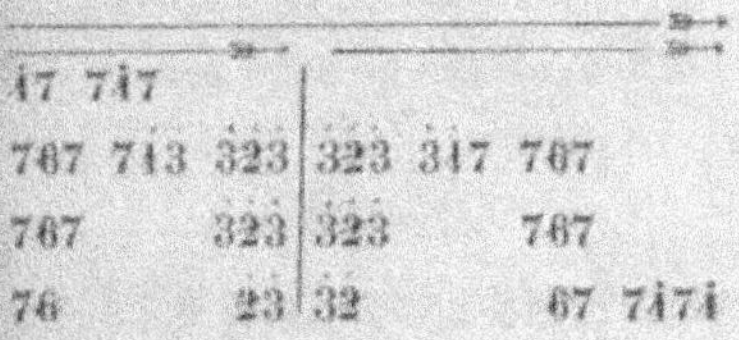

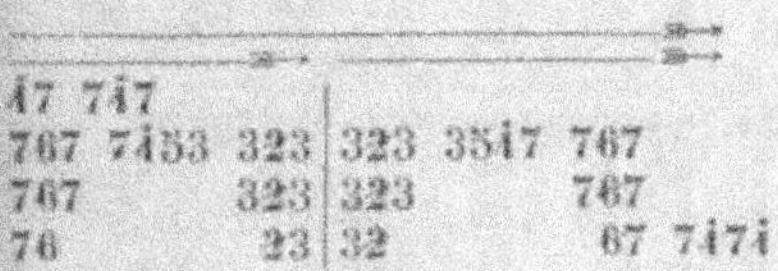

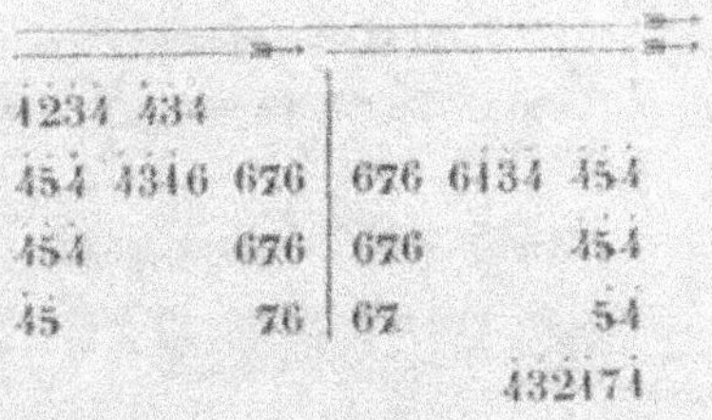

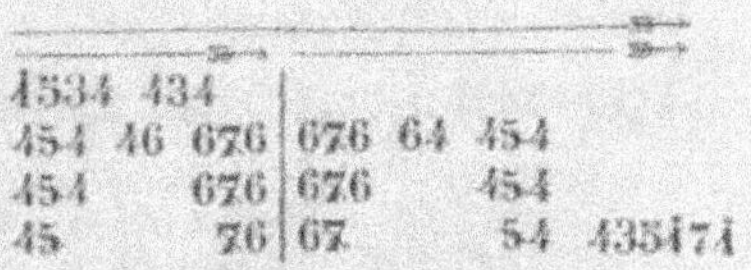

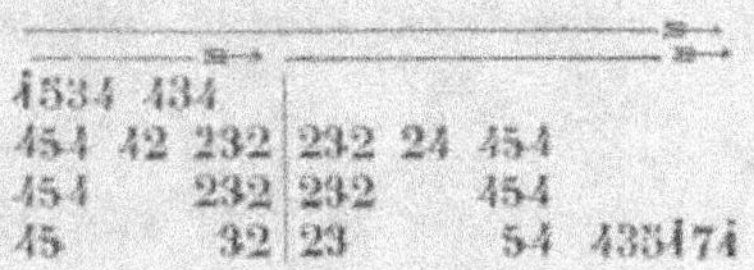

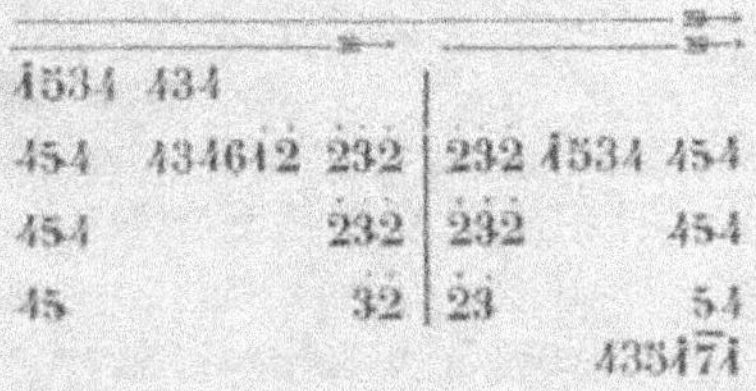

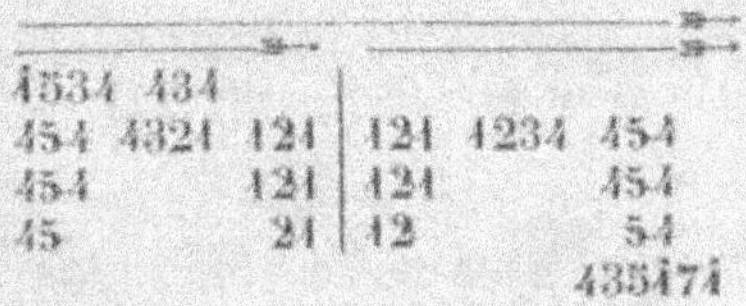

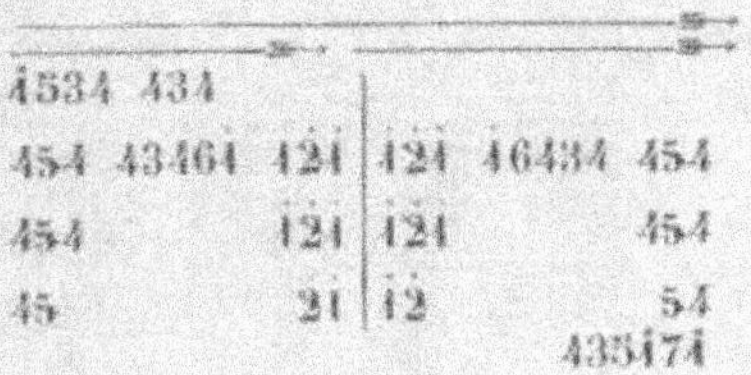

17 717
767 75 545 | 545 57 767
767 545 | 545 767
76 45 | 54 67 7171

17 717
767 7135 545 | 545 5317 767
767 545 | 545 767
76 45 | 54 67 7171

17 717
767 72 212 | 212 27 767
767 212 | 212 767
76 12 | 21 67 7171

17 717
767 71532 212 | 212 23517 767
767 212 | 212 767
76 12 | 21 67 7171

17 717
767 713 323 | 323 317 767
767 323 | 323 767
76 23 | 32 67 7171

17 717
767 7153 323 | 323 3517 767
767 323 | 323 767
76 23 | 32 67 7171

1234 434
454 4316 676 | 676 6134 454
454 676 | 676 454
45 76 | 67 54
432171

1534 434
454 46 676 | 676 64 454
454 676 | 676 454
45 76 | 67 54 435171

1534 434
454 42 232 | 232 24 454
454 232 | 232 454
45 32 | 23 54 435171

1534 434
454 434612 232 | 232 1534 454
454 232 | 232 454
45 32 | 23 54
435171

1534 434
454 4321 121 | 121 1234 454
454 121 | 121 454
45 21 | 12 54
435171

1534 434
454 43461 121 | 121 16434 454
454 121 | 121 454
45 21 | 12 54
435171

TROISIÈME GROUPE.

LA DIÈSE fondamental, par DEGRÉS CONJOINTS.

Étude de

7654 4567 7654 4567.

Deuxième partie de la gamme de SI, MODE MAJEUR.	Deuxième partie de la gamme de SI, MODE MINEUR.

MODÈLES.

4765 5674 54	6543 3456 36
Mode majeur.	Mode mineur.

7654 4567	7654 4567
7654 567	7654 567
765 567	765 567
765 67	765 67
76 7	76 7
7654 4567 47	7654 4567 47

TROISIÈME GROUPE.

SOL BÉMOL fondamental, par DEGRÉS CONJOINTS.

Étude de **7654 4567.**

Deuxième partie de la gamme de SI BÉMOL, MODE MINEUR.

MODÈLES.

6543 3456 36	4765 5674 54
Mode mineur.	Mode majeur.

7654 4567	7654 4567
7654 567	7654 567
765 567	765 567
765 67	765 67
76 7	76 7
7654 4567 47	7654 4567 47

HUITIÈME SÉRIE D'EXERCICES.

Étude du MI DIÈSE FONDAMENTAL.

Étude de

4321 1234 4321 1234.

Deuxième partie de la gamme de FA DIÈSE, MODE MINEUR.	Deuxième partie de la gamme de FA DIÈSE, MODE MAJEUR.

MODÈLES.

6543 3456 36	4765 5674 54
Mode mineur.	Mode majeur.

4321 1234	4321 1234
4321 234	4321 234
432 234	432 234
432 34	432 34
43 4	43 4
4321 1234 14	4321 1234 14

Étude de L'UT BÉMOL FONDAMENTAL.

Étude de **3217 7123.**

Deuxième partie de la gamme de MI BÉMOL, MODE MINEUR.

MODÈLES.

6543 3456 36	4765 5674 54.
Mode mineur.	Mode majeur.

3217 7123	3217 7123
3217 123	3217 123
321 123	321 123
321 23	321 23
32 3	32 3
3217 7123 73	3217 7123 73

NEUVIÈME SÉRIE D'EXERCICES.

ÉTUDE DU SI DIÈSE FONDAMENTAL.

Étude de

1765 5671   1765 5671.

Deuxième partie de la gamme de UT DIÈSE, MODE MINEUR.	Deuxième partie de la gamme d'UT DIÈSE, MODE MAJEUR.

MODÈLES.

6543 3456 36 | 1765 5671 51

1765 5671	1765 5671
1765 671	1765 671
176 671	176 671
176 71	176 71
17 1	17 1
1765 5671 51	1765 5671 51

ÉTUDE DU FA BÉMOL FONDAMENTAL.

Étude de 6543 3456.

Deuxième partie de la gamme de LA BÉMOL, MODE MINEUR.

MODÈLES.

6543 3456 36 | 1765 5671 51.

6543 3456	6543 3456
6543 456	6543 456
654 456	654 456
654 56	654 56
65 6	65 6
6543 3456 36	6543 3456 36

DIXIÈME SÉRIE D'EXERCICES.

Étude de la gamme CHROMATIQUE (1) PAR DIÈSES.

12 212	23 323	34 434	45 545	56 656	67 767	71	1531
12 12	23 23	34 34	45 45	56 56	67 67	71	1531
1 12	2 23	34	4 45	5 56	6 67	71	1531

1 12 23 4 45 56 67 1 1531

17	767 76	656 65	545 54	434 43	323 32	212 21	1351
17	767 6	656 5	545 4	434 3	323 2	212 1	1351
17	76 6	65 5	54 4	43	32 2	21 1	1351

1 76 65 54 4 32 21 1 1351

1 1 2 2 3 4 4 5 5 6 6 7 1   1 7 6 6 5 5 4 4 3 2 2 1 1

(1) Voir dans la partie théorique la signification de ce mot.

Étude de la gamme CHROMATIQUE (1) PAR BÉMOLS.

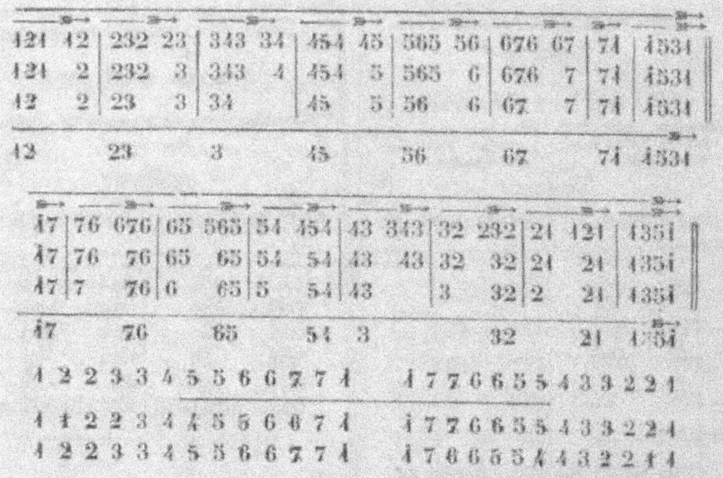

121	12	232	23	343	34	454	45	565	56	676	67	71	1531
121	2	232	3	343	4	454	5	565	6	676	7	71	1531
12	2	23	3	34		45	5	56	6	67	7	71	1531

12 23 3 45 56 67 71 1531

17	76	676	65	565	54	454	43	343	32	232	21	121	1351
17	76	76	65	65	54	54	43	43	32	32	21	21	1351
17	7	76	6	65	5	54	43		3	32	2	21	1351

17 76 65 54 3 32 21 1351

1 2 2 3 3 4 5 5 6 6 7 7 1 1 7 7 6 6 5 5 4 3 3 2 2 1

1 1 2 2 3 4 4 5 5 6 6 7 1 1 7 7 6 6 5 5 4 3 3 2 2 1
1 2 2 3 3 4 5 5 6 6 7 7 1 1 7 6 6 5 5 4 4 3 2 2 1 1

Étude de la gamme ENHARMONIQUE (1).

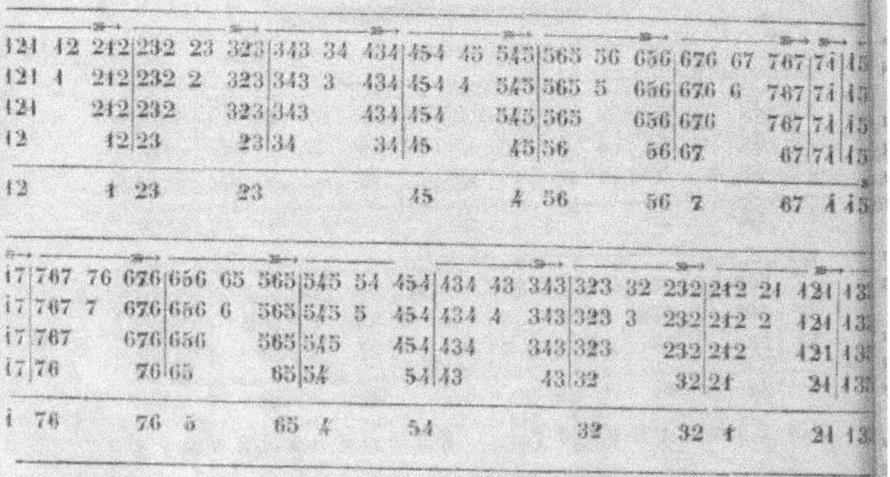

121	12	212	232	23	323	343	34	434	454	45	545	565	56	656	676	67	767	71	15
121	1	212	232	2	323	343	3	434	454	4	545	565	5	656	676	6	767	71	15
121		212	232		323	343		434	454		545	565		656	676		767	71	15
12		12	23		23	34		34	45		45	56		56	67		67	71	15

12 1 23 23 45 4 56 56 7 67 1 15

17	767	76	676	656	65	565	545	54	454	434	43	343	323	32	232	212	21	121	13
17	767	7	676	656	6	565	545	5	454	434	4	343	323	3	232	212	2	121	13
17	767		676	656		565	545		454	434		343	323		232	212		121	13
17	76		76	65		65	54		54	43		43	32		32	21		21	13

1 76 76 5 65 4 54 32 32 1 21 13

(1) Voir dans la partie théorique la signification de ce mot.

QUATRIÈME CLASSE.

Étude pratique de la mesure.

N.-B. Avant de commencer l'étude pratique de la mesure, il faut :

1° Avoir étudié dans la partie théorique de cet ouvrage, page 251 et suivantes, le livre 2e qui traite de la mesure;

2° Être parfaitement maître de l'exercice d'intonation n° 8, page 39.

Nous suivons pour l'étude de la mesure, comme pour celle de l'intonation, le principe qui défend d'attaquer à la fois plusieurs difficultés; or, comme il est bien plus facile de faire une seule opération que d'en faire deux à la fois, nous emploierons d'abord, *pour marquer la mesure, la voix seule, avant d'y employer simultanément la voix et la main.*

Comment on doit marquer la mesure au moyen de la voix. Pour s'habituer à marquer régulièrement les temps de la mesure, il faut s'exercer *à dire à haute voix* et TRÈS-RÉGULIÈREMENT la syllabe TA, à des intervalles égaux, comme si l'on voulait imiter le bruit que fait le balancier d'une pendule quand il est en mouvement.

Il importe peu que la durée qui s'écoule d'une syllabe à l'autre soit plus ou moins longue, pourvu qu'elle soit toujours la même entre deux syllabes; nous ne tenons ici qu'à la RÉGULARITÉ.

Comment on doit marquer la mesure avec la voix et la main droite simultanément. (Conseils sur la rapidité et l'étendue des mouvements que la main doit faire pour battre la mesure).

1° Les mouvements de la main doivent être faits d'une manière nette, et même un peu brusque, qui porte rapidement la main dans la direction indiquée par le mot que l'on prononce. Ce mot doit être prononcé très-vivement, de telle sorte que la main, se déplaçant à point nommé, puisse séjourner le temps voulu au point où l'aura portée chaque déplacement.

2° Il faut avoir soin de ne pas faire parcourir à la main, pour chaque déplacement, une étendue trop différente, parce que cela nuirait à l'égalité des mouvements.

Pour marquer la mesure avec la voix et la main simultanément, nous nous servirons d'abord des mots qui indiquent de quel côté doit se porter la main pour battre les différents temps d'une mesure, soit à deux temps, soit à trois temps, soit à quatre temps.

Pour battre la mesure à DEUX TEMPS, nous emploierons pour le *premier temps* le mot *plancher*, et pour le *deuxième* le mot *plafond*, parce que ces deux mots indiquent que la main doit marquer le premier temps en se dirigeant vers le plancher et le second en se dirigeant vers le plafond.

Il faut, avant d'aller plus loin, s'exercer à battre la mesure à deux temps, comme nous venons de l'indiquer, c'est-à-dire frapper le premier temps sur son genou ou sur une table, en prononçant le mot plancher, et relever la main pour le deuxième en disant le mot plafond. Il faut suivre rigoureusement, pour battre la mesure, les conseils donnés ci-dessus.

Pour battre la mesure à TROIS TEMPS, nous emploierons, pour le *premier temps* le mot *plancher*, pour le *deuxième* le mot *droite*, et pour le *troisième*, le mot *plafond*, parce que ces trois mots indiquent que la main doit marquer le premier temps en se dirigeant vers le plancher, le deuxième en se dirigeant à droite, et le troisième en se dirigeant vers le plafond.

Il faut, avant d'aller plus loin, s'exercer à battre la mesure à trois temps, comme nous venons de l'indiquer, c'est-à-dire frapper le *premier temps* sur son genou ou sur une table en disant *plancher*, le *deuxième* à droite en disant le mot *droite*, et relever la main pour le *troisième* en disant le mot *plafond*. Il faut suivre rigoureusement, pour battre la mesure, les conseils donnés ci-dessus.

Pour battre la mesure à QUATRE TEMPS, nous emploierons, pour le *premier temps* le mot *plancher*, pour le *deuxième* le mot *gauche*, pour le *troisième* le mot *droite* et pour le *quatrième* le mot *plafond*, parce que ces quatre mots indiquent que la main doit marquer le premier temps en se dirigeant vers le plancher, le deuxième en se dirigeant à gauche, le troisième en se dirigeant à droite, et le quatrième en se dirigeant vers le plafond.

Il faut, avant d'aller plus loin, s'exercer à battre la mesure à quatre temps comme nous venons de l'indiquer, c'est-à-dire frapper le *premier temps* sur son genou ou sur une table en disant le mot *plancher*, le *deuxième* à gauche en disant le mot *gauche*, le *troisième* à droite en disant le mot *droite*, et le *quatrième* en relevant la main et en disant le mot *plafond*. Il faut suivre rigoureusement, pour battre la mesure, les conseils donnés ci-dessus.

Étude de la langue des durées. Lorsque l'on s'est bien exercé à battre la mesure à deux, à trois et à quatre temps, on doit s'exercer, au moyen des tableaux que nous donnons plus bas, à PARLER LA LANGUE DES DURÉES. Chacun de ces tableaux est divisé en plusieurs colonnes ; chacune des colonnes doit être étudiée en particulier. Étudiez donc, avec le plus grand soin, la première colonne avant de passer à la seconde, et ainsi de suite jusqu'à la dernière ; en un mot, ne quittez une colonne pour étudier la suivante que lorsque vous en serez parfaitement maître. *Ceci est très-important ; le succès facile et prompt de l'étude tient à ce point.*

Comment on doit étudier chacune des colonnes des deux tableaux ci-dessous.

1° Il faut s'exercer à dire à haute voix, et à des distances égales, c'est-à dire avec la plus grande régularité, *mais sans battre la mesure avec la main*, les monosyllabes écrits au-dessous des points, gros et petits.

Il faut répéter cet exercice, jusqu'à ce que, à la vue d'une coupe, on puisse dire son nom en mesure, avec facilité, et sans la moindre hésitation.

2° Il faut refaire la même opération ; mais, cette fois, *en marquant avec la main* la mesure à deux, à trois, ou à quatre temps, selon le nombre des temps qui se trouvent dans la colonne.

Nous répétons encore ici qu'il faut avoir soin de déplacer brusquement la main, pour marquer l'origine de chaque temps, afin qu'elle reste complétement immobile à la place qu'elle doit occuper pendant la durée d'un temps à l'autre.

REMIÈRE COLONNE.		DEUXIÈME COLONNE.	TROISIÈME COLONNE.	QUATRIÈME COLONNE.
…tudiant cette colonne, on s'ha-…à faire correspondre les mouve-…s de la main à ceux du gosier.		En étudiant cette colonne, on s'habitue à produire deux mouvements du gosier pour un seul mouvement de la main.	En étudiant cette colonne, on s'habitue à produire quatre mouvements du gosier pour un seul mouvement de la main.	En étudiant cette colonne, on s'habitue à produire huit mouvements du gosier pour un seul mouvement de la main.
…s temps ne sont pas divisés.		Les temps sont divisés par deux.	Les temps sont divisés par quatre.	Le temps est divisé par huit.
…esures à quatre temps.		1 mesure à quatre temps.	1 mesure à deux temps.	½ mesure à deux temps.
…a, ta, ta,	ta, ta, ta, ta,	ta té, ta té, ta té, ta té,	ta fa té fé, ta fa té fé,	ta za fa na té zé fé né
…a, a, ta,	a, ta, ta, ta,	ta, té a té, a té, ta té,	ta fa é fé, a fa té fé,	ta za a na é zé fé né,
…a, a, a,	a, a, ta, ta,	ta té, a é, a é, ta té,	ta fa é é, a a té fé,	ta za a a é é fé né,
…a, ta, a,	a, a, a, ta,	ta té, ta é, a é, a té,	ta fa té é a a é fé,	ta za fa a té zé fé é,
…a, ta, ta,	a, ta, a, ta,	ta té, ta té, a té, a té,	ta fa té fé, a fa é fé,	ta za fa na é zé é né,
…, ta, ta,	a, ta, a, a,	ta é, ta té, a té, a é,	ta a té fé, a fa é é,	ta a fa na té é fé né,
…, a, ta,	a, ta, ta, a,	ta é, a té, a té, ta é,	ta a é fé, a fa té é	ta a a na té é é né,
…, ta, ta,	ta, ta, ta, ta,	ta té, ta té, ta té, ta té,	ta fa té fé, ta fa té fé,	ta za fa na té zé fé né,
…, ta, chu,	u, ta, ta, ta,	ta té, ta chu, u té ta té,	ta fa té chu, u fa té fé,	ta za fa chu, té zé fé chu,
…, chu, u,	u, u, ta, ta,	ta té, chu u, u u, ta té,	ta fa chu u, u u té fé,	ta za chu u, té zé chu u,
…, chu, ta,	chu, u, u, ta,	ta té, chu té, chu u, u té,	ta fa chu fé, chu u u fé,	ta za chu na té zé chu né,
…u, u, ta,	chu, ta, chu, ta,	ta chu, u té, chu té, chu té,	ta chu u fé, chu fa chu fé,	ta chu u na té chu u né,
…u, ta, ta,	chu, ta, chu, u,	ta chu, ta té, chu té, chu u,	ta chu té fé, chu fa chu u,	ta chu fa na té chu fé né,
…u, ta, chu,	u, ta, ta, chu,	ta chu, ta, chu, u té, ta chu,	ta chu té chu, u fa té chu,	ta chu fa chu té chu fé chu

1re COLONNE.	2e COLONNE.	3e COLONNE.
En étudiant cette colonne, on s'habitue à produire trois mouvements du gosier pour un seul mouvement de la main. Les temps sont divisés par trois.	En étudiant cette colonne, on s'habitue à produire six mouvements du gosier pour un seul mouvement de la main. Les temps sont divisés par six.	En étudiant cette colonne, on s'habitue à produire neu mouvements du gosier, pour un seul mouvement de la main. Les temps sont divisés par neuf.
 ta té ti, a é ti,	ta fa té fé ti fi, ta fa té fé i fi,	ta ra la té ré lé ti ri li, ta ra la té ré lé i ri li
ta é ti, a té ti,	ta fa té fé ti i, ta fa té é i fi,	ta ra la té ré lé ti i i, ta ra la té é é i ri li
ta é i, a té i,	ta fa téé ti i, ta fa éé i fi,	ta ra la téé é ti i i, ta ra la é é é i ri li
ta té i, a é i,	ta fa té é, ti fi, ta fa é é ti fi,	ta ra la té é é ti ri li, ta ra la é é é ti ri li
ta té ti, chu u ti,	ta a té é ti fi, ta fa é fé ti fi,	ta a a té é é ti ri li, ta ra la é ré lé ti ri li
ta é ti, chu té ti,	ta a té fé ti fi, ta fa é fé ti i,	ta a a té ré lé ti ri li, ta ra la é ré lé ti i i,
ta é i, chu té chu,	ta a té fé ti i, ta fa é fé i fi,	ta a a té ré lé ti i i, ta ra la é ré lé i ri li
ta té ti, chu u u,	ta a é fé i fi, ta chu té chu ti chu,	ta a a é ré lé i ri li, ta a a chu ré lé ti ri li
ta té chu, u u u,	ta a é fé ti i, ta a chu fé ti fi,	ta a a é ré lé ti i i, ta a a chu u u ti ri li
ta é chu, u té chu,	ta a é é ti fi, ta a chu u ti fi,	ta a a é ré lé ti ri li, ta a a chu u u u ri li
ta chu u, u té ti,	ta a é é ti fi, ta a chu u u fi,	ta a a é é é ti ri li, chu u u u u u u ri li,
ta chu ti, chu u ti,	ta a é é i fi, chu u u u u fi,	ta a a é é é i ri li, chu u u u u u ti ri li,
chu u ti, a é ti,	ta a té é i fi, chu u u u ti fi,	ta a a té é é i ri li, chu u u u ré lé ti ri li,
chu té ti, a té ti,	ta a té fé i fi, chu u u fé ti fi,	ta a a té ré lé i ri li, chu u u té ré lé ti ri li,

Observations importantes sur la manière d'étudier la mesure.

N. B. Il ne faut pas commencer l'étude des exercices de mesure qui vont suivre avant de s'être rendu parfaitement maître des deux tableaux, pages 101 et 102, contenant la langue des durées.

Rappelons ici, comme chose très-importante, que :

1° Lorsqu'une colonne ne contiendra que des *temps non divisés*, on ne fera *qu'un mouvement du gosier* pour chacun des mouvements de la main.

2° Lorsqu'une colonne contiendra un ou plusieurs *temps divisés par deux, tous les temps devront être considérés comme étant divisés par deux*; on fera donc deux *mouvements du gosier* pour chacun des mouvements de la main.

3° Lorsqu'une colonne contiendra un ou plusieurs *temps divisés par quatre, tous les temps devront être considérés comme étant divisés par quatre*; on fera donc quatre *mouvements du gosier* pour chacun des mouvements de la main.

4° Lorsqu'une colonne contiendra un ou plusieurs *temps divisés par huit, tous les temps devront être considérés comme étant divisés par huit*; on fera donc *huit mouvements du gosier* pour chacun des mouvements de la main.

5° Lorsqu'une colonne contiendra un ou plusieurs *temps divisés par trois, tous les temps devront être considérés comme étant divisés par trois*; on fera donc *trois mouvements du gosier* pour chacun des mouvements de la main.

6° Lorsqu'une colonne contiendra un ou plusieurs *temps divisés par six, tous les temps devront être considérés comme étant divisés par six*; on fera donc *six mouvements du gosier* pour chacun des mouvements de la main.

7° Lorsqu'une colonne contiendra un ou plusieurs *temps divisés par neuf, tous les temps devront être considérés comme étant divisés par neuf*; on fera donc *neuf mouvements du gosier* pour chacun des mouvements de la main.

Comment on doit étudier chacune des colonnes dans les exercices de mesure en chiffres.

1° Il faut battre la mesure en disant la langue des durées, comme si elle était écrite.

Cette opération ne sera pas difficile si l'on veut remarquer que les chiffres, dans les tableaux qui vont suivre, remplacent les gros points des tableaux précédents, et doivent porter, selon la position qu'ils occupent, les noms que portedent les gros points dans la même position.

Exemple.	1 2	3	.	. 2
	Ta té	ta é	a é	a té.

2° Il faut chanter les notes en mesure, sans battre la mesure avec la main.

Cette opération ne sera pas plus difficile que la précédente, si l'on veut remarquer que l'articulation des sons, qui remplace la langue des durées, doit être calquée exactement sur la langue qu'elle remplace.

Exemple.	*Écriture en chiffres*	1 2 3 4 . 5
	Première opération, langue des durées.	Ta té ta è ta è a té.
	Deuxième opération, sons chantés. . .	Ut ré mi i fa a a sol

On voit que pour chaque note les coups de gosier doivent correspondre exactement aux syllabes de la langue des durées.

3° Il faut battre la mesure en chantant comme nous venons de l'indiquer, c'est-à-dire en faisant correspondre exactement, pour chaque son, les coups de gosier aux syllabes de la langue des durées.

4° Dans la division binaire, on trouvera quelquefois en tête du Tableau l'indication suivante : « Il faut étudier d'abord chaque colonne à *quatre temps*, et ensuite à *deux temps*. » On obtient ce résultat en doublant toutes les durées : l'entier devient deux temps, la moitié un temps, le quart un demi-temps, et le huitième un quart. Il suffit pour faire cela, d'enlever, par la pensée, la barre supérieure qui recouvre les moitiés, les quarts et les huitièmes, ce qui les transforme en entiers, moitiés et quarts ; quand on rencontre des entiers, on les suppose suivis d'un point.

5° Dans la division ternaire, on trouvera quelquefois en tête du Tableau l'indication suivante : « Il faut étudier d'abord chaque colonne en *deux fois trois temps*, puis ensuite *à deux temps*. » On obtient ce résultat en triplant toutes les durées. L'entier devient trois temps, le tiers devient un temps, le sixième un demi-temps, et le neuvième un tiers. Il suffit, pour faire cela, d'enlever, par la pensée, la barre supérieure qui recouvre les tiers, les sixièmes et les neuvièmes, ce qui les transforme en entiers, en moitiés et en tiers. Quand on rencontre des entiers, on les suppose suivis de deux points.

On peut, lorsqu'on s'est rendu parfaitement maître des deux premières colonnes du tableau général, étudier, plus loin, les exercices qui s'y rapportent. On peut donc n'étudier la troisième colonne du tableau général qu'après avoir étudié les exercices qui se rapportent aux deux premières. De même on peut n'étudier la quatrième colonne du tableau général qu'après avoir étudié les exercices qui se rapportent à la troisième.

Dans tous les exercices de mesure qui vont suivre, comme dans tous les exercices d'intonation qui précèdent, on prend l'UT à la hauteur qui permet de faire le plus facilement les exercices.

PREMIÈRE SÉRIE.

DIVISION BINAIRE.

TABLEAU GÉNÉRAL DES COUPES.

PREMIER GROUPE.

Première colonne.	Deuxième colonne.	Troisième colonne.	Quatrième colonne.
1234 5432	12 34 54 32	12 34 54 32	12 34 54 32
1234 5 . 43	12 34 5 43	12 34 5 43	12 34 5 43
1234 5432	12 34 54 32	12 34 54 32	12 34 54 32
1234 543 .	12 34 54 3	12 34 54 3	12 34 54 3
1234 32 . .	12 34 32 .	12 34 32 .	12 34 32 .
1234 54 . 3	12 34 54 . 3	12 34 54 . 3	12 34 54 . 3
1234 3 . . 2	12 34 3 . 2	12 34 3 . 2	12 34 3 . 2
1234 . . . 5	12 34 . . 5	12 34 . . 5	12 34 . . 5
1234 . . 32	12 34 . 32	12 34 . 32	12 34 . 32
1234 . 543	12 34 . 5 43	12 34 . 5 43	12 34 . 5 43
1234 . 32 .	12 34 . 3 2	12 34 . 3 2	12 34 . 3 2
1234 . 5 . .	12 34 . 5 .	12 34 . 5 .	12 34 . 5 .
1234 . 3 . 2	12 34 . 3 . 2	12 34 . 3 . 2	12 34 . 3 . 2 1

DEUXIÈME GROUPE.

Première colonne.	Deuxième colonne.	Troisième colonne.	Quatrième colonne.
1234 5043	12 34 50 43	12 34 50 43	12 34 50 43
1234 3020	12 34 30 20	12 34 30 20	12 34 30 20
1234 5430	12 34 54 30	12 34 54 30	12 34 54 30
1234 3200	12 34 32 0	12 34 32 0	12 34 32 0
1234 5403	12 34 54 03	12 34 54 03	12 34 54 03
1234 3002	12 34 30 02	12 34 30 02	12 34 30 02
1234 0005	12 34 0 05	12 34 0 05	12 34 0 05
1234 0032	12 34 0 32	12 34 0 32	12 34 0 32
1234 0543	12 34 05 43	12 34 05 43	12 34 05 43
1234 0320	12 34 03 20	12 34 03 20	12 34 03 20
1234 0500	12 34 05 0	12 34 05 0	12 34 05 0
1234 0302	12 34 03 02	12 34 03 02	12 34 03 02 1

Exercices sur les coupes de la première et de la seconde colonne du Tableau général.

PREMIER GROUPE.

1	2	3	$\overline{45}$	1	$\overline{23}$	.	.	$\overline{12}$	3	4	$\overline{.5}$	$\overline{12}$	$\overline{.3}$	$\overline{43}$	2	1	.	2	$\overline{32}$
1	2	3	2	1	$\overline{23}$	.	$\overline{.2}$	$\overline{12}$	3	2	.	$\overline{12}$	$\overline{.3}$	$\overline{45}$	$\overline{43}$	1	.	2	3
1	2	3	.	1	$\overline{23}$	$\overline{.4}$	$\overline{.5}$	$\overline{12}$	3	4	5	1	$\overline{.2}$	$\overline{34}$	$\overline{32}$	1	.	2	.
1	2	3	$\overline{.2}$	1	$\overline{23}$	$\overline{.2}$	.	$\overline{12}$	3	4	$\overline{32}$	1	$\overline{.2}$	$\overline{34}$	5	1	.	2	$\overline{.3}$
1	2	.	$\overline{.3}$	1	$\overline{23}$	$\overline{.4}$	5	$\overline{12}$	3	.	$\overline{45}$	1	$\overline{.2}$	$\overline{32}$	.	1	.	$\overline{23}$	$\overline{.2}$
1	2	.	.	1	$\overline{23}$	$\overline{.4}$	$\overline{32}$	$\overline{12}$	3	.	2	1	$\overline{.2}$	$\overline{34}$	$\overline{.5}$	1	.	$\overline{23}$	.
1	2	.	3	$\overline{12}$	$\overline{34}$	$\overline{.5}$	$\overline{43}$	$\overline{12}$	3	.	.	1	$\overline{.2}$	3	$\overline{.2}$	1	.	$\overline{23}$	2
1	2	.	$\overline{32}$	$\overline{12}$	$\overline{34}$	$\overline{.3}$	2	$\overline{12}$	3	.	$\overline{.2}$	1	$\overline{.2}$	3	.	1	.	$\overline{23}$	$\overline{45}$
1	2	$\overline{.3}$	$\overline{45}$	$\overline{12}$	$\overline{34}$	$\overline{.5}$	.	$\overline{12}$	3	$\overline{.4}$	$\overline{.5}$	1	$\overline{.2}$	3	2	$\overline{12}$	.	$\overline{34}$	$\overline{32}$
1	2	$\overline{.3}$	2	$\overline{12}$	$\overline{34}$	$\overline{.3}$	$\overline{.2}$	$\overline{12}$	3	$\overline{.2}$	.	1	$\overline{.2}$	3	$\overline{45}$	$\overline{12}$	.	$\overline{34}$	3
1	2	$\overline{.3}$	.	$\overline{12}$	$\overline{34}$	.	$\overline{.5}$	$\overline{12}$	3	$\overline{.4}$	5	1	$\overline{.2}$	.	$\overline{32}$	$\overline{12}$	.	$\overline{34}$	.
1	2	$\overline{.3}$	$\overline{.2}$	$\overline{12}$	$\overline{32}$	.	.	$\overline{12}$	3	$\overline{.4}$	$\overline{32}$	1	$\overline{.2}$	.	3	$\overline{12}$	.	$\overline{34}$	$\overline{.5}$
1	2	$\overline{34}$	$\overline{.5}$	$\overline{12}$	$\overline{34}$	.	5	$\overline{12}$	$\overline{.3}$	$\overline{.4}$	$\overline{32}$	1	$\overline{.2}$	.	.	$\overline{12}$	.	3	$\overline{.2}$
1	2	$\overline{32}$	.	$\overline{12}$	$\overline{34}$	.	$\overline{32}$	$\overline{12}$	$\overline{.3}$	$\overline{.4}$	5	1	$\overline{.2}$	.	$\overline{.3}$	$\overline{12}$	.	3	.
1	2	$\overline{34}$	5	$\overline{12}$	$\overline{34}$	5	$\overline{43}$	$\overline{12}$	$\overline{.3}$	$\overline{.2}$	.	1	$\overline{.2}$	$\overline{.3}$	$\overline{.2}$	$\overline{12}$	.	3	2
1	2	$\overline{34}$	$\overline{32}$	$\overline{12}$	$\overline{34}$	3	2	$\overline{12}$	$\overline{.3}$	$\overline{.4}$	$\overline{.5}$	1	$\overline{.2}$	$\overline{.3}$	.	$\overline{12}$	.	3	$\overline{45}$
1	$\overline{23}$	$\overline{45}$	$\overline{43}$	$\overline{12}$	$\overline{34}$	5	.	$\overline{12}$	$\overline{.3}$	.	$\overline{.2}$	1	$\overline{.2}$	$\overline{.3}$	2	$\overline{12}$	.	.	$\overline{32}$
1	$\overline{23}$	$\overline{43}$	2	$\overline{12}$	$\overline{34}$	3	$\overline{.2}$	$\overline{12}$	$\overline{.3}$	.	.	1	$\overline{.2}$	$\overline{.3}$	$\overline{45}$	$\overline{12}$	.	.	3
1	$\overline{23}$	$\overline{45}$	.	$\overline{12}$	$\overline{34}$	$\overline{54}$	$\overline{.3}$	$\overline{12}$	$\overline{.3}$	.	2	1	.	$\overline{.2}$	$\overline{32}$	$\overline{12}$	.	.	.
1	$\overline{23}$	$\overline{43}$	$\overline{.2}$	$\overline{12}$	$\overline{34}$	$\overline{32}$	.	$\overline{12}$	$\overline{.3}$	.	$\overline{45}$	1	.	$\overline{.2}$	3	$\overline{12}$	.	.	$\overline{.3}$
1	$\overline{23}$	4	$\overline{.5}$	$\overline{12}$	$\overline{34}$	$\overline{54}$	3	$\overline{12}$	$\overline{.3}$	4	$\overline{32}$	1	.	$\overline{.2}$	.	$\overline{12}$	.	$\overline{.3}$	$\overline{.2}$
1	$\overline{23}$	2	.	$\overline{12}$	$\overline{34}$	$\overline{54}$	$\overline{32}$	$\overline{12}$	$\overline{.3}$	4	5	1	.	$\overline{.2}$	$\overline{.3}$	$\overline{12}$	.	$\overline{.3}$	.
1	$\overline{23}$	4	5	$\overline{12}$	3	$\overline{45}$	$\overline{43}$	$\overline{12}$	$\overline{.3}$	2	.	1	.	.	$\overline{.2}$	$\overline{12}$	.	$\overline{.3}$	2
1	$\overline{23}$	4	$\overline{32}$	$\overline{12}$	3	$\overline{43}$	2	$\overline{12}$	$\overline{.3}$	4	$\overline{.5}$	1	.	.	.	$\overline{12}$	.	$\overline{.3}$	$\overline{45}$
1	$\overline{23}$	.	$\overline{45}$	$\overline{12}$	3	$\overline{45}$	.	$\overline{12}$	$\overline{.3}$	$\overline{43}$	$\overline{.2}$	1	.	.	2	$\overline{12}$	.	$\overline{.3}$	$\overline{45}$
1	$\overline{23}$	.	2	$\overline{12}$	3	$\overline{43}$	$\overline{.2}$	$\overline{12}$	$\overline{.3}$	$\overline{45}$	.	1	.	.	$\overline{23}$	$\overline{12}$	.	$\overline{.3}$	1

DEUXIÈME GROUPE.

1	23	40	32	12	3	43	02	12	.3	04	32	10	20	03	.2	12	0	0	32	
1	23	40	50	12	3	40	05	12	.3	04	50	10	20	03	.	12	0	0	03	
1	23	43	20	12	3	0	02	12	.3	02	0	10	20	03	2	12	0	3	.2	
1	23	45	0	12	3	0	45	12	.3	04	05	10	20	03	45	12	0	34	.5	
1	23	43	02	12	3	04	32	1	.2	03	02	10	20	0	32	12	0	32	.	
1	23	40	05	12	3	04	50	1	.2	03	0	10	20	0	03	12	0	34	5	
1	23	0	02	12	3	02	0	1	.2	03	20	10	20	3	.2	12	0	34	32	
1	23	0	45	12	3	04	05	1	.2	03	45	10	20	34	.5	12	0	3	45	
1	23	04	32	12	.	03	02	1	.2	0	32	10	20	32	.	12	03	4	32	
1	23	04	50	12	.	03	0	1	.2	0	03	10	20	34	5	12	03	45	43	
1	23	02	0	12	.	03	20	1	.2	30	02	10	20	34	32	12	03	43	2	
1	23	04	05	12	.	03	45	1	.2	34	05	10	20	3	45	12	03	45	.	
12	34	03	02	12	.	0	32	1	.2	32	0	12	30	4	32	12	03	43	.2	
12	34	05	0	12	.	0	03	1	.2	34	50	12	30	45	43	12	03	4	.5	
12	34	05	0	12	.	30	02	1	.2	30	20	12	30	43	2	12	03	.	.2	
12	34	03	20	12	.	34	05	1	.2	30	45	12	30	45	.	12	03	.	45	
12	34	05	43	12	.	32	0	10	23	4	32	12	30	43	.2	12	03	.4	32	
12	34	0	05	12	.	34	50	10	23	45	43	12	30	4	.5	12	03	.4	5	
12	34	30	02	12	.	30	20	10	23	43	2	12	30	0	02	12	03	.2	.	
12	34	54	03	12	.	30	43	10	23	45	.	12	30	0	45	12	03	.4	.5	
12	34	32	0	12	.3	40	32	10	23	43	.2	12	30	04	32	1	02	.3	.2	
12	34	54	30	12	.3	40	50	10	23	4	.5	12	30	04	5	1	02	.3	.	
12	34	30	20	12	.3	43	20	10	23	.	.2	12	30	02	.	1	02	.3	2	
12	34	50	45	12	.3	45	0	10	23	.	45	12	30	04	.5	1	02	.3	45	
12	3	40	32	12	.3	43	02	10	23	.4	32	12	0	03	.2	1	02	.	32	
12	3	40	50	12	.3	40	05	10	23	.4	5	12	0	03	.	1	02	.	.3	
12	3	43	20	12	.3	0	02	10	23	.2	.	12	0	03	2	1	02	3	.2	
12	3	45	0	12	.3	0	45	10	23	.4	.5	12	0	03	45	1	02	34	.5	1

TROISIÈME GROUPE.

1	$\overline{02}$	$\overline{32}$	.	$\overline{01}$	$\overline{23}$	4	$\overline{32}$	$\overline{01}$	$\overline{02}$	3	$\overline{45}$	0	$\overline{12}$	$\overline{34}$	$\overline{05}$	$\overline{01}$	2	$\overline{03}$	$\overline{45}$	
1	$\overline{02}$	$\overline{34}$	5	$\overline{01}$	$\overline{23}$	$\overline{45}$	$\overline{43}$	$\overline{01}$	$\overline{02}$	$\overline{34}$	$\overline{32}$	0	$\overline{12}$	$\overline{30}$	$\overline{02}$	$\overline{01}$	2	$\overline{03}$	2	
1	$\overline{02}$	$\overline{34}$	$\overline{32}$	$\overline{01}$	$\overline{23}$	$\overline{43}$	2	$\overline{01}$	$\overline{02}$	$\overline{34}$	5	0	$\overline{12}$	0	$\overline{03}$	$\overline{01}$	2	$\overline{03}$	0	
1	$\overline{02}$	3	$\overline{45}$	$\overline{01}$	$\overline{23}$	$\overline{45}$	.	$\overline{01}$	$\overline{02}$	$\overline{32}$	.	0	$\overline{12}$	0	$\overline{32}$	$\overline{01}$	2	$\overline{03}$	$\overline{02}$	
0	$\overline{01}$	2	$\overline{32}$	$\overline{01}$	$\overline{23}$	$\overline{43}$	$\overline{.2}$	$\overline{01}$	$\overline{02}$	$\overline{34}$	$\overline{.5}$	0	$\overline{12}$	$\overline{03}$	$\overline{45}$	$\overline{01}$	0	$\overline{02}$	$\overline{03}$	
0	$\overline{01}$	$\overline{23}$	$\overline{45}$	$\overline{01}$	$\overline{23}$	4	$\overline{.5}$	$\overline{01}$	$\overline{02}$	3	$\overline{.2}$	0	$\overline{12}$	$\overline{03}$	2	$\overline{01}$	0	$\overline{02}$	0	
0	$\overline{01}$	$\overline{23}$	2	$\overline{01}$	$\overline{23}$	.	$\overline{.2}$	$\overline{01}$	$\overline{02}$	.	$\overline{.3}$	0	$\overline{12}$	$\overline{03}$	0	$\overline{01}$	0	$\overline{02}$	3	
0	$\overline{01}$	$\overline{23}$	.	$\overline{01}$	$\overline{23}$	.	$\overline{45}$	$\overline{01}$	$\overline{02}$	.	$\overline{32}$	0	$\overline{12}$	$\overline{03}$	$\overline{02}$	$\overline{01}$	0	$\overline{02}$	$\overline{32}$	
0	$\overline{01}$	$\overline{23}$	$\overline{.2}$	$\overline{01}$	$\overline{23}$	$\overline{.4}$	$\overline{32}$	$\overline{01}$	$\overline{02}$	$\overline{.3}$	$\overline{45}$	$\overline{01}$	$\overline{23}$	$\overline{01}$	$\overline{05}$	$\overline{01}$	0	0	$\overline{23}$	
0	$\overline{01}$	2	$\overline{.3}$	$\overline{01}$	$\overline{23}$	$\overline{.4}$	5	$\overline{01}$	$\overline{02}$	$\overline{.3}$	2	$\overline{01}$	$\overline{23}$	$\overline{02}$	0	$\overline{01}$	0	0	$\overline{02}$	
0	$\overline{01}$	.	$\overline{.2}$	$\overline{01}$	$\overline{23}$	$\overline{.2}$	.	$\overline{01}$	$\overline{02}$	$\overline{.3}$	.	$\overline{01}$	$\overline{23}$	$\overline{01}$	5	$\overline{01}$	0	$\overline{20}$	$\overline{03}$	
0	$\overline{01}$	.	$\overline{23}$	$\overline{01}$	$\overline{23}$	$\overline{.4}$	$\overline{.3}$	$\overline{01}$	$\overline{02}$	$\overline{.3}$	$\overline{.2}$	$\overline{01}$	$\overline{23}$	$\overline{01}$	$\overline{32}$	$\overline{01}$	0	$\overline{23}$	$\overline{02}$	
0	$\overline{01}$	$\overline{.2}$	$\overline{32}$	$\overline{01}$	2	$\overline{.3}$	$\overline{.2}$	0	$\overline{01}$	$\overline{02}$	$\overline{03}$	$\overline{01}$	$\overline{23}$	0	$\overline{45}$	$\overline{01}$	0	$\overline{23}$	0	
0	$\overline{01}$	$\overline{.2}$	3	$\overline{01}$	2	$\overline{.3}$	.	0	$\overline{01}$	$\overline{02}$	0	$\overline{01}$	$\overline{23}$	0	$\overline{02}$	$\overline{01}$	0	$\overline{23}$	$\overline{20}$	
0	$\overline{01}$	$\overline{.2}$	.	$\overline{01}$	2	$\overline{.3}$	2	0	$\overline{01}$	$\overline{02}$	3	$\overline{01}$	$\overline{23}$	$\overline{40}$	$\overline{05}$	$\overline{01}$	0	$\overline{20}$	$\overline{30}$	
0	$\overline{01}$	$\overline{.2}$	$\overline{.3}$	$\overline{01}$	2	$\overline{.3}$	$\overline{45}$	0	$\overline{01}$	$\overline{02}$	$\overline{32}$	$\overline{01}$	$\overline{23}$	$\overline{43}$	$\overline{02}$	$\overline{01}$	0	$\overline{20}$	$\overline{32}$	
0	$\overline{12}$	$\overline{.3}$	$\overline{.2}$	$\overline{01}$	2	.	$\overline{32}$	0	$\overline{01}$	0	$\overline{23}$	$\overline{01}$	$\overline{23}$	$\overline{45}$	0	$\overline{01}$	$\overline{02}$	$\overline{30}$	$\overline{45}$	
0	$\overline{12}$	$\overline{.3}$	.	$\overline{01}$	2	.	$\overline{.3}$	0	$\overline{01}$	0	$\overline{02}$	$\overline{01}$	$\overline{23}$	$\overline{43}$	$\overline{20}$	$\overline{01}$	$\overline{02}$	$\overline{30}$	$\overline{20}$	
0	$\overline{12}$	$\overline{.3}$	2	$\overline{01}$	2	3	$\overline{.2}$	0	$\overline{01}$	$\overline{20}$	$\overline{03}$	$\overline{01}$	$\overline{23}$	$\overline{40}$	$\overline{50}$	$\overline{01}$	$\overline{02}$	$\overline{34}$	$\overline{50}$	
0	$\overline{12}$	$\overline{.3}$	$\overline{45}$	$\overline{01}$	2	$\overline{34}$	$\overline{.5}$	0	$\overline{01}$	$\overline{23}$	$\overline{02}$	$\overline{01}$	$\overline{23}$	$\overline{40}$	$\overline{32}$	$\overline{01}$	$\overline{02}$	$\overline{32}$	0	
0	$\overline{12}$	.	$\overline{32}$	$\overline{01}$	2	$\overline{32}$	.	0	$\overline{01}$	$\overline{23}$	0	$\overline{01}$	2	$\overline{30}$	$\overline{45}$	$\overline{01}$	$\overline{02}$	$\overline{34}$	$\overline{05}$	
0	$\overline{12}$	.	$\overline{.3}$	$\overline{01}$	2	$\overline{34}$	5	0	$\overline{01}$	$\overline{20}$	$\overline{32}$	$\overline{01}$	2	$\overline{30}$	$\overline{20}$	$\overline{01}$	$\overline{02}$	$\overline{30}$	$\overline{02}$	
0	$\overline{12}$	3	$\overline{.2}$	$\overline{01}$	2	$\overline{34}$	$\overline{32}$	0	$\overline{01}$	$\overline{20}$	$\overline{30}$	$\overline{01}$	2	$\overline{34}$	$\overline{50}$	$\overline{01}$	$\overline{02}$	0	$\overline{03}$	
0	$\overline{12}$	$\overline{34}$	$\overline{.5}$	$\overline{01}$	2	3	$\overline{45}$	0	$\overline{01}$	$\overline{20}$	$\overline{32}$	$\overline{01}$	2	$\overline{32}$	0	$\overline{01}$	$\overline{02}$	0	$\overline{32}$	
0	$\overline{12}$	$\overline{32}$	.	$\overline{01}$	0	2	$\overline{32}$	0	$\overline{12}$	$\overline{30}$	$\overline{45}$	$\overline{01}$	2	$\overline{34}$	$\overline{05}$	$\overline{01}$	$\overline{02}$	$\overline{03}$	$\overline{45}$	
0	$\overline{12}$	$\overline{34}$	5	$\overline{01}$	0	$\overline{23}$	$\overline{45}$	0	$\overline{12}$	$\overline{30}$	$\overline{20}$	$\overline{01}$	2	$\overline{30}$	$\overline{02}$	$\overline{01}$	$\overline{02}$	$\overline{03}$	2	
0	$\overline{12}$	$\overline{34}$	$\overline{32}$	$\overline{01}$	0	$\overline{23}$	2	0	$\overline{12}$	$\overline{34}$	$\overline{50}$	$\overline{01}$	2	0	$\overline{03}$	$\overline{01}$	$\overline{02}$	$\overline{03}$	0	
0	$\overline{12}$	3	$\overline{45}$	$\overline{01}$	0	$\overline{23}$	.	0	$\overline{12}$	$\overline{32}$	0	$\overline{01}$	2	0	$\overline{32}$	$\overline{01}$	$\overline{02}$	$\overline{03}$	$\overline{02}$	1

QUATRIÈME GROUPE, A TROIS TEMPS.

1	2	$\overline{32}$	$\overline{12}$	.	$\overline{32}$	$\overline{12}$	$\overline{30}$	$\overline{45}$	1	$\overline{02}$	0	$\overline{10}$	2	3	0	0	$\overline{12}$
1	2	3	$\overline{12}$	.	3	$\overline{12}$	$\overline{30}$	2	1	$\overline{02}$	30	$\overline{10}$	2	$\overline{32}$	0	0	1
1	2	.	$\overline{12}$	.	.	$\overline{12}$	$\overline{30}$	$\overline{20}$	1	$\overline{02}$	$\overline{.3}$	$\overline{10}$	$\overline{23}$	$\overline{45}$	0	0	$\overline{10}$
1	2	$\overline{.3}$	$\overline{12}$	.	$\overline{.3}$	$\overline{12}$	$\overline{30}$	0	1	$\overline{02}$	.	$\overline{10}$	$\overline{23}$	2	0	0	0
1	2	$\overline{30}$	$\overline{12}$	.	$\overline{30}$	$\overline{12}$	$\overline{30}$	$\overline{02}$	1	$\overline{02}$	3	$\overline{10}$	$\overline{23}$	.	0	0	$\overline{01}$
1	2	0	$\overline{12}$	.	0	1	$\overline{20}$	$\overline{03}$	1	$\overline{02}$	$\overline{32}$	$\overline{10}$	$\overline{23}$	$\overline{.2}$	0	$\overline{01}$	$\overline{02}$
1	2	$\overline{03}$	$\overline{12}$	.	$\overline{03}$	1	$\overline{20}$	0	$\overline{10}$	$\overline{02}$	32	$\overline{10}$	$\overline{23}$	$\overline{20}$	0	$\overline{01}$	0
1	$\overline{23}$	$\overline{02}$	1	.	$\overline{02}$	1	$\overline{20}$	0	$\overline{10}$	$\overline{02}$	3	$\overline{10}$	$\overline{23}$	0	0	$\overline{01}$	$\overline{20}$
1	$\overline{23}$	0	1	.	0	1	$\overline{20}$	$\overline{30}$	$\overline{10}$	$\overline{02}$	.	$\overline{10}$	$\overline{23}$	$\overline{02}$	0	$\overline{01}$	$\overline{.2}$
1	$\overline{23}$	$\overline{20}$	1	.	$\overline{20}$	1	$\overline{20}$	$\overline{32}$	$\overline{10}$	$\overline{02}$	$\overline{.3}$	0	$\overline{12}$	$\overline{03}$	0	$\overline{01}$	.
1	$\overline{23}$	$\overline{.2}$	1	.	$\overline{.2}$	1	0	$\overline{23}$	10	$\overline{02}$	$\overline{30}$	0	$\overline{12}$	0	0	$\overline{01}$	2
1	$\overline{23}$	.	1	.	.	1	0	2	$\overline{10}$	$\overline{02}$	0	0	$\overline{12}$	$\overline{30}$	0	$\overline{01}$	$\overline{23}$
1	$\overline{23}$	2	1	.	2	1	0	$\overline{20}$	$\overline{10}$	$\overline{02}$	$\overline{03}$	0	$\overline{12}$	$\overline{.3}$	$\overline{01}$	$\overline{23}$	$\overline{45}$
1	$\overline{23}$	$\overline{45}$	1	.	$\overline{23}$	1	0	0	$\overline{10}$	0	$\overline{02}$	0	$\overline{12}$	.	$\overline{01}$	$\overline{23}$	2
$\overline{12}$	$\overline{34}$	$\overline{32}$	1	$\overline{.2}$	$\overline{32}$	1	0	$\overline{02}$	$\overline{10}$	0	0	0	$\overline{12}$	3	$\overline{01}$	$\overline{23}$	.
$\overline{12}$	$\overline{34}$	5	1	$\overline{.2}$	3	$\overline{12}$	0	$\overline{03}$	$\overline{10}$	0	$\overline{20}$	0	$\overline{12}$	$\overline{32}$	$\overline{01}$	$\overline{23}$	$\overline{.2}$
$\overline{12}$	$\overline{32}$	.	1	$\overline{.2}$	.	$\overline{12}$	0	0	$\overline{10}$	0	2	0	1	$\overline{23}$	$\overline{01}$	$\overline{23}$	$\overline{20}$
$\overline{12}$	$\overline{34}$	$\overline{.5}$	1	$\overline{.2}$	$\overline{.3}$	$\overline{12}$	0	$\overline{30}$	$\overline{10}$	0	$\overline{23}$	0	1	2	$\overline{01}$	$\overline{23}$	0
$\overline{12}$	$\overline{34}$	$\overline{50}$	1	$\overline{.2}$	30	$\overline{12}$	0	3	$\overline{10}$	$\overline{20}$	$\overline{32}$	0	1	.	$\overline{01}$	$\overline{23}$	$\overline{02}$
$\overline{12}$	$\overline{32}$	0	1	$\overline{.2}$	0	$\overline{12}$	0	$\overline{32}$	$\overline{10}$	$\overline{20}$	3	0	1	$\overline{.2}$	$\overline{01}$	2	$\overline{03}$
$\overline{12}$	$\overline{34}$	$\overline{03}$	1	$\overline{.2}$	$\overline{03}$	$\overline{12}$	$\overline{03}$	$\overline{45}$	$\overline{10}$	$\overline{20}$	$\overline{30}$	0	1	$\overline{20}$	$\overline{01}$	2	0
$\overline{12}$	3	$\overline{02}$	$\overline{12}$	$\overline{.3}$	$\overline{02}$	$\overline{12}$	$\overline{03}$	2	$\overline{10}$	$\overline{20}$	0	0	1	0	$\overline{01}$	2	$\overline{30}$
$\overline{12}$	3	0	$\overline{12}$	$\overline{.3}$	0	$\overline{12}$	$\overline{03}$	.	$\overline{10}$	$\overline{20}$	$\overline{03}$	0	1	$\overline{02}$	$\overline{01}$	2	$\overline{.3}$
$\overline{12}$	3	$\overline{20}$	$\overline{12}$	$\overline{.3}$	$\overline{20}$	$\overline{12}$	$\overline{03}$	$\overline{.2}$	$\overline{10}$	2	$\overline{03}$	0	$\overline{10}$	$\overline{02}$	$\overline{01}$	2	.
$\overline{12}$	3	$\overline{.2}$	$\overline{12}$	$\overline{.3}$	$\overline{.2}$	$\overline{12}$	$\overline{03}$	$\overline{20}$	$\overline{10}$	2	0	0	$\overline{10}$	0	$\overline{01}$	2	3
$\overline{12}$	3	.	$\overline{12}$	$\overline{.3}$	.	$\overline{12}$	$\overline{03}$	0	$\overline{10}$	2	$\overline{30}$	0	$\overline{10}$	$\overline{20}$	$\overline{01}$	2	$\overline{32}$
$\overline{12}$	3	2	$\overline{12}$	$\overline{.3}$	2	$\overline{12}$	$\overline{03}$	$\overline{02}$	$\overline{10}$	2	$\overline{.3}$	0	$\overline{10}$	2	$\overline{01}$	$\overline{20}$	$\overline{32}$
$\overline{12}$	3	$\overline{45}$	$\overline{12}$	$\overline{.3}$	$\overline{45}$	$\overline{12}$	$\overline{03}$	$\overline{02}$	$\overline{10}$	2	.	0	$\overline{10}$	$\overline{23}$	$\overline{01}$	$\overline{20}$	1

Exercices sur les coupes de la deuxième et de la troisième colonne du Tableau général.

PREMIER GROUPE.

Il faut étudier d'abord chaque colonne à quatre temps et ensuite à deux.

12	32	1 2	3 45	1 23	4 32	12 34	54 3	12 .3	.
12	3	1 2	3 2	1 23	. 45	12 34	54 32	12 .3	1 2
12	.	1 2	3	1 23	. 2	12 3	45 43	12 .3	. 45
12	.3	1 2	3 .2	1 23	.	12 3	43 2	12 .3	4 32
12	30	1 2	. .3	1 23	. .2	12 3	45 .	12 .3	4 5
12	0	1 2	.	1 23	.4 .5	12 3	43 .2	12 .3	2
12	03	1 2	. 3	1 23	.2 .	12 3	4 .5	12 .3	4 .5
1	02	1 2	. 32	1 23	.4 5	12 3	2	12 .3	43 .2
1	0	1 2	.3 45	1 23	.4 32	12 3	4 5	12 .3	45 .
1	20	1 2	.3 2	12 34	.5 43	12 3	4 32	12 .3	43 2
1	.2	1 2	.3 .	12 34	.3 2	12 3	. 45	12 .3	45 43
1	.	1 2	.3 .2	12 34	.5 .	12 3	. 2	1 .2	34 32
1	2	1 2	34 .5	12 34	.3 .2	12 3	.	1 .2	34 5
1	23	1 2	32 .	12 34	. .5	12 3	. .2	1 .2	32 .
10	23	1 2	34 5	12 34	.	12 3	.4 .5	1 .2	34 .5
10	2	1 2	34 32	12 34	. 5	12 3	.2 .	1 .2	3 .2
10	20	1 23	45 43	12 34	. 32	12 3	.4 5	1 .2	3
10	0	1 23	43 2	12 34	5 43	12 3	.4 32	1 .2	3 2
10	02	1 23	45 .	12 34	3 2	12 .3	.4 32	1 .2	3 45
01	.2	1 23	43 .2	12 34	5	12 .3	.4 5	1 .2	. 32
01	.	1 23	4 .5	12 34	3 .2	12 .3	.2 .	1 .2	. 3
01	2	1 23	2	12 34	54 .3	12 .3	.4 .5	1 .2	.
01	23	1 23	4 5	12 34	32 .	12 .3	. .2	1 .2	. .3

DEUXIÈME GROUPE.

Il faut étudier d'abord chaque colonne à quatre temps et ensuite à deux.

1 .2	.3 .2	12 .	34 .5	12 .	03 0	1 .2	03 20	12 34	05 43
1 .2	.3 .	12 .	3 .2	12 .	03 02	1 .2	03 0	12 34	03 20
1 .2	.3 2	12 .	3	12 .3	04 05	1 .2	03 02	12 34	05 0
1 .2	.3 45	12 .	3 2	12 .3	02 0	1 23	04 05	12 34	03 02
1	.2 32	12 .	3 45	12 .3	04 50	1 23	02 0	12 3	04 05
1	.2 3	12 .	. 32	12 .3	04 32	1 23	04 50	12 3	02 0
1	.2 .	12 .	. 3	12 .3	0 45	1 23	04 32	12 3	04 50
1	.2 .3	12 .	.	12 .3	0 02	1 23	0 45	12 3	04 32
1	. .2	12 .	. .3	12 .3	40 05	1 23	0 02	12 3	0 45
1	.	12 .	.3 .2	12 .3	43 02	1 23	40 05	12 3	0 02
1	. 2	12 .	.3 .	12 .3	43 0	1 23	43 02	12 3	40 05
1	. 23	12 .	.3 2	12 .3	43 20	1 23	45 0	12 3	43 02
1	2 32	12 .	.3 45	12 .3	40 50	1 23	43 20	12 3	45 0
1	2 3	12 .	30 45	12 .3	40 32	1 23	40 50	12 3	43 20
1	2	12 .	30 20	1 .2	30 45	1 23	40 32	12 3	40 50
1	2 .3	12 .	34 50	1 .2	30 20	12 34	50 43	12 3	40 32
1	23 .2	12 .	32 0	1 .2	34 50	12 34	30 20	12 30	4 32
1	23 .	12 .	34 05	1 .2	32 0	12 34	34 30	12 30	45 43
1	23 2	12 .	30 02	1 .2	34 05	12 34	32 0	12 30	4. 2
1	23 43	12 .	0 03	1 .2	30 02	12 34	34 03	12 30	45 .
12 .	34 32	12 .	0 32	1 .2	0 03	12 34	30 02	12 30	43 .2
12 .	34 5	12 .	03 45	1 .2	0 32	12 34	0 05	12 30	4 .5
12 .	32 .	12 .	03 20	1 .2	03 45	12 34	0 32	12 30	0 02 ‖ 1

TROISIÈME GROUPE.

I faut étudier d'abord chaque colonne à quatre temps et ensuite à deux.

12 30 0 45	12 03 . .2	10 23 4 .5	0 01 23 .2	01 23 45 .
12 30 04 32	12 03 . 45	10 23 . .2	0 01 2 .3	01 23 43 .
12 30 04 5	12 03 .4 32	10 23 . 45	0 01 . .2	01 23 4 .
12 30 02 .	12 03 .4 5	10 23 .4 32	0 01 . 23	01 23 . .
12 30 04 .5	12 03 .2 .	10 23 .4 5	0 01 .2 32	01 23 . 4
12 0 03 .2	12 03 .4 .5	10 23 .2 .	0 01 .2 3	01 23 .4 32
12 0 03 .	1 02 .3 .2	10 23 .4 .5	0 01 .2 .	01 23 .4 5
12 0 03 2	1 02 .3 .	10 20 03 .2	0 01 .2 .3	01 23 .2 .
12 0 03 45	1 02 .3 2	10 20 03 .	0 12 .3 .2	01 23 .4 .5
12 0 0 32	1 02 .3 45	10 20 03 2	0 12 .3 .	01 2 .3 .2
12 0 0 03	1 02 . 32	10 20 03 45	0 12 .3 2	01 2 .3 .
12 0 3 .2	1 02 . .3	10 20 0 32	0 12 .3 45	01 2 .3 2
12 0 34 .5	1 02 3 .2	10 20 0 03	0 12 . 32	01 2 .3 45
12 0 32 .	1 02 34 .5	10 20 3 .2	0 12 . .3	01 2 . 32
12 0 34 5	1 02 32 .	10 20 34 .5	0 12 3 .2	01 2 . .3
12 0 34 32	1 02 34 5	10 20 32 .	0 12 34 .5	01 2 3 .2
12 0 3 45	1 02 34 32	10 20 34 5	0 12 32 .	01 2 34 .5
12 03 4 32	1 02 3 45	10 20 34 32	0 12 34 5	01 2 32 .
12 03 45 43	10 23 4 32	10 20 3 45	0 12 34 32	01 2 34 5
12 03 43 2	10 23 45 43	0 01 2 32	0 12 3 45	01 2 34 32
12 03 45 .	10 23 43 2	0 01 23 45	01 23 4 32	01 2 3 45
12 03 43 .2	10 23 45 .	0 01 23 2	01 23 45 43	01 0 2 32
12 03 4 .5	10 23 43 .2	0 01 23 .	01 23 43 2	01 0 23 45

SUITE DU TROISIÈME GROUPE.

Il faut étudier d'abord chaque colonne à quatre temps et ensuite à deux.

04 0 23 2	04 02 32 0	04 0 23 0	04 23 02 0	0 42 0 03	
04 0 23 .	04 02 34 05	04 0 23 20	04 23 04 5	0 42 0 32	
04 02 3 45	04 02 30 02	04 0 20 30	04 23 04 32	0 42 03 45	
04 02 34 32	04 02 0 03	04 0 20 32	04 23 0 45	0 42 03 2	
04 02 34 5	04 02 0 32	04 2 30 45	04 23 0 02	0 42 03 0	
04 02 32 .	04 02 03 45	04 2 30 20	04 23 40 05	0 42 03 02	
04 02 34 .5	04 02 03 2	04 2 34 50	04 23 43 02	0 04 02 03	
04 02 3 .2	04 02 03 0	04 2 32 0	04 23 45 0	0 04 02 0	
04 02 . .3	04 02 03 02	04 2 34 05	04 23 43 20	0 04 02 3	
04 02 . 32	04 0 02 03	04 2 30 02	04 23 40 50	0 04 02 32	
04 02 .3 45	04 0 02 0	04 2 0 03	04 23 40 32	0 04 0 23	
04 02 .3 2	04 0 02 3	04 2 0 32	0 42 30 45	0 04 0 02	
04 02 .3 .	04 0 02 32	04 2 03 45	0 42 30 20	0 04 20 03	
04 02 .3 .2	04 0 0 23	04 2 03 2	0 42 34 30	0 04 23 02	
04 02 30 45	04 0 0 02	04 2 03 0	0 42 32 0	0 04 23 0	
04 02 30 20	04 0 20 03	04 2 03 02	0 42 34 05	0 04 23 20	
04 02 34 50	04 0 23 02	04 23 04 05	0 42 30 02	0 04 20 30	4

Exercices sur les coupes de la troisième et de la quatrième colonne du Tableau général.

UN GROUPE.

Il faut étudier d'abord chaque colonne à quatre temps et ensuite à deux.

2 34 54 32	42 34 54 32	42 34 3 .2	4 .2 3 .2	42 34 5 43	4 2 3 45	
2 34 5 43	4 23 4 32	42 34 3 .2	4 2 3 .2	42 34 .5 43	4 2 .3 45	
2 34 54 32	42 34 54 32	42 34 54 .3	4 2 34 .5	42 34 5 43	4 2 32	
2 34 54 3	42 3 43 2	42 34 32 .	4 2 32 .	42 34 54 32	4 23 45	
2 34 32 .	42 . 32 .	42 34 54 3	4 2 34 5	42 34 54 3	4 23 2	
2 34 54 .3	42 .3 43 .2	42 34 54 32	4 2 34 32	42 34 32 .	4 23 .	4

SUITE DU GROUPE PRÉCÉDENT.

Il faut étudier d'abord chaque colonne à quatre temps, et ensuite à deux.

12 34 54 .3	1 23 .2	1 2 32	1 2 3 45	1 2 30 20	1 20 30
12 34 3 .2	1 2 .3	1 23 45	1 2 34 32	1 2 34 50	1 23 20
1 2 3 .2	1 2 .3	1 23 2	1 2 34 5	1 2 32 0	1 23 0
1 2 34 .5	1 23 .2	1 23 .	1 2 32 .	1 2 0 03	1 0 02
1 2 32 .	1 23 .	1 23 .2	1 2 34 .5	1 2 0 32	1 0 23
1 2 34 5	1 23 2	1 2 .3	1 2 3 .2	1 2 03 45	1 02 32
1 2 34 32	1 23 45	1 .2 3 .2	1 .2 3 .2	1 2 3 02	1 2 03
1 2 3 45	1 2 32	1 2 30 45	1 20 32	1 02 3 02	1 02 3 02

DEUXIÈME SÉRIE.

DIVISION TERNAIRE.

TABLEAU GÉNÉRAL DES PRINCIPALES COUPES.

Il faut étudier d'abord chaque colonne en deux fois trois temps, ensuite à deux temps.

123 432	12 34 32	12 34 .5	123 454 345	123 454 .32
123 45.	12 34 5	12 3 .2	123 454 3	123 4 .32
123 2	12 3 2	12 . .3	123 4 5	123 . .45
123 4.5	12 3 45	12 . 32	123 4 543	123 . 432
123 ..2	1 2 32	12 .3 45	1 2 345	123 .45 432
123 .45	1 23 45	12 .3 2	1 234 543	123 .43 2
123 .2.	1 23 2	12 .3 .2	1 234 5	123 .45 .43
123 .	10 20 30	1 .2 .3	1 023 432	1 .23 .45
123 450	1 02 32	1 .2 3	1 0 232	1 .23 2
123 200	1 0 23	1 .2 32	1 0 023	1 .23 432
123 405	1 0 02	1 . 23	0 0 012	1 . 232
123 002	0 0 01	1 . .2	0 0 123	1 . .23
123 045	0 0 12	1 2 .3	0 012 345	1 2 .32
123 020	0 01 23	1 23 .2	0 123 432	1 234 .32

10

Exercices sur les coupes de la première colonne du Tableau général.
(division ternaire).

UN GROUPE.

Il faut étudier d'abord chaque colonne en deux fois trois temps, et ensuite à deux temps.

123 432	1.2 .32	1 002	1.0 23.	1.0 203	012 .32
123 45.	1.2 ..3	1 023	1.0 232	1.0 200	012 ..3
123 2	1.2 3.2	1 020	100 232	1.0 2.0	012 3.2
123 4.5	1.2 3	1 0	100 23.	1.0 230	012 3
123 ..2	1.2 32.	1.2 0	100 2	100 230	012 32.
123 .45	1.2 345	1.2 030	100 2.3	100 2.0	012 345
123 .2.	123 450	1.2 032	100 002	100 200	010 232
123 .	123 2.0	1.2 003	100 023	100 203	010 23.
12. .	123 200	1.2 302	100 02.	100 020	010 2
12. .3.	123 405	1.2 300	100 0	102 030	010 2.3
12. .32	123 002	1.2 3.0	102 .	102 032	010 002
12. ..3	123 045	1.2 320	102 .3.	102 003	010 023
12. 3.2	123 020	120 345	102 .32	102 302	010 02.
12. 3	123 0	120 32.	102 ..3	102 300	010 0
12. 32.	12. 0	120 3	102 3.2	102 3.0	0 0
12. 345	12. 030	120 3.2	102 3	102 320	0 01.
1 232	12. 032	120 003	102 32.	001 232	0 012
1 23.	12. 003	120 032	102 345	001 23.	0 001
1 2	12. 302	120 03.	120 320	001 2	0 1.2
1 2.3	12. 300	120 0	120 3.0	001 2.3	0 1
1 ..2	12. 3.0	1.0 0	120 300	001 ..2	0 12.
1 .23	12. 320	1.0 02.	120 302	001 .23	0 123
1 .2.	1 230	1.0 023	120 003	001 .2.	001 230
1 .	1 2.0	1.0 002	120 032	001 .	001 2.0
1.2 .	1 200	1.0 2.3	120 030	012 .	001 200
1.2 .3.	1 203	1.0 2	1.0 020	012 .3.	001 203

1

Exercices sur les coupes de la seconde colonne du Tableau général.

UN GROUPE.

Il faut étudier d'abord chaque colonne en deux fois trois temps et ensuite à deux temps.

12 34 32	12 34 .5	1 2 32	1 .2 .3	12 34 32	12 30 20
12 34 32	12 3 .2	1 2 32	1 .2 3	12 34 32	12 30 0
12 34 32	12 . .3	1 2 32	1 .2 32	12 34 32	12 0 0
12 34 32	12 . 32	1 2 32	1 . 23	12 34 32	12 0 03
12 34 32	12 .3 45	1 2 32	1 . .2	12 34 32	12 0 32
12 34 32	12 .3 2	1 2 32	1 2 .3	12 34 32	12 03 45
12 34 32	12 .3 .2	1 2 32	1 23, 2	12 34 32	1 02 32
12 3 45	1 .2 .3	12 34 5	12 34 .5	12 3 45	1 0 23
12 3 45	1 .2 3	12 34 5	12 3 .2	12 3 45	1 0 02
12 3 45	1 .2 32	12 34 5	12 . .3	12 3 45	0 0 01
12 3 45	1 . 23	12 34 5	12 . 32	12 3 45	0 0 12
12 3 45	1 . .2	12 34 5	12 .3 45	12 3 45	0 01 23
12 3 45	1 2 .3	12 34 5	12 .3 2	12 3 45	0 12 32
12 3 45	1 23 .2	12 34 5	12 .3 2	12 3 45	01 23 45
1 23 45	12 34 .5	12 3 2	1 .2 .3	1 23 45	12 30 20
1 23 45	12 3 .2	12 3 2	1 .2 3	1 23 45	12 30 0
1 23 45	12 . .3	12 3 2	1 .2 32	1 23 45	12 0 0
1 23 45	12 . 32	12 3 2	1 . 23	1 23 45	12 0 03
1 23 45	12 .3 45	12 3 2	1 . .2	1 23 45	12 0 32
1 23 45	12 .3 2	12 3 2	1 2 .3	1 23 45	12 03 45
1 23 45	12 .3 .2	12 3 2	1 23 .2	1 23 45	1 02 32

1

SUITE DU GROUPE PRÉCÉDENT.

1	2	32	1	0	23	12	34	5	12	30	20	1	23	2	1	0	23	
1	2	32	1	0	02	12	34	5	12	30	0	1	23	2	1	0	02	
1	2	32	0	0	01	12	34	5	12	0	0	1	23	2	0	0	01	
1	2	32	0	0	12	12	34	5	12	0	03	1	23	2	0	0	12	
1	2	32	0	01	23	12	34	5	12	0	32	1	23	2	1	02	32	
1	2	32	0	12	32	12	34	5	12	03	45	1	23	2	0	12	32	
1	2	32	01	23	45	12	34	5	1	02	32	1	23	2	01	23	45	10

Exercices sur les coupes de la troisième colonne du Tableau général.
(Division ternaire.)

Il faut étudier d'abord chaque colonne en deux fois trois temps, et ensuite à deux temps.

123	454	345	123	454	.32	123	454	345	123	432	0	
123	454	3	123	4	.32	123	454	3	123	0	0	
123	4	5	123	.	.45	123	4	5	123	0	045	
123	4	543	123	.	432	123	4	543	123	0	432	
1	2	345	123	.45	432	1	2	345	123	045	432	
1	234	543	123	.43	2	1	234	543	1	023	432	
1	234	5	123	.45	.43	1	234	5	1	023	2	
1	234	5	1	.23	.45	1	234	5	1	0	232	
1	234	543	1	.23	2	1	234	543	1	0	023	
1	2	345	1	.23	432	1	2	345	1	234	032	
123	4	543	1	.	232	123	4	543	0	0	012	
123	4	5	1	.	.23	123	4	5	0	0	123	
123	454	3	1	2	.32	123	454	3	0	012	345	
123	454	345	1	234	.32	123	454	345	012	345	432	10

TROISIÈME SÉRIE.

COUPES MIXTES

CONTENANT DES UNITÉS DIVISÉES PAR DEUX ET DES UNITÉS DIVISÉES PAR TROIS.

1	.	$\overline{23}$	1	$\overline{234}$	$\overline{543}$	$\overline{12}$	$\overline{34}$	5	$\overline{123}$	$\overline{.2}$	.	0	$\overline{123}$	$\overline{432}$	
1	.	$\overline{.2}$	1	$\overline{234}$	$\overline{.32}$	$\overline{12}$	$\overline{34}$	$\overline{32}$	$\overline{123}$	$\overline{.4}$	$\overline{.5}$	0	$\overline{123}$	$\overline{.45}$	
1	.	.	1	$\overline{.23}$	$\overline{.45}$	$\overline{12}$	$\overline{34}$	$\overline{.5}$	$\overline{123}$	$\overline{.4}$	$\overline{32}$	0	$\overline{012}$	$\overline{.32}$	
1	.	2	1	$\overline{.23}$	$\overline{432}$	$\overline{12}$	$\overline{32}$	.	$\overline{123}$	$\overline{.4}$	5	0	$\overline{012}$	$\overline{345}$	
1	.	$\overline{232}$	1	$\overline{.23}$	2	$\overline{12}$	$\overline{.3}$	.	$\overline{123}$	$\overline{.4}$	$\overline{543}$	0	$\overline{012}$	3	
1	.	$\overline{.23}$	1	$\overline{.23}$	$\overline{45}$	$\overline{12}$	$\overline{.3}$	$\overline{.2}$	$\overline{123}$	$\overline{.4}$	$\overline{.32}$	0	$\overline{012}$	$\overline{32}$	
1	$\overline{23}$	$\overline{.45}$	1	$\overline{.23}$	$\overline{.2}$	$\overline{12}$	$\overline{.3}$	$\overline{45}$	$\overline{123}$	4	$\overline{.32}$	0	$\overline{012}$	$\overline{.3}$	
1	$\overline{23}$	$\overline{432}$	1	$\overline{.23}$	.	$\overline{12}$	$\overline{.3}$	2	$\overline{123}$	4	$\overline{543}$	0	$\overline{012}$	.	
1	$\overline{23}$	2	$\overline{12}$	$\overline{.32}$	.	$\overline{12}$	$\overline{.3}$	$\overline{432}$	$\overline{123}$	4	5	0	1	.	
1	$\overline{23}$	$\overline{45}$	$\overline{12}$	$\overline{.34}$	$\overline{.5}$	$\overline{12}$	$\overline{.3}$	$\overline{.45}$	$\overline{123}$	4	$\overline{32}$	0	1	$\overline{.2}$	
1	$\overline{23}$	$\overline{.2}$	$\overline{12}$	$\overline{.34}$	$\overline{32}$	$\overline{12}$	.	$\overline{.32}$	$\overline{123}$	4	$\overline{.5}$	0	1	$\overline{23}$	
1	$\overline{23}$	.	$\overline{12}$	$\overline{.34}$	5	$\overline{12}$	.	$\overline{345}$	$\overline{123}$	2	.	0	1	2	
1	$\overline{.2}$	.	$\overline{12}$	$\overline{.34}$	$\overline{543}$	$\overline{12}$	.	3	$\overline{123}$	$\overline{432}$	.	0	1	$\overline{232}$	
1	$\overline{.2}$	$\overline{.3}$	$\overline{12}$	$\overline{.34}$	$\overline{.32}$	$\overline{12}$	.	$\overline{32}$	$\overline{123}$	$\overline{454}$	$\overline{.3}$	0	1	$\overline{.23}$	
1	$\overline{.2}$	$\overline{32}$	$\overline{12}$	$\overline{345}$	$\overline{.43}$	$\overline{12}$	.	$\overline{.3}$	$\overline{123}$	$\overline{454}$	$\overline{32}$	0	$\overline{12}$	$\overline{.32}$	
1	$\overline{.2}$	3	$\overline{12}$	$\overline{345}$	$\overline{432}$	$\overline{12}$	.	.	$\overline{123}$	$\overline{454}$	3	0	$\overline{12}$	$\overline{345}$	
1	$\overline{.2}$	$\overline{345}$	$\overline{12}$	$\overline{343}$	2	$\overline{123}$	.	.	$\overline{123}$	$\overline{454}$	$\overline{345}$	0	$\overline{12}$	3	
1	$\overline{.2}$	$\overline{.32}$	$\overline{12}$	$\overline{345}$	$\overline{43}$	$\overline{123}$	.	$\overline{.2}$	$\overline{123}$	$\overline{454}$	$\overline{.32}$	0	$\overline{12}$	$\overline{32}$	
1	2	$\overline{.32}$	$\overline{12}$	$\overline{343}$	$\overline{.2}$	$\overline{123}$	.	$\overline{45}$	$\overline{123}$	$\overline{.45}$	$\overline{.43}$	0	$\overline{12}$	$\overline{.3}$	
1	2	$\overline{345}$	$\overline{12}$	$\overline{345}$	.	$\overline{123}$	.	2	$\overline{123}$	$\overline{.45}$	$\overline{432}$	0	$\overline{12}$	.	
1	2	3	$\overline{12}$	3	.	$\overline{123}$	.	$\overline{432}$	$\overline{123}$	$\overline{.43}$	2	0	$\overline{01}$	.	
1	2	$\overline{32}$	$\overline{12}$	3	$\overline{.2}$	$\overline{123}$	.	$\overline{.45}$	$\overline{123}$	$\overline{.45}$	$\overline{43}$	0	$\overline{01}$	$\overline{.2}$	
1	2	$\overline{.3}$	$\overline{12}$	3	$\overline{45}$	$\overline{123}$	$\overline{45}$	$\overline{.43}$	$\overline{123}$	$\overline{.43}$	$\overline{.2}$	0	$\overline{01}$	$\overline{23}$	
1	2	.	$\overline{12}$	3	2	$\overline{123}$	$\overline{45}$	$\overline{432}$	$\overline{123}$	$\overline{.45}$	.	0	$\overline{01}$	2	
1	$\overline{232}$	.	$\overline{12}$	3	$\overline{432}$	$\overline{123}$	$\overline{43}$	2	0	$\overline{123}$	.	0	$\overline{01}$	$\overline{232}$	
1	$\overline{234}$	$\overline{.5}$	$\overline{12}$	3	$\overline{.45}$	$\overline{123}$	$\overline{45}$	$\overline{43}$	0	$\overline{123}$	$\overline{.2}$	0	$\overline{01}$	$\overline{.23}$	
1	$\overline{234}$	$\overline{32}$	$\overline{12}$	$\overline{34}$	$\overline{.32}$	$\overline{123}$	$\overline{43}$	$\overline{.2}$	0	$\overline{123}$	$\overline{45}$	0	0	$\overline{012}$	
1	$\overline{234}$	5	$\overline{12}$	$\overline{34}$	$\overline{543}$	$\overline{123}$	$\overline{45}$	.	0	$\overline{123}$	2	0	0	$\overline{123}$	1

SUITE DU GROUPE PRÉCÉDENT.

0	0	1	01	23	.2	01	234	.32	012	345	432	012	.3	.2
0	0	12	01	23	45	01	232	.	012	343	2	012	.3	45
0	0	0	01	23	2	01	.23	.	012	345	43	012	.3	2
0	0	01	01	23	432	01	.23	.45	012	343	.2	012	.3	432
01	.	23	01	23	.45	01	.23	432	012	3	.2	012	.3	.45
01	.	.2	01	23	.	01	.23	2	012	3	45	012	.3	.
01	.	2	01	2	.	01	.23	45	012	3	2	012	.	.
01	.	232	01	2	.32	01	.23	.2	012	3	432	012	.	.32
01	.	.23	01	2	345	012	.34	.5	012	3	.45	012	.	3
01	.	.	01	2	3	012	.34	32	012	3	.	012	.	30
01	.2	.	01	2	32	012	.34	5	012	32	.	012	.	.3
01	.2	.32	01	2	.3	012	.34	543	012	34	.32	012	34	.5
01	.2	345	01	234	.5	012	.34	.32	012	34	543	012	.	345
01	.2	3	01	234	32	012	.32	.	012	34	5	012	34	32
01	.2	32	01	234	5	012	345	.	012	34	32	012	34	5
01	.2	.3	01	234	543	012	345	.43	012	34	.5	012	32	1

DEUXIÈME GROUPE.

Contenant des unités dont l'une des moitiés est divisée par deux et l'autre par trois.

Il faut étudier d'abord chaque colonne en trois fois deux temps, ensuite à deux temps.

123	432	123	432	12	32	12	32	12	32	123	432	
123	432	12	32	12	32	12	32	123	432	123	432	
123	432	12	32	123	432	12	32	123	432	12	32	
123	432	12	32	123	45	12	32	123	432	12	345	
123	432	12	32	12	345	12	32	123	432	123	45	
123	432	12	345	12	32	12	32	123	45	123	432	
123	432	123	45	12	32	12	32	12	345	123	432	
123	45	123	432	12	32	12	345	12	32	123	432	
123	45	12	32	123	432	12	345	123	432	12	32	100

APPLICATION DES CONNAISSANCES ACQUISES.

Conseils aux commençants pour étudier seuls un air.

Ici, comme nous l'avons toujours fait, il faut séparer l'étude de l'intonation de celle de la mesure, pour réunir ensuite ces deux choses.

Intonation. Prenez, au diapason, la tonique indiquée en tête du morceau, et appelez UT cette tonique. Toutefois, si vous chantez sans accompagnement, prenez pour tonique le son le plus convenable pour que votre voix ne sorte pas de ses limites naturelles; c'est-à-dire que, si l'air monte trop pour votre voix, il faut prendre pour UT un son plus grave que la tonique indiquée; et que si, au contraire, l'air descend trop bas, il faut prendre un UT plus aigu.

Quand l'UT est fixé, on chante l'*intonation seule*, sans s'occuper de mesure, et en donnant aux sons des durées égales.

Mesure. Quand on a lu l'intonation seule, on lit l'air en mesure tel qu'il est écrit, c'est-à-dire en exécutant simultanément l'intonation et la mesure.

S'il se rencontre des mesures compliquées, dont l'effet ne soit pas immédiatement senti, on lit ces mesures *sans intonation*, en leur appliquant la *langue des durées*, une ou plusieurs fois, selon la difficulté. Puis on lit ensemble intonation et mesure. Ce moyen, appliqué convenablement, est infaillible.

Quand une mesure contient des temps divisés par 6, 8, 12, 18 ou 27, il est bon d'avoir recours au moyen suivant : Si l'on a affaire à une mesure employant la *souche binaire*, on fait *deux temps pour un*; si au contraire, on a affaire à la *souche ternaire*, on fait *trois temps pour un*. Dans le premier cas les moitiés deviennent des entiers; dans le second ce sont les tiers. A la seconde lecture on lit l'air tel qu'il est écrit.

Si le mouvement du morceau n'est pas indiqué, on prend l'unité de durée comme on l'entend; mais si le morceau porte en tête une indication du métronome, on met l'indicateur de cet instrument devant le chiffre correspondant sur l'échelle graduée, et l'oscillation du pendule donne l'unité de durée, et marque le mouvement à prendre.

Manière de lire les canons quand on veut les chanter en parties.

Quand un canon est à deux parties, il est surmonté des deux lettres A, B; quand il est à trois parties, il a les trois lettres A, B, C; s'il est à quatre parties, il a les quatre lettres A, B, C, D, et ainsi de suite.

Cela veut dire : 1° pour les duos, la première partie *lit seule*, depuis la lettre A jusqu'à la lettre B; mais au moment où elle attaque la note placée sous la lettre B, la seconde partie commence à la lettre A. Les deux parties chantent alors simultanément, recommençant l'air quand il est fini, et continuant ainsi jusqu'à ce qu'il leur plaise de s'arrêter sur une cadence.

2° Pour les trios, la première partie lit de l'A au B; au moment où elle attaque le B, la deuxième partie commence à l'A; enfin, quand la première partie arrive au C, et la deuxième au B, la troisième commence à l'A. On continue alors comme pour le duo.

3° Si c'est un quatuor, la quatrième partie commence en A, quand la troisième est en B, la deuxième en C, et la première en D, etc.

Soixante-quatorze duos, trios et quators en canons, par Happich, Héring, Glaser, Haydn, Schultz, Silcher, etc.

N° 1. 3355 | 1 . 2 . | 3 . 2 . | 1155 | 6 . 7 . | 1 . 32 | 1534 |
3345 | 1127 | 1 . 00 ‖

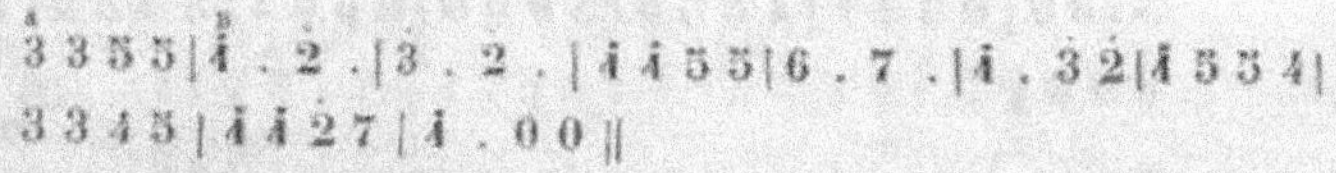

N° 2. 1355 | 117 . | 665 . | 1133 | 221 . | 1133 | 665 . |
1133 | 221 . | 0000 ‖

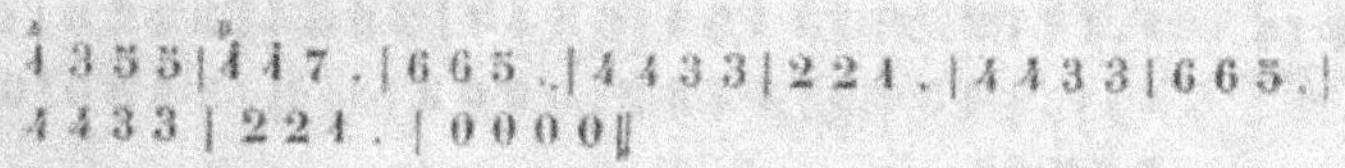

N° 3. 5671 | 765 . | 3123 | 543 . | 1 . 1 . | 1 . 1 . ‖

N° 4. 5 | 5432 | 1711 | 7654 | 3213 | 2176 | 543 ‖

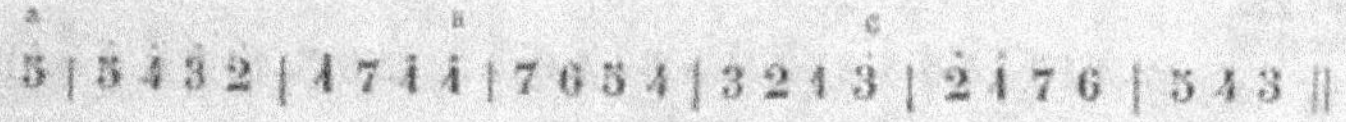

N° 5. 5534 | 7213 | 2435 | 5715 ‖

N° 6. 1133 | 2 . 2 . | 3111 | 1 . 70 | 1555 | 4 . 4 . | 3311 |
5 . 00 ‖

N° 7. 5 | 6 . 5 . | 5 . 1 . | 1 . 2 . | 3 . 13 | 4 . 4 . | 3 . 1 . | 1 . 7 . | 1 . 0 ‖

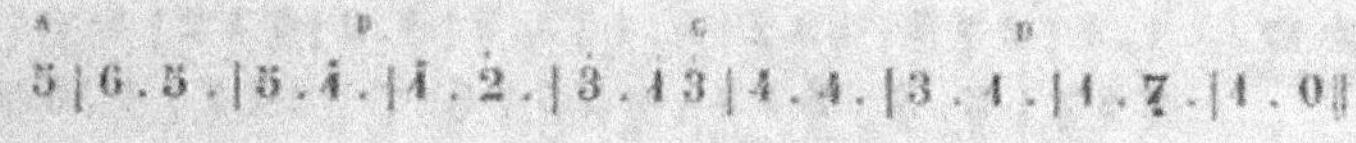

N° 8. 565 | 5 . 1 | 543 | 343 | 321 | 321 | 1 . 1 | 176 |
551 ‖

N° 9. 555 | 565 | 454 | 3 . 3 | 222 | 246 | 654 | 3 . 0 |
111 | 777 | 666 | 5 . 5 | 444 | 444 | 555 | 1 . 0 |
333 | 222 | 111 | 7 . 7 | 666 | 666 | 777 | 1 . 0 ‖

N° 10. 1 | 667 | 151 | 444 | 301 | 112 | 533 | 642 | 10 ‖

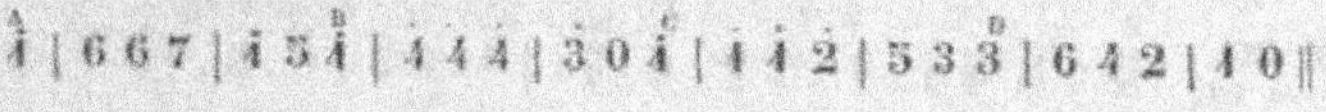

N° 11. 12 | 31 | 27 | 15 | 34 | 53 | 42 | 31 | 00 | 00 |
55 | 11 | 00 | 00 | 55 | 53 ‖

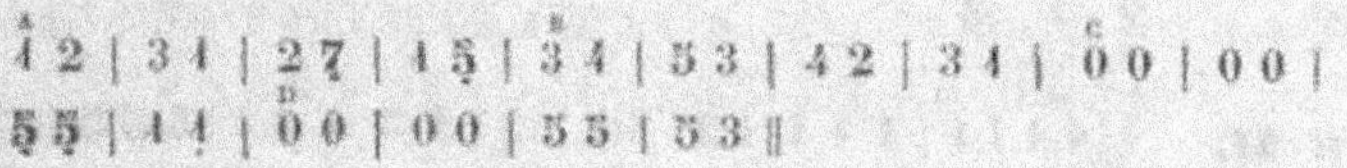

N° 12. 5 | 1313 | 1 . 11 | 2223 | 1 . 05 | 1313 | 1 . 11
2223 | 1 . 00 | 0005 | 3 . 5 . | 0777 | 1100 | 0005 |
3 . 5 . | 0777 | 1100 | 0530 | 0530 | 0005 | 3 . 00 |
0530 | 0530 | 0005 | 3 . 0 ‖

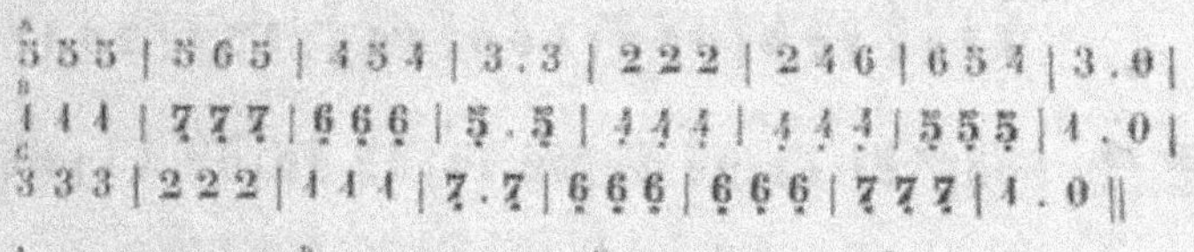

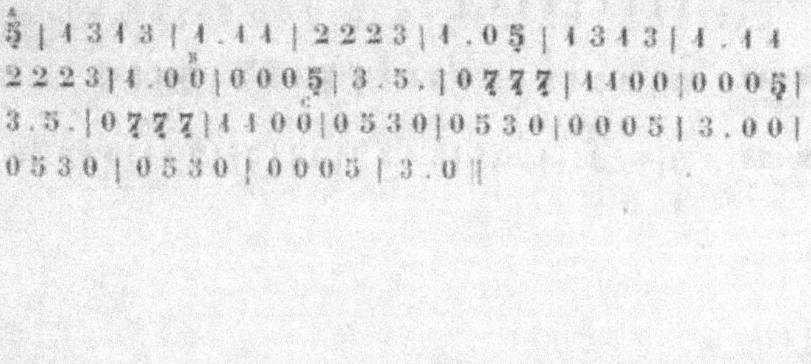

N° 13. TON DE LA.

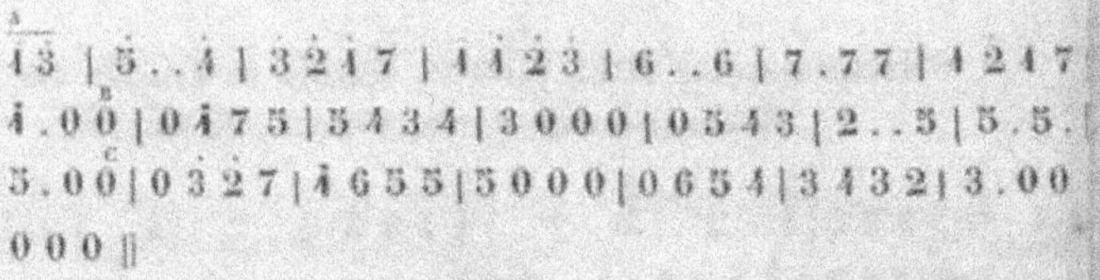

13 | 5 . . 4 | 3 2 1 7 | 1 1 2 3 | 6 . . 6 | 7 . 7 7 | 1 2 1 7
1 . 0 0 | 0 1 7 5 | 5 4 3 4 | 3 0 0 0 | 0 5 4 3 | 2 . . 5 | 5 . 5 .
5 . 0 0 | 0 3 2 7 | 1 6 5 5 | 5 0 0 0 | 0 6 5 4 | 3 4 3 2 | 3 . 0 0
0 0 0 ||

N° 14. TON DE SI.

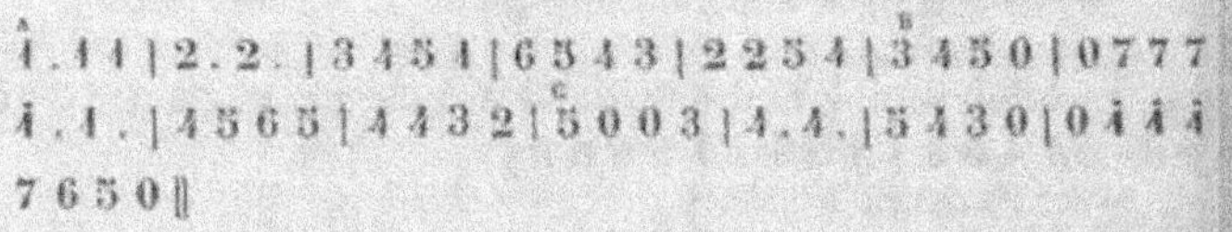

1 . 1 1 | 2 . 2 . | 3 4 5 4 | 6 5 4 3 | 2 2 5 4 | 3 4 5 0 | 0 7 7 7
1 . 1 . | 4 5 6 5 | 4 4 3 2 | 5 0 0 3 | 4 . 4 . | 5 4 3 0 | 0 1 1 1
7 6 5 0 ||

N° 15. TON DE SI.

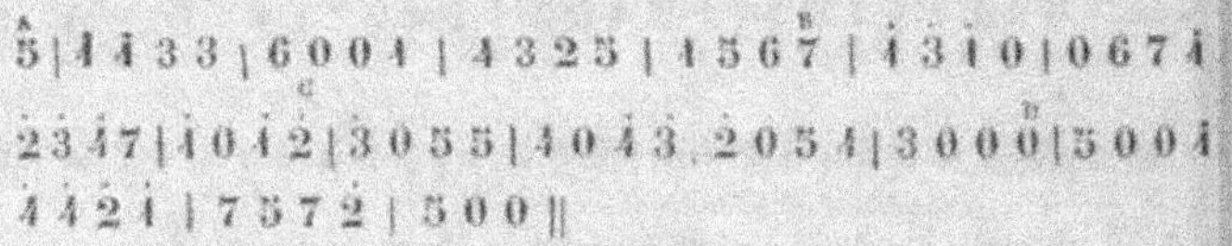

5 | 1 1 3 3 | 6 0 0 4 | 4 3 2 5 | 1 5 6 7 | 1 3 1 0 | 0 6 7 1
2 3 4 7 | 1 0 1 2 | 3 0 5 5 | 4 0 4 3 . 2 0 5 4 | 3 0 0 0 | 5 0 0 1
4 4 2 1 | 7 5 7 2 | 5 0 0 ||

N° 16. TON D'UT.

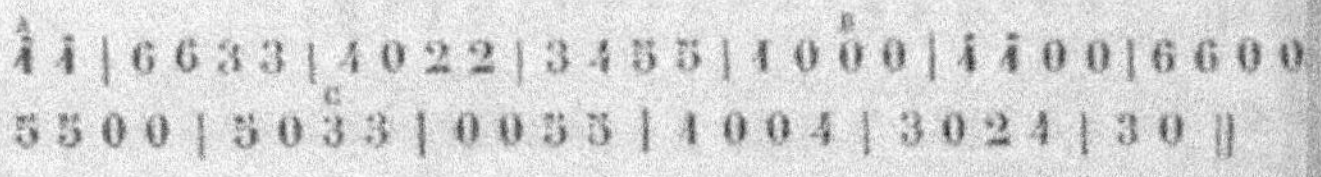

1 1 | 6 6 3 3 | 4 0 2 2 | 3 4 5 5 | 1 0 0 0 | 1 1 0 0 | 6 6 0 0
5 5 0 0 | 5 0 3 3 | 0 0 5 5 | 1 0 0 4 | 3 0 2 4 | 3 0 ||

N° 17. TON DE SEU.

1 . 1 | 2 7 5 | 4 3 2 | 3 . 1 | 3 . 3 | 4 . 2 | 7 1 2 | 1 . 0 | 5 3 1
7 2 7 | 5 . 5 | 5 1 3 | 0 5 5 | 5 . 7 | 2 1 7 | 1 . 0 ||

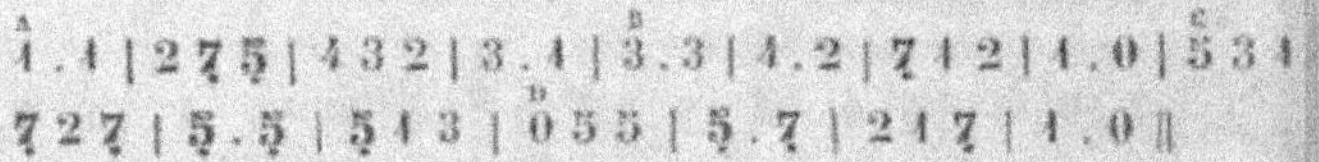

N° 18. TON D'UT.

3 0 5 | 2 2 0 | 4 0 5 | 3 0 0 | 1 1 1 | 6 0 6 | 7 0 7 | 1 5 3
1 1 0 | 0 5 6 | 7 5 0 | 0 1 7 | 6 0 3 | 4 3 2 | 5 4 2 | 1 3 5
1 1 0 | 7 7 0 | 0 7 7 | 1 0 0 | 6 6 5 | 4 5 4 | 2 0 4 | 3 0 0

N° 19. TON DE SOL.

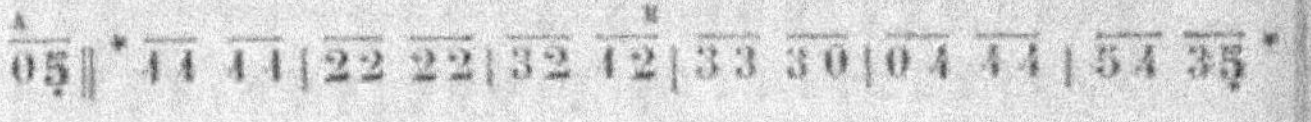

0 5 || * 1 1 1 1 | 2 2 2 2 | 3 2 1 2 | 3 3 3 0 | 0 4 4 4 | 5 4 3 5 *

N° 20. TON DE SOL.

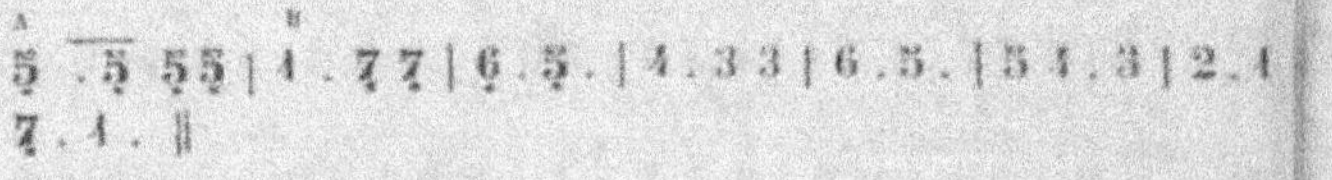

5 . 5 5 5 | 1 . 7 7 | 6 . 5 . | 4 . 3 3 | 6 . 5 . | 5 4 . 3 | 2 . 1
7 . 1 . ||

N° 21, TON DE FA.

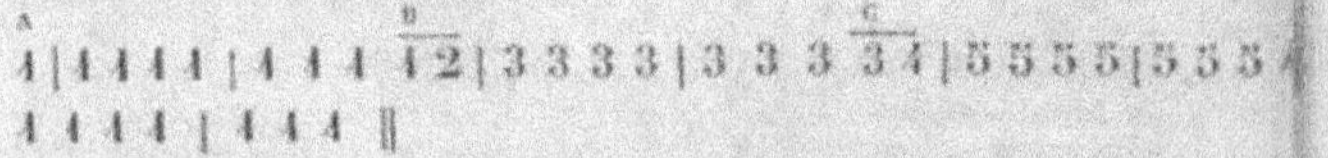

1 | 1 1 1 1 | 1 1 1 1 2 | 3 3 3 3 | 3 3 3 3 4 | 5 5 5 5 | 5 5 5
1 1 1 1 | 1 1 1 ||

N° 22. TON DE LA.

5 | 3 3 4 5 | 5 4 3 4 | 6 7 1 2 3 | 5 4 3 ||

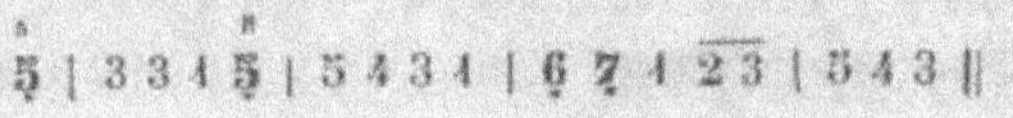

N° 23. TON DE LA.

5 | 3 . 2 . | 1 . 0 5 | 5 4 3 2 | 3 2 1 7 | 1 2 3 4 | 3 4 5 . | 5 6 4 3
1 . 0 ||

N° 24. TON DE RÉ.

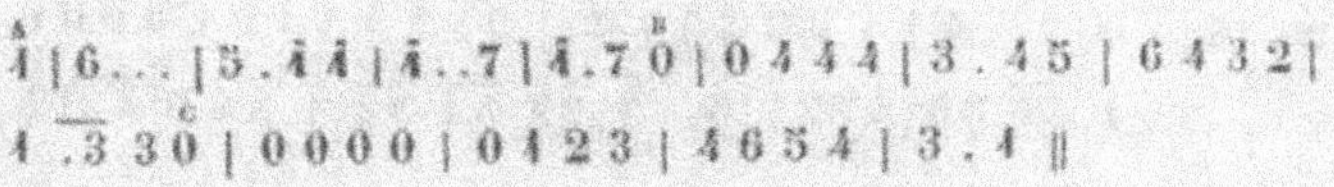

4 | 6 . . . | 5 . 4 4 | 4 . . 7 | 4 . 7 0 | 0 4 4 4 | 3 . 4 5 | 6 4 3 2 |
4 . 3 3 0 | 0 0 0 0 | 0 4 2 3 | 4 6 5 4 | 3 . 4 ||

N° 25. TON DE RÉ.

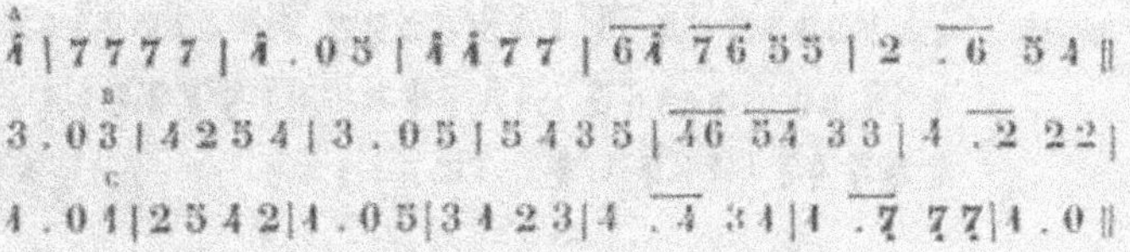

4 | 7 7 7 7 | 4 . 0 5 | 4 4 7 7 | 6 4 7 6 5 5 | 2 . 6 5 4 ||
3 . 0 3 | 4 2 5 4 | 3 . 0 5 | 5 4 3 5 | 4 6 5 4 3 3 | 4 . 2 2 2 |
4 . 0 4 | 2 5 4 2 | 4 . 0 5 | 3 4 2 3 | 4 . 4 3 4 | 4 . 7 7 7 | 4 . 0 ||

N° 26. TON DE RÉ.

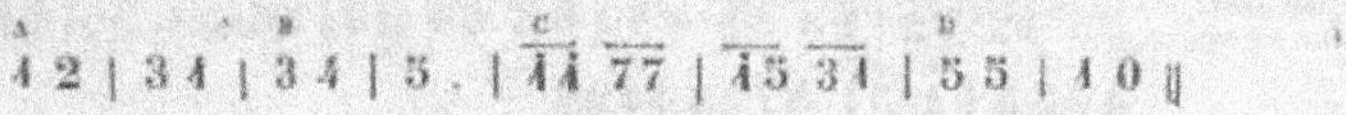

4 2 | 3 4 | 3 4 | 5 . | 4 4 7 7 | 4 5 3 4 | 5 5 | 4 0 ||

N° 27. TON DE SEU.

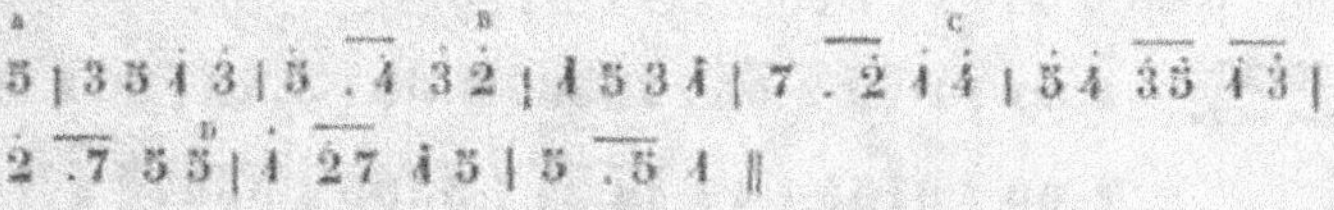

5 | 3 5 4 3 | 5 . 4 3 2 | 4 5 3 4 | 7 . 2 4 4 | 5 4 3 5 4 3 |
2 . 7 5 5 | 4 2 7 4 5 | 5 . 5 4 ||

N° 28. TON D'UT.

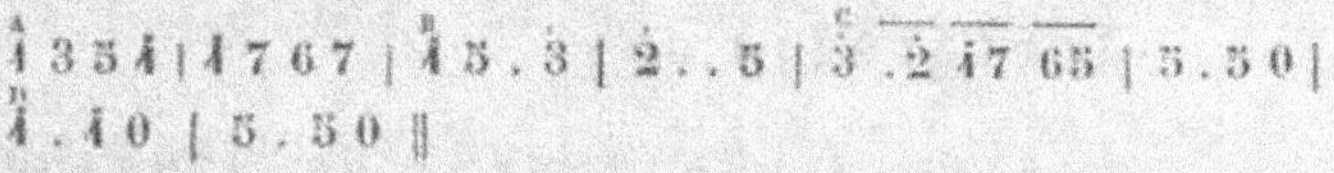

4 3 5 4 | 4 7 6 7 | 4 5 . 3 | 2 . . 5 | 3 . 2 4 7 6 5 | 5 . 5 0 |
4 . 4 0 | 5 . 5 0 ||

N° 29. TON DE RÉ.

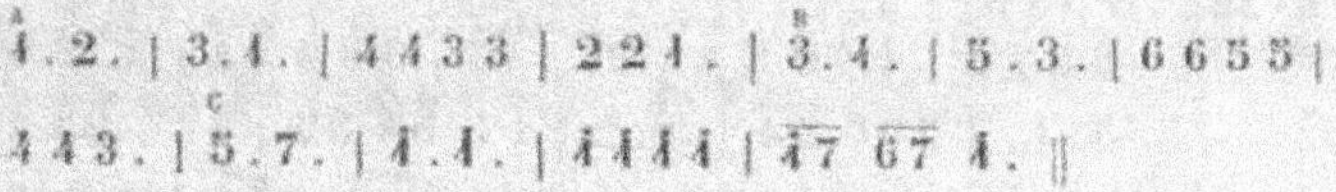

4 . 2 . | 3 . 4 . | 4 4 3 3 | 2 2 4 . | 3 . 4 . | 5 . 3 . | 6 6 5 5 |
4 4 3 . | 5 . 7 . | 4 . 4 . | 4 4 4 4 | 4 7 6 7 4 . ||

N° 30. TON DE SI.

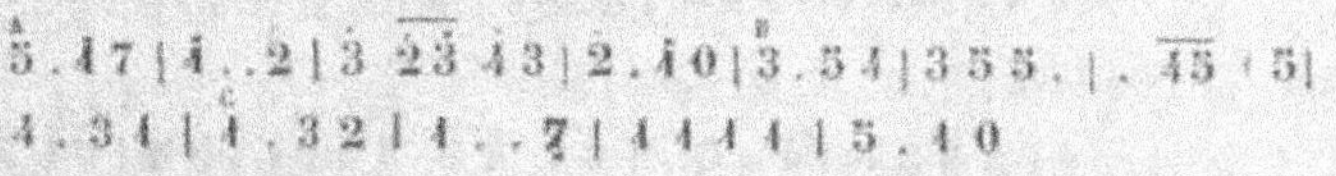

5 . 4 7 | 4 . . 2 | 3 2 3 4 3 | 2 . 4 0 | 3 . 5 4 | 3 5 5 . | . 4 5 | 5 |
4 . 3 4 | 4 . 3 2 | 4 . . 7 | 4 4 4 4 | 5 . 4 0

N° 31. TON D'UT.

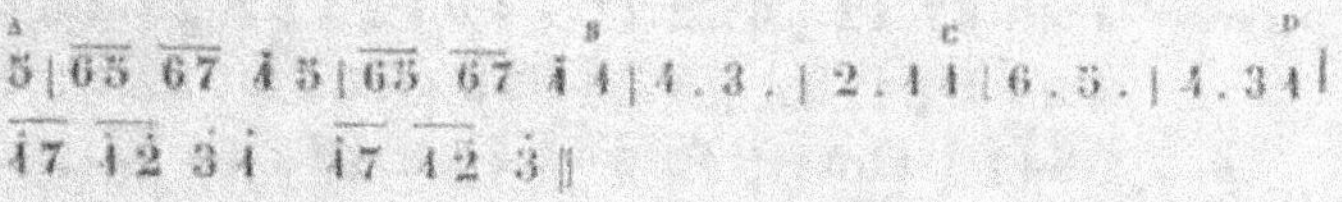

5 | 6 5 6 7 4 5 | 6 5 6 7 4 4 | 4 . 3 . | 2 . 4 4 | 6 . 5 . | 4 . 3 4 |
4 7 4 2 3 4 4 7 4 2 3 ||

N° 32. TON DE MI.

5 4 3 4 5 4 | 3 2 4 2 3 4 | 5 . 5 4 3 | 4 3 4 5 3 0 0 0 4 7 6 5
5 4 3 3 4 | 7 4 5 . 6 | 5 4 3 2 7 | 4 . 0 0 ||

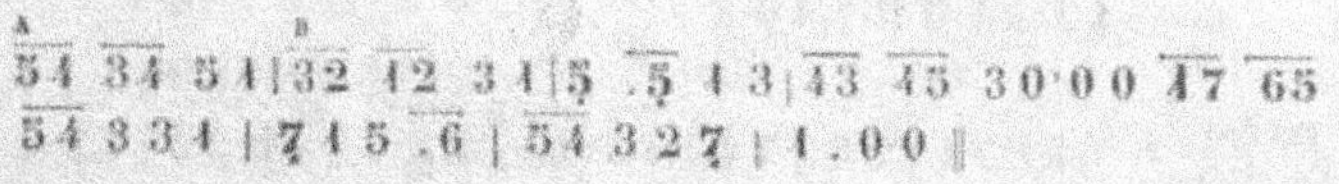

N° 33. TON DE SEU.

4 . 3 4 | 6 5 5 0 0 | 3 . 0 4 | 4 . 0 2 | 5 . 0 3 | 6 . 0 4 | 7 . 7 7
4 . 4 . | 7 2 5 7 | 4 3 5 0 | 0 6 2 . . 7 3 . . 4 4 6 2 3 4 5 4 |
3 . 0 3 | 2 4 7 6 5 4 3 2 | 4 . 0 4 7 | 6 7 6 5 4 2 7 . 0 3 2 |
4 2 4 7 6 2 | 5 . 0 0 ||

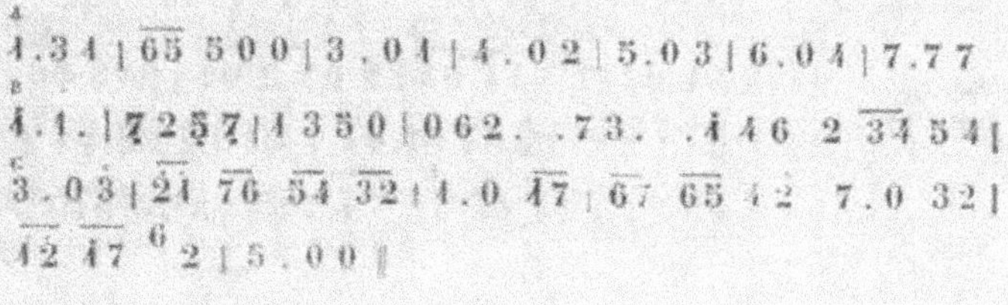

N° 34. TON DE LA.

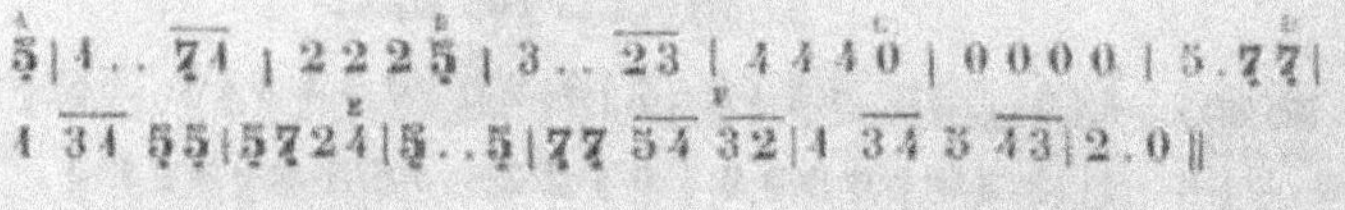

5 | 1 . . 71 | 2 2 2 5 | 3 . . 23 | 1 1 1 0 | 0 0 0 0 | 5 . 7 7 |
1 31 5 5 | 5 7 2 1 | 5 . . 5 | 7 7 54 32 | 1 34 3 43 | 2 . 0 ‖

N° 35. TON DE SOL.

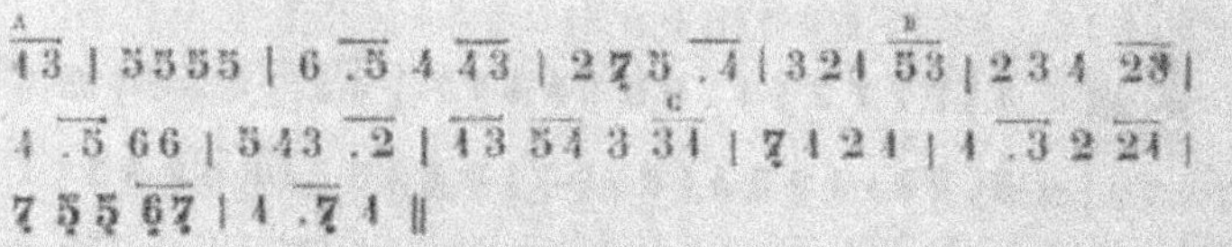

13 | 5555 | 6 .5 4 43 | 2 7 5 .1 | 3 2 1 53 | 2 3 4 23 |
1 .5 6 6 | 5 4 3 .2 | 13 54 3 31 | 7 1 2 1 | 1 .3 2 21 |
7 5 5 67 | 1 .7 1 ‖

N° 36. TON DE MI♭.

33 42 72 | 13 53 4 3 | 55 64 21 | 35 31 3 . | 11 72 57 |
1 5 5 5 | 1 31 57 | 1 3 1 0 ‖

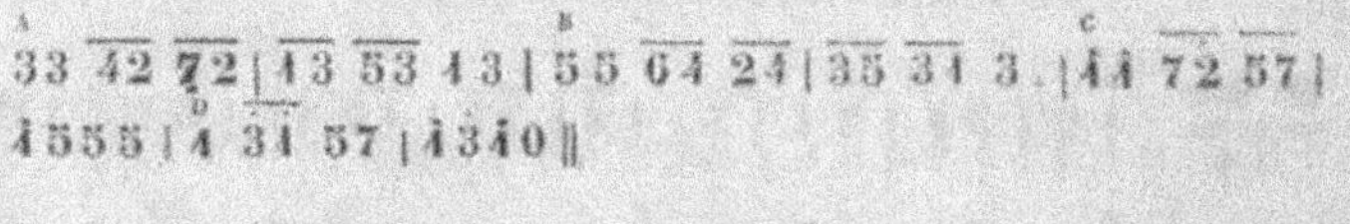

N° 37. TON DE FA.

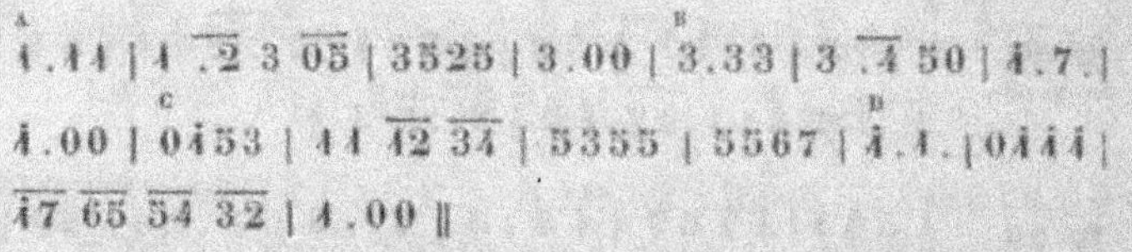

1 . 1 1 | 1 .2 3 05 | 3525 | 3 . 0 0 | 3 . 3 3 | 3 .4 50 | 1 . 7 . |
1 . 0 0 | 0 1 5 3 | 1 1 12 34 | 5355 | 5567 | 1 . 1 . | 0 1 1 1 |
17 65 54 32 | 1 . 0 0 ‖

N° 38. TON DE RÉ.

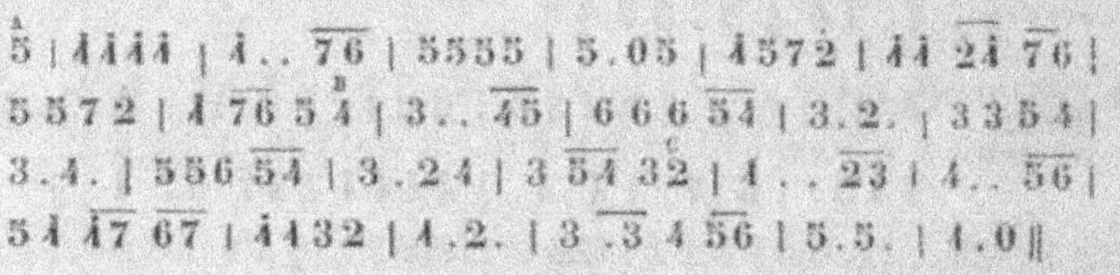

5 | 1 1 1 1 | 1 . . 76 | 5555 | 5 . 05 | 1 5 7 2 | 1 1 21 76 |
5 5 7 2 | 1 76 5 4 | 3 . . 45 | 6 6 6 54 | 3 . 2 . | 3 3 5 4 |
3 . 4 . | 5 5 6 54 | 3 . 2 4 | 3 54 32 | 1 . . 23 | 4 . . 56 |
51 17 67 | 1 1 3 2 | 1 . 2 . | 3 .3 4 56 | 5 . 5 . | 1 . 0 ‖

N° 39. TON DE SI.

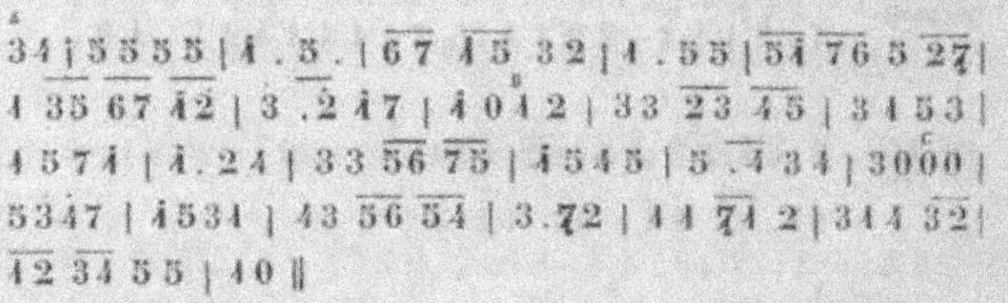

34 | 5 5 5 5 | 1 . 3 . | 67 15 32 | 1 . 5 5 | 51 76 5 27 |
1 35 67 12 | 3 .2 1 7 | 1 0 1 2 | 33 23 45 | 3 4 5 3 |
4 5 7 1 | 1 . 2 1 | 3 3 56 75 | 1 5 4 3 | 5 .4 3 4 | 3 0 0 0 |
5 3 4 7 | 1 5 3 1 | 43 56 54 | 3 . 7 2 | 1 1 71 2 | 3 1 1 32 |
12 34 5 5 | 1 0 ‖

N° 40. TON DE SI♭.

1 1 | 5 1 | 5 6 | 7 1 | 33 44 | 22 3 | 11 22 | 77 1 ‖

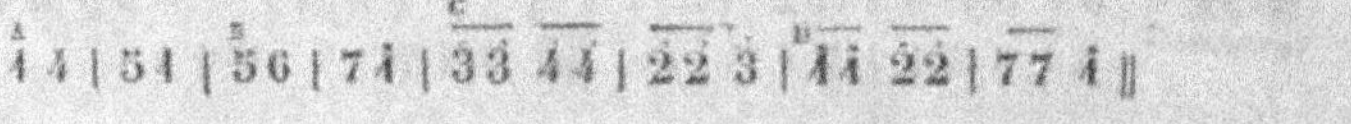

N° 41. TON DE MI♭.

01 | 3 5 1 02 | 7 5 1 1 03 | 2 03 2 06 | 5 4 3 06 | 5 4 3 01 |
5 3 1 04 | 2 4 33 01 | 7 01 7 01 | 1 7 1 01 | 1 7 1 01 |
1 1 3 05 | 4 2 11 0 | 05 5 05 51 | 3 5 1 04 | 3 5 1 ‖

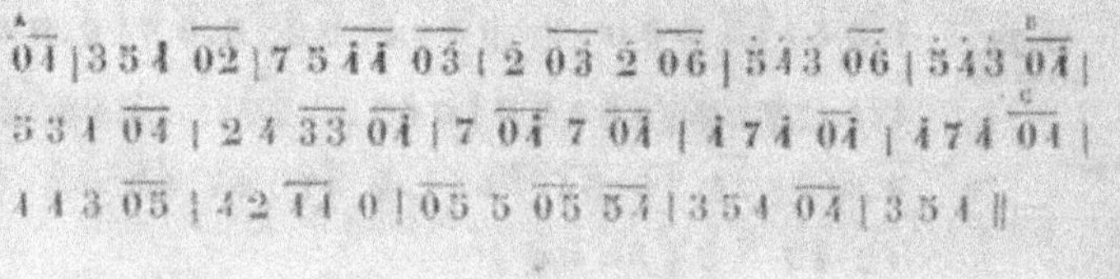

N° 42. TON DE RÉ.

12 | 3127 | 110 12 | 3127 | 110 11 | 71 21 7 22 |
12 32 1 55 | 15 31 1 27 | 100 34 | 5342 | 330 34 |
5342 | 330 33 | 23 43 2 44 | 34 54 3 55 | 15 31 3 42 |
1000 | 0 55 55 55 | 51 53 1. | . 55 55 55 | 51 53 1. |
. 55 55 55 | 5.. 55 | 15 31 55 | 100 ‖

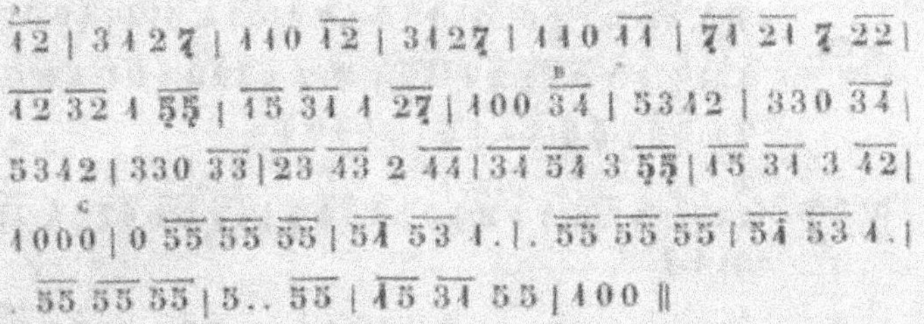

N° 43. TON DE LA.

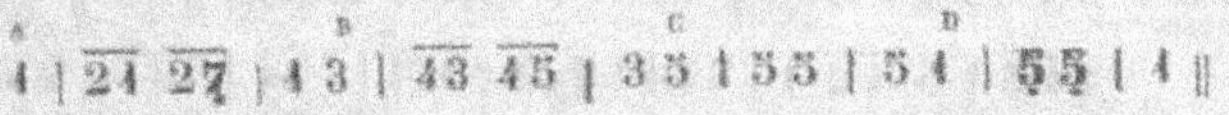

1 | 21 27 | 13 | 43 45 | 35 1 55 | 51 | 55 | 1 ‖

N° 44. TON DU MI.

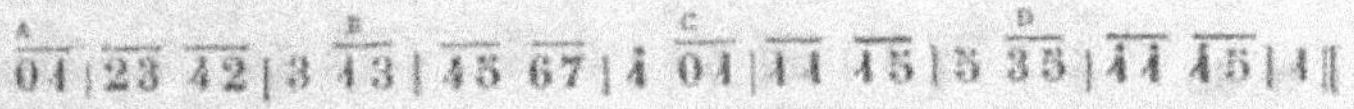

01 | 23 42 | 3 43 | 45 67 | 1 01 | 11 15 | 5 35 | 11 15 | 1 ‖

N° 45. TON DE SOL.

05 | 35 25 | 17 | 6 55 | 43 32 | 17 | 1 ‖

N° 46. TON D'UT.

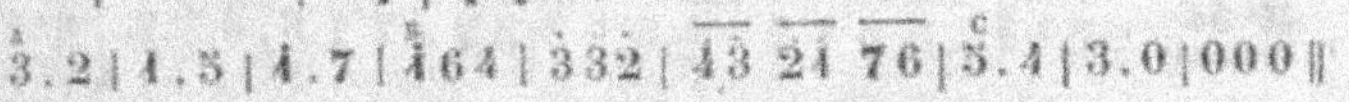

3.2 | 1.5 | 1.7 | 164 | 332 | 43 21 76 | 5.4 | 3.0 | 000 ‖

N° 47. TON DE SI.

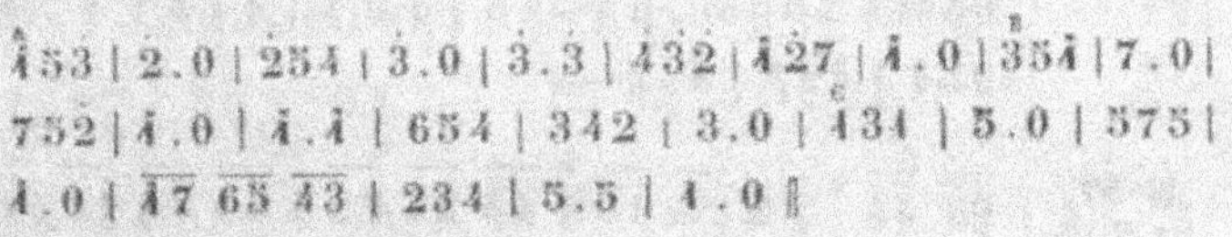

153 | 2.0 | 251 | 3.0 | 3.3 | 432 | 127 | 1.0 | 351 | 7.0 |
752 | 1.0 | 1.1 | 651 | 342 | 3.0 | 131 | 5.0 | 575 |
1.0 | 17 65 43 | 234 | 5.5 | 1.0 ‖

N° 48. TON DE LA.

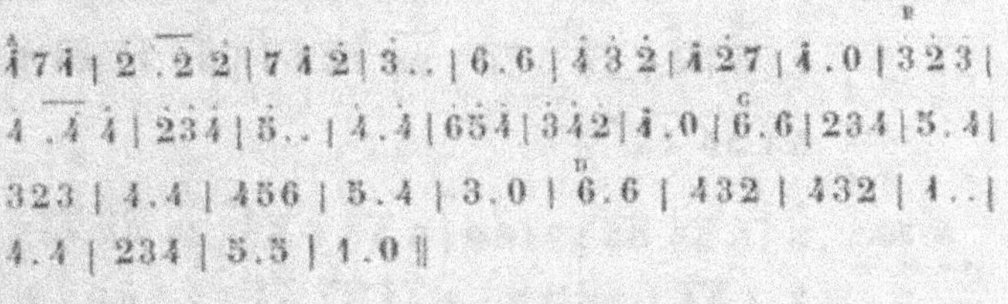

171 | 2 .2 2 | 712 | 3.. | 6.6 | 432 | 127 | 1.0 | 323 |
4 .4 4 | 234 | 5.. | 4.4 | 654 | 342 | 1.0 | 6.6 | 234 | 5.4 |
323 | 4.4 | 456 | 5.4 | 3.0 | 6.6 | 432 | 432 | 1.. |
4.4 | 234 | 5.5 | 1.0 ‖

N° 49. TON DE RÉ.

5 | 32 17 | 155 | 54 32 | 3.5 | 12 34 | 35 54 | 35 55 | 1. ‖

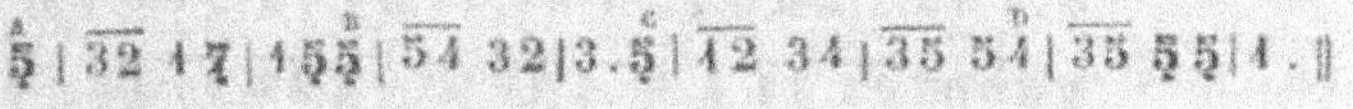

N° 50. TON D'UT.

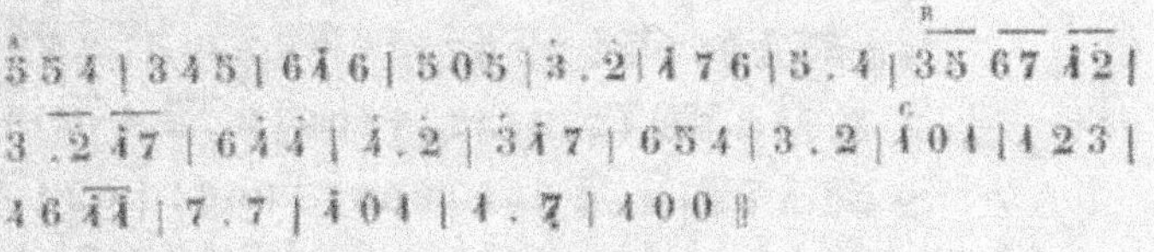

554 | 345 | 616 | 505 | 3.2 | 176 | 5.4 | 35 67 12 |
3 .2 17 | 611 | 1.2 | 317 | 654 | 3.2 | 101 | 123 |
46 11 | 7.7 | 101 | 1.7 | 100 ‖

N° 51. TON DE RÉ.

1111 | 5505 | 444 44 | 3305 | 444 44 | 3.3. | 0000 |
5555 | 2202 | 1.3. | 2 .2 2. | 1.1. | 0000 | 0000 |
6677 | 1.11 | 117 77 | 1.1. ‖

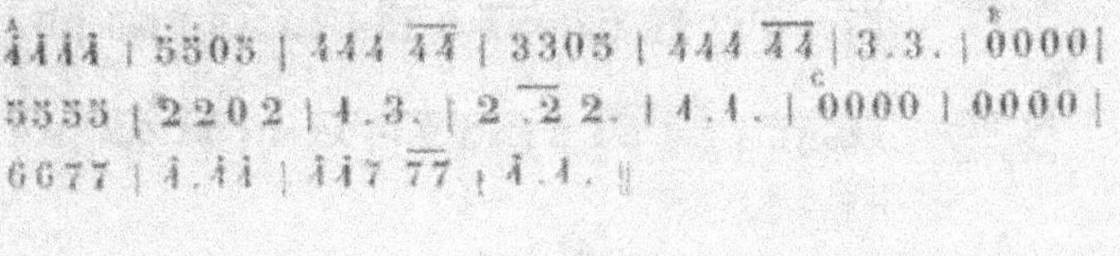

N° 52. TON DE FA.

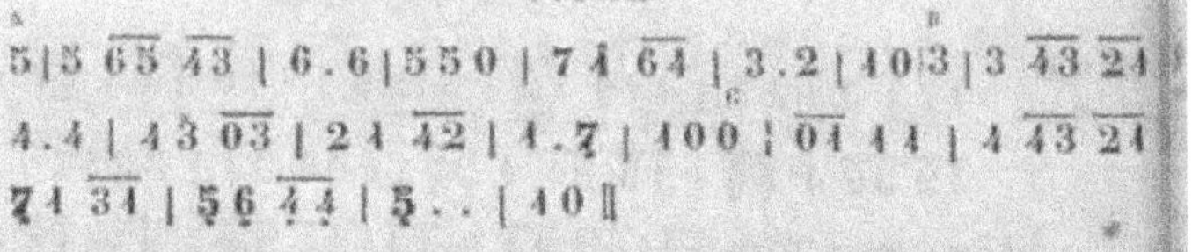

5 | 5 65 43 | 6 . 6 | 5 5 0 | 7 1 64 | 3 . 2 | 1 0 3 | 3 43 21
4 . 4 | 4 3 03 | 2 1 42 | 1 . 7 | 1 0 0 | 01 1 1 | 1 43 21
7 1 31 | 5 6 1 1 | 5 . . | 1 0 ‖

N° 53. TON DE MI.

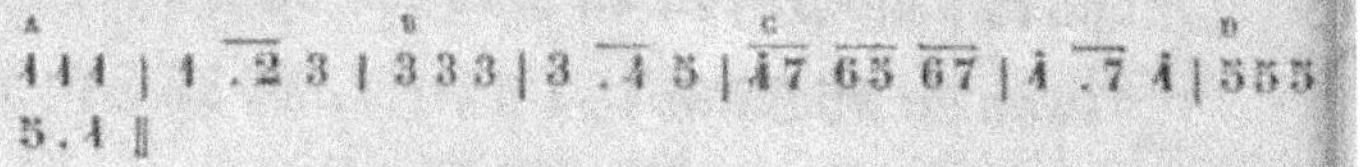

1 1 1 | 1 . 2 3 | 3 3 3 | 3 . 4 5 | 17 65 67 | 1 . 7 1 | 5 5 5
5 . 1 ‖

N° 54. TON DE SOL.

3 | 5 . 3 | 5 1 3 | 6 5 3 | 4 2 3 | 2 7 5 | 1 3 5 | 71 27 57
2 1 5 | 5 42 1 | 3 5 1 | 7 . 5 | 5 . 1 | 7 2 1 | 5 3 1 | 2 5 42 | 1 .

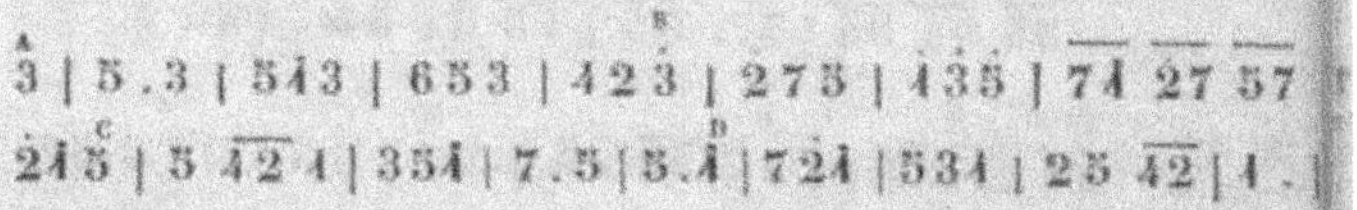

N° 55. TON DE SOL.

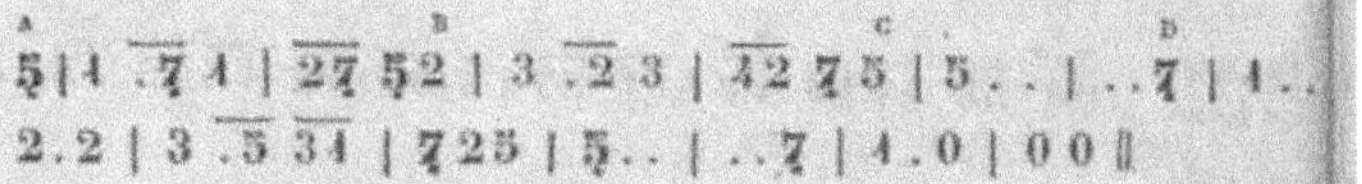

5 | 1 . 7 1 | 27 52 | 3 . 2 3 | 42 7 5 | 5 . . | . . 7 | 1 . .
2 . 2 | 3 . 5 31 | 7 2 5 | 5 . . | . . 7 | 1 . 0 | 0 0 ‖

N° 56. TON D'UT.

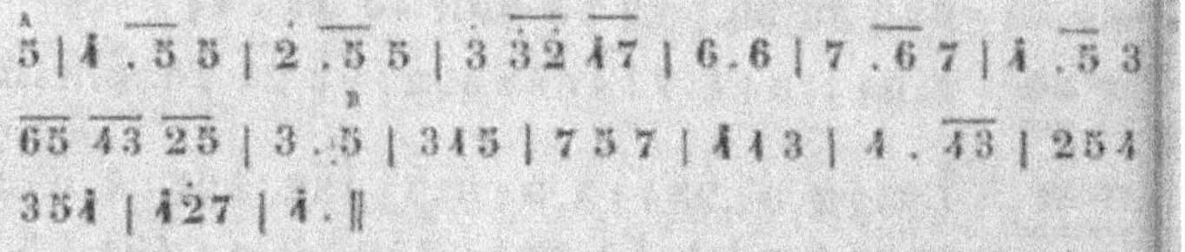

5 | 1 . 5 5 | 2 . 5 5 | 3 32 17 | 6 . 6 | 7 . 6 7 | 1 . 5 3
65 43 25 | 3 . 5 | 3 1 5 | 7 5 7 | 1 1 3 | 4 . 43 | 2 5 1
3 5 1 | 1 2 7 | 1 . ‖

N° 57. TON DE LEU.

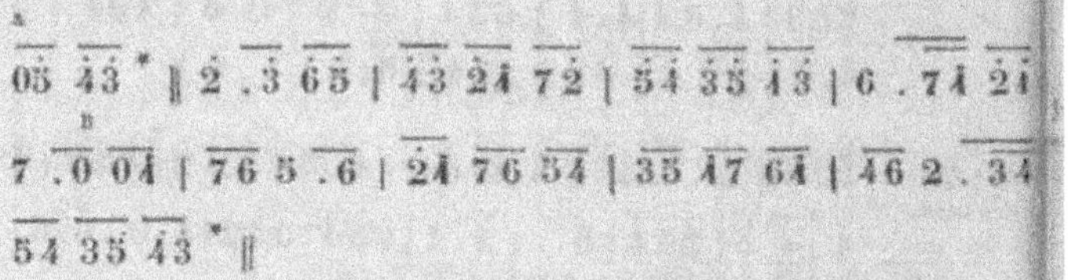

05 43 * ‖ 2 . 3 65 | 43 21 72 | 54 35 13 | 6 . 71 21
7 . 0 01 | 76 5 . 6 | 21 76 54 | 35 17 61 | 46 2 . 34
54 35 43 * ‖

N° 58. TON DE FA.

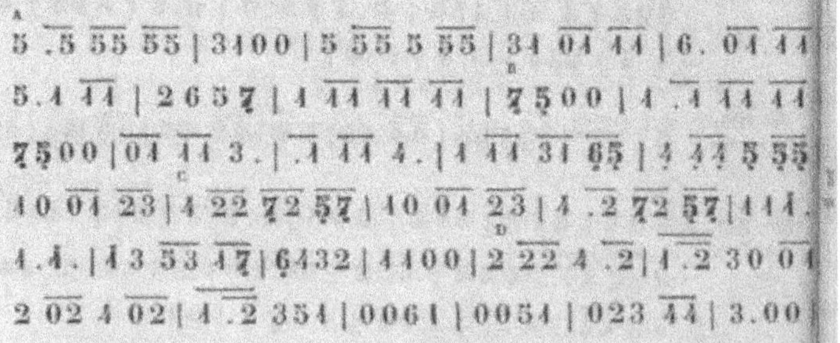

5 . 5 55 55 | 3 1 0 0 | 5 55 5 55 | 31 01 11 | 6 . 01 11
5 . 1 11 | 2 6 5 7 | 1 11 11 11 | 7 5 0 0 | 1 . 1 11 11
7 5 0 0 | 01 11 3 . | . 1 11 4 . | 1 11 31 65 | 1 11 5 55
1 0 01 23 | 4 22 72 57 | 1 0 01 23 | 4 . 2 72 57 | 1 1 1 .
1 . 1 . | 1 3 53 17 | 6 4 3 2 | 1 1 0 0 | 2 22 4 . 2 | 1 . 2 30 01
2 02 4 02 | 1 . 2 3 5 1 | 0 0 6 1 | 0 0 5 1 | 0 2 3 11 | 3 . 0 0

N° 59. TON DE FA.

11 1 71 | 22 21 | 33 3 23 | 44 43 | 5 5 | 5 . | 5 5 | 5 .

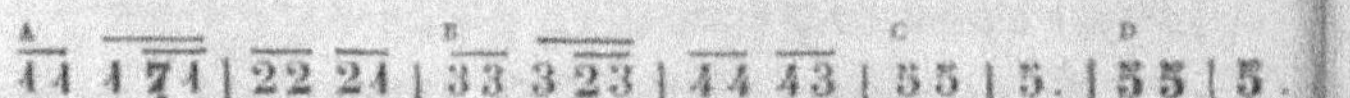

N° 60. TON DE FA.

15 55 | 56 54 3 | 53 21 | 32 1 | 31 72 | 17 1 | 15 57
17 1 ‖

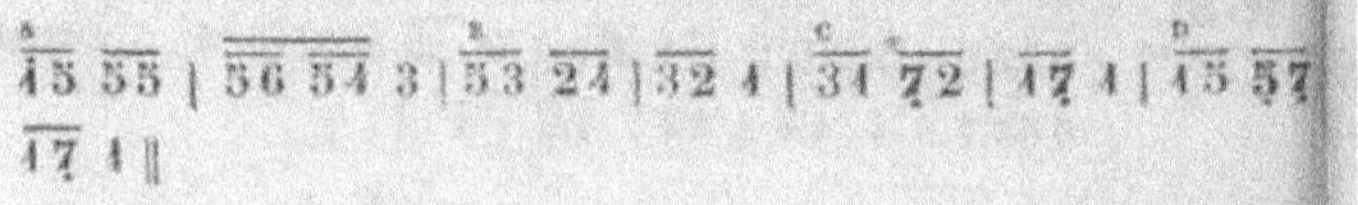

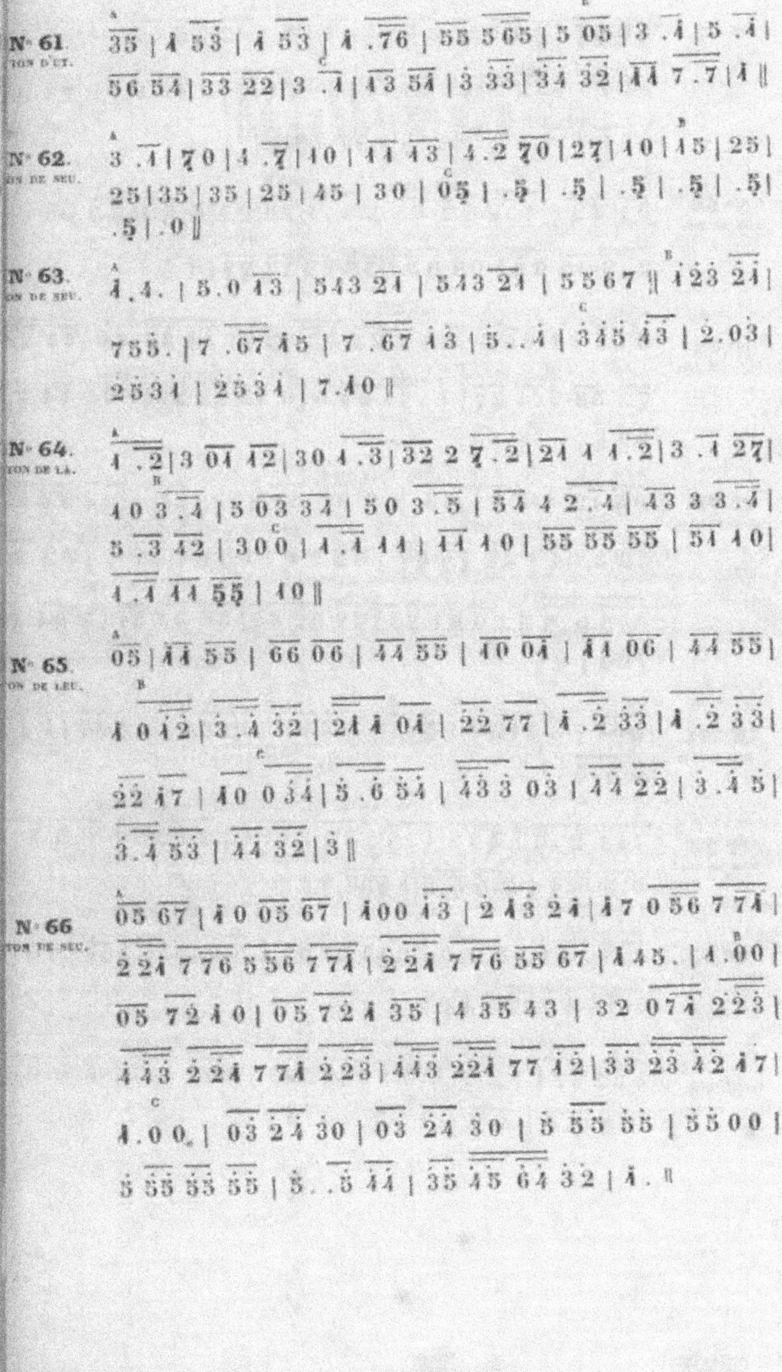

N° 61. TON D'UT.

A 35 | 1 53 | 1 53 | 1 .76 | 55 565 | B 5 05 | 3 .1 | 5 .1 |
56 54 | 33 22 | 3 .1 | C 13 51 | 3 33 | 34 32 | 11 7 .7 | 1 ||

N° 62. TON DE SEU.

A 3 .1 | 7 0 | 1 .7 | 1 0 | 11 13 | 1 .2 70 | 27 | 1 0 | B 15 | 25 |
25 | 35 | 35 | 25 | 45 | 30 | C 05 | .5 | .5 | .5 | .5 | .5 |
.5 | .0 ||

N° 63. TON DE SEU.

A 1 .1 . | 5 .0 13 | 543 21 | 543 21 | 5567 || B 123 21 |
755 . | 7 .67 15 | 7 .67 13 | C 5 . . 1 | 345 43 | 2 .03 |
2531 | 2531 | 7 .10 ||

N° 64. TON DE LA.

A 1 .2 | 3 01 12 | 30 1 .3 | 32 2 7 .2 | 21 1 1 .2 | 3 .1 27 |
B 10 3 .1 | 5 03 34 | 50 3 .5 | 54 4 2 .1 | 13 3 3 .1 |
5 .3 42 | C 300 | 1 .1 11 | 11 10 | 55 55 55 | 51 10 |
1 .1 11 55 | 10 ||

N° 65. TON DE LEU.

A 05 | 11 55 | 66 06 | 44 55 | 10 01 | 11 06 | 44 55 |
B 1 012 | 3 .4 32 | 21 1 01 | 22 77 | 1 .2 33 | 1 .2 33 |
22 17 | C 10 034 | 5 .6 54 | 43 3 03 | 44 22 | 3 .4 5 |
3 .4 53 | 44 32 | 3 ||

N° 66. TON DE SEU.

A 05 67 | 1 0 05 67 | 100 13 | 2 13 21 | 17 0 56 771 |
221 776 556 771 | 221 776 55 67 | 1 15 . | B 1 .00 |
05 72 10 | 05 72 1 35 | 1 35 43 | 32 071 223 |
143 221 771 223 | 143 221 77 12 | 33 23 42 17 |
C 1 .0 0 . | 03 21 30 | 03 21 30 | 5 55 55 | 5500 |
5 55 55 55 | 5 . . 5 11 | 35 45 64 32 | 1 . ||

N° 67. TON DE JEU.

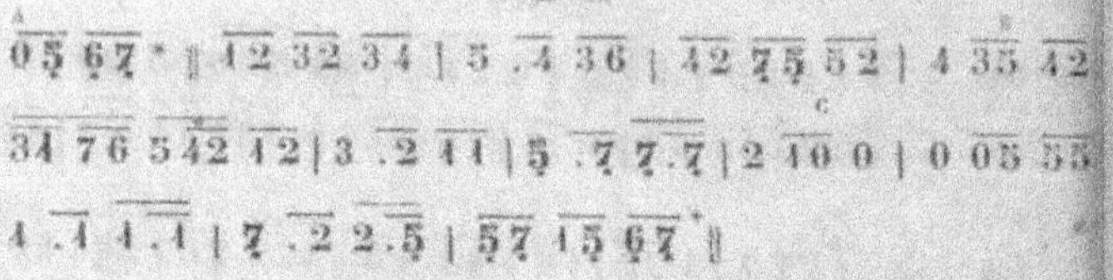

A 05 67 * ‖ 12 32 34 | 5 .4 36 | 42 75 52 | 4 B 35 42
34 76 542 12 | 3 .2 11 | 5 .7 7.7 | 2 C 10 0 | 0 05 55
4 .1 4.1 | 7 .2 2.5 | 57 15 67 * ‖

N° 68. TON DE SOL.

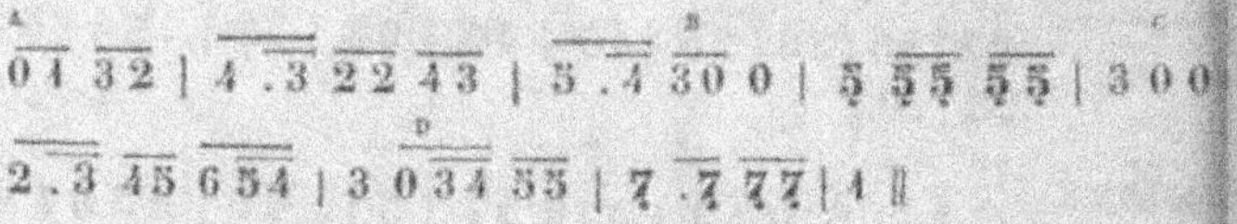

A 01 32 | 4 .3 22 43 | 5 .4 B 30 0 | 5 55 55 | C 3 0 0
2 .3 45 654 | 3 D 0 34 55 | 7 .7 77 | 1 ‖

N° 69. TON DE LA.

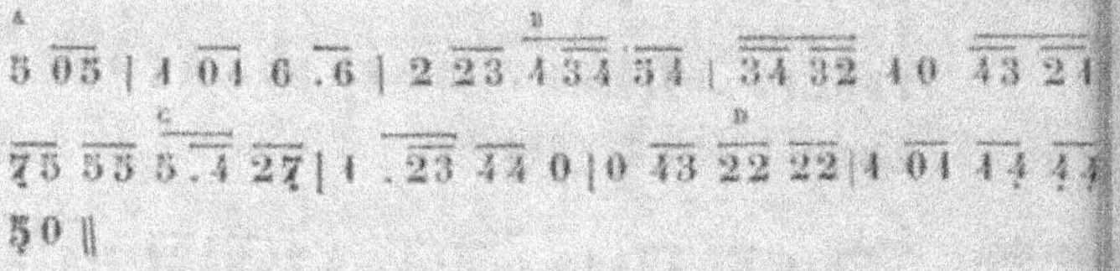

A 5 05 | 1 01 6 .6 | 2 23 B 434 54 | 34 32 10 43 21
75 55 C 5 .4 27 | 1 .23 44 0 | 0 D 43 22 22 | 1 01 11 1
50 ‖

N° 70. TON DE LA.

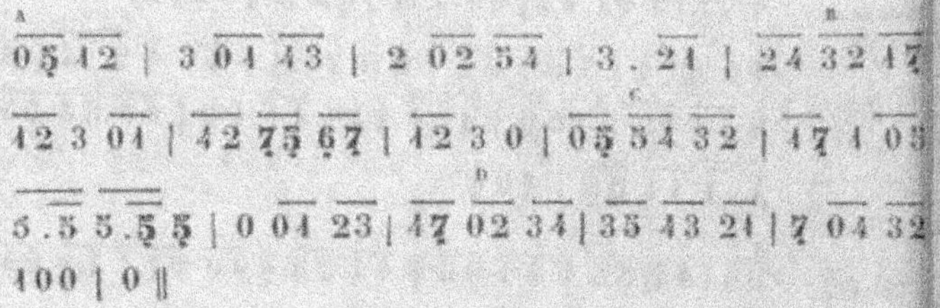

A 05 12 | 3 01 43 | 2 02 54 | 3 . 21 | 24 B 32 17
12 3 01 | 42 75 67 | 12 3 0 | C 05 54 32 | 17 1 03
5 .5 5 .5 5 | 0 01 23 | 47 D 02 34 | 35 43 21 | 7 04 32
100 | 0 ‖

N° 71 TON DE FA.

A 004 | 3 B 212 | 4 5.3 | 5 434 | 3 C 005 | 1 767 | E 1 1.
5 5.5 | 1 ‖

N° 72. TON DE SOL.

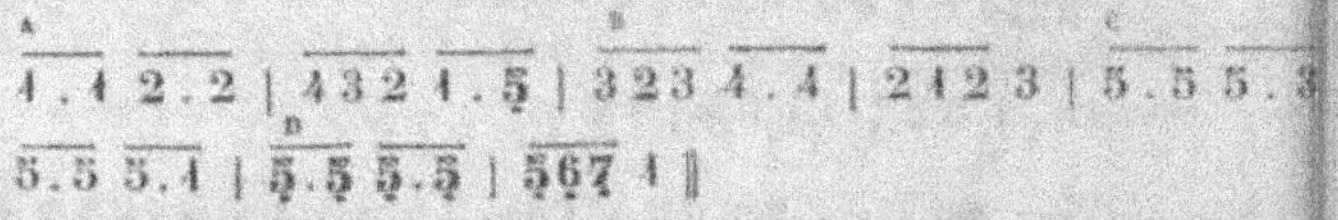

A 1 . 1 2 . 2 | 432 1 . 5 | B 323 4 . 4 | 212 3 | C 5 . 5 5 . 3
5 .5 5 .1 | D 5 .5 5 .5 | 567 1 ‖

N° 73. TON DE FA.

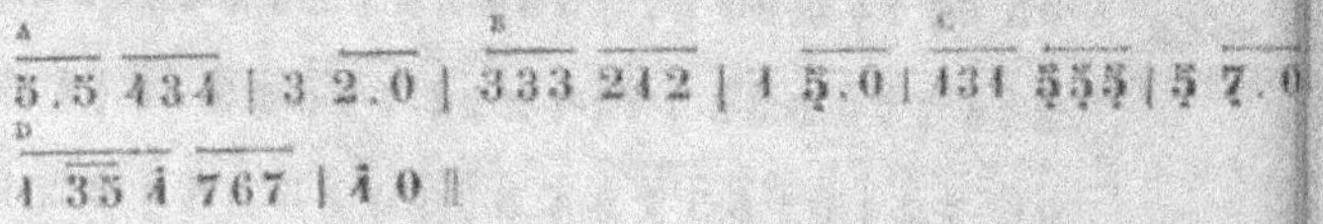

A 5 .5 434 | 3 2 .0 | B 333 212 | 1 5 .0 | C 131 555 | 5 7 .0
D 1 35 1 767 | 1 0 ‖

N° 74. TON DE RE.

A 532 171 | 2 .7 1 .5 | B 5 .4 523 | 125 4 .3 | C 1 .5 5 .5
5 .5 5 .4 | D 3 .7 1 .1 | 7 .2 1 .0 ‖

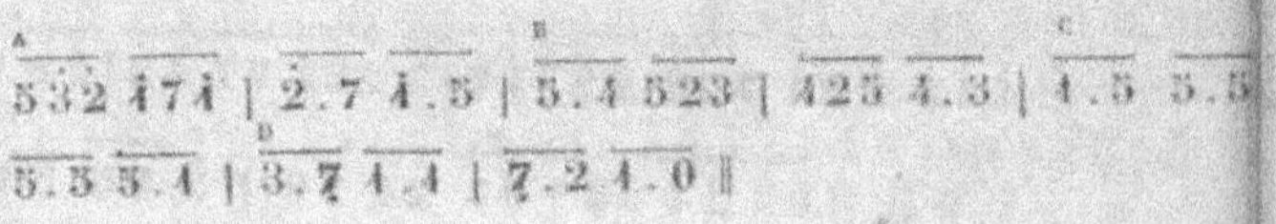

FIN.

DEUXIÈME PARTIE.

PREMIÈRE CLASSE.

ÉTUDE DE LA TRANSPOSITION, OU LECTURE SUR TOUTES LES CLÉS.

PORTÉE MUSICALE.

Les chiffres qui nous ont servi jusqu'ici dans nos études d'intonation, ne sont pas employés dans la notation usuelle de la musique. Pour représenter les sons, on se sert de *cinq barreaux noirs* parallèles, séparés par *quatre interlignes* ou *barreaux blancs*, et dont l'ensemble prend le nom de PORTÉE MUSICALE. Voici cette portée, avec un numéro d'ordre pour chacun de ses neuf barreaux (cinq noirs quatre blancs).

Ainsi, en commençant par le premier barreau noir d'en bas, et en comptant successivement *un noir, un blanc*, etc., on trouve NEUF BARREAUX, dont les *cinq noirs* portent les *numéros impairs* 1, 3, 5, 7, 9; tandis que les *quatre blancs* portent les *numéros pairs* 2, 4, 6, 8. (Vérifiez ci-dessus.)

Pour que ces neuf barreaux puissent représenter des sons, on convient de donner un nom à l'un d'eux; on l'appelle UT, par exemple, et les autres barreaux prennent les noms de *ré, mi, fa, sol, la, si, ut*, etc., en montant; et les noms de *si, la, sol, fa, mi, ré, ut*, etc., en descendant. Un point noir indique la note sur le barreau.

Supposons, par exemple, que l'on nomme successivement UT le barreau 1, le barreau 3, le barreau 5, et le barreau 7, on aura les portées suivantes:

Quelquefois, au lieu de désigner le *barreau de l'ut*, on désigne le *barreau du fa* ou du *sol*, et les autres tirent leur nom du *barreau fa*, ou du *barreau sol*. Dans les deux cas, l'*ut* se rencontre sur *un barreau blanc*.

EXEMPLES :

Enfin, dans quelques cas, quand on veut écrire plus de neuf sons, on ajoute au-dessus et au-dessous de la portée, selon le besoin, des petits barreaux noirs, que l'on nomme *supplémentaires*, et qui permettent d'écrire autant de sons qu'on le désire.

EXEMPLES :

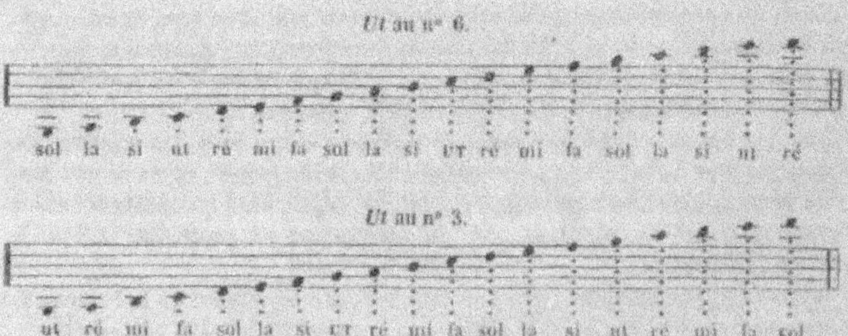

Pour désigner les barreaux *fa*, *ut*, *sol*, l'usage a consacré les trois signes suivants que l'on nomme *clés* :

Clé SOL ; c'est-à-dire : signe indiquant que le barreau qui passe au milieu du rond s'appelle SOL. Cette clé ne se met que sur les numéros 1 et 3.

sol n° 1. sol n° 3.

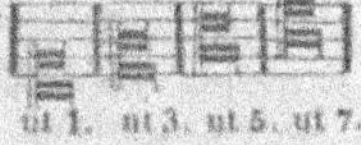

Clé UT ; c'est-à-dire : signe indiquant que le barreau qui passe entre les deux crochets s'appelle UT. Cette clé peut se mettre sur les barreaux n° 1, 3, 5 et 7.

ut 1. ut 3. ut 5. ut 7.

Clé FA ; c'est-à-dire : signe indiquant que le barreau qui passe entre les deux points s'appelle FA. Cette clé ne peut se mettre que sur les barreaux n° 5 et 7.

fa n° 5. fa n° 7.

C'est-à-dire, que l'on désigne toujours l'un des trois barreaux *fa*, *ut*, *sol*. Il y a donc trois clés (1), la clé FA, la clé UT, et la clé SOL (2). Ces clés ne se posent jamais que sur l'un des quatre barreaux noirs inférieurs, de la manière suivante :

La clé *sol* se met sur les n° 1 et 3.

La clé *ut* se met sur les n° 1, 3, 5, et 7.

La clé *fa* se met sur les n° 5 et 7.

Quand une portée est armée de sa clé, on met un point noir sur chacun des barreaux qui doivent représenter les sons que l'on veut chanter. Qu'il s'agisse, par exemple, d'écrire sur la portée les notes suivantes :

$1\ 3\ 5\ 7\ \dot{2}\ \dot{1}\ 7\ 6\ 4\ 2\ \underset{\cdot}{7}\ 5\ 3\ 2\ 1\ 3\ 5\ 7\ \dot{2}\ \dot{1}\ 7\ 6\ 5\ 2\ 4\ 3\ 1$

Supposons que l'on nous donne une portée ayant une clé UT au n° 1, nous y poserons nos points noirs de la manière suivante :

La même chose se ferait pour les trois autres clés UT, pour les deux clés FA et pour les deux clés SOL. Le point de départ étant changé, tout le reste le serait de même ; mais les intervalles entre les sons consécutifs seraient toujours les mêmes. Si les points noirs tombaient hors de la portée, soit au-dessus, soit

---

(1) Voir la théorie des clés, à la fin de l'ouvrage.

(2) Il faut dire : *clé fa*, *clé ut*, *clé sol*, et non pas : *clé* DE *fa*, *clé* DE *ut*, *clé* DE *sol* ; Ces dernières locutions font croire aux commençants que *clé* DE *fa* veut dire *clé* DU TON *de fa* ; *clé* DE *sol*, *clé* DU TON *de sol* ; *clé* DE *ut*, *clé* DU TON *d'ut*.

au-dessous, on aurait recours aux barreaux supplémentaires, en nombre suffisant.

Comment on trouve le barreau UT.

Le barreau UT *se trouve au moyen de la clé.*

- Si l'on a une *clé* SOL, l'UT est à la. . . { 4te *au-dessus*, 5te *au-dessous*. } Ex :
- Si l'on a une *clé* UT, l'UT est sur le *barreau de la clé*. Ex.
- Si l'on a une *clé* FA, l'UT est à la. . . { 5te *au-dessus*, 4te *au-dessous*. } Ex :

REMARQUES IMPORTANTES

Pour apprendre à trouver facilement le nom des barreaux.

Il est important de remarquer :

1° Que l'UT n'occupe réellement sur la portée que *deux positions principales* :

Car l'UT ne peut-être que sur un *barreau noir* ou sur un *barreau blanc*.

Exemple : 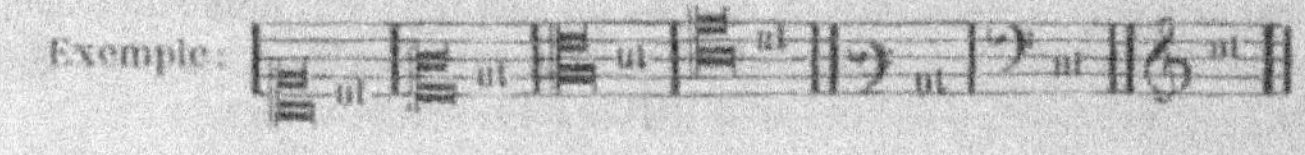

2° Que : { *au-dessus d'un* UT, les notes MI, SOL, SI / *au-dessous d'un* UT, les notes LA, FA, RÉ } occupent des barreaux de la *même couleur que l'*UT.

Donc :
- si l'UT est sur un *barreau noir*, les *barreaux noirs*. . . . { *au-dessus* sont MI, SOL, SI. *au-dessous* sont LA, FA, RÉ.
- si l'UT est sur un *barreau blanc*, les *barreaux blancs*. . . . { *au-dessus* sont MI, SOL, SI. *au-dessous* sont LA, FA, RÉ.

Exemple :

si	si
sol	sol
mi	mi
UT	UT
la	la
fa	fa
ré	ré

3° Que
- *le* SOL *au-dessus de l'*UT se trouve sur un barreau de la *même couleur que l'*UT.
- *le* SOL *au-dessous de l'*UT se trouve sur un barreau d'une *autre couleur que l'*UT.

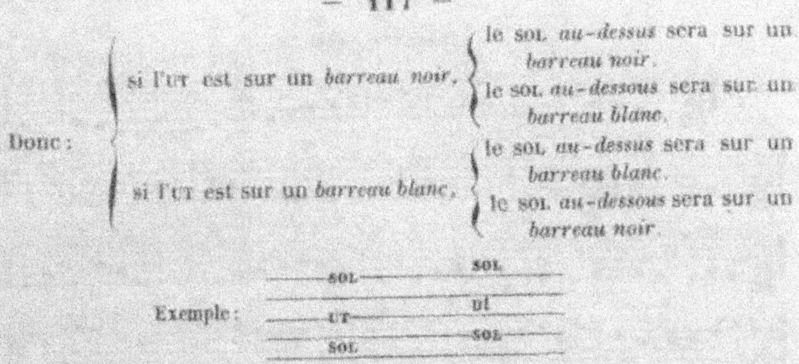

Donc :
- si l'UT est sur un *barreau noir*,
  - le SOL *au-dessus* sera sur un *barreau noir*.
  - le SOL *au-dessous* sera sur un *barreau blanc*.
- si l'UT est sur un *barreau blanc*,
  - le SOL *au-dessus* sera sur un *barreau blanc*.
  - le SOL *au-dessous* sera sur un *barreau noir*.

Exemple :

SOL — SOL
ut — ut
SOL — SOL

4° Que deux notes à intervalle d'octave se trouvent sur des barreaux de couleurs différentes.

Donc :
- si l'UT *grave* est
  - sur un *barreau noir*, l'UT *aigu* sera sur un *barreau blanc*.
  - sur un *barreau blanc*, l'UT *aigu* sera sur un *barreau noir*.
- si l'UT *aigu* est
  - sur un *barreau noir*, l'UT *grave* sera sur un *barreau blanc*.
  - sur un *barreau blanc*, l'UT *grave* sera sur un *barreau noir*.

Exemple :

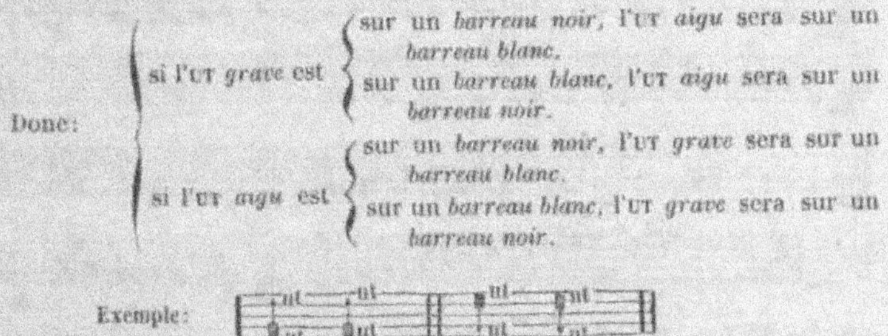

NOTA. La lecture des remarques précédentes doit, chaque jour, précéder l'étude de la transposition, jusqu'à ce que l'on se soit rendu parfaitement maître des faits qu'elles contiennent.

(Quand il convient de commencer l'étude de la transposition).

D'après le principe qui ordonne de ne pas attaquer à la fois deux difficultés, l'on ne doit étudier les exercices de transposition qui suivent, que lorsqu'on sait bien les *sept premières séries* des exercices d'intonation sur la gamme d'UT, *mode majeur*.

Les huit numéros suivants doivent-être *lus et relus*, jusqu'à ce qu'on les chante très facilement et sans éprouver aucune difficulté à trouver le nom des barreaux.

Dans ces huit numéros, nous répétons presque toujours deux fois de suite l'UT et le SOL, afin de mettre en relief ces deux barreaux qui doivent nous servir de *jalons* pour trouver plus facilement le nom des autres barreaux.

(PREMIÈRE SÉRIE).

N° 3.
N° 4.

N° 5.
N° 6.

Nº 7.

Nº 8.

DEUXIÈME SÉRIE.

Les huit numéros suivants doivent être lus et relus jusqu'à ce qu'on les chante très facilement, et sans éprouver aucune difficulté à trouver le nom des barreaux.

N° 1.

N° 2.

Nº 3.

N° 4.

N° 5.

N° 6

N° 7.

N° 8

DEUXIÈME CLASSE.

ÉTUDE SIMULTANÉE DE LA TRANSPOSITION ET DES MODULATIONS.

Quand et comment doit se faire l'étude simultanée de la transposition et des modulations.

Pour éviter d'attaquer à la fois deux difficultés, l'on ne doit étudier les exercices simultanés de transposition et de modulations que lorsque l'on sait bien :

1° Les exercices de transposition qui précèdent;

2° Les trois premières séries des Etudes de modulations en chiffres.

Il n'y a que deux *règles* à observer *pour* arriver à *chanter facilement les dièses* et *les bémols* :

Règle pour le *dièse*.

Il faut toujours *placer*, par la pensée, *avant et après le dièse*, *la note supérieure* qui sert à le mesurer. Ceci est *indispensable*.

Règle pour le *bémol*.

Il faut toujours *placer*, par la pensée, *avant et après le bémol*, *la note inférieure* qui sert à le mesurer. Ceci est *indipensable*.

En suivant les deux règles qui précèdent, presque toutes les difficultés de l'intonation se réduisent aux trois suivantes :

1° Passer d'une note de la gamme d'UT à une note de la gamme d'UT ;

2° Pour les *dièses*, *chanter* ou *penser*, *sol fè sol*, *ré tè ré*, *la je la*, *mi rè mi*, *si le si;*

3° Pour les *bémols*, *chanter* ou *penser*, *la seu la*, *ré meu ré*, *sol leu sol*, *ut reu ut*, *fa jeu fa*.

Ces trois difficultés seront facilement surmontées par nous, puisque nous ne commençons l'étude simultanée de la transposition et des modulations que lorsque nous savons parfaitement :

1° L'intonation de la gamme d'UT ;

2° L'intonation des dièses en les mesurant contre la note supérieure ;

3° L'intonation des bémols en les mesurant contre la note inférieure.

Imposez-vous donc la *loi absolue*, *à quelque point que soit rendue votre instruction musicale*,

De ne jamais émettre { *un dièse, sans penser, avant et après, à la note supérieure qui sert à le mesurer.*
un bémol, sans penser, avant et après, à la note inférieure qui sert à le mesurer. }

Que cette obligation, que nous vous imposons, ne vous effraie pas, cependant : le temps que vous demande cette opération deviendra plus court de jour en jour, et vous arriverez, en très peu de temps, à la faire presqu'instinctivement et sans vous en apercevoir.

Distribution des études de modulations.

Les études suivantes se composent de *plusieurs séries;* chacune des séries contient *plusieurs numéros;* chacun des numéros contient *plusieurs exercices séparés* les uns des autres *par deux barres verticales.*

Dans la première série, les dièses et les bémols sont toujours précédés et suivis de la note qui sert à les mesurer. L'étude de cette série n'offre donc pas de véritables difficultés.

Dans les autres séries, à partir de la deuxième inclusivement, il n'en est pas de même; le dièse et le bémol ne sont accompagnés que d'un seul côté de la note qui sert à les mesurer; et quelquefois même ils en sont tout-à-fait privés. C'est là qu'il faut appliquer la loi absolue que nous avons formulée plus haut.

Comment on doit étudier chacun des exercices, à partir de la deuxième série inclusivement.

1° *Etudiez d'abord votre exercice en chantant, avant et après les dièses où les bémols, la note qui sert à les mesurer,* absolument comme si elle était écrite.

2° Etudiez-le ensuite en pensant, avant et après les dièses ou les bémols, à la note qui sert à les mesurer, absolument comme si elle était écrite.

Continuez d'étudier ainsi chacun des exercices, jusqu'à ce que vous arriviez à pouvoir chanter immédiatement les dièses et les bémols, en pensant à la note qui sert à mesurer chacun d'eux, sans être obligé de la chanter auparavant.

Nous avons insisté beaucoup, et avec intention, sur la nécessité de mesurer, toujours par la pensée, le dièse contre la note supérieure et le bémol contre la note inférieure. On ne saurait trop insister sur cette obligation; car c'est là la condition indispensable pour arriver à posséder parfaitement et en peu de temps l'intonation des dièses et des bémols.

Il nous reste maintenant à signaler deux écueils presqu'inévitables pour les personnes inexpérimentées.

Premier écueil.

Il arrive quelquefois que, pressé d'émettre le son dièse ou bémol que l'on rencontre, on ne prend pas juste la note qui sert de mesure ; alors on chante faux, et l'on ne peut plus continuer. Dans ce cas, il faut reprendre avec plus de soin le passage que l'on étudie, et certainement la même faute ne se reproduira pas deux fois de suite. Pour qu'elle ne se renouvelle pas :

Prenez toujours avec le plus grand soin la note qui doit vous servir de mesure.

Deuxième écueil.

Il existe deux cas où il faut se tenir sur ses gardes pour ne pas se laisser entraîner à prendre immédiatement le dièse et le bémol sans les mesurer ; C'est :

1° Lorsque l'on prend le *dièse en montant*, comme **2**, **4**, par exemple ;

2° Lorsque l'on prend le *bémol en descendant*, **1**, **6̣**, par exemple.

Dans ces deux cas :

Le dièse se rencontrant, dans l'ordre ascendant des sons, avant la note qui sert à le mesurer ;

Le bémol se rencontrant, dans l'ordre descendant des sons, avant la note qui sert à le mesurer ;

Nous sommes entraînés, presqu'invinciblement, à les prendre directement, et il faut faire un effort pour aller prendre au-dessus du dièse et au-dessous du bémol la note qui sert à les mesurer.

C'est là une véritable difficulté ; mais, avec un peu d'attention, l'on parvient vite à la surmonter, surtout lorsque cet écueil a été signalé.

Tenez-vous donc sur vos gardes lorsque vous rencontrerez { *un dièse en montant.* / *un bémol en descendant.* }

De la recherche du *barreau tonique*, celui que l'on doit nommer UT, et des *différentes significations* du signe appelé *bécarre*.

Nous supposons ici que l'on a soigneusement étudié dans la partie théorique de cet ouvrage :

1° La génération des tons par dièses et par bémols, et le moyen que l'on emploie pour indiquer, au commencement d'un morceau de musique, quelle est la *tonique* ;

2° Les différentes significations du signe appelé *bécarre*.

Nous nous bornerons donc maintenant à indiquer comment on doit chercher le *barreau tonique*, celui que l'on doit appeler UT, et à rappeler sommairement les différentes significations du *bécarre*, sans joindre à cela aucune autre explication afin d'éviter de nous répéter.

Comment on doit chercher le *barreau tonique*, celui que l'on doit appeler UT.

Il faut :

1° Si la clef est armée { par *dièses*, se rappeler la formule de *l'armure de la déesse : saurez l'ami si fais taie.* / par *bémols*, se rappeler la formule de *l'armure bien molle : fai se meut l'heure je te.* }

2° Voir combien il y a { de dièses / de bémols } à la clef, et chercher, au moyen de la formule qui s'y rapporte, qu'elle est la *note tonique*.

3° Chercher, au moyen de la clef, quel est le barreau sur lequel se trouve la note *tonique* et l'appeler UT.

4° Avoir toujours soin de remarquer, avant de chanter, quels sont, sur la portée, les barreaux UT et SOL, afin de s'en servir comme de *jalons* pour trouver le nom des autres.

Quelles sont les différentes significations du *bécarre* dans la *traduction en langue d'*UT.

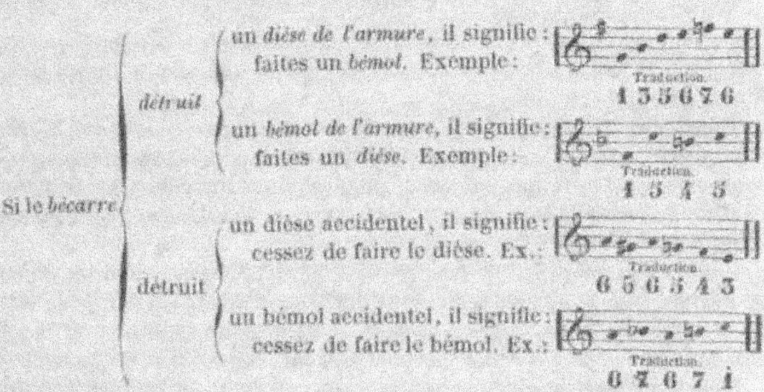
Si le *bécarre*
détruit
un *dièse de l'armure*, il signifie : faites un *bémol*. Exemple :
Traduction.
1 3 5 6 7 6
un *bémol de l'armure*, il signifie : faites un *dièse*. Exemple :
Traduction.
1 5 4 5
détruit
un dièse accidentel, il signifie : cessez de faire le dièse. Ex. :
Traduction.
6 5 6 5 4 3
un bémol accidentel, il signifie : cessez de faire le bémol. Ex. :
Traduction.
6 7 6 7 1

Le ♮, le ♯ et le ♭ accidentels étendent leur influence, dans les limites de la mesure où ils se trouvent, sur toutes les notes qui, venant après eux, se trouvent sur le barreau où ils sont placés, et sur toutes les notes du même nom, à une ou plusieurs octaves au-dessus ou au-dessous.

Exemple :

Traduction.
1 6 5 5 5 6 7 1 3 6 5 6

Donc : lorsque plusieurs notes du même nom suivent le ♮, le ♯ où le ♭ accidentel, dans la mesure où ils se trouvent, le compositeur, s'il ne veut pas qu'elles subissent l'influence de l'accident, l'indique, selon le cas, de l'une des manières suivantes :

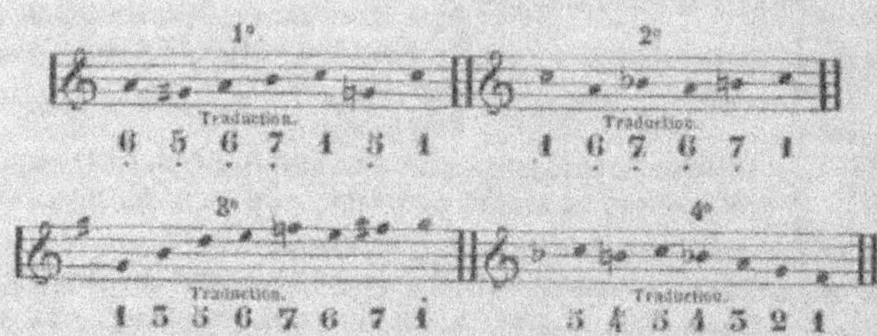

1°, 2° } Il met un ♮ pour détruire l'influence { du ♯ accidentel. / du ♭ accidentel. } (Vérifiez).

3° Il remet le ♯ de la clef, 4° Il remet le ♭ de la clef } pour détruire l'influence du ♮ accidentel. (Vérifiez).

Puisque les signes accidentels de la musique n'ont d'influence que dans l'étendue de la mesure où ils se trouvent, on ne doit plus y penser lorsque l'on a franchi cette limite.

Cependant, très souvent, les compositeurs, pour rendre, disent-ils, l'écriture plus claire, placent dans les mesures qui suivent les signes accidentels des signes pour détruire leur influence quoiqu'elle n'existe plus. C'est une grande faute que d'écrire ainsi, puisque l'on complique inutilement l'écriture musicale, déjà si difficile à lire quand elle est correcte.

Il faut donc, lorsque l'on rencontre un signe accidentel dont on ne comprend pas bien la signification, jeter un coup-d'œil en arrière pour voir si ce n'est pas un signe inutile, placé là pour détruire l'influence d'un signe accidentel que l'on a rencontré précédemment, et auquel on ne pense plus.

Dans les exercices qui vont suivre, nous conserverons ces signes inutiles, parce qu'on les rencontre partout et que l'œil doit s'y habituer. Toutefois, pour que la personne qui étudie sache toujours ce qu'elle doit faire, nous marquerons du signe (+) tout accident inutile. Donc, tout signe accidentel surmonté du signe + devra être regardé comme non avenu.

PREMIÈRE SÉRIE.

Dièse précédé et suivi de la note supérieure qui sert à le mesurer.

Nº 5.
Nº 6.
Nº 7.

PREMIÈRE SÉRIE (*bis*).

Bémol précédé et suivi de la note inférieure qui sert à le mesurer.

N° 5.
N° 6.
N° 7.

DEUXIÈME SÉRIE

Dièse { pris en *descendant*.
{ *précédé* de la *note supérieure*.

Placez toujours, par la pensée, avant et après le dièse, la note supérieure qui sert à le mesurer.

DEUXIÈME SÉRIE (*bis*).

BÉMOL { pris en *montant*,
précédé de la note *inférieure*.

Placez toujours, par la pensée, avant et après le bémol, la note inférieure qui sert à le monter.

TROISIÈME SÉRIE.

DIÈSE { pris en *descendant*.
{ *précédé* de la *note supérieure*.

Placez toujours, par la pensée, avant et après le dièse, la note supérieure qui sert à le mesurer.

TROISIÈME SÉRIE *(bis)*.

BÉMOL { pris en *montant*.
{ *précédé* de la *note inférieure*.

Placez toujours, par la pensée, avant et après le bémol, la note inférieure qui sert à le mesurer.

QUATRIÈME SÉRIE.

DIÈSE { pris en *descendant.*
{ *suivi* de la *note supérieure.*

Placez toujours, par la pensée, avant et après le dièse, la note supérieure qui sert à le mesurer.

QUATRIÈME SÉRIE *(bis)*.

BÉMOL { pris en *montant*.
{ *suivi* de la *note inférieure*.

Placez toujours, par la pensée, avant et après le bémol, la note inférieure qui sert à le mesurer.

CINQUIÈME SÉRIE.

DIÈSE { pris en *montant.*
suivi de la *note supérieure.*

Placez toujours, par la pensée, avant et après le dièse, la note supérieure qui sert à le mesurer.

CINQUIÈME SÉRIE *(bis)*.

BÉMOL { pris en *descendant*.
suivi de la *note inférieure*.

Placez toujours, par la pensée, avant et après le bémol, la note inférieure qui sert à le mesurer.

SIXIÈME SÉRIE.

DIÈSE { pris en *montant*.
{ *privé* quelquefois de la *note supérieure*.

Placez toujours, par la pensée, avant et après le dièse, la note supérieure qui sert à le mesurer.

SIXIÈME SÉRIE *(bis)*.

BÉMOL { pris en *descendant*.
{ privé quelquefois de la *note inférieure*.

Placez toujours, par la pensée, avant et après le bemol, la note inférieure qui sert à le mesurer.

SIXIÈME SÉRIE (*ter*).

DIÈSE ET BÉMOL PAR DEGRÉS CONJOINTS.

Placez toujours, par la pensée, avant et après { le dièse, la note supérieure qui sert à le mesurer. / le bémol; la note inférieure qui sert à le mesurer.

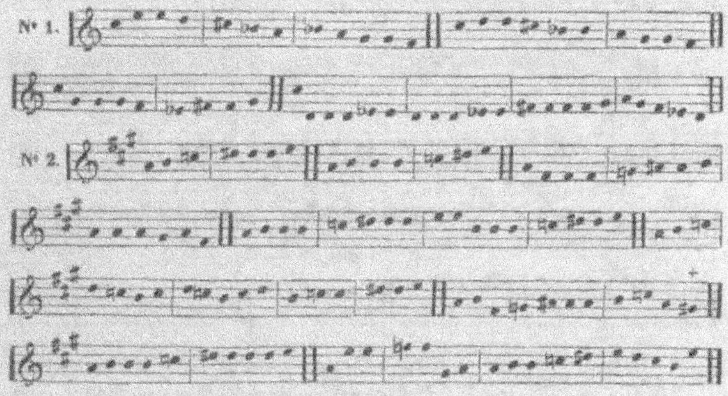

SEPTIÈME SÉRIE.

DIÈSE { pris en *montant*. Intervalle chromatique. / *suivi* de la *note supérieure*.

Placez toujours, par la pensée, avant et après le dièse, la note supérieure qui sert à le mesurer.

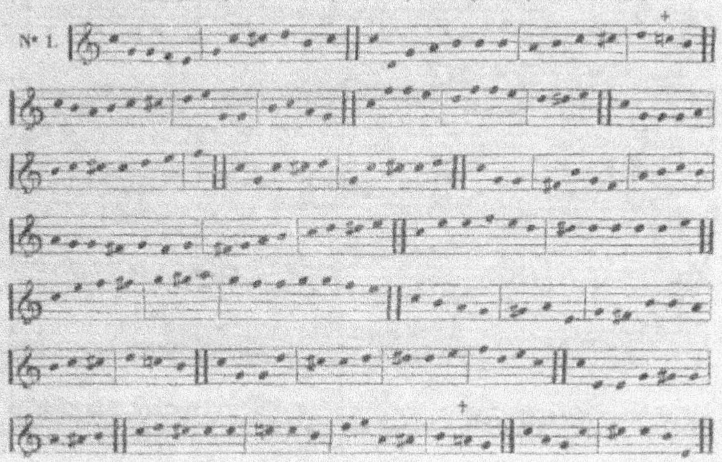

Nº 2.
Nº 3.
Nº 4.

SEPTIÈME SÉRIE (*bis*).

Bémol { pris en *descendant*. Intervalle chromatique.
{ *suivi* de la *note inférieure*.

Placez toujours, par la pensée, avant et après le bémol, la note inférieure qui sert à le mesurer.

Nº 3.
Nº 4.
Nº 5.

HUITIÈME SÉRIE.

DIÈSE { pris en *descendant* à intervalle de tierce.
{ *privé* quelquefois de la *note supérieure*.

Placez toujours, par la pensée, avant et après le dièse, la note supérieure qui sert à le mesurer.

HUITIÈME SÉRIE (*bis*).

Bémol { pris en *montant* à intervalle de tierce.
{ *privé* quelquefois de la *note inférieure*.

Placez toujours, par la pensée, avant et après le bémol, la note inférieure qui sert à le mesurer.

NEUVIÈME SÉRIE.

Dièse { pris en *montant* à intervalle de tierce.
{ *privé* quelquefois de la *note supérieure*.

Placez toujours, sur la pensée, avant et après le dièse, la note supérieure qui sert à le mesurer.

N° 3.
N° 4.

NEUVIÈME SÉRIE *(bis)*.

BÉMOL { pris en *descendant*, à intervalle de tierce.
privé quelquefois de la *note inférieure*.

Placez toujours, par la pensée, avant et après le bémol, la note inférieure qui sert à le mesurer.

DIXIÈME SÉRIE.

Dièse { pris en *descendant* et en *montant* à intervalle de quarte.
{ *privé* quelquefois de la *note supérieure*.

Placez toujours, par la pensée, avant et après le dièse, la note supérieure qui sert à la mesurer.

DIXIÈME SÉRIE (*bis*).

BÉMOL { pris en *montant* et en *descendant* à intervalle de quarte.
privé quelquefois de la *note inférieure*.

Placez toujours, par la pensée, avant et après le bémol, la note supérieure qui sert à le mesurer.

ONZIÈME SÉRIE.

DIÈSE { pris en *descendant* et en *montant*, à intervalle de quinte.
{ *privé* quelquefois de la *note supérieure*.

Placez toujours, par la pensée, avant et après le dièse, la note supérieure qui sert à le mesurer.

ONZIÈME SÉRIE (*bis*).

BÉMOL { pris en *montant* et en *descendant*, à intervalle de quinte.
privé quelquefois de la *note inférieure*.

Placez toujours, par la pensée, avant et après le bémol, la note inférieure qui sert à le mesurer.

DOUZIÈME SÉRIE.

DIÈSE { pris en *descendant* et en *montant*, à intervalle de sixte.
{ *privé* quelquefois de la *note supérieure*.

Placez toujours, par la pensée, avant et après le dièse, la note supérieure qui sert à le mesurer.

DOUZIÈME SÉRIE *(bis)*.

BEMOL { pris en *montant* et en *descendant*, à intervalle de sixte.
{ *privé* quelquefois de la *note inférieure*.

Placez toujours, par la pensée, avant et après le bemol, la note supérieure qui sert à le mesurer.

TREIZIÈME SÉRIE.

DIÈSE { pris en *montant* et en *descendant*, à intervalle de septième, etc.
{ *privé* quelquefois de la *note supérieure*.

Placez toujours, par la pensée, avant et après le dièse, la note supérieure qui sert à le mesurer.

TREIZIÈME SÉRIE (*bis*).

BÉMOL { pris en *montant* et en *descendant*, à intervalle de septième, etc.
privé quelquefois de la *note inférieure*.

Placez toujours, par la pensée, avant et après le bémol, la note inférieure qui sert à le mesurer.

Nº 6.
Nº 7.
Nº 8.
Nº 9.

QUATORZIÈME SÉRIE.

Dièse { *deux dièses* de suite par *degrés conjoints*. pris en *montant* et en *descendant*.

Pour chanter MI, FÉ, JÉ, LA; et SI, TÉ, RÉ, MI, pensez SOL, LA, SI, UT.

Pour chanter LA, JÉ, FÉ, MI; et MI, RÉ, TÉ, SI, pensez UT, SI, LA, SOL.

Nº 5.
Nº 6.

QUATORZIÈME SÉRIE (*bis*).

Bémol { *deux bémols* de suite par *degrés conjoints*.
pris en *descendant* et en *montant*.

Pour chanter UT, SEU, LEU, SOL, et FA, MEU, REU, UT, penser LA, SOL, FA, MI

Pour chanter SOL, LEU, SEU, UT, et UT, REU, MEU, FA, penser MI, FA, SOL, LA

TROISIÈME CLASSE.

ÉTUDE DE LA MESURE SUR LA PORTÉE.

Il ne faut étudier les exercices de mesure qui vont suivre que quand on est maître de la mesure en chiffres.

Le seul moyen de se familiariser avec ces exercices, c'est de les traduire en chiffres avant de les chanter; nous engageons donc de toutes nos forces à faire cette traduction; sans elle il y a une foule de mesures sur la portée dont il est impossible de se rendre compte.

Quand cette traduction a été faite avec soin, il faut chanter par colonnes verticales, en ne lisant d'abord que la première mesure de chaque ligne, de haut en bas, puis la seconde, et ainsi de suite jusqu'à la dernière mesure de chaque ligne.

Quand on saura lire le tableau par colonnes verticales, on le lira par lignes horizontales, en suivant la grande accolade qui surmonte le tableau.

Ce n'est qu'après s'être rendu bien maître des deux premiers tableaux, qu'il faudra passer aux suivants.

Toutes les fois que l'on éprouvera de la difficulté dans un exercice de mesure, il faudra le retraduire en chiffres, pour le bien comprendre, et lui appliquer la langue des durées de M. Paris.

— Lorsqu'ils écrivent pour les instruments, les compositeurs groupent plus ou moins régulièrement les diverses notes qui composent chaque mesure; mais quand, au contraire, ils écrivent pour la voix, ils isolent tous les signes, de manière que chaque note corresponde à une des syllabes de la poésie que l'on chante. Ils ne groupent les notes que lorsque plusieurs se chantent sur la même syllabe. — Ce livre étant spécialement consacré à l'étude de la musique vocale, nous avons employé les *signes isolés*. Nous retrouverons les *signes liés* dans la méthode instrumentale que nous publierons bientôt.

Pour ne pas multiplier les exercices à l'infini, nous avons pris partout, pour unité de temps, la noire pour la division binaire et la noire pointée pour la division ternaire. Nous n'emploierons jamais, comme unité de temps, la ronde, la blanche, la croche; la ronde pointée, la blanche pointée, la croche pointée. Les personnes qui voudraient avoir les exercices de mesure avec ces unités diverses, peuvent se les procurer facilement en traduisant tous nos exercices.

N. B. Avant de chanter ces exercices, étudiez avec soin, à la partie théorique de cet ouvrage, tout ce qui est relatif à la mesure sur la portée.

TABLEAU GÉNÉRAL DES COUPES.

DIVISION BINAIRE. LA NOIRE (♩) POUR UNITÉ.

1re colonne.	2me colonne.	3me colonne.	4me colonne.
2 mesures à 4 temps.	1 mes. à 4 temps.	1 mes. à 2 temps.	1/2 mes. à 2 temps.
			 demi-mesure.

TABLEAU GÉNÉRAL DES COUPES.

DIVISION BINAIRE (N° 1 *bis*).

1re colonne.	2me colonne.	3me colonne.	4me colonne.
 2 mesures à 4 temps.	1 mes. à 4 temps	1 mes. à 2 temps.	1/2 mes. à 2 temps.
			demi-mesure.

EXERCICES SUR LES COUPES DE LA PREMIÈRE ET DE LA DEUXIÈME COLONNE DU TABLEAU GÉNÉRAL N° 1.

PREMIER GROUPE.

4 temps ou C.

DEUXIÈME GROUPE.

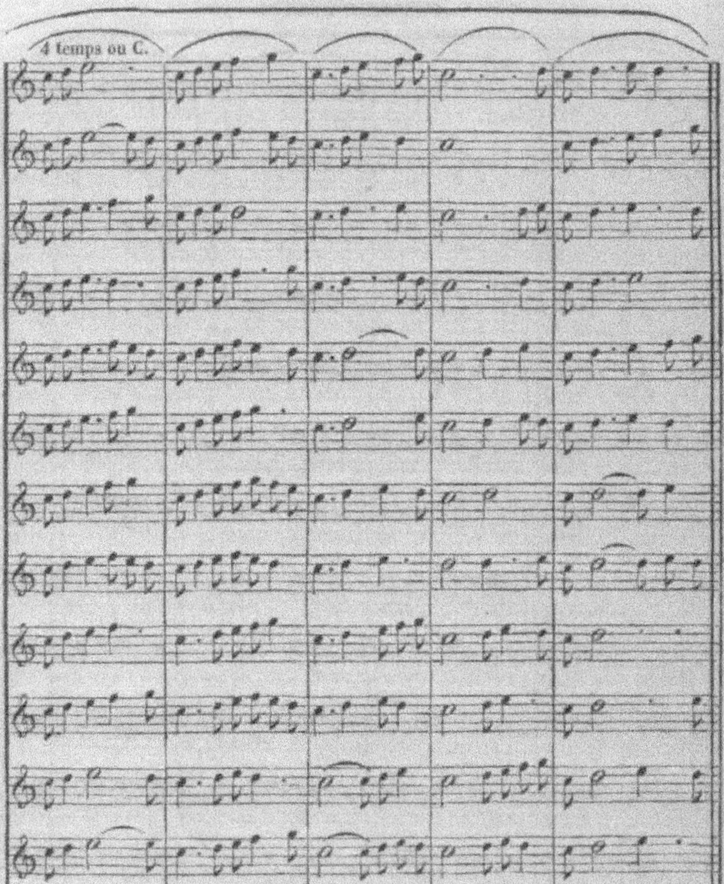

4 temps ou C.

TROISIÈME GROUPE.

Mesure à 4 temps ou C.

QUATRIÈME GROUPE.

Mesure à 4 temps ou C.

CINQUIÈME GROUPE.

SIXIÈME GROUPE

SEPTIÈME GROUPE.

3 temps ou $\frac{3}{4}$.

EXERCICES SUR LES COUPES DE LA DEUXIÈME ET DE LA TROISIÈME COLONNE DES TABLEAUX GÉNÉRAUX. (DIVISION BINAIRE.)

PREMIER GROUPE.

Mesure à deux temps ou deux quatre, à étudier d'abord à quatre temps, ensuite à deux.

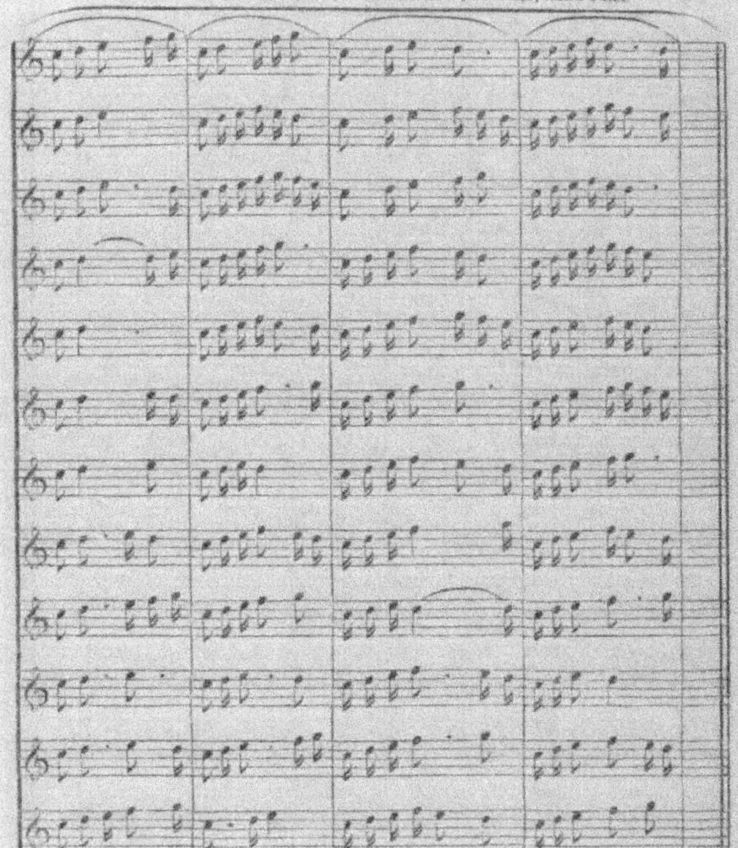

DEUXIÈME GROUPE.

Mesure à deux temps ou deux-quatre. A étudier d'abord à quatre temps et ensuite à deux.

TROISIÈME GROUPE

Mesure à deux temps ou deux-quatre. Étudiez d'abord à quatre temps et ensuite à deux.

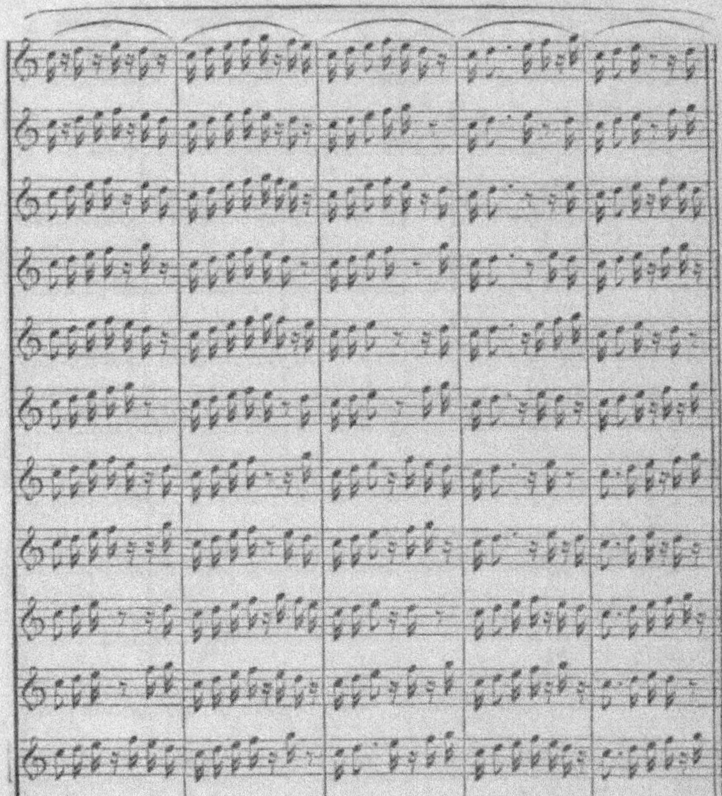

QUATRIÈME GROUPE

Mesure à deux temps ou deux-quatre. Étudiez d'abord à quatre temps et ensuite à deux.

CINQUIÈME GROUPE.

Mesure à deux temps ou deux quatre. A étudier d'abord à quatre temps et ensuite à deux.

SIXIÈME GROUPE.

Mesure à deux temps ou deux-quatre. A étudier d'abord à quatre temps et ensuite à deux.

EXERCICES SUR LES COUPES DES TROIS DERNIÈRES COLONNES DU TABLEAU GÉNÉRAL (DIVISION BINAIRE).

Mesure à deux temps ou deux-quatre. Étudiez d'abord à quatre temps et ensuite à deux.

DIVISION TERNAIRE DE L'UNITÉ.

TABLEAU GÉNÉRAL DES PRINCIPALES COUPES.

Mesure à deux temps ou six-huit. Étudiez d'abord en faisant de chaque mesure deux mesures à trois temps. Étudiez ensuite à deux temps.

EXERCICES SUR LES COUPES DE LA PREMIÈRE COLONNE DU TABLEAU GÉNÉRAL (DIVISION TERNAIRE).

PREMIER GROUPE

Mesure à deux temps ou six-huit. Étudiez d'abord en faisant de chaque mesure deux mesures à trois temps. Étudiez ensuite à deux temps.

DEUXIÈME GROUPE.

Mesure à deux temps (six-huit.) Etudiez-d'abord en fesant de chaque mesure deux mesures à trois temps; étudiez ensuite à deux temps.

EXERCICES SUR LA DEUXIÈME COLONNE DU TABLEAU GÉNÉRAL (DIVISION TERNAIRE).

Mesure à deux temps ou six-huit. Étudiez d'abord en fesant de chaque mesure deux mesures à trois temps ; étudiez ensuite à deux temps.

EXERCICES SUR LA TROISIÈME COLONNE DU TABLEAU GÉNÉRAL (DIVISION TERNAIRE).

Mesure à deux temps ou six-huit. Étudier d'abord en faisant de chaque mesure deux mesures à trois temps;
Étudier ensuite à deux temps.

Exercices mixtes { Division binaire. 1re et 2me colonne du tableau général.
Division ternaire. 1re colonne du tableau général.

Mesure à trois temps, ou trois-quatre.

TROISIÈME PARTIE.

THÉORIE.

INTRODUCTION.

Quand on écoute avec attention une voix chantant un air, on s'aperçoit que le son produit n'est pas toujours le même ; qu'il n'offre pas toujours le même degré de gravité ou d'acuité ; en un mot, la voix parait monter et s'abaisser alternativement. Cette sensation d'élévation et d'abaissement de la voix est si bien éprouvée par chacun, que le langage a consacré le fait en disant que la voix *monte* ou qu'elle *descend*.

Puisque les sons produits par la voix ou par un instrument peuvent être plus aigus ou plus graves qu'un autre son pris pour point de départ, il y a donc une distance quelconque d'un son à un autre son plus grave ou plus aigu. Cette distance est ce qu'en musique on nomme *intervalle*. Le mot *intervalle* signifie donc *la distance que doit parcourir la voix pour aller d'un son donné à un autre son plus aigu ou plus grave*. L'intervalle n'est pas un son ; c'est seulement la distance entre deux sons. Pour produire un intervalle, il faut forcément chanter deux sons différents qui forment les limites, grave et aiguë, de l'intervalle.

Or, un air n'est qu'une succession de sons plus ou moins aigus, plus ou moins graves ; c'est-à-dire, séparés les uns des autres par des intervalles plus ou moins grands, soit en montant, soit en descendant. La première étude théorique qui se présente en musique est donc celle des INTERVALLES.

Une seconde observation que l'on peut faire pendant qu'une voix chante est celle-ci : Non seulement l'oreille sent bien que le son monte et descend alternativement ; mais elle s'aperçoit encore que tantôt la voix du chanteur *passe rapidement* d'un son à un autre, sans s'y arrêter, en l'effleurant à peine ; tandis que d'autres fois, au contraire, cette voix semble *prolonger* un ou plusieurs sons, s'y arrêter pour ainsi dire, de manière à donner à ces sons une *durée plus grande* que celle qu'elle a donnée aux premiers. Si l'on écoute de même chanter un grand nombre d'airs, en portant son attention sur *le temps plus ou moins long que la voix met à chanter chaque note*, on acquiert bientôt cette nouvelle connaissance que les sons, dans un air, n'ont pas tous la même durée ; mais qu'au contraire, les uns sont brefs, les autres sont longs, etc.

Un air se compose donc au moins de deux éléments : d'une série de sons graves ou aigus, séparés par des intervalles plus ou moins grands, et d'une série de durées variées, affectées aux sons qui constituent ces intervalles.

La théorie de la musique comprend donc deux choses bien distinctes : 1° L'ÉTUDE DES INTERVALLES ; 2° L'ÉTUDE DES DURÉES : c'est ainsi que nous divisons notre travail. 3° Nous terminerons par l'étude des SIGNES DE L'ÉCRITURE MUSICALE.

Nota. Dans toutes nos démonstrations théoriques, nous emploierons les chiffres comme signes représentatifs des sons. C'est le seul moyen de rendre claires et faciles toutes les démonstrations ; c'est parce que l'on emploie la portée musicale dans les explications théoriques de tous les solféges et de tous les traités d'harmonie, qu'ils sont incompréhensibles. Cette assertion est le résultat d'une conviction profonde que j'espère faire partager à toute personne qui, ayant lu attentivement ce livre, lira ensuite un livre quelconque de théorie musicale écrit avec les caractères de la portée. (Voir page 34 l'explication des chiffres.)

LIVRE PREMIER.

INTONATION.

CHAPITRE PREMIER.

DES INTERVALLES.

Définition. — L'intervalle, avons-nous dit, est la distance que parcourt la voix pour aller d'un son à un autre son plus aigu ou plus grave : c'est la distance entre deux son.

Il résulte de là, qu'il y a autant d'intervalles en musique qu'il y a de sons différents chantables ou exécutables par un instrument, à partir d'un son donné comme point de départ.

L'air type, la gamme qui sert de base à notre système musical, se compose, comme chacun sait, d'une succession de sons qui, du grave à l'aigu, portent les noms UT, RÉ, MI, FA, SOL, LA, SI, UT, RÉ, MI, FA, SOL, etc., c'est-à-dire, que les sept premiers sons que nous chantons portent des noms différents ; mais que le huitième son reprend le nom du premier, le neuvième celui du second, etc., le quinzième celui du premier encore, et ainsi de suite, jusqu'aux sons les plus aigus que puisse percevoir notre oreille. Il n'y a donc qu'une série de sept mots pour désigner tous les sons qui se succèdent en superposant notre gamme à elle-même, et cette série de sept noms se reproduit toujours dans le même ordre.

Formation des intervalles. — Or, en admettant que l'on nomme UT (1) le premier son que l'on chante, il faut que la voix monte au moins jusqu'au RÉ (nom qui suit immédiatement UT en montant) pour qu'elle ait produit l'un des intervalles de notre air type, de notre gamme. C'est-à-dire, que le plus petit intervalle que contienne cette gamme est celui qui sépare deux sons consécutifs comme UT-RÉ en montant, UT-SI en descendant. En faisant parcourir à la voix des intervalles de plus en plus grands, on rencontre successivement les intervalles qui séparent le premier son du deuxième, du troisième, du quatrième, du cinquième, etc., soit en montant, soit en descendant, comme le montre le tableau suivant :

En supposant que la voix parte chaque fois de UT pour produire un intervalle nouveau, elle donne successivement :

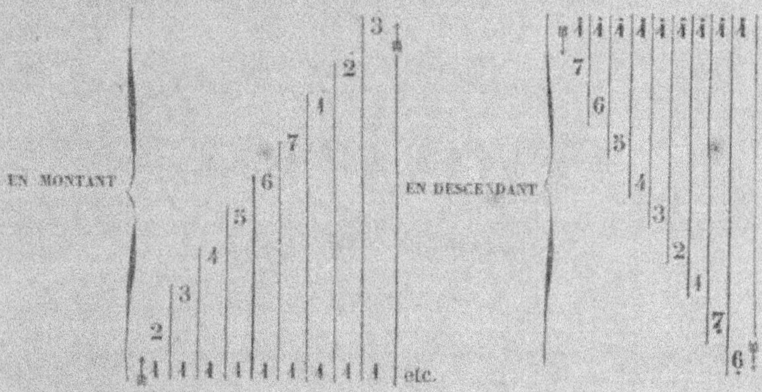

C'est-à-dire, qu'il y aura autant d'intervalles qu'en pourra percevoir notre oreille, en chantant tous les sons du plus grave au plus aigu, ou du plus aigu au plus grave; de plus, on aura tous les intervalles *en écrivant successivement*,

(1) Nous conservons le nom d'*ut* pour deux raisons principales; la première, c'est que l'*u* est une voyelle très-employée dans notre langue, et qu'en remplaçant le mot *ut* par le

et dans l'ordre de la gamme, tous les noms, en montant quand on part du son le plus grave, et en descendant quand on part du son le plus aigu. Il est évident qu'il n'y a de limites aux intervalles que celles que la nature a posées à la perception des sons trop graves ou des sons trop aigus.

Noms des intervalles. — Quand il s'est agi de donner des noms à tous les intervalles, on a pu nommer : le premier intervalle, qui est la distance de la première à la *seconde note*, *intervalle de seconde* ; le deuxième intervalle, qui est la distance de la première à la *troisième note*, *intervalle de troisième ou de tierce* ; le troisième intervalle, qui est la distance de la première à la *quatrième note*, *intervalle de quatrième ou de quarte ;* et ainsi des autres intervalles de plus en plus grands. En un mot, le numéro de la note qui termine un intervalle, numéro compté à partir du premier son inclusivement, a servi à numéroter, à désigner l'intervalle (1).

C'est ainsi que l'on a pu nommer l'intervalle :	De 1 à 2	intervalle de	SECONDE.
	De 1 à 3	—	TIERCE.
	De 1 à 4	—	QUARTE.
	De 1 à 5	—	QUINTE.
	De 1 à 6	—	SIXTE.
	De 1 à 7	—	SEPTIÈME.
	De 1 à 1	—	OCTAVE.
	De 1 à 2	—	NEUVIÈME.
	De 1 à 3	—	DIXIÈME.

Et ainsi de suite de tous les autres intervalles.

---

mot *do*, on se prive du seul *u* qui fût dans la gamme pour y introduire l'*o*, qui se trouve déjà dans le sol. En second lieu, en remplaçant *ut* par *do*, on perd l'origine des mots de la gamme, pris par Guy d'Arezzo, dans l'hymne de saint Jean :

UT queant laxis RΕsonare fibris
MIra gestorum FAmuli tuorum,
SOLve polluti LAbii reatum
Sancte Joannes !

Si l'on voulait changer, il fallait au moins remplacer l'un des deux noms en I, *mi*, *si* ; et l'un des deux noms en A, *fa*, *la*.

(1) L'usage est de compter les intervalles *en montant ;* ainsi, l'on prend comme son

Intervalles simples et intervalles redoublés. — Comme les intervalles qui sont plus grands que l'octave demandent, pour être écrits ou appelés, la répétition des mots qui ont servi à écrire ou à nommer les intervalles plus petits que l'octave, exemple : 1-2 seconde, 1-2̇ neuvième, on a distingué les premiers des seconds, et on a séparé les intervalles en deux séries, sous le point de vue seulement des noms qui les désignent. On a nommé INTERVALLES SIMPLES, ceux qui ne dépassent pas l'octave : ce sont la *seconde*, la *tierce*, la *quarte*, la *quinte*, la *sixte*, la *septième* et l'*octave* ; on a nommé INTERVALLES REDOUBLÉS, tous les intervalles qui dépassent l'octave, comme la *neuvième*, la *dixième*, etc. Étudions d'abord les intervalles simples.

Des intervalles simples.

Les intervalles simples sont au nombre de sept : la seconde (1-2), la tierce (1-3), la quarte (1-4), la quinte (1-5), la sixte (1-6), la septième (1-7), l'octave (1-1̇).

Puisque l'intervalle est la distance d'un son quelconque à un autre son, on peut prendre indistinctement pour son grave d'un intervalle l'une des sept notes *ut*, *ré*, *mi*, *fa*, *sol*, *la*, *si*, et l'on peut ainsi faire sept intervalles simples de chaque nom.

Tableau des intervalles simples.

SEPT SECONDES, QUI SONT	1-2,	2-3,	3-4,	4-5,	5-6,	6-7,	7-1̇,
SEPT TIERCES	1-3,	2-4,	3-5,	4-6,	5-7,	6-1̇,	7-2̇,
SEPT QUARTES	1-4,	2-5,	3-6,	4-7,	5-1̇,	6-2̇,	7-3̇,
SEPT QUINTES.	1-5,	2-6,	3-7,	4-1̇,	5-2̇,	6-3̇,	7-4̇,
SEPT SIXTES	1-6,	2-7,	3-1̇,	4-2̇,	5-3̇,	6-4̇,	7-5̇,
SEPT SEPTIÈMES	1-7,	2-1̇,	3-2̇,	4-3̇,	5-4̇,	6-5̇,	7-6̇,
SEPT OCTAVES	1-1̇,	2-2̇,	3-3̇,	4-4̇,	5-5̇,	6-6̇,	7-7̇,

Ce tableau peut encore s'écrire en *colonnes verticales* ; mais alors il faut le *lire de bas en haut, colonne par colonne, de gauche à droite*. On trouvera dans chaque colonne, en comptant de bas en haut (et en recommençant chaque fois à compter

grave de l'intervalle le premier son nommé, et comme son aigu le deuxième. Exemple : si-ut, sera une seconde, et ut-si, une septième, parce que l'on est convenu de compter du grave à l'aigu. Quand on veut compter autrement, il faut le spécifier.

de la note du bas), une seconde, une tierce, etc., jusqu'à l'octave; on verra de plus, que chaque série d'intervalles peut commencer par chacun des sept mots UT, RÉ, MI, FA, SOL, LA, SI.

Octaves.	1	2	3	4	5	6	7
Septièmes. . . .	7	1	2	3	4	5	6
Sixtes.	6	7	1	2	3	4	5
Quintes . . .	5	6	7	1	2	3	4
Quartes . .	4	5	6	7	1	2	3
Tierces . .	3	4	5	6	7	1	2
Secondes	2	3	4	5	6	7	1
	1	2	3	4	5	6	7

La première flèche à droite indique la hauteur des secondes; la deuxième, celle des tierces; la troisième, celle des quartes; la quatrième, celle des quintes; la cinquième, celle des sixtes; la sixième, celle des septièmes; et la septième, celle des octaves.

Je dirai donc qu'il y a dans notre gamme sept secondes, sept tierces, sept quartes, sept quintes, sept sixtes, sept septièmes et sept octaves, et que les intervalles de chaque série peuvent commencer à volonté par chacune des sept notes UT, RÉ, MI, FA, SOL, LA, SI, prise pour base ou pour son grave de l'intervalle.

Pour se familiariser avec les intervalles simples, il est utile de faire les deux exercices suivants :

1° Exercice écrit : on écrit sur un papier les sept premiers chiffres en ligne horizontale, et, sur chacun de ces chiffres, comme base, on superpose les six autres, en suivant l'ordre naturel des sons en montant, de manière à trouver dans chaque colonne, et *à partir de la base*, une seconde, une tierce, etc., jusqu'à l'octave comprise. C'est la reconstruction du tableau précédent.

2° Exercice parlé : On appelle deux sons au hasard; puis, prenant comme son grave le premier son nommé, on remonte au second en *comptant sur ses doigts* tous les sons intermédiaires, plus celui de départ et celui d'arrivée; le nombre trouvé donne le nom de l'intervalle. Exemple : quel est le nom de l'intervalle FA-SI? Comptons en montant, et en mettant les sons intermédiaires, FA, SOL, LA, SI; c'est une quarte, puisque du FA au SI on trouve quatre sons. Ainsi des autres. On continue cet exercice jusqu'à ce que l'on trouve facilement le nom de l'intervalle que forment les deux premiers sons venus.

Des Compléments ou Renversements.

On nomme complément d'un intervalle, ce qu'il faudrait ajouter à cet intervalle pour compléter une octave.

EXEMPLE :

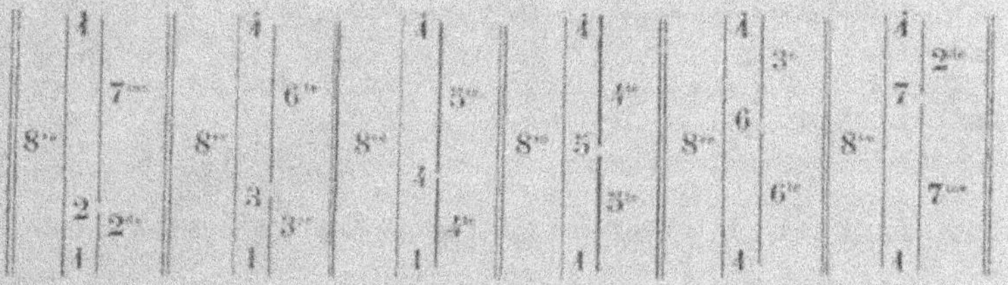

1̇	1̇	1̇	1̇	1̇ 3ce	1̇ 2de
7me	6te	5te	4te	6	7
8ve	8ve	8ve	8ve 5	8ve	8ve
2	3	4	5te	6te	7me
2de	3ce	4te			
1	1	1	1	1	1

On voit par ce tableau que,					Remarquez que 2 et 7 font 9.
le complément de la 2de est une 7me					
—	3ce	—	6te	—	3 — 6 — 9.
—	4te	—	5te	—	4 — 5 — 9.
—	5te	—	4te	—	5 — 4 — 9.
—	6te	—	3ce	—	6 — 3 — 9.
—	7me	—	2de	—	7 — 2 — 9.

C'est-à-dire que, *bien qu'un intervalle et son complément n'embrassent qu'une octave*, ils font cependant ensemble, *lorsque l'on additionne leurs chiffres expressifs*, une *somme de* 9 (Assurez-vous en à la remarque ci-dessus).

Cela tient à ce que le *son supérieur de l'intervalle se répète* pour former *le son inférieur du complément* : Sur les 8 *sons*, il y en a donc *un qui est pris deux fois*.

Il faut donc, pour *trouver le complément d'un intervalle*, AJOUTER *à son nom* ce qui lui manque pour faire 9.

Il est bon de se faire les questions suivantes : Quel est le complément d'une seconde? d'une tierce? d'une quarte? d'une quinte? d'une sixte? d'une septième?

Le *complément* se nomme encore *renversement*, parce que la *note grave de l'intervalle* devient *note aiguë du complément*, tandis que la *note aiguë* devient *note grave*.

EXEMPLE :

La 2de 1-2	a pour complément la	7me 2-1̇	— 1-2	renversé donne	2-1̇
La 3ce 1-3	—	6te 3-1̇	— 1-3	—	3-1̇
La 4te 1-4	—	5te 4-1̇	— 1-4	—	4-1̇
La 5te 1-5	—	4te 5-1̇	— 1-5	—	5-1̇
La 6te 1-6	—	3ce 6-1̇	— 1-6	—	6-1̇
La 7me 1-7	—	2de 7-1̇	— 1-7	—	7-1̇

Des intervalles redoublés.

Nous savons déjà que l'on appelle intervalles redoublés ceux qui embrassent plus de 8 notes, c'est-à-dire, qui sont plus grands qu'une octave ; on les nomme redoublés, parce qu'ils renferment deux fois le même intervalle, à deux séries différentes. Nous avons vu aussi que, comme les intervalles simples, les intervalles redoublés tirent leur nom du nombre de notes qu'ils embrassent ; ainsi :

Les intervalles qui embrassent	Neuf notes	s'appellent	9mes
	Dix	—	10mes
	Onze	—	11mes
	Douze	—	12mes
	Treize	—	13mes
	Quatorze	—	14mes

Les *intervalles redoublés prennent le plus souvent le nom des intervalles* SIMPLES, en y ajoutant l'épithète de REDOUBLÉS ; ils prennent le nom de l'*intervalle simple que l'on obtiendrait* en *abaissant leur note aiguë* à la *série inférieure.*

Ainsi, la 9e 1-$\dot{2}$,	en abaissant le	$\dot{2}$	à l'octave inférieure	donne la	2e	1-2
la 10e 1-$\dot{3}$,	—	$\dot{3}$	—	—	3e	1-3
la 11e 1-$\dot{4}$,	—	$\dot{4}$	—	—	4e	1-4
la 12e 1-$\dot{5}$,	—	$\dot{5}$	—	—	5e	1-5
la 13e 1-$\dot{6}$,	—	$\dot{6}$	—	—	6e	1-6
la 14e 1-$\dot{7}$,	—	$\dot{7}$	—	—	7e	1-7
la 15e $\underset{\cdot}{1}$-1,	—	1	—	—	8e	1-$\underset{\cdot}{1}$

On dit donc indifféremment 9e OU SECONDE REDOUBLÉE.
— — 10e OU TIERCE REDOUBLÉE.
— — 11e OU QUARTE REDOUBLÉE.
— — 12e OU QUINTE REDOUBLÉE.
— — 13e OU SIXTE REDOUBLÉE.
— — 14e OU SEPTIÈME REDOUBLÉE.
— — 15e OU OCTAVE REDOUBLÉE.

Pour faciliter le remplacement des mots neuvième, dixième, onzième, etc., par les mots seconde redoublée, tierce redoublée, quarte redoublée, etc., remarquez :

1° Qu'en retranchant *sept* du nombre des notes qu'embrasse un intervalle redoublé, le reste donne le nom de l'intervalle simple dont il est le redoublement;

2° Qu'en ajoutant sept au nombre des notes qu'embrasse un intervalle simple, la somme donne le nom du redoublement (Vérifiez ces deux assertions sur le tableau précédent.)

Il est utile de s'exercer à transformer les intervalles simples en intervalles redoublés, et réciproquement.

CHAPITRE DEUXIÈME.

DU RAPPORT DES INTERVALLES DE MÊME NOM ENTRE EUX.

Maintenant que nous connaissons bien les intervalles et leurs compléments, deux questions très-importantes se présentent à examiner :

1° *Tous les intervalles de même nom sont-ils égaux entre eux* ou *offrent-ils des différences?*

2° Dans *le cas où les intervalles de même nom ne seraient pas tous égaux*, de *combien d'espèces y en a-t-il?*

Remarquons d'abord qu'en superposant un nombre suffisant de secondes, on peut obtenir tous les intervalles; ainsi :

Deux secondes superposées	1-2, 2-3,	donnent la tierce 1-3
Trois secondes superposées	1-2, 2-3, 3-4,	donnent la quarte 1-4
Quatre secondes superposées	1-2, 2-3, 3-4, 4-5,	donnent la quinte 1-5

Et ainsi de suite.

Il en résulte, que la connaissance des secondes doit nous conduire forcément à celle des autres intervalles, qui ne sont que des composés de secondes. Nous sommes donc conduits à comparer d'abord les secondes entre elles, puis nous comparerons ensuite les tierces, les quartes, les quintes, etc. Commençons donc par la comparaison des secondes :

Les six notes 1 2 3 4 5 6	}	*Chantées dans le même ordre produisent exactement le même air.*
et les six notes 5̣ 6̣ 7̣ 1 2 3		

Voici la démonstration de ce fait important.

Chantez en *suivant l'ordre indiqué par les flèches* et avec la mesure marquée, les six notes 123456, vous produirez l'air : Ah ! vous dirai-je maman, etc.

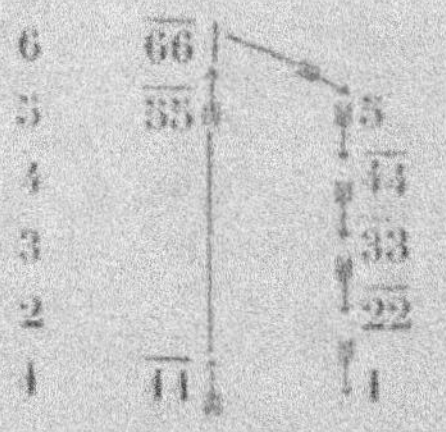

Chantez en *suivant l'ordre indiqué par les flèches* et avec la mesure marquée, les six notes 5̣6̣7̣123, vous produirez l'air : Ah ! vous dirai-je maman, etc.

3	$\overline{33}$	
2	$\overline{22}$	2
1		$\overline{11}$
7̣		$\overline{7̣7̣}$
6̣		$\overline{6̣6̣}$
5̣	$\overline{5̣5̣}$	5̣

Chantez plusieurs fois l'air $\overline{11}$ $\overline{55}$ $\overline{66}$ etc., et l'air $\overline{5̣5̣}$ $\overline{22}$ $\overline{33}$ etc., en les faisant succéder l'un à l'autre, et assurez-vous bien que les deux séries reproduisent bien l'air : *Ah ! vous dirai-je maman*. Ce fait une fois constaté, voici les conséquences importantes qui en découlent.

Les notes des deux hexacordes (1) 123456 et 5̣6̣7̣123, chantés dans le même ordre, produisant exactement le même air, il en résulte :

1° Que les intervalles 1-5, 5-6, en montant, dans la colonne 123456, sont égaux aux intervalles 5̣-2 et 2-3, en montant aussi, dans la colonne 5̣6̣7̣123 (vérifiez).

2° En descendant dans les deux colonnes, on trouve encore que l'air produit par les intervalles successifs 6-5, 5-4, 4-3, 3-2, 2-1, de la première colonne, est le même que l'air produit par les intervalles 3-2, 2-1, 1-7̣, 7̣-6̣, 6̣-5̣, de la seconde ; donc les cinq intervalles de la colonne de gauche sont égaux à chacun de ceux qui leur correspondent dans la colonne de droite.

Ainsi	6-5	égale	3-2
	5-4	—	2-1
	4-3	—	1-7̣
	3-2	—	7̣-6̣
	2-1	—	6̣-5̣

Ou encore, en lisant chaque colonne de bas en haut, en suivant les flèches.

6	égale	3
5	égale	2
4	égale	1
3	égale	7̣
2	égale	6̣
1		5̣

(1) Hexacorde — six cordes ; six notes.

3° Si nous disposons de nouveau nos dix secondes en deux colonnes verticales de la manière suivante, comme nous l'avons déjà fait :

6	3
5	2
4	1
3	7
2	6
1	5

Nous pouvons remarquer que la seconde UT-RÉ se rencontre dans les deux colonnes. Si on la prend dans la colonne de gauche, elle égale la seconde SOL-LA ; si on la prend dans la colonne de droite, elle égale la seconde FA-SOL : il en résulte que les secondes SOL-LA, et FA-SOL, toutes deux égales à la seconde UT-RÉ, sont égales entre elles, et que, par conséquent, les trois secondes UT-RÉ, FA-SOL, SOL-LA, sont égales. Mais la seconde RÉ-MI, de la deuxième colonne, égale la seconde SOL-LA, de la première ; donc elle égale aussi ses deux égales UT-RÉ et FA-SOL. Enfin, la seconde LA-SI, de la deuxième colonne, égale aussi RÉ-MI, de la première, et par suite les trois autres UT-RÉ, FA SOL, SOL-LA. Donc les cinq secondes UT-RÉ, RÉ-MI, FA-SOL, SOL-LA, LA-SI, sont égales entre elles.

Quant aux deux dernières secondes, MI-FA et SI-UT, elles sont égales l'une à l'autre, puisqu'elles produisent le même air ; mais on ne voit pas encore quel peut être leur rapport avec les cinq autres, puisque aucune d'elles ne se trouve en regard de l'une des cinq secondes du premier groupe (1).

---

(1) Voici une autre démonstration de l'égalité des cinq secondes UT-RÉ, RÉ-MI, FA-SOL, SOL-LA, LA-SI entre elles, et de l'égalité des deux secondes MI-FA et SI-UT ; cette démonstration est tirée de l'origine même de la gamme.

Si l'on fait vibrer une corde un peu grave, une oreille suffisamment exercée entend quatre sons : 1°, le son primitif donné par la corde ; 2°, l'octave aiguë ; 3°, la tierce redoublée ou dixième ; et 4°, la quinte triplée ou dix-neuvième ; c'est-à-dire, que si l'on nomme UT GRAVE le son primitif, on entendra les quatre sons suivants 1135. Si l'on baisse le mi d'une octave, et le sol de deux, on obtient les sons 1351, dont les trois derniers sont dans un rapport mathématique forcé avec le premier, puisqu'ils n'en sont que les harmoniques pris à des octaves plus graves. Partons de ce fait fondamental pour faire l'expérience suivante :

Prenons trois cordes tendues ; appelons la première FA, et faisons-la vibrer ; d'après ce

Toutefois, nous pouvons déjà conclure de cette seule expérience que les sept secondes de la gamme peuvent se partager en deux groupes : l'un qui contient les cinq secondes égales UT-RÉ, RÉ-MI, FA-SOL, SOL-LA, LA-SI, et l'autre les deux secondes égales MI-FA et SI-UT. Il ne peut donc pas y avoir dans la gamme plus de deux espèces de secondes.

---

que je viens de dire, elle donnera les sons $\underset{\cdot}{4}46\dot{4}$; baissons le LA d'une octave et l'UT de deux, nous aurons les quatre sons $4\underset{\cdot}{6}14$.

Accordons la deuxième corde à l'unisson de l'UT qui forme quinte avec le FA primitif, puis faisons-la vibrer à son tour; elle nous donnera (en baissant d'une octave la tierce redoublée, et de deux octaves la quinte triplée) $435\dot{4}$.

Accordons, enfin, la troisième corde à l'unisson du SOL, quinte de l'UT, et faisons-la vibrer aussi, elle va nous donner (en agissant comme nous l'avons fait pour les intervalles redoublés des deux autres cordes) $57\dot{2}\dot{5}$.

Nous avons ainsi trois séries de quatre sons $\underset{\cdot}{4}\underset{\cdot}{6}14$, $435\dot{4}$, $57\dot{2}\dot{5}$, qui sont dans un rapport mathématique défini avec le FA primitif, puisque celui-ci a produit l'UT de la deuxième corde, et que cet UT, à son tour, a engendré le SOL de la troisième. Ajoutons enfin que le rapport qui existe entre le FA GRAVE et les trois autres notes de son groupe, doit être identiquement le même que celui qui existe entre l'UT GRAVE, et les trois autres notes de son groupe; le même encore que celui qui existe entre le SOL GRAVE et les trois autres notes de son groupe, puisque les trois derniers sons de chaque groupe ne sont que les harmoniques du premier.

Écrivons de la manière suivante le résultat de nos trois opérations, en négligeant l'octave de chacune de nos trois cordes :

```
        2
        7
    5———5
    3
1———1
6
4
```

Rapprochons maintenant les uns des autres tous les sons que nous avons trouvés et, pour point de ralliement, pour pivot, prenons l'UT, qui est également distant du FA et du SOL.

Le RÉ, baissé d'une octave, est plus grave que le MI et plus aigu que l'UT, il tombe donc

Comparons maintenant les deux groupes l'un à l'autre ; il suffit, pour cela, que nous comparions l'une des cinq secondes du premier groupe, FA-SOL, par exemple, à l'une des deux du second, à SI-UT, je suppose.

Comme il ne serait pas facile de comparer directement les deux intervalles SI-UT et FA-SOL, ayons recours au moyen suivant : Apprenons bien par cœur l'air 171 ; puis, quand nous en serons maîtres, chantons sur cet air les syllabes SOL, FÉ, SOL, de manière que le SOL représente l'UT et que le FÉ représente le SI. La seconde SOL, FÉ, sera une seconde égale à la seconde UT SI, et tout ce qui sera démontré pour SOL FÉ, le sera pour son modèle UT SI.

Comparons maintenant la seconde SOL-FÉ, l'égale de UT-SI, à la seconde SOL-FA. Pour cela, chantons avec le plus grand soin, et en nous écoutant avec

---

entre les deux, et l'on peut écrire, *en montant*, ut, ré, mi. Le FA, porté à l'octave supérieure, est plus aigu que le SI et plus grave que le SOL, et tombe entre les deux; nous avons donc, ut, ré, mi, fa, sol. Le LA, porté à l'octave supérieure, est plus aigu que le sol, mais plus grave que le si ; il se trouve donc entre les deux ; cela nous donne nos sept notes ainsi disposées en montant : ut, ré, mi, fa, sol, la, si. Enfin, en élevant à son tour l'UT d'une octave, on trouve qu'il donne un son plus aigu que le SI et plus grave que le RÉ AIGU. Si enfin, on élevait maintenant à l'octave les six sons classés, ré, mi, fa, sol, la, si, ces octaves se classeraient au-dessus de l'UT AIGU, comme leurs sons graves se sont classés sur l'UT GRAVE. Donc, LES SONS HARMONIQUES DE TROIS CORDES, ACCORDÉES A INTERVALLES DE QUINTE (MAJEURE), ONT DONNÉ NAISSANCE A NOTRE GAMME UT, RÉ, MI, FA, SOL, LA, SI, UT, ET CHACUN DES SONS DE CETTE GAMME EST DANS UN RAPPORT DÉTERMINÉ AVEC L'UT.

Supposons maintenant que l'on prenne une quatrième corde, et qu'on la monte à l'unisson du RÉ, quinte de la troisième corde ; elle donnera à son tour RÉ, FA DIÈZE, LA. Écrivons les notes des trois dernières cordes comme nous avons écrit celles des trois premières, en négligeant aussi les octaves ; nous aurons le tableau suivant :

```
                6
                4̸ (Ce signe signifie fa dièse).
        2———2
        7
5———5
3
1
```

Dans ce deuxième tableau, le SOL occupe la position pivotale que l'UT occupait dans le attention, les notes suivantes, en prenant les deux SOLS à la même hauteur, et en nous rappelant que SOL-FÉ est l'air UT-SI (représentons le FÉ par un 4 barré de cette manière 4)

433 545 54321 Répetez deux fois cette ligne.
545 543 } Répetez trois ou quatre fois ces deux lignes
545 43 } en vous écoutant avec soin.
54 43

Si l'expérience est faite avec le soin convenable, et par une voix suffisamment

---

premier. On peut donc, par une marche semblable à celle qui nous a servi à construire la GAMME D'UT, construire la GAMME DE SOL, qui sera sol, la, si, ut, ré, mi, fa dièze, sol. De plus, chacun des sons de la gamme de SOL, est avec le SOL, dans le même rapport mathématique, que chacun des sons correspondants de la gamme d'UT est avec l'UT; c'est-à-dire, que le rapport de la tonique UT avec sa médiante MI, sa dominante SOL, sa sensible SI, etc., est le même que le rapport de la tonique SOL avec sa médiante SI, sa dominante RÉ, sa sensible FA DIÈZE, etc.; ceci est incontestable.

Si donc, nous écrivons nos deux gammes l'une à côté de l'autre, en colonnes verticales, de la manière suivante :

1	5
7	4
6	3
5	2
4	1
3	7
2	6
1	5

Il est certain que les intervalles que l'UT TONIQUE forme avec chacun des sons de sa gamme sont absolument les mêmes que ceux que le SOL TONIQUE fait avec chacun des sons correspondants de la sienne; en d'autres termes, les sept secondes UT-RÉ, RÉ-MI, MI-FA, FA-SOL, SOL-LA, LA-SI, SI-UT, de la première colonne sont égales aux sept secondes SOL-LA, LA-SI, SI-UT, UT-RÉ, RÉ-MI, MI-FÉ, FÉ-SOL, de la deuxième. Mais les secondes SOL-LA, LA-SI, SI-UT, etc., de la première colonne, sont données par les mêmes sons que les secondes SOL-LA, LA-SI, SI-UT, etc., de la deuxième, comme le montrent les deux colonnes suivantes :

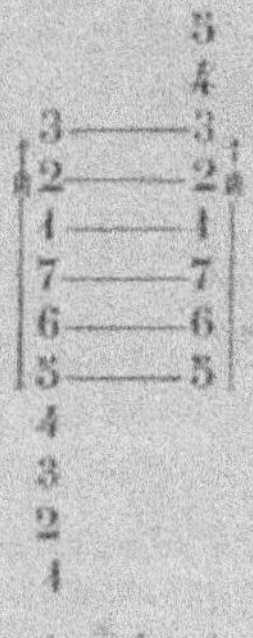

	5
	4
3 ———	3
2 ———	2
1 ———	1
7 ———	7
6 ———	6
5 ———	5
4	
3	
2	
1	

Donc, la seconde sol-la est bien toujours la même, qu'elle se trouve entre dominante et

exercée, on constate facilement que le FA est plus loin du SOL que le RÉ, qu'il est plus grave que ce dernier; en d'autres termes, l'intervalle SOL-FA est plus grand que l'intervalle SOL-RÉ. — De combien? Nous n'en savons rien; mais il est plus grand; voilà le point important pour nous.

Mais cette seconde RÉ-SOL n'est autre que la seconde SI-UT; donc la seconde FA-SOL, plus grande que la seconde RÉ-SOL, est plus grande que la seconde SI-UT et que son égale MI-FA.

D'ailleurs, FA-SOL est l'égale des quatre autres secondes UT-RÉ, RÉ-MI, SOL-LA, LA-SI de son groupe; donc aussi, chacune de ces quatre dernières secondes est plus grande que chacune des deux secondes SI-UT et MI-FA de l'autre groupe. Donc, enfin, il y a deux espèces de secondes : des secondes plus grandes ou MAJEURES, et des secondes plus petites ou MINEURES (1). Les premières sont au nombre de cinq, ce sont UT-RÉ, RÉ-MI, FA-SOL, SOL-LA, LA-SI, qui sont majeures; les autres ne sont qu'au nombre de deux, ce sont MI-FA, SI-UT, qui sont mineures.

La connaissance exacte des secondes majeures et des secondes mineures va nous permettre d'analyser tous les autres intervalles simples, tierces, quartes,

---

sous-sensible dans la gamme d'UT, ou qu'on la prenne entre tonique et sous-médiante, dans la gamme de SOL; la seconde la-si est encore la même, qu'on la rencontre entre sous-sensible et sensible dans la gamme d'UT, ou qu'elle soit prise entre sous-médiante et médiante dans la gamme de SOL. De même pour les autres secondes si-ut, ut-ré, ré-mi, soit qu'on les prenne en UT, soit qu'on les prenne en SOL.

Or, si nous reprenons maintenant nos deux échelles d'UT et de SOL, l'une à côté de l'autre, nous trouvons que UT-RÉ, qui a FA-SOL à gauche et SOL-LA à droite, établit l'égalité entre ces trois secondes UT-RÉ, FA-SOL et SOL-LA; SOL-LA, à son tour, se trouvant devant UT-RÉ à gauche et devant RÉ-MI à droite, établit l'égalité de RÉ-MI à UT-RÉ et à FA-SOL. Enfin, RÉ-MI, qui égale SOL-LA à gauche, égale LA-SI à droite, et fait rentrer cette dernière seconde dans le groupe des quatre autres, et l'on a ainsi les cinq secondes UT-RÉ, RÉ-MI, FA-SOL, SOL-LA, LA-SI, qui sont égales. Ceci me paraît incontestable.

1	5
7	4
6	3
5	2
4	1
3	7
2	6
1	5

Quant aux deux secondes MI-FA et SI-UT, on voit aussi qu'elles sont égales l'une à l'autre; mais on ne voit pas encore leur rapport avec les cinq autres. C'est ce rapport que nous allons maintenant étudier. (Revenir au texte, page 204).

(1) Dans le langage ordinaire, on nomme les secondes majeures des tons et les secondes mineures des demi-tons; c'est dans cette acception que l'on dit que la gamme contient cinq tons et deux demi-tons. Ce langage est vicieux; nous le verrons bientôt.

quintes, sixtes, septièmes et octaves, et de leur appliquer nos deux questions de départ :

1° Tous les intervalles de même nom sont-ils semblables?

2° S'ils ne sont pas tous semblables, combien chacun d'eux offre-t-il d'espèces?

Pour rendre l'analyse plus facile, et pour que l'œil puisse distinguer les secondes mineures, convenons (sans rien préjuger du rapport exact qui existe entre une seconde majeure et une seconde mineure) de mettre plus d'espace de *bas en haut* entre les deux chiffres qui serviront à écrire une seconde majeure, qu'entre ceux qui serviront à écrire une seconde mineure. Formons maintenant le tableau général de tous les intervalles simples, en distinguant les secondes majeures des secondes mineures.

SECONDES.

Cinq secondes majeures.	5 2 6 3 7 4 1 5 2 6	4 1 3 7	Deux secondes mineures.

TIERCES.

Trois tierces majeures, contenant chacune DEUX secondes majeures.	6 3 7 5 2 6 4 1 5	4 1 5 2 3 7 4 1 2 6 3 7	Quatre tierces mineures, contenant chacune UNE seconde MAJEURE et UNE seconde MINEURE.

QUARTES.

Une quarte majeure (improprement appelée fausse quarte, quarte superflue ou augmentée), contenant TROIS secondes majeures.	7 6 5 4	4 1 5 2 6 3 3 7 4 1 5 2 2 6 3 7 4 1 1 5 2 6 3 7	Six quartes mineures (improprement appelées quartes justes) contenant chacune DEUX secondes MAJEURES et UNE seconde MINEURE.

QUINTES.

Six quintes majeures contenant chacune TROIS secondes MAJEURES et une seconde MINEURE.	1 5 2 6 3 7 7 4 1 5 2 6 6 3 7 4 1 5 5 2 6 3 7 4 4 1 5 2 6 3	 4 3 2 1 7	Une quinte mineure (improprement appelée fausse quinte ou quinte diminuée) contenant DEUX secondes MAJEURES et DEUX secondes MINEURES.

SIXTES.

Quatre sixtes majeures contenant chacune QUATRE secondes MAJEURES, UNE seconde MINEURE.

Trois sixtes mineures contenant chacune TROIS secondes MAJEURES, DEUX secondes MINEURES.

Sixtes majeures	Sixtes mineures
2 6 3 7	
	4 1 5
1 5 2 6	3 7
7	4
4 1 5	2 6 3
6 3 7	
4	1 5 2
5 2 6 3	7
	4 1
4 1 5 2	6 3 7

SEPTIÈMES.

Deux septièmes majeures, contenant chacune CINQ secondes MAJEURES, UNE seconde MINEURE.

Cinq septièmes mineures, contenant chacune QUATRE secondes MAJEURES, deux secondes MINEURES.

Septièmes majeures	Septièmes mineures
3 7	
	4 1 5 2 6
2 6	3 7
	4 1 5
1 5	2 6 3 7
7	4
4	1 5 2 6 3
6 3	7
	4 1 5 2
5 2	6 3 7
	4 1
4 1	5 2 6 3 7

OCTAVES.

Toutes les octaves doivent être égales, puisque chacune d'elles renferme les cinq secondes majeures et les deux secondes mineures, ni plus ni moins; elles sont donc forcément égales.

Sept octaves égales, contenant chacune les CINQ secondes MAJEURES et les DEUX secondes MINEURES.

4 1 5 2 6 3 7
3 7
4 1 5 2 6
2 6 3 7
4 1 5
1 5 2 6 3 7
7   4
4 1 5 2 6 3
6 3 7
4 1 5 2
5 2 6 3 7
4 1
4 1 5 2 6 3 7

Les tableaux précédents montrent que :

1° Toutes les octaves sont égales (vérifiez);

2° Tous les autres intervalles simples, secondes, tierces, quartes, quintes, sixtes et septièmes, offrent chacun deux espèces : ils sont majeurs ou mineurs (vérifiez);

3° La différence qui existe entre une seconde majeure et une seconde mineure est la seule qui existe aussi entre une tierce majeure et une tierce mineure ; entre une quarte majeure et une quarte mineure ; entre une quinte majeure et une quinte mineure ; entre une sixte majeure et une sixte mineure ; entre une septième majeure et une septième mineure (vérifiez);

4° On pourra donc rendre mineur un intervalle majeur, si l'on peut remplacer par une seconde mineure la seconde majeure qui commence ou termine l'intervalle majeur (vérifiez);

5° On pourra rendre majeur un intervalle mineur, si l'on peut remplacer par une seconde majeure la seconde mineure qui commence ou termine l'intervalle mineur (1) (vérifiez);

6° L'intervalle et son complément forment une octave, et toutes les octaves étant égales, il en résulte que plus un intervalle sera petit, plus le complément sera grand, *et vice versâ* ; donc, si un intervalle est majeur, son complément sera mineur ; si l'intervalle est mineur, le complément sera majeur (vérifiez au tableau des octaves).

Des intervalles particuliers à la gamme mineure.

(*N. B.* Tout cet article ne doit être lu qu'après la théorie des gammes ; nous ne le mettons ici que pour réunir dans le même chapitre tout ce qui est relatif aux intervalles).

Tous les intervalles contenus dans la gamme majeure sont majeurs ou mineurs ; mais il n'en est pas de même de ceux que renferme la gamme mineure. Cette dernière contient, en effet, en sus des intervalles majeurs et mineurs, certains intervalles qui, étant plus grands que les intervalles majeurs de mêmes noms, ont été nommés *maximes* ; et certains autres qui, étant plus petits que les intervalles mineurs de même nom, ont été nommé *minimes*.

En analysant tous les intervalles de la gamme mineure, on en trouve quatre qui sont dans la catégorie que je viens d'indiquer ; ce sont 45 et 15, qui sont maximes, et leurs compléments 54 et 51 qui sont minimes.

---

(1) Bientôt nous indiquerons le moyen de rendre majeure une seconde mineure, et mineure une seconde majeure.

Septième mineure.	4 4	Septième minime.	Quarte mineure.	4 4 / 5 / 5	Quarte minime.
Seconde majeure.	5 / 5 / 4 4	Seconde maxime.	Quinte majeure.	4 4	Quinte maxime.

Tous les autres intervalles de la gamme mineure sont ou majeurs ou mineurs. (Vérifiez, en refaisant vous-même le tableau général de tous les intervalles contenus dans la gamme mineure, comme nous l'avons fait pour ceux de la gamme majeure : C'est un exercice utile à faire).

Dans le langage ordinaire, on désigne souvent les deux intervalles maximes 45 et 45, par les noms de seconde et quinte superflues ou augmentées ; et les deux intervalles minimes 54 et 54, par les noms de septième et quarte diminuées. Les expressions de maxime et minimes nous paraissent préférables, puisque ces intervalles font partie de la véritable gamme mineure ; et que, pour cette gamme, ils ne sont ni augmentés, ni diminués.

Les noms d'intervalles augmentés et d'intervalles diminués doivent être réservés aux intervalles qui ne se rencontrent ni dans la gamme majeure ni dans la gamme mineure, intervalles que l'on rencontre seulement dans les gammes chromatiques et enharmonique, et que les compositeurs emploient quelquefois pour étonner l'oreille ; tels sont les intervalles suivants qui ne sont ni dans la gamme majeure ni dans la gamme mineure :

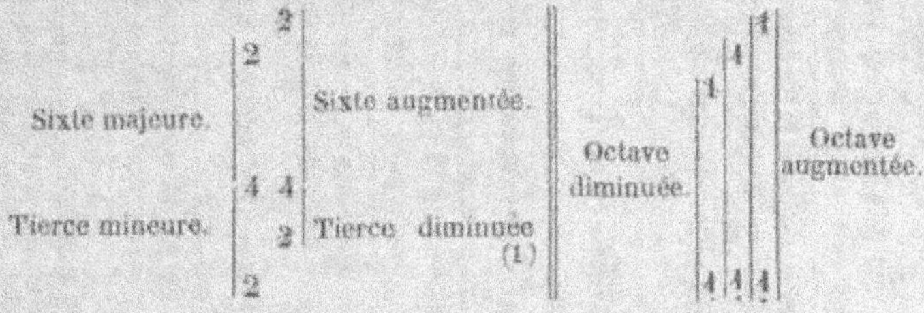

En résumé. La gamme majeure ne contient que des intervalles majeurs et des intervalles mineurs.

---

(1) Cette tierce 24 est plus petite qu'une seconde majeure, puisqu'une seconde majeure se compose de deux secondes mineures, plus un intervalle enharmonique, et que 24 ne comprend que deux secondes mineures 23 et 34. (Voir à la gamme enharmonique la démonstration de ce fait.)

La gamme mineure contient des intervalles majeurs et des intervalles mineurs; plus deux intervalles maximes la seconde 45 et la quinte 15, et deux intervalles minimes, compléments des maximes, la septième 54 et la quarte 51.

Les gammes chromatiques contiennent, en sus des secondes majeures et mineures, des intervalles chromatiques, comme 11 ou 22.

La gamme enharmonique, enfin, contient de plus que les autres, l'intervalle enharmonique 21.

Tableau comparatif des intervalles depuis le comma jusqu'à la tierce majeure.

En admettant, comme Galin, que le *comma* est la moitié de la seconde mineure, et par conséquent le cinquième de la seconde majeure (qui contient deux secondes mineures plus un comma) on trouve entre le comma et la tierce majeure la proportion régulière d'intervalles contenant un comma, deux commas, trois commas, etc., jusqu'à dix.

6 5 4	TIERCE MAJEURE. (*Dix commas.*) Deux secondes majeures 45 56.
4 5 4	QUARTE DIMINUÉE (*Neuf commas.*)
6 5 4	SECONDE MAXIME. (*Huit commas.*) Une seconde majeure 45 et une chromatique 55.
6 5 4	TIERCE MINEURE. (*Sept commas.*) Une seconde majeure 45 et une mineure 56.
4 5 4	SECONDE PLUS QUE MAJEURE (*Six commas.*)
5 4	SECONDE MAJEURE (1). (*Cinq commas.*)
6 4	TIERCE DIMINUÉE. (*Quatre commas.*) Deux secondes mineures 45 et 56.
4 4	SECONDE CHROMATIQUE. (*Trois commas.*) Une seconde mineure 45 et une enharmonique. 54.
5 4	SECONDE MINEURE. (*Deux commas.*) La même que 34 ou 71 ou 12.
3 4	SECONDE ENHARMONIQUE. (*Un comma.*) La même que 21.

(1) Je crois que l'on a tort de diviser les secondes majeures en *tons majeurs* et *tons mineurs*; la note de la page 203 me semble prouver qu'il ne peut y avoir qu'une seule espèce de secondes majeures.

Résumé de tous les intervalles de secondes que contiennent les cinq gammes.

1 7 7 3 3 2 1 1 4 4	Intervalle enharmonique ou comma ; il est peut-être égal à une demi-seconde mineure. Il appartient à la gamme enharmonique seule.
1 4 2 2 7 3 1 1	Seconde mineure ou limma ; elle se rencontre dans les cinq gammes. Plus petite qu'une demi-seconde majeure.
1 2 1 2	Seconde chromatique ou apotome ; propre aux gammes chromatiques ; elle contient une seconde mineure, plus une seconde enharmonique.
2 1 4 2 2 1 7 3 1 1	Seconde majeure ; se rencontre dans les deux gammes diatoniques. Contient deux secondes mineures, plus une seconde enharmonique.
5 7 4 1 4 6 3 7	Seconde maxime, propre à la gamme mineure. Contient une seconde majeure, plus une seconde chromatique.

CHAPITRE TROISIÈME.

DE LA GAMME DIATONIQUE MAJEURE ET DE LA GÉNÉRATION DES TONS MAJEURS.

On donne le nom de *gamme diatonique majeure* ou simplement gamme majeure, à l'air type UT, RÉ, MI, FA, SOL, LA, SI, UT, qui a servi de base à tout notre système musical. Pour nous en faire une idée nette, écrivons-la en ligne verticale, en employant un espace plus grand pour les secondes majeures et un espace moindre pour les secondes mineures ; mais sans rien préjuger, d'ailleurs, comme je l'ai déjà dit, du rapport qui existe entre une seconde majeure et une mineure.

	1	
		Seconde mineure.
	7	
Seconde majeure.		
	6	
Seconde majeure.		
	5	
Seconde majeure.		
	4	
		Seconde mineure.
	3	
Seconde majeure.		
	2	
Seconde majeure.		
	1	

Cette échelle nous montre la disposition des secondes majeures et des mineures dans la gamme. On voit que cet air commence par deux secondes majeures UT-RÉ et RÉ-MI, auxquelles succède une seconde mineure MI-FA ; puis viennent les trois autres secondes majeures FA-SOL, SOL-LA et LA-SI, surmontées de la dernière seconde mineure SI-UT. (Vérifiez.)

Une observation très-importante se présente ici. Ces divers degrés de l'échelle n'indiquent point des sons déterminés, absolus, provenant d'un nombre de vibrations toujours le même : ils expriment simplement des *rapports*, des *intervalles* entre un premier *son pris arbitrairement* à une hauteur quelconque et que l'on appelle UT, et d'autres sons désignés par les mots RÉ, MI, FA, SOL, LA, SI, UT. Mais ces rapports, ces intervalles sont constants, invariables : c'est-à-dire, que l'UT peut être pris à une hauteur quelconque; mais une fois l'UT déterminé, tous les autres sons se trouvent aussi déterminés d'une manière invariable, puisque le RÉ doit faire avec l'UT une seconde majeure; le MI une tierce majeure; le FA une quarte mineure; le SOL une quinte majeure; le LA une sixte majeure; le SI une septième majeure, et l'UT aigu une octave. (Vérifiez en cherchant les intervalles que je viens de nommer dans le tableau général des intervalles, p. 208 et 209.) En un mot, fixez la hauteur de l'UT, tout le reste sera déterminé; chaque note représentera un son en rapport fixe d'intervalle avec l'UT.

Il résulte de là : 1° Que le son principal dans une gamme est le son attribué à l'UT, puisqu'il sert de point de départ, de mesure, à tous les autres; 2° que chacun des autres sons remplit dans la gamme une fonction spéciale, distincte, qui n'appartient qu'à lui : ainsi, le *ré seul* fait seconde majeure avec l'ut de départ, le *mi seul* fait tierce majeure, le *fa* quarte mineure, etc., et ainsi de chacun des autres.

Pour rendre plus frappant le rôle que chacune des notes remplit dans la gamme, on a nommé chacune d'elles de manière à rappeler en quelque sorte la position qu'elle affecte ou la fonction qu'elle remplit. Ainsi :

L'UT, étant la base de la gamme, le son qui sert de mesure à tous les autres, celui qui donne le *ton* pour les prendre, a reçu le nom de TONIQUE;

Le SOL, étant le plus aigu des sons harmoniques fournis par une corde vibrante, celui qui *domine* les deux autres, a été nommé DOMINANTE ;

Le MI, dans l'accord harmonique, étant placé entre l'UT et le SOL, au *milieu* du groupe, a été nommé MÉDIANTE ;

Enfin, le SI, ayant une tendance marquée à se rapprocher de l'UT placé au-dessus de lui, a été regardé comme *sentant* en quelque sorte cet UT, ce qui lui a valu le nom de SENSIBLE.

Tels sont les noms donnés aux quatres notes impaires de la gamme : 1re ou tonique; 3e ou médiante; 5e ou dominante; 7e ou sensible. Quant aux notes qui forment intervalle pair avec la base, le RÉ, le FA, le LA, elles ont reçu le nom de la note placée immédiatement au dessus d'elles. Ainsi :

Le RÉ, placé *sous la médiante*, est appelé SOUS-MÉDIANTE.
Le FA, placé *sous la dominante*, est appelé SOUS-DOMINANTE.
Le LA, placé *sous la sensible*, est appelé SOUS-SENSIBLE.

Nous dirons donc que chacune des notes de la gamme a une *propriété particulière* ; l'UT sert de point de départ à toutes les autres, et chacune des autres notes fait avec l'UT un intervalle déterminé, invariable. Mettons en relief les noms de propriété des notes de la gamme.

Notes impaires.		8		Notes paires.
	Sensible.	7		
		6	Sous-sensible.	
	Dominante.	5		
		4	Sous-dominante.	
	Médiante.	3		
		2	Sous-médiante.	
	Tonique.	1		

D'après ce que je viens de dire, on voit que notre gamme est un air invariable, quant à la disposition des intervalles qui le constituent ; mais que *la tonique* peut représenter le premier son venu. Or, on a dû chercher le moyen de pouvoir à volonté prendre cette tonique à une hauteur déterminée, en rapport avec le caractère de la musique, et avec le diapason de la voix ou de l'instrument appelés à la chanter. Il a donc fallu convenir d'un *son unité*, d'un son qui, ne variant point, servît de terme de comparaison à tous les autres et permît à l'auteur de dire : *Prenez pour tonique un son* qui fasse, à l'aigu ou au grave, tel intervalle avec le son-unité. Ce son-unité, on n'a pu le prendre dans la nature, puisque nous n'avons pu encore y découvrir de son fixe, absolu ; il a donc fallu créer un instrument qui pût le donner à volonté. Cet instrument, nommé *diapason* (1), est une espèce de petite pince en acier trempé, dont les branches, mises en vibration par un écartement forcé, produisent un son que l'on appelle LA ; c'est ce LA qui sert à prendre, soit en montant, soit en descendant, le son

(1) Ce mot a plusieurs significations : 1° Pour les anciens, il désignait la consonnance de l'octave ; 2° il signifie certaines tables où sont marquées les mesures des instruments et de toutes leurs parties (Rousseau) ; 3° il signifie encore l'étendue d'une voix ou d'un instrument ; 4° il signifie enfin l'instrument qui sert aujourd'hui à prendre le ton.

que l'auteur a fixé comme tonique. Ainsi, le LA étant supposé un son fixe, invariable, l'auteur peut dire : prenez pour tonique la seconde, la tierce, la quarte, etc., majeure ou mineure, au-dessus ou au-dessous du LA. Le son qui forme avec le LA l'intervalle fixé par l'auteur étant une fois obtenu, on le prend pour *tonique*, en le nommant UT, et les autres notes de la gamme se trouvent par cela même déterminées. C'est-à-dire que notre instrument musical ayant la faculté de prendre le *son tonique* à la hauteur que l'on veut (dans les limites de son étendue), nous appliquons toujours à ce son le nom d'UT, bien que ce ne soit pas celui que le diapason lui donne.

Mais les instruments de musique créés par nous, étant beaucoup moins parfaits que celui dont nous a dotés la nature, ne peuvent pas, comme notre larynx, prendre l'UT à une hauteur quelconque. Les sons chez eux sont produits par la vibration de cordes fixes ou de tubes déterminés, de sorte qu'on ne peut les faire ni plus aigus ni plus graves que ne les donne la corde ou le tube. Il en est résulté que quand la propriété de tonique a été dévolue à un autre son qu'à l'UT du diapason, au RÉ, par exemple, ce RÉ, formant tierce mineure avec le FA, qui se trouve occuper la place de médiante dans la gamme commençant par RÉ, et la médiante devant faire tierce majeure avec la tonique, le FA n'a pu être la médiante du RÉ. Il faut donc, en commençant la gamme par le RÉ, éliminer le FA, et le remplacer par un son *plus aigu* que lui, et qui fasse avec le RÉ une tierce majeure, comme doit faire la médiante avec la tonique; il faudra aussi que l'UT, devenu sensible quand le RÉ est tonique, soit remplacé par un son *plus aigu*, et qui fasse avec le RÉ une seconde mineure pareille à celle que le SI fait avec l'UT, quand l'UT est *tonique*. Ces deux changements peuvent seuls rendre l'air qui commence par le RÉ pareil à celui qui commence par l'UT, c'est-à-dire à notre gamme type. (Vérifiez sur la colonne à droite.)

1	2
7 ↘	1
6	7
5	6
4	5
3 ↘	4
2	3
1	2

Ce que je viens de dire du RÉ pris pour *tonique*, pouvant s'appliquer à chacune des autres notes désignées par le diapason pour remplir la même fonction, un problème important se présente ici; le voici : une autre note que l'UT étant prise pour tonique, construire sur cette *nouvelle tonique* une gamme parfaitement semblable à la gamme modèle d'UT, c'est-à-dire constituée comme elle par la succession de deux secondes majeures, une seconde mineure, trois secondes majeures et une seconde mineure.

Reprenons l'échelle d'UT, et remarquons d'abord que les deux tétracordes (*) UT, RÉ, MI, FA et SOL, LA, SI, UT sont parfaitement égaux, puisque chacun d'eux

(*) Tétracorde, quatre cordes, quatre notes, air de quatre notes par degrés conjoints.

est formé de deux secondes majeures surmontées d'une seconde mineure. (Vérifiez.) On peut donc écrire le tétracorde inférieur à côté du supérieur, et réciproquement ; c'est-à-dire, écrire dans le premier cas, le FA à côté de la tonique aiguë, et, dans le second, écrire le SOL à côté de la tonique grave, comme le montre l'exemple ci-contre. Des deux côtés, on a le même air.

4	1	
3	7	
2	6	
1	5	
	4	1
	3	7
	2	6
	1	5

Prenons d'abord le cas dans lequel le tétracorde supérieur SOL, LA, SI, UT, étant placé à côté de l'inférieur, la dominante SOL se trouve prise pour tonique; et achevons la gamme de SOL, en observant les distances convenues pour les secondes majeures et pour les secondes mineures.

Le SOL étant tonique, chacun des autres sons de la gamme d'UT peut-il remplir le nouveau rôle que lui assigne sa place dans la nouvelle gamme. En d'autres termes, la distribution des secondes majeures et des secondes mineures est-elle la même dans les deux gammes d'UT et de SOL ?

Oui, jusqu'à la sous-sensible (vérifiez à droite) ; non, de la sous-sensible à la tonique aiguë, puisque d'un côté on a majeur et mineur, et de l'autre mineur et majeur. (Vérifiez.) Ces deux gammes, semblables partout ailleurs, diffèrent donc seulement par leurs sensibles ; remplaçons donc le FA par un son qui fasse seconde majeure avec le MI et seconde mineure avec le SOL, et nos deux gammes seront entièrement semblables. (Voir l'exemple ci-dessous).

1	5
7	4
6	3
5	2
4	1
3	7
2	6
1	5

Ce son nouveau, plus aigu que le FA qu'il remplace et qui fait avec le SOL l'air que le SI fait avec l'UT, a été nommé FA DIÈSE. Le FA DIÈSE est donc la sensible du SOL ; nous l'appellerons FÈ, et nous l'écrirons ainsi 4. Mettons-le maintenant à la place du FA, dans la gamme de SOL, et nous aurons nos deux échelles parfaitement égales. (Vérifiez.)

La gamme de SOL devenue maintenant l'égale de la gamme d'UT, reproduisant exactement le même air à une quinte plus haut, ou une quarte plus bas, va nous fournir, pour arriver à la gamme de RÉ la base d'une nouvelle opération semblable à celle qui de la gamme d'UT nous a conduits à la gamme de SOL.

1	5	
7	4	FÈ
6	3	
5	2	
4	1	
3	7	
2	6	
1	5	

En effet, dans cette gamme de SOL, l'égale de celle d'UT, le tétracorde supérieur RÉ, MI, FÈ, SOL étant l'égal du tétracorde inférieur SOL-LA-SI-UT, peut être écrit à côté de lui, pour produire le même air, à une quinte plus haut. Le RÉ, dominante de la gamme de SOL, devient alors tonique, et sert de base à la nouvelle gamme RÉ-MI-FÈ-SOL-LA-SI-UT-RÉ, dans laquelle le FÈ remplit le rôle de médiante. Ici encore, comme tout-à-l'heure, l'on voit que toutes les notes, à partir du RÉ TONIQUE, correspondent exactement à toutes leurs homologues de la gamme de SOL, une seule exceptée, la nouvelle sensible UT, qui est placée plus bas que la sensible FÉ; c'est-à-dire, que la disposition des secondes majeures et des secondes mineures est la même dans les deux gammes de SOL et de RÉ jusqu'aux sous-sensibles MI et SI; mais qu'à partir de ce point la gamme de SOL finit par une seconde majeure et une mineure, tandis que celle de RÉ se termine par une mineure et une majeure. Pour rendre les deux gammes parfaitement égales, il faut donc encore ici renverser l'ordre des deux dernières secondes de la gamme de RÉ, ce que l'on fait en éliminant l'UT, et en chantant à sa place un son, plus aigu que lui, qui fasse seconde majeure avec le SI, et seconde mineure avec le RÉ; c'est-à-dire, qui soit sensible du RÉ. Ce son a reçu le nom d'UT DIÈSE; appelons-le TE et marquons-le ainsi 1.

5	2
4	1
3	7
2	6
1	5
7	4
6	3
5	2

Nous voilà arrivés à produire une seconde fois l'air UT, RÉ, MI, FA, SOL, LA, SI, UT, en prenant une autre note que UT pour point de départ, pour tonique. Seulement, dans la gamme de SOL, il ne nous avait fallu que le FA DIÈSE, tandis que dans celle de RÉ, il nous a fallu de plus l'UT DIÈSE. Mais une fois ces changements effectués, les trois gammes d'UT, de SOL, de RÉ, se sont trouvées parfaitement égales, puisque chacune d'elles contient le même nombre de secondes majeures et mineures, et que ces secondes y sont disposées de la même manière. La seule différence entre elles, c'est que les trois toniques sont prises à des hauteurs différentes du diapason.

1	5	2
7	4	1
6	3	7
5	2	6
4	1	5
3	7	4
2	6	3
1	5	2

En continuant à agir de la même manière, nous verrions qu'en prenant pour tonique le LA, dominante de la gamme de RÉ, toutes les notes de la gamme de RÉ conviendraient encore pour former la gamme de LA, une seule exceptée, le SOL *sous-dominante du ton de* RÉ, qui *devient sensible dans le ton de* LA; mais qui ne peut remplir ce rôle, puisqu'il fait seconde majeure avec le LA, et que la sensible doit faire seconde mineure avec la tonique. On laisse donc encore le SOL de côté pour le remplacer par un son plus aigu que lui, le SOL dièse, ou JÈ (5), qui a pour caractère de faire seconde mineure avec la tonique LA, c'est-à-dire, de produire avec cette tonique l'air SI - UT.

En poussant toujours ainsi l'opération, en écrivant le tétracorde supérieur de la nouvelle gamme à côté de l'inférieur; c'est-à-dire, en prenant pour tonique nouvelle l'ancienne dominante, on voit arriver un nouveau dièse à chaque nouvelle gamme, jusqu'à ce que toutes les notes de la gamme d'UT aient complétement disparu; et si alors on continue encore l'opération, on voit les dièses disparaître à leur tour pour être remplacés par des sons plus aigus que l'on nomme doubles dièses et que nous marquerons ainsi 4̸̸ (FA double dièse) 1̸̸ (UT double dièse), etc.

Construisons maintenant, d'après ces données, le tableau général des gammes par dièses et doubles-dièses, gammes que l'on obtient en prenant toujours pour tonique de la nouvelle gamme, la dominante de la gamme que l'on quitte, et pour sensible, le son nouveau (dièse ou double-dièse) qui fait seconde mineure avec cette dominante devenue tonique.

(Lisez le tableau suivant par colonnes verticales de bas en haut, et en allant de gauche à droite ; c'est-à-dire, en lisant successivement les gammes d'UT, de SOL, de RÉ, etc.)

Tableau de la génération des gammes par dièses et par doubles dièses.

La sensible doit faire avec la tonique *seconde mineure.*	1	5	2	6	3	7	4̸	1̸	5̸	2̸	Anciennes dominantes devenues toniques.
	7	4̸	1̸	5̸	2̸	6̸	3̸	7̸	4̸̸	1̸̸	Anciennes sous-dominantes remplacées par des dièses qui forment les sensibles des nouvelles toniques.
	6	3	7	4̸	1̸	5̸	2̸	6̸	3̸	7̸	
	5	2	6	3	7	4̸	1̸	5̸	2̸	6̸	Ligne des dominantes.
La sous-dominante fait avec la dominante *seconde majeure.*	4	1	5	2	6	3	7	4̸	1̸	5̸	Ligne des sous-dominantes.
	3	7	4̸	1̸	5̸	2̸	6̸	3̸	7̸	4̸̸	
	2	6	3	7	4̸	1̸	5̸	2̸	6̸	3̸	
	1	5	2	6	3	7	4̸	1̸	5̸	2̸	Anciennes dominantes devenues toniques

Ce tableau nous montre que :

1° Les dièses ont été introduits dans la gamme pour pouvoir reproduire constamment l'air UT, RÉ, MI, FA, SOL, LA, SI, UT, tout en accordant successivement le rôle de tonique aux notes SOL, RÉ, LA, MI, SI, FÈ, TÈ, JÈ, etc. Les dièses rendent donc toutes ces gammes égales, loin de les rendre dissemblables (vérifiez) ;

2° Si l'on prend la dominante pour tonique, la sous-dominante disparait pour être remplacée par un son plus aigu appelé dièse, et qui est la sensible de la nouvelle gamme (vérifiez) ;

3° Chaque dominante devenue tonique, faisant entrer un dièze nouveau, on voit arriver tous les dièses l'un après l'autre, en prenant les toniques *de dominante en dominante*, c'est-à-dire, *de quinte majeure en quinte majeure en montant* ; chaque gamme du tableau a donc un dièse de plus que celle qui est à sa gauche, et un de moins que celle qui est à sa droite (vérifiez) ;

4° On a le nom de toutes les gammes qui ont des dièses, en partant de UT, et en appelant les sons de quinte majeure en quinte majeure en montant ; exemple.

UT - SOL, quinte majeure; SOL - RÉ, quinte majeure; RÉ - LA, quinte majeure, LA - MI, quinte majeure, etc. C'est ainsi que l'on a pu dire que les toniques des gammes par dièses étaient SOL, RÉ, LA, MI, SI, FÉ, TÈ, JÈ, RÈ, etc. (vérifiez);

5° Puisque les sous-dominantes deviennent toutes successivement sensibles, on a dit que les dièses frappaient successivement toutes les sous-dominantes, ou qu'ils entraient dans les gammes de quinte majeure en quinte majeure en montant; exemple : FA, UT, SOL, RÉ, LA, MI, SI, etc. (vérifiez);

6° A partir de la sixième tonique par dièse, la tonique est elle-même un dièse (FA dièse, UT dièse, SOL dièse, RÉ dièse, etc. (vérifiez); c'est qu'à partir de la cinquième gamme par dièse, la dominante est diésée, et que c'est cette dominante qui est prise pour tonique de la gamme suivante;

7° A partir de la huitième gamme par dièses, aussitôt que le SOL dièse est devenu tonique, la sous-dominante à éliminer se trouvant être un dièse (vérifiez), la nouvelle *sensible* qui vient remplacer cette sous-dominante déjà diésée a reçu le nom de DOUBLE DIÈSE, et a été marquée de deux accents au lieu d'un, de la manière indiquée. D'après cela, qu'est-ce qu'un double-dièse? C'est un son qui fait avec le dièse placé immédiatement au-dessus de lui l'air SI - UT; c'est la sensible du son diésé placé immédiatement au-dessus de lui; le double-dièse a donc la même origine que le dièse : il transforme une sous-dominante en sensible;

8° Le tableau nous montre encore pourquoi la *gamme de* SOL a *un dièse* et pourquoi elle n'en a qu'un; pourquoi la *gamme de* RÉ a *deux dièses* et pourquoi elle n'en a que deux; pourquoi la *gamme de* LA a *trois dièses* et pourquoi elle n'en a que trois; et ainsi de toutes les autres : c'est que chacune de ces gammes avait un, deux, trois sons, etc., placés plus bas que les sons correspondants de la gamme d'UT, et qu'il a fallu les remplacer par les nouveaux sons appelés dièses, qui ont pour but de rendre chaque nouvelle gamme semblable à la première, à la gamme d'UT.

9° Chaque dièse étant une sensible, pour qu'il soit juste, il faut qu'il fasse avec sa tonique l'air SI-UT; voilà un moyen immanquable de chanter juste tous les dièses. C'est ici que la théorie a rendu un service immense à la pratique, en donnant un moyen simple et parfaitement sûr de chanter juste tous les dièses et les doubles dièses.

10° Chaque double dièse étant une sensible, pour qu'il soit juste, il faut qu'il fasse avec sa tonique (le dièse supérieur) l'air SI-UT. C'est un moyen certain de chanter juste tous les doubles dièses.

11° Enfin, chaque gamme ayant un nombre de dièses fixe, déterminé, on a pu dire que *telle tonique* amenait *tant de dièses* dans la gamme, ou que *tant de dièses* déterminaient telle tonique : ainsi on dit que :

La gamme de					
SOL a un dièse	4̸	Un dièse	4̸	donne pour toniques	SOL.
RÉ a deux dièses	4̸1	Deux dièses	4̸1	—	RÉ.
LA a trois dièses	4̸15	Trois dièses	4̸15	—	LA.
MI a quatre dièses	4̸152	Quatre dièses	4̸152	—	MI.
SI a cinq dièses	4̸1526	Cinq dièses	4̸1526	—	SI.
FA DIÈSE a six dièses	4̸15263	Six dièses	4̸15263	—	FA DIÈSE.
UT DIÈSE a sept dièses	4̸152637	Sept dièses	4̸152637	—	UT DIÈSE.

Maintenant que nous avons opéré en plaçant toujours le tétracorde supérieur de la gamme à côté de l'inférieur, en prenant pour tonique la dominante, faisons l'opération inverse, plaçons, en partant encore de la gamme d'UT, le tétracorde inférieur à côté du supérieur, et prenons la tonique pour dominante; cela fait, achevons, en descendant, la gamme commencée par en haut, et remarquons seulement que dans cette opération, la tonique UT devenant dominante, c'est la sous-dominante FA qui devient tonique à l'*aigu*.

En comparant l'une à l'autre ces deux échelles d'UT et de FA, nous voyons que ce n'est plus comme tout-à-l'heure, par les sensibles qu'elles diffèrent, puisque les deux sensibles font seconde mineure avec leurs toniques; mais que la différence porte maintenant sur les sous-dominantes FA-SI, dont la première, FA, fait seconde mineure avec la médiante MI, tandis que la seconde SI, fait seconde majeure avec la médiante LA. Du reste, partout ailleurs, les deux gammes sont pareilles (Vérifiez).

4	1
3	7
2	6
1	5
7	4
6	3
5	2
4	1

Or, si nous voulons maintenant rendre la gamme de FA égale à la gamme d'UT, nous voyons qu'il faut remplacer la sous-dominante SI par un son plus grave, qui fasse seconde majeure avec la dominante UT, et seconde mineure avec la médiante LA; ce son, plus grave que le SI, a été appelé SI BÉMOL; *sa propriété caractéristique est de produire avec le* LA *l'air* FA MI; c'est-à-dire, d'être la sous-dominante du ton (1) de FA. Nous le nommerons SEU, et nous l'écrirons ainsi : 7̸. Ce 7̸, introduit comme sous-dominante dans la gamme de FA, en remplacement du SI, ancienne sensible d'UT, rend maintenant les deux échelles parfaitement semblables, puisque les secondes majeures et les mineures présentent la même distribution de part et d'autre. C'est donc le même air écrit avec des notes différentes; seulement, celui qui a FA pour tonique est chanté à une quarte mineure plus haut, ou à une quinte majeure plus bas que celui qui a UT pour tonique. (Vérifiez.)

4	1
3	7
2	6
1	5
7̸	4
6	3
5	2
4	1

(1) Ton de FA, ton de SI, ton de RÉ, etc., sont des expressions synonymes de gamme de FA, gamme de SI, gamme de RÉ, etc.

Dans cette nouvelle gamme de FA, le tétracorde inférieur 4-5-6-7 est l'égal du supérieur UT-RÉ-MI-FA ; nous pouvons donc encore l'écrire à côté de lui, de manière que l'ancienne tonique FA devienne dominante ; la sous-dominante SEU devient alors tonique. Finissons, en descendant, la gamme nouvelle qui a SEU pour tonique aiguë, et comparons la gamme de SEU avec la gamme de FA qui lui a donné naissance. Ces deux gammes se ressemblent encore parfaitement, excepté par leurs sous-dominantes.

7	4
6	3
5	2
4	1
3	7
2	6
1	5
7	4

Donc si nous voulons la gamme de SI bémol semblable à la gamme de FA il faut, dans la première, éliminer la sous-dominante MI, qui fait seconde majeure avec le RÉ, et la remplacer par un son plus grave qui fasse avec le RÉ seconde mineure, et puisse remplir le rôle de sous-dominante de la gamme de SI bémol. Ce son, plus bas que le MI, et dont la propriété caractéristique est de produire avec le RÉ l'air SEU-LA, ou l'air type FA-MI, a été appelé MI BÉMOL ; nous le nommons MEU, et nous l'écrivons ainsi 3. Vérifiez sur l'exemple, l'égalité des deux échelles.

7	4
6	3
5	2
4	1
3	7
2	6
1	5
7	4

En continuant à agir de la même manière, c'est-à-dire en prenant l'ancienne tonique pour dominante (ou ce qui est la même chose, en prenant l'ancienne sous-dominante pour tonique nouvelle), on trouve toujours que la nouvelle gamme et celle dont elle dérive ont six notes communes et qu'elles ne diffèrent que par leurs sous-dominantes ; si donc on veut rendre la nouvelle semblable à l'ancienne, il suffit de remplacer la sous-dominante qui fait seconde majeure avec la médiante, par un son plus grave qui fasse seconde mineure avec la médiante. Ce son plus grave a reçu le nom de bémol. — Pour rendre le fait plus clair, construisons la série des gammes, à partir de celle d'UT, et en prenant toujours pour nouvelle tonique la sous-dominante de la gamme que l'on quitte. Remarquons seulement que la tonique ancienne devenant alors dominante nouvelle, la sensible ancienne est éliminée pour faire place à un son plus grave appelé bémol, et qui est la nouvelle sous-dominante.

Lisez le tableau de bas en haut, et de droite à gauche.

	4	1	5	2	6	3	7	4	1	La sensible fait avec la tonique *seconde mineure.*
	3	7	4	1	5	2	6	3	7	
	2	6	3	7	4	1	5	2	6	
Anciennes toniques devenues dominantes.	1	5	2	6	3	7	4	1	5	La sous-dominante doit faire avec la dominante *seconde majeure.*
Anciennes sensibles remplacées par des bémols qui forment les sous-dominantes des nouvelles gammes.	7	4	1	5	2	6	3	7	4	
	6	3	7	4	1	5	2	6	3	
	5	2	6	3	7	4	1	5	2	
	4	1	5	2	6	3	7	4	1	

Anciennes sous-dominantes devenues toniques.

Ce tableau nous montre que :

1° Les bémols ont été introduits dans la gamme pour pouvoir reproduire constamment l'air UT-RÉ-MI-FA-SOL-LA-SI-UT, tout en accordant successivement le rôle de tonique aux notes FA-SEU-MEU-LEU-REU-JEU-TEU-FEU, etc. : Les bémols rendent donc toutes ces gammes égales, loin de les rendre dissemblables (vérifiez) ;

2° si l'on prend la tonique pour dominante (la sous-dominante pour tonique) la sensible disparaît pour être remplacée par un son plus grave appelé bémol, et qui est la sous-dominante de la nouvelle gamme (vérifiez) ;

3° chaque sous-dominante, devenue tonique, faisant entrer un bémol nouveau, on voit arriver tous les bémols, l'un après l'autre, en prenant les toniques de sous-dominante en sous-dominante ; c'est-à-dire, de quinte majeure en quinte majeure en descendant ; chaque gamme du tableau a donc un bémol de plus que celle qui est à sa droite, et un de moins que celle qui est à sa gauche (vérifiez) ;

4° En partant d'UT, on a le nom de toutes les toniques par bémols, en appelant successivement les sons de quinte majeure en quinte majeure en descendant : exemple, UT-FA en descendant, quinte majeure ; FA SEU, quinte majeure ; SEU-MEU, quinte majeure, etc., c'est-à-dire, que l'on a pu dire que les toniques des gammes par bémols étaient FA, SEU, MEU, LEU, REU, JEU, TEU, etc. (vérifiez) ;

5° Puisque les sensibles deviennent toutes successivement sous-dominantes, on a dit que les bémols frappaient successivement toutes les sensibles ou qu'ils entraient dans les gammes de quinte majeure en quinte majeure en descendant : exemple, SI, MI, LA, RÉ, SOL, UT, etc. (vérifiez) ;

6° A partir de la deuxième tonique par bémols, la tonique est elle-même un bémol (si bémol, mi bémol, la bémol, etc. (vérifiez). C'est qu'à partir de la première gamme par bémol la sous-dominante est bémolisée, et que c'est cette sous-dominante qui est prise pour tonique de la gamme suivante à gauche (vérifiez);

7° A partir de la huitième gamme par bémol, aussitôt que le FA BÉMOL est devenu tonique, la sensible à éliminer étant un bémol (vérifiez), la nouvelle sous-dominante qui vient remplacer cette sensible déjà bémolisée a reçu le nom de DOUBLE BÉMOL, et a été marquée de deux accents au lieu d'un, de la manière suivante 7. D'après cela, qu'est-ce qu'un double bémol? — C'est un son qui fait avec le bémol placé au-dessous de lui l'air FA-MI; c'est la sous-dominante de la tonique bémolisée placée à une quarte mineure au-dessous de lui; le double bémol a donc la même origine que le bémol : il transforme une sensible en sous-dominante (vérifiez);

8° Le tableau nous montre encore pourquoi la gamme de FA a UN BÉMOL, et pourquoi elle n'en a qu'un; pourquoi la gamme de SI BÉMOL a DEUX BÉMOLS, et pourquoi elle n'en a que deux; pourquoi la gamme de MI BÉMOL EN A TROIS, et pourquoi elle n'en a que trois, etc.? c'est que chacune de ces gammes avait UN, DEUX, TROIS SONS, etc., placés plus haut que les sons correspondants de la gamme d'ut, et qu'il a fallu les remplacer par des sons nouveaux appelés bémols, qui ont pour but de rendre chaque nouvelle gamme égale à la gamme type, à la gamme d'ut.

9° Chaque bémol étant une sous-dominante, pour qu'il soit juste il faut qu'il fasse avec sa médiante l'air FA-MI. C'est un moyen certain de chanter juste tous les bémols. Ici encore la théorie a rendu un immense service à la pratique, en donnant le moyen de chanter juste les bémols et les doubles bémols.

10° Chaque double bémol étant une sous-dominante, pour qu'il soit juste il faut qu'il fasse avec la médiante (le bémol inférieur), l'air FA-MI. C'est un moyen certain de chanter juste tous les doubles bémols.

11° Enfin, chaque gamme ayant un nombre de bémols fixe, déterminé, on a pu dire que TELLE TONIQUE amenait TANT DE BEMOLS dans la gamme; ou que TANT DE BEMOLS déterminaient telle tonique :

Ainsi on dit que :

La gamme		
	de FA a un bémol	7
	de SI BÉMOL a deux bémols	73
	de MI BÉMOL a trois bémols	736
	de LA BÉMOL a quatre bémols	7362
	de RÉ BÉMOL a cinq bémols	73625
	de SOL BÉMOL à six bémols	736251
	de UT BÉMOL a sept bémols	7362514

Un bémol	7	donne pour tonique	FA
Deux bémols	73	—	SI BÉMOL.
Trois bémols	736	—	MI BÉMOL.
Quatre bémols	7362	—	LA BÉMOL.
Cinq bémols	73625	—	RÉ BÉMOL.
Six bémols	736251	—	SOL BÉMOL.
Sept bémols	7362514	—	UT BÉMOL.

Maintenant que nous avons vu la génération des gammes par dièses, et celle des gammes par bémols, rapprochons les deux tableaux, de manière à les embrasser du même coup d'œil, pour en tirer de nouvelles conséquences. Voici ce tableau général de la génération des gammes.

Remarquez que l'air type, la GAMME D'UT, est au centre du tableau, ayant à sa droite les gammes par dièses, celles que l'on obtient en prenant toujours la dominante pour tonique; et à sa gauche, les gammes par bémols, celles qui se forment en prenant successivement pour toniques les sous-dominantes.

Tableau général de la génération des gammes.

Les anciennes dominantes deviennent toniques : les sous-dominantes deviennent sensibles.

	4	1	5	2	6	3	7	4	1	5	2	6	3	7	4	1	5	
…s Sous-	3	7	4	1	5	2	6	3	7	4	1	5	2	6	3	7	4	Double dièse.
	2	6	3	7	4	1	5	2	6	3	7	4	1	5	2	6	3	
	1	5	2	6	3	7	4	1	5	2	6	3	7	4	1	5	2	
… bémol.	7	4	1	5	2	6	3	7	4	1	5	2	6	3	7	4	1	Anciennes sensibles devenues sous-dominantes.
	6	3	7	4	1	5	2	6	3	7	4	1	5	2	6	3	7	
	5	2	6	3	7	4	1	5	2	6	3	7	4	1	5	2	6	
	4	1	5	2	6	3	7	4	1	5	2	6	3	7	4	1	5	

Les anciennes sous-dominantes deviennent toniques : les sensibles deviennent sous-dominantes.

1° La première observation à faire sur ce tableau, et la plus importante d'ailleurs, est celle-ci : les dix-sept gammes qu'il renferme, étant toutes formées par le même nombre de secondes majeures et de secondes mineures disposées de la même manière, sont parfaitement égales, et reproduisent toutes l'air type, UT, RÉ, MI, FA, SOL, LA, SI, UT chanté à des hauteurs différentes.—Lorsque l'on chante l'une quelconque de ces gammes, c'est donc toujours l'air UT, RÉ, MI, FA, SOL, LA, SI, UT, que l'on fait entendre : le nom de la tonique a changé, et avec lui le nom d'une ou de plusieurs autres notes; le point de départ n'est plus l'ut du diapason de convention, c'est un son plus grave ou plus aigu; mais les intervalles sont invariables; dans chacune de ces gammes ils sont identiquement les mêmes que dans la gamme modèle d'UT.

Puisque toutes les gammes reproduisent le même air à des hauteurs diverses, on peut les remplacer toutes par une seule; par la gamme d'UT, par exemple; il suffit pour cela de prendre l'UT TONIQUE à la hauteur de la tonique de la gamme que l'on veut chanter; exemple :

Si l'on désire produire l'effet de la gamme de LA, on prend le LA du diapason, on l'appelle UT, et on le prend pour tonique; les noms UT, RÉ, MI, FA, SOL, LA, SI UT, représentent alors les sons LA, SI, TÉ, RÉ, MI, FÉ, JÉ, LA;

Si l'on veut produire l'effet de la gamme de RÉ BÉMOL, on prend le RÉ BÉMOL du diapason, on l'appelle UT, et on le prend pour tonique; les noms UT, RÉ, MI, FA, SOL, LA, SI, UT, représentent alors les sons REU, MEU, FA, JEU, LEU, SEU, UT, REU. — Et ainsi de toutes les autres gammes.

C'est-à-dire que, pour nous, les mots UT, RÉ, MI, FA, SOL, LA, SI, UT, employés pour chanter ainsi toutes les gammes du tableau général, n'indiquent pas des sons absolus par rapport au diapason; mais simplement des rapports fixes, invariables, à partir d'une tonique quelconque, que nous nommons toujours UT. Dans ce cas les mots, UT, RÉ, MI, FA, SOL, LA, SI, UT, sont pris par nous dans l'acception suivante :

SI	—	—	SENSIBLE.
LA	—	—	SOUS-SENSIBLE.
SOL	—	—	DOMINANTE.
FA	—	—	SOUS-DOMINANTE.
MI	—	—	MÉDIANTE.
RÉ	—	—	SOUS-MÉDIANTE.

UT représente pour nous la propriété de TONIQUE MAJEURE.

Ainsi, nous chantons dans tous les tons en employant toujours la langue d'UT, avec la seule précaution de prendre l'UT à la hauteur de la tonique dont on veut reproduire la gamme. On rend ainsi l'effet demandé, sans avoir besoin d'apprendre quinze langues.

Cette opération par laquelle on chante toutes les gammes avec la seule langue d'ut, l'ut tonique étant pris à une hauteur convenable, a reçu le nom de *transposition*. Transposer, c'est donc chanter un air, avec des noms autres que ceux qui sont écrits.

2° Une seconde observation à faire sur le tableau général des gammes est celle-ci : en lisant le tableau de gauche à droite, comme l'indique la flèche supérieure, on remarque que la dominante de la gamme de gauche devient tonique de la gamme de droite; et, qu'en même temps, la sous-dominante est élevée pour faire une sensible. Or, ce dernier résultat, *transformer une sous-dominante en sensible*, s'obtient de l'une des quatre manières suivantes.

Si la sous-dominante à transformer en sensible est un	double bémol, on retire un bémol,	SI double bémol devient $\not{7}$.
	bémol, on retire le bémol,	$\not{7}$ devient 7.
	son de la gamme d'UT, on met un dièse,	4 devient $\not{4}$.
	dièse, on met un double dièse,	$\not{4}$ devient FA double dièse.

Donc, *un bémol qui sort* ou *un dièse qui arrive*, produisent le même résultat : *ils transforment la sous-dominante en sensible, et font porter la tonalité sur la dominante* (vérifiez). Le départ du double bémol, et l'arrivée du double dièse font de même.

3° *Troisième observation.* En lisant le tableau de droite à gauche, comme l'indique la flèche inférieure, on remarque que la tonique de la gamme de droite devient dominante de la gamme de gauche ; et, qu'en même temps, la sensible est abaissée pour faire une sous-dominante. Or, ce dernier résultat, *transformer une sensible en sous-dominante*, s'obtient de l'une des quatre manières suivantes :

Si la sensible à transformer en sous-dominante est un	double dièse, on retire un dièse,	FA double dièse devient $\not{4}$.
	dièse, on retire le dièse,	$\not{4}$ devient 4.
	son de la gamme d'UT, on met un bémol,	7 devient $\not{7}$.
	un bémol, on met un second bémol.	$\not{7}$ devient SI double bémol.

Donc : *un dièse qui sort* ou *un bémol qui arrive*, produisent le même résultat : *ils transforment la sensible en sous-dominante, et font porter la tonalité sur la sous-dominante.* (vérifiez). Le départ du double dièse, et l'arrivée du double bémol font de même.

4° L'expression de *moduler* (1) étant consacrée pour indiquer le changement *de tonique dans le courant d'un chant, que peuvent signifier les phrases :* Moduler à la quinte, moduler à la quarte, moduler à la tierce, etc.

Moduler à *la quinte majeure en montant*, c'est prendre la dominante pour tonique; il sort un bémol ou il entre un dièse (vérifiez).

Moduler à la *quinte majeure en descendant*, c'est prendre la sous-dominante pour tonique; il sort un dièse ou il entre un bémol (vérifiez) ;

Moduler à la *seconde majeure en montant*, c'est prendre la sous-médiante pour tonique; il sort deux bémols ; ou il *entre deux dièses* ; ou il sort un bémol et il entre un dièse (vérifiez) : c'est comme moduler à deux quintes ascendantes.

Moduler à la seconde majeure en descendant, c'est prendre la sensible bémolisée pour tonique ; il sort deux dièses ; ou il entre deux bémols ; ou il sort un dièse et il entre un bémol (vérifiez) : c'est comme moduler à deux quintes descendantes.

---

(1) Voir plus loin l'explication du mot *mode*.

Moduler à la tierce majeure en montant, aller de UT en MI, par exemple, ou de LA BÉMOL en UT, c'est prendre quatre dièses de plus ou quatre bémols de moins (vérifiez) : c'est donc comme moduler à quatre quintes ascendantes.

Moduler à la tierce majeure en descendant, aller de MI en UT, ou de UT en LA BÉMOL, c'est prendre quatre dièses de moins ou quatre bémols de plus (vérifiez) : c'est donc comme moduler à quatre quintes descendantes.

Moduler à la seconde mineure en descendant, aller de UT en SI ou de RÉ BÉMOL en UT, c'est prendre cinq dièses de plus ou cinq bémols de moins (vérifiez) : c'est comme moduler à cinq quintes ascendantes.

Moduler à la seconde mineure en montant, aller de SI en UT ou de UT en RÉ BÉMOL : c'est prendre cinq dièses de moins ou cinq bémols de plus (vérifiez) : c'est comme moduler à cinq quintes descendantes.

Nous arrêtons là ces remarques, que chacun peut multiplier s'il le veut.

CHAPITRE IV.

DE LA GAMME DIATONIQUE MINEURE, ET DE LA GÉNÉRATION DES TONS MINEURS.

Jusqu'ici nous n'avons parlé que d'une seule gamme nommée majeure, comme servant de base à notre système musical ; mais il en existe une deuxième, qui diffère essentiellement de celle que nous connaissons, parce que les secondes majeures et les secondes mineures n'y sont pas distribuées de la même manière ; et que, de plus, elle contient une seconde qui n'a pas de semblable dans la gamme majeure : cette deuxième gamme a été nommée GAMME DIATONIQUE MINEURE, ou simplement GAMME MINEURE. Écrivons ces deux gammes en lignes verticales pour en faire la comparaison :

	Gamme majeure.	Gamme mineure.	
	1	1	
Seconde mineure.			Seconde mineure.
	7	7	
Seconde majeure.			Seconde plus grande qu'une seconde majeure ; nommons-la seconde maxime.
	6		
Seconde majeure.		6	
			Seconde mineure.
	5	5	
Seconde majeure.			Seconde majeure.
	4	4	
Seconde mineure.			
	3		Seconde majeure.
Seconde majeure.		3	
			Seconde mineure.
	2	2	
Seconde majeure.			Seconde majeure.
	1	1	

La gamme majeure contient CINQ secondes majeures, et DEUX mineures.

La gamme mineure contient TROIS secondes majeures, TROIS mineures et UNE maxime. (Vérifiez.)

Donc, ces deux gammes ne se ressemblent pas, et l'on a bien fait de leur donner deux noms différents. Toutefois, les expressions de majeure et mineure qui servent à les désigner, ne doivent pas être prises à la lettre ; car la distance de l'UT grave à l'UT aigu dans la gamme majeure est identiquement la même que celle de l'UT grave à l'UT aigu dans la gamme mineure ; il y a donc, dans ces deux gammes, la même distance de la tonique grave à la tonique aiguë.

L'expression de mineure a peut-être été appliquée à la deuxième gamme parce qu'elle produit une impression de tristesse que ne cause pas l'autre ; parce qu'elle a trois secondes mineures, l'autre n'en ayant que deux ; parce qu'elle débute par une tierce mineure, l'autre par une majeure ; ou enfin, parce que, dans le principe, elle ne s'étendait que de la sensible inférieure à la sous-sensible supérieure, de 7 à 6.

Quoi qu'il en soit de l'origine de ce mot *mineur* appliqué à la deuxième gamme, revenons à la comparaison des deux gammes : ajoutons seulement que les trois expressions *gamme, échelle, mode*, sont parfaitement synonymes, de sorte que l'on dit indifféremment : gamme, échelle, ou mode majeur ; gamme, échelle ou mode mineur.

Or, si nous comparons maintenant nos deux échelles l'une à l'autre, nous trouvons que toutes les notes sont communes aux deux modes, excepté la tierce et la sixte : ces deux notes, servant dès lors à caractériser chacun des deux modes, à les faire reconnaître l'un de l'autre, ont reçu le nom de *notes modales*. Ainsi, les *modales* de la gamme d'*ut mode majeur* sont *mi* et *la* ; tandis que les modales d'*ut mode mineur* sont *mi bémol* et *la bémol*. Le caractère différentiel des modales majeures et des mineures est donc le suivant : Les *modales majeures, mi-la, forment des intervalles majeurs avec la tonique grave* (ut-mi, tierce majeure ; ut-la, sixte-majeure) ; tandis que les *modales mineures forment des intervalles mineurs avec la même tonique* (ut-meu, tierce mineure ; ut-leu, sixte mineure). (Vérifiez.)

Ainsi, le caractère propre de la gamme mineure, c'est que les deux modales font des intervalles mineurs avec la tonique grave.

Dans la génération des tons majeurs, nous avons vu que l'on pouvait prendre pour base de la gamme le premier son venu, et cependant reproduire toujours le même air ; eh bien ! il est facile de prévoir qu'il en est de même pour la génération des tons mineurs, et que l'on peut prendre pour tonique mineure le son que l'on veut, pourvu que l'on dispose les secondes dans l'ordre invariable qu'elles affectent dans la gamme d'*ut mineur* ; c'est-à-dire que l'on ait une seconde majeure, une mineure, deux majeures, une mineure, une maxime et une mineure. (Vérifiez.)

Mais quel est le moyen d'atteindre ce but ? Le voici, il est bien simple.

Il faut abaisser les modales majeures pour en faire des modales mineures ; cela fait, toutes les gammes majeures deviennent à l'instant même des gammes mineures, semblables à celle d'*ut* que nous avons prise pour modèle, et reproduisent le même air qu'elle, avec des toniques différentes.

Mais comment abaisse-t-on un son ? (1) En lui retirant un dièse ou en lui mettant un bémol. — On transformera donc immédiatement une gamme majeure en gamme mineure, en faisant subir aux deux modales majeures l'une des quatre modifications suivantes :

Si les modales à baisser {
ont deux dièses, on retire un dièse, FA double dièse devient 4̸.
ont un dièse, on retire le dièse, 4̸ devient 4.
sont naturelles (2), on met un bémol, 7 devient 7̸.
ont un bémol, on met un second bémol, 7̸ devient SI double bémol.

Pour rendre ces explications plus claires, reprenons le tableau général de nos gammes majeures, et transformons chacune d'elles en gamme mineure. Ce résultat s'obtient immédiatement en remplaçant les modales majeures par les modales mineures, et en conservant toutes les notes communes aux deux modes. Ecrivons chaque mineur à côté de son majeur, pour que l'œil puisse facilement saisir les points de contact et les points de dissemblance des deux modes. Toutefois, pour ne pas rendre ce tableau trop compliqué, bornons-nous à ne prendre que les quatre premières gammes par dièses et les quatre premières par bémols ; et engageons le lecteur à compléter lui-même ce tableau, en le refaisant tout entier, et en poussant jusqu'aux gammes de sol dièse et de fa bémol. — Cet exercice est fort utile ; et, dans tous les cas, l'opération consiste à écrire une seconde fois la gamme majeure, avec la simple précaution d'en abaisser les modales par l'un des quatre moyens signalés ci-dessus.

---

(1) J'emploie ici les expressions d'abaisser un son, d'élever un son, parce que ces phrases sont employées partout. On n'élève pas un son, on n'abaisse pas un son ; mais on le remplace par un autre son plus aigu ou plus grave.

(2) Ce mot *naturelles* appliqué aux notes est l'opposé de dièses et de bémols ; les dièses et les bémols indiquent les notes étrangères à la gamme d'UT, tandis que les notes naturelles sont celles que l'on rencontre dans cette gamme.

Tableau de la transformation des gammes majeures en gammes mineures.

6 6	3 3	7 7	4 4	1 1	5 5	2 2	6 6	3 3
5 5	2 2	6 6	3 3	7 7	4 4	1 1	5 5	2 2
4	1	5	2	6	3	7	4	1
4	1	5	2	6	3	7	4	1
3 3	7 7	4 4	1 1	5 5	2 2	6 6	3 3	7 7
2 2	6 6	3 3	7 7	4 4	1 1	5 5	2 2	6 6
1	5	2	6	3	7	4	1	5
1	5	2	6	3	7	4	1	5
7 7	4 4	1 1	5 5	2 2	6 6	3 3	7 7	4 4
6 6	3 3	7 7	4 4	1 1	5 5	2 2	6 6	3 3

Remarques sur le tableau précédent :

1° Chaque gamme mineure a { deux dièses de moins *ou* un dièse de moins et un bémol de plus *ou* deux bémols de plus } que la gamme majeure qui a la même tonique qu'elle. (Vérifiez.)

2° De même que l'on transforme une gamme majeure en gamme mineure en abaissant les modales, de même on transforme une gamme mineure en gamme majeure en élevant les modales,

C'est-à-dire {
en leur retirant un bémol si elles en ont deux, — si double bémol devient 7.
en leur retirant leur bémol si elles n'en ont qu'un, 7 devient 7.
en leur mettant un dièse si elles sont naturelles 4 devient 4.
en leur ajoutant un second dièse si elles en ont déjà un 4 devient FA double dièse.
}

3° Il y a deux gammes mineures, celle de SOL et et celle de RÉ, qui renferment à la fois dièse et bémol : *seu, meu, fè*, pour la gamme de *sol ;* et *seu, té*, pour la gamme de *ré*. Cela tient à ce que, dans ces deux gammes, la place de la seconde maxime se trouve occupée par les deux secondes mineures *mi-fa* et *si-ut*, et que, pour transformer ces deux secondes mineures en secondes maximes, il a fallu les agrandir par les deux bouts, c'est-à-dire les remplacer par *meu-fè* et *seu-tè*.

4° Si l'on compare chaque gamme majeure à la gamme mineure dont la tonique se trouve à une tierce mineure au-dessous de la sienne, c'est-à-dire :

UT majeur à LA mineur.
SOL majeur à MI mineur.
RÉ majeur à SI mineur.
LA majeur à FÈ mineur.
MI majeur à TÈ mineur.
SI majeur à JÈ mineur.
FÈ majeur à RÈ mineur.
TÈ majeur à LÈ mineur.

FA majeur à RÉ mineur.
SEU majeur à SOL mineur.
MEU majeur à UT mineur.
LEU majeur à FA mineur.
REU majeur à SEU mineur.
JEU majeur à MEU mineur.
TEU majeur à LEU mineur.

on trouve que ces deux gammes ont six notes communes, et qu'elles ne diffèrent que par leur point de départ, et par la dominante majeure qui a été élevée pour faire une sensible mineure. Ainsi, par exemple, la gamme d'*ut majeur* et la gamme de *la mineur* ont six notes communes, *la*, *si*, *ut*, *ré*, *mi*, *fa* : elles n'ont pas la même tonique, puisque l'une part du *la* et l'autre de l'*ut* ; elles ne diffèrent que par le *sol*, dominante majeure, qui se trouve remplacé par le JÈ, sensible mineure. Pour indiquer cette corrélation intime des gammes d'*ut majeur* et de *la mineur*, on a dit que ces deux gammes étaient relatives l'une de l'autre.

Ainsi, on appelle la gamme de *la mineur*, le *relatif mineur d'ut majeur* ; et *ut majeur*, *le relatif majeur* de *la mineur*.

Ce mot relatif est pris par opposition au mot même base : ainsi, quand on parle du mode MAJEUR D'UT, on dit que UT MINEUR est son mineur de même base, pour indiquer qu'ils ont la même tonique ; et l'on dit que LA MINEUR est son mineur relatif, pour indiquer qu'il est de toutes les gammes mineures celle qui renferme le plus grand nombre de notes de la gamme d'UT.

Or, tout ce qui est vrai pour la GAMME D'UT MAJEUR, l'est également pour les autres gammes majeures; chacune d'elles a un mineur de même base, et un mineur relatif, qui sont avec elle dans le même rapport que les gammes d'UT MINEUR et de LA MINEUR sont avec UT MAJEUR.—Pour nous en convaincre, formons le tableau des gammes majeures, en accompagnant chacune d'elles de son mineur de même base à gauche, et de son mineur relatif à droite. Seulement, comme pour le tableau précédent, arrêtons-nous à la gamme de MI MAJEUR et à celle de LA BÉMOL MAJEUR, et engageons encore le lecteur à refaire lui-même le tableau, en le poussant jusqu'aux gammes majeures de SOL DIÈSE et de FA BÉMOL. Je ne saurais trop recommander ces sortes d'exercices écrits aux personnes qui désirent se rendre complétement maîtresses de la théorie. Quelle que soit la rapidité avec laquelle l'esprit saisisse une chose, il est prudent de s'y arrêter quelque temps pour la bien connaître : il faut la digérer. Sans cette précaution, l'impression causée est si légère, si fugace, qu'elle est bientôt effacée par une nouvelle impression, qui n'aura pas plus de durée qu'elle. Refaites donc à la plume tous les exemples que nous donnons.

Tableau de transformation des gammes majeures en leurs mineurs de même base à gauche, et en leurs mineurs relatifs à droite.

	6 6	3 3	7 7	4 4	1 1	5 5	2 2	6 6	3 3	
	5 5	2 2	6 6	3 3	7 7	4 4	1 1	5 5	2 2	
	4 4	1 1	5 5	2 2	6 6	3 3	7 7	4 4	1 1	(1)
	3	7	4	1	5	2	6	3	7	(3)
(4)	4	1	5	2	6	3	7	4	1	
	3 3	7 7	4 4	1 1	5 5	2 2	6 6	3 3	7 7	
	2 2 2	6 6 6	3 3 3	7 7 7	4 4 4	1 1 1	5 5 5	2 2 2	6 6 6	
	1 1	5 5	2 2	6 6	3 3	7 7	4 4	1 1	5 5	
(4)	1	5	2	6	3	7	4	1	5	
	7 7 7	4 4 4	1 1 1	5 5 5	2 2 2	6 6 6	3 3 3	7 7 7	4 4 4	
	6 6 6	3 3 3	7 7 7	4 4 4	1 1 1	5 5 5	2 2 2	6 6 6	3 3 3	(2)
	5	2	6	3	7	4	1	5	2	
	4	1	5	2	6	3	7	4	1	(1)

Remarques sur le tableau précédent :

1° Chaque gamme majeure a pour mineur relatif le ton mineur de sa sous-sensible ; c'est-à-dire que les deux toniques relatives sont à une tierce mineure l'une de l'autre, la majeure en-dessus, la mineure en-dessous. Lorsque l'on veut avoir la tonique du mineur relatif, il faut donc la prendre une tierce mineure au-dessous de la tonique majeure donnée ; *et vice versâ*, quand on veut avoir la tonique du majeur relatif d'une gamme mineure donnée, on la prend à une tierce mineure au-dessus (*vérifiez*).

2° Pour passer du majeur au mineur relatif, il suffit d'élever la dominante majeure pour en faire une sensible mineure, soit en retirant un bémol, soit en prenant un dièse ; le relatif mineur a donc un bémol de moins ou un dièse de plus que son relatif majeur (*vérifiez*).

(1) Sous-sensibles majeures, devenant toniques des mineurs relatifs.

(2) Médiantes mineures, devenant toniques des majeurs relatifs.

(3) Anciennes dominantes majeures élevées pour faire des sensibles aux mineurs relatifs.

(4) Anciennes modales majeures abaissées pour faire les modales des mineurs de même base.

3° Réciproquement, pour passer du mineur au majeur relatif, il suffit d'abaisser la sensible mineure, pour en faire une dominante majeure, soit en retirant un dièse, soit en mettant un bémol; le relatif majeur a donc un dièse de moins, ou un bémol de plus que son relatif mineur (*vérifiez*).

4° Gardez-vous de croire que le mineur relatif et le mineur de même base, relativement à un ton majeur donné, ne soient pas le même air; ils sont parfaitement identiques (assurez-vous en examinant l'ordre de superposition des secondes); seulement ils ont leurs toniques à une tierce mineure l'une de l'autre, et n'ont que quatre notes communes, tandis qu'ils en ont trois qui ne le sont pas. (*vérifiez*).

Variantes de la gamme mineure.

Jusqu'ici, j'ai considéré la gamme mineure comme ne différant de la gamme majeure que par ses modales; c'est en effet ce qui est vrai. Toutefois, cette gamme mineure contenant une seconde maxime qui n'a pas de modèle dans la gamme majeure, est devenue l'écueil du plus grand nombre. La seconde maxime est difficile à entonner juste, quand on n'a pas, comme nous, un moyen sûr de mesurer les dièses et les bémols. Cette circonstance seule a pu conduire aux résultats que je vais indiquer. Ici, j'ai besoin de remonter à l'origine de la gamme mineure.

Nous avons vu, dans la grande note de la page 203, comment on avait formé notre gamme majeure, qui doit son origine aux harmoniques donnés par trois cordes vibrantes, montées à intervalles de quinte majeure l'une de l'autre. L'origine de la gamme mineure est plus obscure; voici, toutefois, comment je me figure qu'elle a dû prendre naissance, et comment on peut expliquer les variantes qu'elle offre dans les solfèges.

Les deux quintes UT-SOL et LA-MI sont égales, puisque ce sont deux quintes majeures; mais si au lieu de chanter UT-SOL et LA-MI, on chante UT-MI-SOL et LA-UT-MI, bien que les deux quintes soient toujours égales, les deux airs sont cependant bien différents et produisent deux impressions opposées: l'un, UT-MI-SOL, paraît gai, libre, facile; l'autre, LA-UT-MI, a quelque chose de contraint, de triste, de pénible. Ce fait, que chacun peut constater à l'instant même en faisant entendre ces deux chants l'un après l'autre, tient à ce que dans UT-MI-SOL le chant commence par la plus grande tierce ut-mi, pour finir par la plus petite mi-sol; tandis que dans LA-UT-MI, le chant commence par la tierce mineure LA-UT et finit par la tierce majeure UT-MI.

Ce fait a dû porter les compositeurs à chanter, dans certains cas, avec l'accord (1) LA-UT-MI; c'est-à dire à prendre le LA pour tonique, l'UT pour mé-

(1) Voir à l'Harmonie, tome III, la théorie des accords.

diante et le MI pour dominante. Dès ce jour, la gamme mineure a pris droit de domicile dans notre système musical; et on a dû se hâter de la terminer en chantant dans ce nouvel ordre *tous les sons de la gamme d'ut.* Cette gamme a donc dû se chanter d'abord de la manière suivante. LA-SI-UT-RÉ-MI-FA-SOL-LA — LA-SOL-FA-MI-RÉ-UT-SI-LA.

En descendant du LA aigu, au LA grave, l'oreille n'a pas dû être trop choquée de ne pas rencontrer de sensible faisant seconde mineure avec la tonique, parce qu'en descendant sur le SOL l'air n'est pas fini, et que quand on arrive à la tonique inférieure, l'oreille a oublié le sol qui a fait peu d'impression. Mais en montant cette gamme mineure, et en s'arrêtant à la tonique aiguë, l'oreille est péniblement affectée de ne pas sentir de sensible, et se refuse à donner le titre de tonique à un son qui fait seconde majeure avec la note inférieure. Ici a donc dû commencer le travail de ceux qui ont fait la gamme mineure; et la première idée qui leur sera venue aura été celle d'éliminer le SOL, et de le remplacer par le SOL DIÈSE, qui peut faire seconde mineure avec le LA, et lui donner le véritable caractère de tonique. Alors la gamme mineure aura été LA-SI-UT-RÉ-MI-FA-JÈ-LA — LA-JÈ-FA-MI-RÉ-UT-SI-LA; et cette fois, de quelque manière que la voix ait chanté cette gamme, que ce fût en montant, que ce fût en descendant, l'oreille a été pleinement satisfaite, du moins sous le point de vue de la tonalité. Mais elle a dû être frappée d'étonnement à l'audition de la seconde FA-JÈ qu'elle n'avait jamais entendue, et que la voix a dû rendre difficilement en commençant. Cette seconde FA-JÈ s'est trouvée là comme un véritable gouffre devant lequel ont dû reculer les timides et dans lequel ont dû tomber les plus hardis. — Ceci doit être la vérité, puisque GUY D'AREZZO lui-même, ne sachant comment faire franchir ce mauvais pas, et ne voulant cependant pas sacrifier la sensible, SOL DIÈSE, tourna la difficulté, et proposa d'écrire la gamme de la manière suivante : LA-SI-UT-RÉ-MI-FA — FA-MI-RÉ-UT-SI-LA-JÈ-LA; puis, en chantant, par tierces superposées, LA-UT-MI-JÈ—JÈ-MI-UT-LA-JÈ-LA; c'est-à-dire que, ne pouvant faire franchir la difficulté FA-JÈ, il ne la chante pas; il s'arrête au FA quand il monte, et ne fait pas FA-JÈ; il s'arrête au JÈ quand il descend, et ne fait pas JÈ-FA. Ainsi, au lieu de chercher le moyen de faire chanter FA-JÈ, il le supprime : c'est plus expéditif; mais aussi, il se condamne à ne jamais chanter la gamme mineure, de la tonique à la tonique, ni en montant, puisqu'il ne va que du LA au FA, ni en descendant, puisqu'il ne descend que du FA au JÈ. (c'est peut-être de là que vient l'expression de gamme mineure).

D'autres compositeurs, mécontents d'une gamme à chaque instant interrompue par la *seconde monstre*, tentèrent de résoudre autrement le problème; mais toujours en supprimant la difficulté au lieu d'essayer de la franchir. — Voici le raisonnement qu'ont dû faire ces derniers. La gamme mineure se chante très-facilement jusqu'au FA; mais du FA au JÈ, nous ne pouvons plus passer à cause de cette maudite seconde augmentée; eh bien! chassons-la, et remplaçons-la de la manière suivante: remplaçons MI - FA - JÈ (seconde mineure MI — FA et seconde maxime FA - JÈ) par MI-FÈ-JÈ (seconde majeure MI-FÈ, et encore seconde majeure FÈ - JÈ). Nous le pouvons; car les deux sommes MI - JÈ sont égales, et sans altérer cet intervalle total MI - JÈ, qui est une tierce majeure, nous pouvons faire tomber le point de section intermédiaire sur le FÈ aussi bien que sur le FA; et alors, au lieu d'avoir à chanter la seconde mineure MI - FA et la terrible seconde FA - JÈ, nous n'aurons qu'à produire deux secondes majeures, MI - FÈ et FÈ - JÈ, ce que nous savons très-bien faire. De cette manière, nous aurons chassé la seconde maxime, tout en conservant notre sensible, et notre gamme sera parfaitement chantable d'un bout à l'autre. Voilà donc le problème résolu, et notre gamme mineure est enfin constituée de la manière suivante: LA - SI - UT - RÉ - MI - FÈ - JÈ - LA — LA - JÈ - FÈ - MI - RÉ - UT - SI - LA. Mais voici un inconvénient que la pratique dut révéler bientôt. Lorsqu'un air mineur commence à la tonique aiguë, et que l'on chante en descendant, en ne dépassant pas la dominante ou la sous-dominante, l'oreille est toute surprise de reconnaître le mode majeur, et de ne trouver aucune trace du mode mineur; l'esprit étonné s'arrête; il cherche comment il peut se faire que la gamme mineure lui donne l'impression du majeur; et il s'aperçoit bientôt qu'en chantant LA - JÈ - FÈ - MI, il chante le tétracorde supérieur de la gamme majeure de LA, et que la seule modale qu'il chante, le FÈ, étant majeure, il ne peut avoir que l'impression de la gamme majeure et nullement celle de la gamme mineure. Cette impression n'avait pas été aussi forte en montant, parce que l'on avait chanté LA-SI-UT, et que l'UT, modale mineure inférieure, avait fait sentir le mode mineur. — On dut donc chercher encore, puisque cette nouvelle gamme était défectueuse, et on dut enfin arriver à la conclusion suivante: La première gamme mineure proposée, LA-SI-UT-RÉ-MI-FA-SOL-LA, ne valait rien en montant, parce qu'elle manquait de sensible; mais elle n'était pas trop mauvaise en descendant: LA-SOL-FA-MI-RÉ-UT-SI-LA: prenons-la donc pour gamme descendante; mais ne la prenons pas pour gamme montante. La dernière gamme mineure proposée LA-SI-UT-RÉ-MI-FÈ-JÈ-LA, n'est pas trop mauvaise en montant, mais elle ne vaut rien en descendant; ne la prenons qu'en montant, et marions-la à la première, de la manière suivante: LA-SI-UT-RÉ-MI-FÈ-JÈ-LA — LA-SOL-FA-MI-RÉ-UT-SI-LA. De cette manière la gamme mineure devient facile à chanter, la sensible n'est pas sacrifiée en montant, et la modale supérieure est rétablie en descendant. Il est vrai que cette manière de faire choque un peu la logique: qu'est-ce qu'un air type qui n'est pas le même en montant qu'en descendant? qu'est-ce qu'une gamme mineure qui contient une modale majeure en montant, et qui n'a pas de sensible en descendant?.. —Mais malgré tout cela, cette gamme monstre, comme l'appelle M. Fétis avec nous, a fini par prévaloir dans la grande majorité des cas, parce que les solféges n'ont pu parvenir à rendre facile aux étudiants la production de la seconde maxime.

Maintenant, pour que l'esprit suive facilement ces diverses modifications de la gamme mineure, mettons-les toutes ensemble, dans un même tableau, que nous accompagnerons de quelques remarques utiles.

Tableau des transformations successives de la gamme mineure.

N° 1.	N° 2.	N° 3.	N° 4.	N° 5.
…MIÈRE GAMME MINEURE.	DEUXIÈME GAMME MINEURE.	TROISIÈME GAMME MINEURE.	QUATRIÈME GAMME MINEURE.	CINQUIÈME GAMME MINEURE.
…lle manque …ensible, et …ompose de …s les notes …la gamme …eure d'*ut*, …til majeur …la mineur.	Elle a une sensible, deux modales mineures, et la seconde maxime 45, sans analogue dans la gamme majeure. C'est la vraie gamme mineure; celle des harmonistes.	C'est la gamme mineure de Guy d'Arezzo; elle a les deux modales mineures et la sensible en descendant. Elle n'a pas la seconde maxime 45 et ne peut monter de la tonique grave à la tonique aiguë par mouvement conjoint.	Elle n'a pas la seconde maxime. Elle a une sensible; mais on a remplacé la modale mineure 4 par la modale majeure 4. C'est donc une gamme mixte, qui a le tétracorde inférieur 6712 mineur, et le supérieur 3456 appartenant au majeur de même base.	En montant, elle n'a qu'une modale mineure; et, en descendant, elle manque de sensible. — En montant, c'est le n° 4, et en descendant c'est le n° 1.
6 5 4 3 2 1 7 6	6 5 4 3 2 1 7 6	4 3 2 1 7 6 / 4 3 2 1 7 6 5	6 5 4 3 2 1 7 6	6 5 4 3 2 1 7 6 / 6 5 4 3 2 1 7 6

LA PREMIÈRE de ces gammes n'est autre chose que la gamme MAJEURE D'UT commencée par la sous-sensible; on a donc pris, pour écrire la gamme mineure de LA, toutes les notes de son majeur relatif (vérifiez).

LA DEUXIÈME est la véritable gamme mineure, ayant ses deux modales, sa sensible, et sa seconde maxime FA-JÈ qui lui donne un cachet si particulier. C'est la gamme mineure admise par la théorie; elle a été peu employée dans la pratique, tant que l'on a manqué de moyens de faire chanter facilement la seconde maxime; aujourd'hui que ce moyen est trouvé, l'usage de cette gamme deviendra plus fréquent.

LA TROISIÈME n'est qu'un tronçon de la véritable gamme mineure. La suppression de la seconde maxime FA-JÈ rend cette gamme incomplète, et lui enlève son intervalle le plus caractéristique.

LA QUATRIÈME est une gamme mixte, ambiguë, participant de la gamme mineure par sa modale inférieure, et de la gamme majeure par sa modale supérieure. Le tétracorde inférieur LA-SI-UT-RÉ, appartient *à la gamme mineure* de LA et *le tétracorde supérieur* MI-FÉ-JE-LA, à la *gamme majeure de* LA : c'est-à-dire, que le bas appartient au mineur et le haut au majeur de même base.

La CINQUIÈME présente, *en montant*, la gamme numéro quatre, c'est-à-dire qu'elle est mineure en bas et majeure en haut ; et, en descendant, elle offre la gamme n° 1, prise toute entière dans le majeur relatif.

Cette gamme n° 5 nous explique comment on a pu dire que la gamme mineure présente *en montant deux dièses de plus, ou deux bémols de moins qu'en descendant*, puisque dans le premier sens elle a une modale majeure et une sensible, et que dans le second elle a deux modales mineures et point de sensible.

Cette gamme n° 5 nous montre encore comment on a pu dire que le majeur et le mineur même base n'avaient qu'une note de dissemblable en montant, et qu'ils en avaient trois en descendant ; c'est qu'en effet, dans le premier cas, il n'y a de différence que dans la modale inférieure ; et que, dans le second, la différence porte sur les deux modales et la sensible. Mettons ce fait en évidence sur quelques gammes ; et prenons pour exemple les gammes majeures et les gammes mineures d'UT, de LA et de SI BÉMOL.

Trois gammes majeures avec leurs mineurs de même base (**N° 5** *du tableau précédent*).

Même observation que pour la gamme d'ut.			Même observation que pour la gamme d'ut.	La gamme majeure et la gamme mineure descendante diffèrent par les deux modales et par la sensible. — La gamme mineure a trois bémols de plus que la majeure.			La gamme majeure et la gamme mineure montante ne diffèrent que par la modale inférieure. — La gamme mineure a un bémol de plus.	Même observation que pour la gamme d'ut.		
	7—7	7—7			1—1	1—1			6—6	6—6
	6 \ 6	6—6			7 \ 7	7—7			5 \ 5	5—5
	5 \ 5	5—5			6 \ 6	6—6			4 \ 4	4—4
	4—4	4—4			5—5	5—5			3—3	3—3
	3—3	3—3			4—4	4—4			2—2	2—2
	2 \ 2	2 / 2			3 \ 3	3 / 3			1 \ 1	1 / 1
	1—1	1—1			2—2	2—2			7—7	7—7
	7—7	7—7			1—1	1—1			6—6	6—6

Terminons ces remarques par la réflexion suivante : Les compositeurs sont parfaitement libres de prendre telles agglomérations de notes que bon leur semble, en combinant entre elles les diverses gammes soit majeures soit mineures ; mais on a tort de baptiser ces fantaisies du nom de gamme mineure ; ce nom n'appartient qu'à la gamme LA, SI, UT, RÉ, MI, FA, JE, LA, et à toutes celles qu'on a calquées sur elle; seule, elle représente le mode mineur, comme la gamme UT, RÉ, MI, FA, SOL, LA, SI, UT, représente le mode majeur. Si les compositeurs mêlent ces deux gammes, ils font comme les peintres qui, pour produire des effets nouveaux, mélangent leurs couleurs, sans regarder pour cela ces mélanges comme des couleurs primitives.

CHAPITRE CINQUIÈME.

DES GAMMES CHROMATIQUES ET DE LA GAMME ENHARMONIQUE.

Quelquefois les compositeurs, pour varier leurs chants, entremêlent les dièses et les bémols avec les notes naturelles, de l'une des trois manières suivantes:

GAMME CHROMATIQUE PAR DIÈSES.		GAMME CHROMATIQUE PAR BÉMOLS.		GAMME ENHARMONIQUE.	
— Gamme majeure dans laquelle on a coupé chacune des cinq secondes majeures par l'intercalation de l'un des cinq dièses 1, 2, 4, 5, 6.	1 7 6 6 5 5 4 4 3 2 2 1 1	— Gamme majeure dans laquelle on a coupé chacune des cinq secondes majeures en deux par l'intercalation de l'un des cinq bémols 2, 3, 5, 6, 7.	1 7 7 6 6 5 5 4 3 3 2 2 1	— Gamme majeure dans laquelle on a coupé chacune des cinq secondes majeures en trois par l'intercalation de l'un des cinq dièses 1, 2, 4, 5, 6 et de l'un des cinq bémols 2, 3, 5, 6, 7. J'écris le ré bémol au-dessous de l'ut dièse, et ainsi des autres : tout à l'heure on va savoir pourquoi.	1 7 6 7 6 5 6 5 4 5 4 3 2 3 2 1 2 1

Les deux premières gammes, celle qui ne contient que des dièses et celle qui ne contient que des bémols, ont été nommées gammes chromatiques : il y a donc deux gammes chromatiques, (comme il y avait deux gammes diatoniques) ; celle par dièses et celle par bémols. Quant à la troisième gamme, celle qui contient à la fois les dièses et les bémols, elle a reçu le nom de gamme enharmonique. — Ces trois gammes nous fournissent une étude nouvelle à faire ;

c'est celle des divers morcellements que peut subir une seconde majeure. Remarquons seulement que toutes les secondes majeures étant égales, et se trouvant coupées de la même manière dans la même gamme, il nous suffit d'en analyser une seule, UT, RÉ, par exemple, pour les connaître toutes. Or, cette seconde nous fournit les trois divisions suivantes, UT-TÈ-RÉ, UT-REU-RÉ, UT-REU-TÈ-RÉ; c'est-à-dire que la seconde majeure peut être coupée par un dièse, par un bémol, ou par les deux à la fois.

La première chose qui se présente ici à examiner, est de savoir si le dièse et le bémol tombent au milieu de l'intervalle UT-RÉ, et si la seconde mineure est la moitié d'une seconde majeure; dans le cas où cela ne serait pas, il faut chercher lequel est le plus haut de UT DIÈSE ou de RÉ BÉMOL.

Nous savons déjà que UT-REU est une seconde mineure, ainsi que TÈ-RÉ; recherchons maintenant si chacune de ces secondes est la moitié de UT-RÉ, si elle est plus grande, ou plus petite que cette moitié.

Chantons avec soin l'exercice suivant, il va nous éclairer sur cette question :

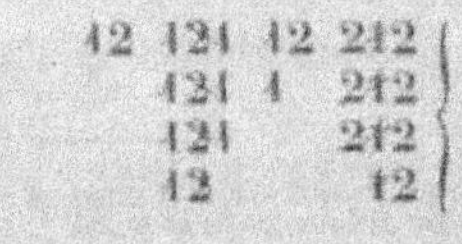

12 121 12 212 121 1 212 121 212 12 12	Chantez plusieurs fois chacune des lignes jusqu'à ce que vous sentiez bien que *dans le dernier exercice*, LA VOIX MONTE POUR ALLER DU RÉ BÉMOL A L'UT DIÈSE.

Le RÉ BÉMOL est plus bas que l'UT DIÈSE; ce fait une fois bien constaté, voici les conséquences que nous en tirons : Puisque la voix monte pour aller de RÉ BÉMOL à UT DIÈSE, il y a donc un intervalle quelconque entre RÉ BÉMOL et UT DIÈSE, et la seconde majeure UT-RÉ est décomposable en deux secondes mineures égales UT-REU et TÈ-RÉ, plus un intervalle REU-TÈ que nous n'avions pas encore remarqué. Les secondes mineures ne sont donc pas des demi-tons (en donnant au mot *ton* la signification de seconde majeure), puisqu'il faut ajouter à deux secondes mineures l'intervalle REU-TÈ pour faire une seconde majeure. — Ainsi, le RÉ BÉMOL est plus bas que l'UT DIÈSE, et la seconde mineure n'est pas la moitié d'une seconde majeure.

Si nous voulions maintenant représenter par une longueur quelconque la seconde majeure UT-RÉ, et marquer sur cette longueur la position respective du RÉ BÉMOL et de l'UT DIÈSE, le *premier* devrait être *au-dessous* et le *second au-dessus du milieu de la ligne*, PLUS OU MOINS, de la manière suivante :

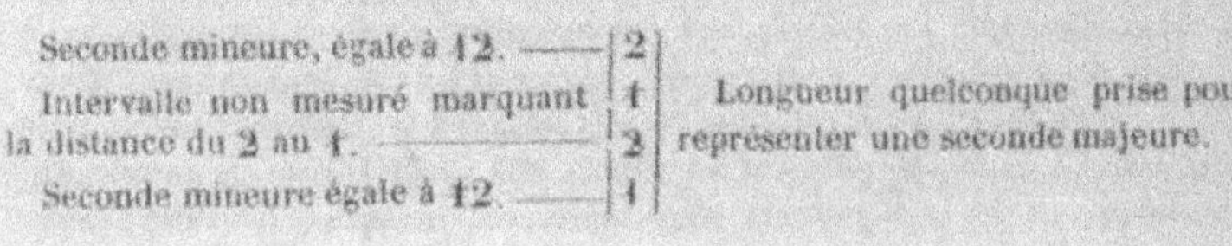

Seconde mineure, égale à 12.	2	Longueur quelconque prise pour représenter une seconde majeure.
Intervalle non mesuré marquant la distance du 2 au 1.	1 2	
Seconde mineure égale à 12.	1	

Voici les noms par lesquels on a désigné jusqu'ici les divers intervalles que présente le fractionnement de l'intervalle UT-RÉ; je l'écris de nouveau, pour plus de clarté :

Intervalle chromatique, ou demi-ton mineur (1), ou apotome.	2 1	Seconde mineure diatonique, ou demi-ton majeur (1) ou limma.
Seconde mineure diatonique, ou demi-ton majeur (1), ou limma.	2 1	Intervalle chromatique, ou demi-ton mineur (1), ou apotome.

Donc la seconde majeure contient :
- une seconde mineure diatonique, plus un intervalle chromatique.
- ou un demi-ton majeur, plus un demi-ton mineur,
- ou un limma, plus un apotome.

Analysons maintenant l'intervalle chromatique, pour connaître complétement les divers fragments de la seconde majeure.

	2	
Intervalle enharmonique ou comma; c'est la distance de 2 au 1.	1	L'intervalle chromatique se compose d'une seconde mineure, plus un comma.
Seconde mineure ou limma.	2 1	

L'intervalle chromatique contient donc une seconde mineure plus un comma, il faut dès-lors abandonner les expressions vicieuses de demi-ton majeur et demi-ton mineur et ne conserver que les expressions suivantes : UT REU ou TÈ RÉ, seconde mineure ; REU-TÈ, intervalle ou seconde enharmonique; UT-TÈ ou REU-RÉ, intervalle ou seconde chromatique.

Toutes les secondes majeures étant égales entre elles, et toutes les secondes mineures aussi, il en résulte que tout ce que je viens de dire de la seconde majeure UT-RÉ, avec son dièse et son bémol, s'applique exactement à toutes les autres secondes majeures avec leurs dièses et leurs bémols intermédiaires. Nous pouvons donc dire alors d'une manière générale :

1° Quand on coupe une seconde majeure en trois, par un dièse et par un bémol, comme nous l'avons fait pour UT-RÉ, le *bémol est plus bas que le dièse,*

(1) Ces expressions, demi-ton mineur et demi-ton majeur, ont été créées quand on croyait que UT DIÈSE était plus bas que RÉ BÉMOL. Ce sont des contre-sens puisque le demi-ton mineur UT-TÈ contient le demi-ton majeur UT-REU, plus l'intervalle REU-TÈ, et que le demi-ton majeur UT-REU est plus petit que le demi-ton mineur UT-TÈ, de tout l'intervalle REU-TÈ.

2° Chacune des secondes mineures est moindre que la moitié de la seconde majeure ; il n'y a donc pas de demi-tons en musique, et tous les instruments qui font le dièse et le bémol avec la même note sont faux ; il en est de même de tout système musical basé sur l'existence des demi-tons.

3° La distance entre le bémol et le dièse étant appelée comma, la seconde majeure se compose de deux secondes mineures, plus un comma.

4° Le comma, ou intervalle enharmonique, et le limma, ou seconde mineure, forment, par leur réunion, l'intervalle chromatique, que les Grecs appelaient apotome, et que les modernes ont faussement baptisé du nom de demi-ton mineur, par opposition au nom de demi-ton majeur qu'ils ont donné à la seconde mineure.

Et maintenant, si nous revenons aux deux gammes chromatiques et à la gamme enharmonique, nous pouvons dire :

1° La gamme chromatique par dièses est composée, non pas de douze demi-tons, comme on le répète à l'envi ; mais de cinq secondes chromatiques UT-TÉ, RÉ-RÈ, FA-FÉ, SOL-JÉ, LA-LÉ, plus sept secondes mineures TÉ-RÉ, RÈ-MI, MI-FA, FÉ-SOL, JÉ-LA, LÉ-SI, SI-UT. (Vérifiez page 239, à la gamme chromatique par dièses).

2° La gamme chromatique par bémols n'est pas composée de douze demi-tons mineurs, mais de cinq secondes chromatiques REU-RÉ, MEU-MI, JEU-SOL, LEU-LA, SEU-SI, plus sept secondes mineures UT-REU, RÉ-MEU, MI-FA, FA-JEU, SOL-LEU, LA-SEU, SI-UT. (Vérifiez, page 239, à la gamme chromatique par bémols.)

3° Les deux gammes chromatiques ne produisent pas le même air, puisque dans celle par dièses les secondes majeures présentent la seconde chromatique (UT-TÉ), au-dessous de la seconde mineure (TÉ-RÉ) ; tandis que dans la gamme chromatique par bémols, c'est le contraire, les secondes mineures commencent les secondes majeures, tandis que les intervalles chromatiques les terminent (UT-REU, REU-RÉ).

4° L'usage des solféges est de faire chanter la gamme chromatique par dièses en montant, et la gamme chromatique par bémols en descendant. Mais on peut à volonté chanter les gammes chromatiques de l'une des quatre manières suivantes :

En montant par dièses et en descendant par dièses ;
En montant par bémols et en descendant par bémols ;
En montant par dièses et en descendant par bémol, (c'est celle des livres).
En montant par bémols et en descendant par dièses.

5° La gamme enharmonique est composée de douze secondes mineures, UT-REU, TÉ-RÉ, RÉ-MEU, RÈ-MI, MI-FA, FA-JEU, FÉ-SOL, SOL-LEU, JÉ-LA, LA-SEU, LÉ-SI, SI-UT ; plus cinq secondes enharmoniques, qui sont : REU-TÉ, MEU-RÈ,

JEU-FÉ, LEU-JÉ, SEU-LÉ. (Vérifiez.) Cette gamme a jusqu'ici été regardée comme inchantable ; cela tient à ce que les modernes l'ont mal écrite, et qu'ils ont voulu chanter l'UT DIÈSE avant le RÉ-BÉMOL, le RÉ-DIÈSE avant le MI-BÉMOL, etc., ce qui est infaisable. Mais en l'écrivant comme nous l'avons fait à la page 239, elle est très-chantable, et peut-être elle est moins difficile que les gammes chromatiques.

La gamme chromatique par dièses n'a que cinq dièses ; elle ne pouvait avoir ni le MI ni le SI DIÈSES, puisque les deux secondes MI-FA et SI-UT sont déjà mineures.

La gamme chromatique par bémols n'a que cinq bémols ; elle ne pouvait avoir ni l'UT ni le FA BÉMOLS, puisque les deux secondes UT-SI et FA MI sont déjà mineures.

Par la même raison, la gamme enharmonique ne contient que cinq dièses et cinq bémols ; elle ne pouvait renfermer MI DIÈSE, SI DIÈSE, UT BÉMOL et FA BÉMOL, puisque les secondes MI-FA et SI-UT sont mineures.

Résumé général des cinq gammes.

1° GAMMES DIATONIQUES.		2° GAMMES CHROMATIQUES.		3° GAMME ENHARMONIQUE.
MAJEURE.	MINEURE.	PAR DIÈSES.	PAR BÉMOLS.	AVEC DIÈSES ET BÉMOLS.
Cette gamme monte toujours par secondes majeures ou par secondes mineures. De là son nom. (Dia-par, tonos-ton.)	Cette gamme monte par secondes mineures, par secondes majeures et par seconde maxime.	Cette gamme monte par secondes chromatiques et par secondes mineures. — C'est la gamme chromatique ascendante des solfèges.	Cette gamme monte par secondes mineures et par secondes chromatiques. — C'est la gamme chromatique descendante des solfèges.	Cette gamme monte par secondes mineures et par secondes enharmoniques.
1	1	1	1	1
7	7	7	7	7
		6		6
			7	7
6		6	6	6
		5		5
	6		6	6
5	5	5	5	5
		4		4
			5	5
4	4	4	4	4
3		3	3	3
		2		2
	3		3	3
2	2	2	2	2
		1		1
			2	2
1	1	1	1	1

CHAPITRE SIXIÈME.

DES MODULATIONS.

Maintenant que nous connaissons bien les intervalles et les gammes, jetons un coup-d'œil sur l'emploi qu'en font les compositeurs, nous serons ensuite en état d'analyser la première mélodie venue (1).

Nous avons vu que deux gammes surtout servent de base à notre musique moderne : la gamme majeure et la gamme mineure ; mais que les compositeurs emploient quelquefois les gammes chromatiques, et très-rarement la gamme enharmonique. Or, les mots gamme et mode ayant été pris dans le même sens, on a pu dire *moduler en majeur, moduler en mineur,* pour exprimer l'idée de chanter avec le mode majeur ou de chanter avec le mode mineur.

Mais comme il arrive très-souvent qu'un air commencé en mode majeur continue en mode mineur, et réciproquement, on a dû appliquer l'expression de moduler *à l'action de changer de mode* ; ainsi, moduler en mineur a signifié passer du mode majeur au mode mineur, et moduler en majeur, passer du mode mineur au mode majeur.

D'autres fois, il arrive que les compositeurs, au lieu de changer de mode, au lieu de passer du majeur au mineur ou réciproquement, changent simplement de tonique, en conservant toujours le même mode, qu'il soit majeur ou mineur. Ainsi, par exemple, ayant commencé leur chant en mode majeur, avec UT pour tonique, ils conservent le mode majeur, mais font porter la tonalité sur le SOL, le RÉ, le FA, etc. Ou bien, le chant ayant débuté par le mode mineur, avec LA pour tonique, ils conservent le mode mineur ; mais ils font porter la tonalité sur l'UT, le RÉ, le MI, etc. Eh bien, dans ces deux derniers cas, quoique *l'on ne change point de mode, mais simplement de tonique,* l'on emploie encore l'expression de moduler, pour exprimer l'*action de changer de tonique.*

Enfin, souvent on change tout à la fois de mode et de tonique. Dans ce cas, l'expression de moduler signifie *changer en même temps de mode et de tonique.*

Résumons de la manière suivante les diverses acceptions du mot moduler :

---

(1) Le mot mélodie signifie un chant unique ; il est l'opposé du mot harmonie, qui désigne la production simultanée de plusieurs chants : l'harmonie est donc la production simultanée de plusieurs mélodies.

MODULER, c'est changer	*de mode* sans changer de tonique.
	de tonique sans changer de mode.
	de mode et de tonique en même temps.

Les modulations sont donc des changements de mode, de tonique, ou de tous les deux ensemble, dans le courant d'un morceau.

Cela dit, quelles sont les lois suivant lesquelles doivent s'effectuer les modulations?

Le bon sens répond : si vous voulez moduler sans vous exposer à blesser l'oreille, passez aux gammes qui ont le plus d'analogie avec celle que vous quittez, soit par les notes communes, soit par une tonique identique. De cette manière, l'oreille, suivant sans peine la modulation, jouit pleinement du plaisir de la nouveauté.

Donc, les modulations les plus naturelles, celles que l'oreille acceptera le plus volontiers, sont les suivantes :

1° En partant d'un ton majeur on pourra	moduler en majeur	à la *dominante*.	Même mode — Changement de tonique.
		à la *sous-dominante*.	
	moduler en mineur	au mineur même base	— Même tonique — Changement de mode.
		au mineur relatif	— Changement de mode et de tonique.
2° En partant d'un ton mineur on pourra	moduler en majeur	au majeur même base	— Même tonique — Changement de mode.
		au majeur relatif	— Changement de mode et de tonique.

Ainsi : 1° en partant d'une gamme majeure, il y a toujours quatre modulations faciles; deux en majeur, à la *dominante* et à la *sous-dominante*, parce qu'il ne faut changer qu'une note; deux en mineur, au *mineur relatif*, en changeant une note, et au *mineur même base* en changeant les deux modales, mais en conservant la tonique.

2° En partant d'une gamme mineure, il y a deux modulations faciles, et toutes deux en majeur seulement : au *majeur relatif*, en changeant une note, et au *mineur de même base* en changeant les modales, et en conservant la tonique. Ici, point de modulations faciles en mineur, parce que chaque gamme mineure diffère de n'importe quelle autre gamme mineure par trois notes au moins, ce qui rend dure et forcée la modulation du mineur au mineur : l'oreille demande que l'on passe par l'intermédiaire d'un majeur.

Remarquons en passant que la modulation au mineur relatif et la modulation au majeur relatif sont les plus complètes, parce qu'il y a en même temps changement de mode et de tonique; tandis que dans les quatre autres cas, il y a simplement, ou changement de tonique, comme dans la modulation à la dominante et à la sous-dominante, ou changement de mode, comme dans la modulation au majeur ou au mineur de mêmes bases.

Expliquons par un exemple le tableau précédent, prenons UT *comme représentant des gammes majeures* et LA *comme représentant des gammes mineures*. Nous aurons les modulations suivantes :

En partant d'une tonique majeure représentée par UT, on arrivera :

1° à la dominante, 2° à la sous-dominante } en majeur. | 3° au mineur relatif. 4° au mineur même base.

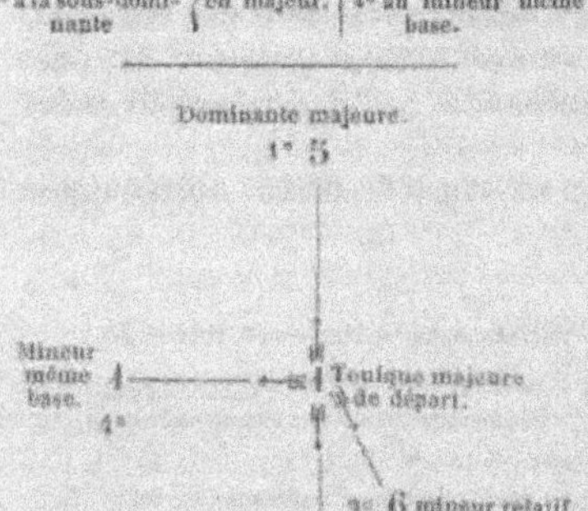

En partant d'une tonique mineure représentée par LA, on arrivera :

1° Au majeur relatif.
2° Au majeur même base. (Vérifiez).

1° 1 Majeur relatif.

6m —— 6 Majeur même base.

Tonique mineure de départ. 2°

Les compositeurs ne se bornent pas toujours aux modulations naturelles que je viens d'indiquer. Généralisons les deux petits tableaux ci-dessus, en plaçant les modulations à partir de chaque ton majeur ou mineur comme elles le sont à partir d'UT et de LA, l'œil pourra passer ainsi très-facilement aux modulations directes de chaque ton, aux modulations secondaires, tertiaires, quaternaires, etc., en constatant les modulations de transition, si souvent négligées par les auteurs modernes.

Tableau général de l'enchaînement des modulations.

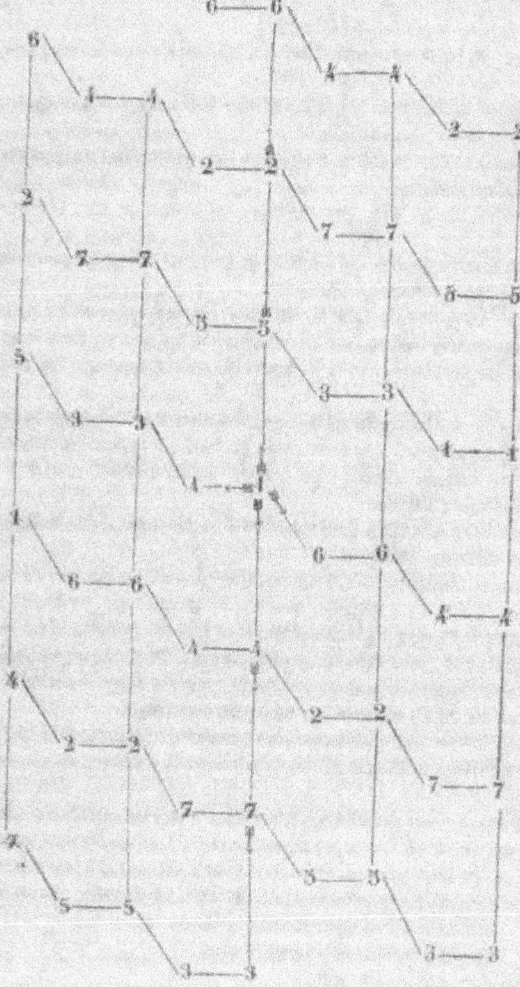

Remarques sur le tableau des modulations.

1° L'UT occupe le centre du tableau.

Au-dessus de lui se présentent les modulations ascendantes par quintes, SOL, RÉ, LA.

Au-dessous de lui sont les modulations descendantes par quintes, FA, SEU, MEU.

A sa gauche et sur la même ligne que lui, se trouve l'UT pris comme tonique mineure de même base.

A sa droite et un peu au-dessous, on trouve le LA, tonique du mineur relatif.

Ainsi, les quatre flèches qui partent de l'UT CENTRAL indiquent ses quatre modulations les plus voisines. (Vérifiez.)

2° Toutes les notes du tableau qui sont placées comme l'UT MAJEUR, au point d'arrivée de quatre lignes, sont des toniques majeures; elles sont disposées en cinq colonnes verticales, et à distance de quinte majeure les unes des autres. (Vérifiez).

Chacune de ces toniques majeures a ses quatre modulations indiquées comme celle d'UT; en majeur, à la dominante en haut, à la sous-dominante en bas; en mineur, au mineur même base à gauche, au mineur relatif à droite, et un peu au-dessous. (Vérifiez).

3° La tonique MINEURE LA, relative d'UT MAJEUR, est placée à sa gauche et un peu au-dessous. (Vérifiez.)

Deux traits indiquent ses deux modulations majeures: en UT MAJEUR, relatif de la mineur, et en LA MAJEUR, majeur de même base. (Vérifiez.)

4° Toutes les notes du tableau qui sont placées comme le LA MINEUR, entre deux seuls traits, sont des toniques mineures. Par leur superposition, elles forment quatre lignes verticales, occupant le milieu des intervalles que laissent entre elles les cinq colonnes des toniques majeures.

Chacune de ces toniques mineures a ses deux modulations indiquées comme celles de LA MINEUR, *au majeur relatif à gauche* et en haut, *au majeur de même base à droite.*

5° Quand on veut passer tout d'un coup à des modulations secondaires d'UT MAJEUR, on peut, en passant par SOL, arriver à RÉ MAJEUR, à MI MINEUR ou SOL MINEUR; en passant par FA, on arrive à SEU MAJEUR, à RÉ MINEUR et à FA MINEUR; en passant par LA MINEUR, on arrive à LA MAJEUR, et en passant par UT MINEUR, on atteint MI BÉMOL MAJEUR.

Ainsi, les modulations secondaires sont :

En majeur, RÉ-LA-SEU-MEU.

En mineur, RÉ-MI-FA-SOL.

6° A la 3e modulation, on atteint, en passant par *mi mineur*, *mi majeur*.

— —	en passant par *ré majeur*,	*si mineur*.
— —	en passant par *meu majeur*,	*leu majeur*. *meu mineur*.
— —	en passant par *fa mineur*,	*leu majeur*.
— —	en passant par *seu majeur*,	*seu mineur*.
— —	en passant par *la majeur*,	*fè mineur*.

7° Enfin, si l'on voulait passer à la quatrième modulation, on arriverait sur un bien plus grand nombre de toniques, dont beaucoup ont déjà été rencontrées ; mais dont plusieurs sont nouvelles. Voici ces dernières, je n'indique pas les autres :

Par *Meu mineur*,	on arrive à	*jeu majeur*.
Leu majeur,	—	*leu mineur*.
Seu mineur,	—	*reu majeur*.
Fè mineur,	—	*fè majeur*.
Mi majeur,	—	*tè mineur*.
Mi majeur,	—	*si majeur*.
Ou si mineur,	—	

Ainsi de suite à l'infini.

Résumons par un tableau de chiffres les modulations que nous venons d'indiquer, en les classant par numéro d'ordre.

Première modulation, ou modulation directe,	en majeur	5-4.
	en mineur	4-6.
Deuxième modulation, prise souvent directement,	en majeur	2-6-7-3.
	en mineur	4-5-2-3.
Troisième modulation, prise quelquefois directement,	en majeur	3-6.
	en mineur	7-7-3-4.
Quatrième modulation, inusitée directement,	en majeur	7-4-2-5.
	en mineur	4-6.

Ce qui est vrai pour la gamme d'UT MAJEUR, étant vrai pour toutes les gammes majeures, nous pouvons traduire le tableau précédent en appliquant à chacune des notes qu'il renferme le nom de propriété qu'elle aurait dans la gamme d'UT. Nous aurons alors la traduction suivante :

Première modulation.	en majeur	à la dominante, on a un dièse	4 (1)
		à la sous-dominante — Un bémol	7
	en mineur	au mineur même base — Deux bémols	3 6
		au mineur relatif — Un dièse	5

(1) Les notes diésées et bémolisées que nous employons ainsi pour caractériser chaque

Modulation	Mode	Ton	Signes
Deuxième modulation.	en majeur	à la sous-médiante — Deux dièses	4 1
		à la sous-sensible — Trois dièses	4 1 5
		à la sensible bémolisée — Deux bémols	7 3
		à la médiante bémolisée — Trois bémols	7 3 6
	en mineur	à la sous-dominante — Trois bémols	7 6 2
		à la dominante — Deux bémols et un dièse	4 7 3
		à la sous médiante — Un dièse — Un bémol	4 7
		à la médiante — Deux dièses	4 2
Troisième modulation.	en majeur	à la médiante — Quatre dièses	4 1 5 2
		à la sous-sensible bémolisée — Quatre bémols	7 3 6 2
	en mineur	à la sensible — Trois dièses	4 1 6
		à la sous-dominante diésée — Quatre dièses	4 1 5 3
		à la sensible bémolisée — Quatre bémols	7 3 2 5
		à la médiante bémolisée — Cinq bémols	7 3 6 5 1
Quatrième modulation.	en majeur	à la sensible majeure — Cinq dièses	4 1 5 2 6
		à la sous-dominante diésée — Six dièses	4 1 5 2 6 3
		à la sous-médiante bémolisée — Cinq bémols	7 3 6 2 5
		à la dominante bémolisée — Six bémols	7 3 6 2 5 1
	en mineur	à la tonique diésée — Cinq dièses	4 1 5 2 7
		à la sous-sensible bémolisée — Six bémols	7 3 6 2 1 4

Vérifiez au tableau des gammes.

L'analyse du tableau montre encore toutes les ressources mises à la disposition du compositeur, puisqu'il peut arriver à une même modulation par plusieurs routes contraires en apparence; ainsi, en partant d'UT MAJEUR, il peut arriver au ton de

LA MAJEUR, en descendant par LA MINEUR, ou en montant par SOL et RÉ MAJEUR. (Vérifiez.)

LA BÉMOL MAJEUR, en passant par UT MINEUR, montant à MI BÉMOL MAJEUR, et redescendant à LA BÉMOL MAJEUR.

Ou en descendant par FA MAJEUR, FA MINEUR, et remontant à LA BÉMOL MAJEUR.

SI MINEUR, en montant par SOL MAJEUR, RÉ MAJEUR, SI MINEUR, en descendant par FA MAJEUR, RÉ MINEUR, RÉ MAJEUR et SI MINEUR, etc.

Faites vous-même de nouvelles applications.

Si au lieu de partir d'une tonique majeure, on part d'une tonique mineure, on arrive à son *majeur de même base* ou à son *majeur relatif*, et cette première

ton majeur ou mineur, dans lequel peut se faire la modulation, doivent être considérées comme représentant les idées de *sous-dominantes diésées*, sensibles *bémolisées*, etc.; nous écrivons ainsi pour plus de clarté.

modulation faite, on est soumis à la loi d'enchaînement des modulations que nous venons de développer, à partir d'une tonique majeure.

Ce livre n'étant qu'un exposé élémentaire de la science musicale, nous ne croyons pas devoir nous étendre davantage sur cette grande question des modulations; nous renvoyons pour plus ample informé aux traités de composition. — Nous terminerons cet article important par une simple remarque : c'est que la théorie des gammes n'est qu'un corollaire de l'inégalité de la seconde majeure et de la seconde mineure, et que la théorie des modulations n'est, à son tour, qu'un autre corollaire de la connaissance parfaite des gammes. Donc, *tout notre système musical actuel, pour ce qui regarde l'intonation, repose sur un seul fait : la seconde mineure est moindre que la moitié de la seconde majeure.* — Il n'existe pas de demi-tons; et tout système, tout instrument basé sur l'existence des demi-tons EST FAUX.

LIVRE DEUXIÈME.

DE LA MESURE.

CHAPITRE PREMIER.

DE L'UNITÉ DE DURÉE APPELÉE TEMPS, ET DE SES DIVISIONS.

Un air, avons-nous dit, se compose de deux choses : d'une succession de de sons faisant des intervalles divers, et dont l'ensemble forme l'intonation, et d'une suite de durées variables appliquées aux sons que l'on chante : c'est *la mesure.* Or, nous avons étudié tout ce qui était relatif à l'intonation, occupons-nous maintenant de la mesure.

Les sons qui composent un air n'ont pas tous la même durée : c'est ce fait qui va nous servir de point de départ.

Si chacun des sons que nous chantons doit avoir sa durée limitée, qui soit en rapport fixe avec la durée de chacun des autres, la première chose à connaître dans l'étude des durées est le terme de comparaison que l'on prend pour juger le rapport des diverses durées, pour les comparer, les mesurer individuellement. Il faut donc commencer par étudier l'unité de durée. Cette *unité de durée*, servant à mesurer le temps, a été elle-même appelée *temps*; de sorte qu'en musique le mot *temps* est pris comme abréviation de *unité de temps, unité de durée.*

L'unité de temps une fois admise, l'étude des durées va consister dans l'analyse des diverses combinaisons de temps et de fractions de temps que notre oreille pourra suivre. Or, cette opération de la combinaison des unités de durée et des fractions d'unité devient tellement compliquée, tellement difficile à suivre, qu'il a fallu avoir recours à des jalons nombreux pour morceler le travail, et permettre à notre oreille de n'embrasser à la fois qu'une portion de la tâche qu'on lui présente. Qu'on me permette une comparaison : que l'on prie quelqu'un de mesurer de l'œil la façade du Louvre ; comment s'y prendra-t-il ? — Admettons que cet homme ait à peu près dans la mémoire la longueur du mètre ; pensez-vous que, placé à distance de l'édifice, il aille s'amuser à appliquer par la pensée une longueur de mètre après une autre longueur de mètre, en commençant à un bout du monument et en finissant à l'autre ? Evidemment la question serait insoluble par ce moyen, et la grossière approximation obtenue ainsi serait complétement erronée. Il ne serait jamais certain d'avoir pris la même mesure pour des distances identiques, comme celle d'une colonne à l'autre. Mais que fera donc notre homme ? Remarquant qu'il est plus facile de mesurer un petit espace qu'un grand, et que le monument offre plusieurs parties identiques, il mesurera l'une de celles-ci pour connaître toutes les autres qui lui ressemblent. Cette façade à deux ailes qui sont semblables, en mesurant l'une d'elles, il connaîtra les deux. Chaque aile est composée de fenêtres égales et d'intervalles égaux qui séparent les fenêtres ; la connaissance d'une fenêtre et d'un intervalle lui donneront donc la mesure entière des deux ailes. — Entre ces deux ailes se trouve la colonnade. La disposition des colonnes est symétrique, la distance entre deux groupes de colonnes est la même partout ; la largeur des groupes est invariable : donc il suffit d'étudier un groupe et la distance entre deux groupes pour qu'il ait les bases du calcul qu'on lui demande. Cet homme va donc faire l'opération suivante : il mesurera l'espace qui sépare une fenêtre de l'autre, il aura la mesure de tous les espace semblables ; il mesurera une fenêtre il les connaîtra toutes ; il mesurera un groupe de deux colonnes et la distance au groupe voisin, et il sera en position de vous faire la réponse suivante : je ne suis pas certain de ne pas m'être trompé en mesurant une fenêtre ou un groupes de colonne, parce que je n'ai pas dans l'œil la longueur mathématique du mètre ; mais quelle que soit l'erreur que j'aie pu commettre pour un groupe, je l'ai commise sur tous les groupes. Ainsi je suis certain d'avoir au moins conservé le rapport exact des groupes entre eux, que ma mesure initiale soit juste ou fausse. Acceptez donc mon travail, non comme longueur absolue, mais comme donnant le rapport exact des parties semblables du monument. D'ailleurs, donnez-moi la mesure exacte d'une fenêtre ou d'un groupe, et je vous donnerai la mesure exacte des autres.

C'est-à-dire que l'œil, celui de nos sens qui est peut-être le plus exercé, a besoin de jalons rapprochés pour pouvoir mesurer l'espace : autrement point de mesures possibles. Eh bien! à plus forte raison, l'oreille, en général beaucoup moins exercée que l'œil, a besoin aussi de jalons pour sentir les rapports de durée des divers sons que l'on chante. Pour elle, les jalons ne sont pas, comme pour l'œil, des piquets plantés en terre, ou des accidents de terrain ; mais c'est une articulation plus vigoureuse du son qui se rencontre à l'endroit où doit être le jalon ; sans rien changer au timbre et au ton, on augmente la force du son, de manière que l'oreille soit frappée à intervalles égaux par un son plus fort que les autres. Ce son fort sert à la fois de limite à la durée que l'on vient de mesurer et à celle que l'on va mesurer encore. Or, dans l'état actuel de développement de nos organes auditifs et intellectuels, nous ne pouvons guère mesurer d'une manière satisfaisante plus de deux ou trois unités de temps, peut-être quatre, sans avoir besoin d'un jalon qui permette à notre oreille de se reposer et de pouvoir recommencer sûrement une nouvelle mesure. Dès-lors, notre musique a cela de particulier que de deux en deux temps (unités), de trois en trois temps, ou, tout au plus, de quatre en quatre temps (1), on doit faire sentir un temps

(1) Voici ce que dit Galin de la mesure à quatre temps, page 213, édition de 1835, Lyon.

« Je n'ai pas fait une espèce séparée de la mesure à quatre temps, parcequ'elle n'offre « pas un rhythme différent des précédentes (deux et trois temps), bien qu'on l'ait regardée « comme fondamentale, en lui comparant toutes les autres (1). Il ne faut pas confondre « les effets qui naissent du *mouvement* avec ceux qui proviennent de la *mesure*. Ceux-ci « ont pour cause le mode d'opposition des temps forts et faibles, un contre deux, ou un « contre un ; et ceux-là, la durée absolue du temps, pour telle fraction de minute ou de « seconde. En séparant donc les deux causes, je ne vois dans la mesure à quatre temps « qu'une double mesure à deux temps, dont le but ne peut être que de réduire à moitié le « nombre des barres verticales qui séparent les mesures dans la notation. Je conserve cette « mesure, non comme espèce, mais comme abréviation, telle que je viens de le dire. « On peut bien aussi la regarder comme de deux temps, si l'on réduit en un seul temps « les deux premiers de la mesure, et en un autre les deux derniers ; mais j'observe que « l'écriture ne répond pas à cette supposition, puisque les deux premiers temps, ainsi que « les derniers, sont séparés et non liés par un trait supérieur. Cependant, il est aisé au « lecteur de rétablir ce trait par la pensée, comme dans d'autres cas, où il le verrait écrit, « il pourrait aisément en faire abstraction. » Je partage entièrement l'opinion de Galin sur la mesure à quatre temps ; si je donne ici cette mesure, c'est parce qu'on la rencontre partout, et qu'il n'y a aucun inconvénient à la chanter.

(1) Galin n'avait pas trouvé la loi de formation des mesures avec l'écriture sur la portée Il confond ici la ronde, signifiant un temps dans les mesures $\frac{2}{1}$ $\frac{3}{1}$ $\frac{4}{1}$ avec la ronde, signifiant quatre temps dans la mesure $\frac{4}{4}$.

plus fort que les autres, pour servir de jalon à l'oreille. Ce temps a reçu le nom de temps fort, coup fort (parce qu'en général on le marque par un coup de pied, de baguette), et se rencontre de deux en deux, de trois en trois ou de quatre en quatre temps.

Le nom de *mesure* ayant été donné au temps qui s'écoule d'un coup fort au coup fort suivant, et les coups forts marquant toujours des groupes de *deux*, de *trois* ou *quatre unités de temps*, on a dit qu'il y avait trois mesures :

1° Mesure à deux temps : Le coup fort se sent de deux en deux unités.

2° Mesure à trois temps : Le coup fort se sent de trois en trois unités.

3° Mesure à quatre temps : Le coup fort se sent de quatre en quatre unités.

La mesure, en musique, n'étant dès-lors que l'ensemble de *deux*, de *trois* ou de *quatre unités de temps*, selon que le compositeur fait sentir le coup fort de deux en deux, de trois en trois ou de quatre en quatre unités, l'étude pivotale en mesure doit porter sur l'unité de temps et ses divisions. Une fois cette étude faite, rien ne sera plus facile que de former des groupes de deux, trois ou quatre unités, c'est-à-dire de faire les trois mesures à deux temps, à trois temps et à quatre temps.

Cela dit, qu'est-ce que le temps en musique? — Est-ce une durée absolue, fixe, invariable, que l'on retrouve toujours et partout?

Non ; pas plus que la tonique n'est un ton absolu. Comme cette dernière, c'est une unité de convention, dont la valeur change continuellement au gré du compositeur, et dont la durée est donnée par un pendule de longueur variable. De telle façon que, quand un compositeur veut vous indiquer l'unité de durée ou de temps, il vous dit : donnez telle longueur au balancier, et prenez pour unité de durée le temps qu'il met à décrire son arc complet. De cette manière, on est aussi certain de chanter dans le mouvement donné par le compositeur, qu'on l'est de prendre, avec le diapason, la tonique qu'il indique.

La durée de l'unité de temps est donc une chose complétement arbitraire, laissée à la discrétion du compositeur ou de l'exécutant ; mais une fois cette durée déterminée (1), la mesure l'est aussi, de même que les diverses fractions de l'unité. Or, comme la valeur réelle de l'unité n'a aucune influence sur le rapport qui existe entre l'unité et les divers fractionnements qu'elle peut subir,

---

(1) Parmi les instruments inventés pour mesurer le temps en musique, j'indiquerai seulement : 1° le chronomètre de Galin, qui consiste en un fil-à-plomb de longueur mobile, formant pendule devant une échelle graduée. Il est d'une simplicité extrême et ne coûte que quelques centimes ; 2° le métronome de Maelzel, petit instrument fort commode, mis en action par un mouvement d'horlogerie ; mais il est d'un prix assez élevé. Ce dernier sera l'instrument du riche ; celui de Galin sera celui du pauvre.

laissons de côté cette valeur arbitraire de l'unité que nous aurons à volonté au moyen de notre balancier, et ne nous occupons d'étudier que celles des diverses fractions de l'unité que notre oreille peut apprécier exactement.

De même que notre oreille ne peut suivre sûrement que les groupes *de deux et de trois unités*, de même elle ne peut apprécier rigoureusement que la division binaire et la division ternaire du temps, c'est-à-dire de l'unité coupée en deux *moitiés* ou en trois *tiers*. Quand le fractionnement est poussé plus loin, l'oreille établit d'abord la division binaire ou ternaire, puis elle fait subir aux moitiés ou aux tiers la même subdivision qu'elle a déjà fait subir à l'entier. Si cette seconde division qui a donné des quarts, des sixièmes et des neuvièmes ne suffit pas et que le compositeur aille plus loin, la même opération continue; c'est-à-dire que les *quarts*, les *sixièmes* et les *neuvièmes* subissent à leur tour la subdivision binaire ou ternaire, et fournissent ainsi des *huitièmes*, des *douzièmes*, des *dix-huitièmes*, des *vingt-septièmes*. Les divisions poussées au delà sont incommensurables. Formulons en tableau ce que je viens de dire; et, pour plus de clarté, indiquons par des points noirs le nombre de divisions que contient l'unité, en groupant toujours les divisions deux à deux ou trois à trois, selon que l'on aura divisé par deux ou par trois. Voyez au verso, à la page 256, *le tableau des divisions et subdivisions binaires et ternaires de l'unité de temps.*

Remarques sur le tableau de la page 256.

1° A gauche du tableau, au n° 1, se trouve le signe de l'unité; la première accolade le sépare des deux souches binaire et ternaire (n° 2 et 3) qui sont l'expression des deux moitiés ou des trois tiers que renferme l'unité (vérifiez).

2° La souche binaire (n° 2), présente à sa droite les subdivisions binaire et ternaire (n° 4 et 5) qu'elle a subies. La division binaire des moitiés a fourni les quarts (n° 4), et la division ternaire a donné les sixièmes (n° 5). Les quarts, (n° 4) ont à leur tour fourni les huitièmes (n° 8) par la subdivision binaire, et les douzièmes (n° 9) par la subdivision ternaire; tandis que les sixièmes (n° 5) ont fourni des douzièmes (n° 10) par la division binaire, et des dix-huitièmes, (n° 11) par la division ternaire, (vérifiez);

3° La souche ternaire (n° 3) présente à sa droite les subdivisions binaire et ternaire (n° 6 et 7) qu'elle a subies. La division binaire des tiers a fourni les sixièmes (n° 6), et la division ternaire a donné les neuvièmes (n° 7). Les sixièmes (n° 6) ont, à leur tour, fourni les douzièmes (n° 12) par la division binaire, et les dix-huitièmes (n° 13) par la division ternaire; tandis que les neuvièmes (n° 7) ont fourni les dix-huitièmes (n° 14), par la division binaire, et les vingt-septièmes (n° 15), par la division ternaire.

TABLEAU

DES DIVISIONS ET SUBDIVISIONS BINAIRES ET TERNAIRES

DE L'UNITÉ DE TEMPS.

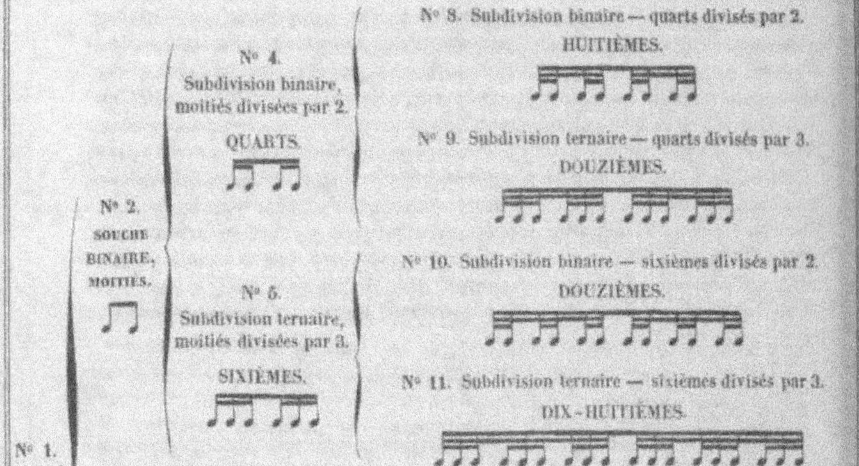

N° 1. UNITÉ

N° 2. SOUCHE BINAIRE, MOITIÉS.

N° 4. Subdivision binaire, moitiés divisées par 2. QUARTS.

N° 8. Subdivision binaire — quarts divisés par 2. HUITIÈMES.

N° 9. Subdivision ternaire — quarts divisés par 3. DOUZIÈMES.

N° 5. Subdivision ternaire, moitiés divisées par 3. SIXIÈMES.

N° 10. Subdivision binaire — sixièmes divisés par 2. DOUZIÈMES.

N° 11. Subdivision ternaire — sixièmes divisés par 3. DIX-HUITIÈMES.

N° 3. SOUCHE TERNAIRE, TIERS.

N° 6. Subdivision binaire, tiers divisés par 2. SIXIÈMES.

N° 12. Subdivision binaire — sixièmes divisés par 2. DOUZIÈMES.

N° 13. Subdivision ternaire — sixièmes divisés par 3. DIX-HUITIÈMES.

N° 7. Subdivision ternaire, tiers divisés par 3. NEUVIÈMES.

N° 14. Subdivision binaire — neuvièmes divisés par 2. DIX-HUITIÈMES.

N° 15. Subdivision ternaire — neuvièmes divisés par 3. VINGT-SEPTIÈMES.

4° Remarquez que les n°s 5 et 6 sont des sixièmes ; mais les premiers, (n° 5), proviennent des moitiés qui ont subi la division ternaire, tandis que les derniers, (n° 6), proviennent des tiers qui ont subi la division binaire. Ces deux coupes contiennent donc les deux divisions binaire et ternaire, mais en sens opposé ; aussi l'effet qu'elles produisent est-il bien différent : le n° 5, qui provient de la souche binaire, produit l'effet de deux temps, division ternaire ; et le n° 6, qui dérive de la souche ternaire, produit l'effet de trois temps, division binaire.

5° Remarquez que les trois numéros 9, 10, 12, sont des douzièmes : tous trois sont le produit de deux divisions binaires et d'une division ternaire. Dans le n° 9 la division ternaire arrive la dernière après deux divisions binaires (vérifiez) ; dans le n° 10 la division ternaire est entre les deux divisions binaires (vérifiez) ; enfin, dans le n°, 12 la division ternaire arrive la première et se trouve suivie des deux divisions binaires (vérifiez). Aussi ces trois groupes produisent-ils des effets bien différents : le n° 9 (souche binaire) produit l'effet de deux temps, division binaire et subdivision ternaire ; le n° 10 (souche binaire) produit encore l'effet de deux temps, mais avec la division ternaire et la subdivision binaire ; enfin, le n° 12 (souche ternaire) produit l'effet de trois temps, division et subdivision binaires :

6° Remarquez que les groupes n°s 11, 13, 14, sont des dix-huitièmes ; tous trois ont subi *une fois la division binaire* et *deux fois la ternaire*. Dans le n° 11, la division binaire arrive la première (souche binaire) et les deux divisions ternaires viennent ensuite ; dans le n° 13, la division binaire tombe entre les deux divisions ternaires, qui commencent (souche ternaire) et finissent ; enfin, dans le n° 14, la division binaire arrive la dernière, les deux divisions ternaires commencent (souche ternaire). Aussi les trois groupes produisent-ils trois effets bien différents : le n° 11 (souche binaire) produit l'effet de deux temps, division et subdivision ternaires ; le n° 13 (souche ternaire) produit l'effet de trois temps, division binaire, subdivision ternaire ; le n° 14 (souche ternaire) produit l'effet de trois temps, division ternaire, subdivision binaire.

7° Aux troisièmes subdivisions, huitièmes, douzièmes, dix-huitièmes et vingt-septièmes, on ne trouve que deux coupes, les huitièmes (n° 8) et les vingt-septièmes (n° 15), qui aient toujours subi la même subdivision : les huitièmes ne contiennent que la coupe binaire et les vingt-septièmes que la coupe ternaire. Toutes les espèces de douzièmes et de dix-huitièmes contiennent, comme les sixièmes, les deux divisions, binaire et ternaire.

Une dernière observation est celle-ci : notre oreille ne pouvant suivre rigoureusement que les divisions et les subdivisions binaires et ternaires, la musique ne peut rendre exactement que les fractions dont les dénominateurs ne contiennent que les facteurs deux et trois ; tels sont les moitiés, les tiers, les quarts, les sixièmes, les huitièmes, les douzièmes, les dix-huitièmes, les vingt-septièmes, etc. Mais nous n'avons pas la faculté de mesurer rigoureusement les cinquièmes, les septièmes, les onzièmes, les treizièmes, les dix-septièmes, etc., et toutes les autres fractions, dont les dénominateurs contiennent d'autres facteurs premiers que deux et trois. Au chapitre des signes de l'écriture usuelle, nous indiquerons comment on doit comprendre les cinquièmes, septièmes, etc., que les compositeurs écrivent continuellement.

Son articulé, son prolongé, silence, et signes qui expriment ces trois idées.

Maintenant que nous savons exprimer les diverses fractions que peut suivre notre oreille, une observation importante se présente ; la voici : si l'on écoute avec attention chanter un air, on a bientôt fait les trois remarques suivantes : 1° tantôt chaque commencement d'unité ou de fraction d'unité est marqué par un son nouveau, ou par la répétition du son déjà chanté ; en un mot, on sent une articulation nouvelle ; 2° d'autres fois, le son déjà chanté se prolonge purement et simplement sans articulation nouvelle, et passe d'un temps à l'autre, ou d'une division à l'autre ; 3° enfin, quelquefois le chant cesse complétement, pendant plus ou moins de temps. La durée, à part ses divisions, offre donc trois idées principales à exprimer : 1° un son articulé, 2° un son prolongé, 3° un silence ; c'est-à-dire articulation, prolongation, silence.

Galin adopte trois signes pour rendre ces trois idées : le chiffre, pour le son articulé ; le point noir pour la prolongation (1) ; le zéro, pour le silence.

Ces caractères une fois adoptés pour rendre les trois idées d'articulation, de prolongation et de silence, chacun d'eux est soumis à la loi de la division binaire et de la division ternaire, exprimée dans le tableau précédent, et s'écrit de la même manière, sous les barres de division. Voici, en deux mots, le résumé de l'écriture de Galin :

1° Tout signe isolé représentera l'unité de temps, qu'il soit signe d'articulation, de prolongation ou de silence. Ainsi, un chiffre seul indique une unité articulée ; un point seul indique une unité de prolongation ; un zéro seul indique une unité de silence.

EXEMPLE :	Unité articulée.	5
	Unité de prolongation.	•
	Unité de silence.	0

(1) Galin emploie ordinairement, et ses élèves avec lui, le point de prolongation pour prolonger un silence aussi bien qu'un son. — L'expérience nous a démontré qu'il fallait réserver exclusivement le point de prolongation pour les sons, et qu'il y avait avantage à répéter le zéro pour chaque prolongation de silence. — De cette façon, l'esprit n'éprouve jamais la moindre hésitation sur la valeur du point : il n'a pas à se demander s'il faut chanter ou se taire. Nous réservons donc exclusivement le point pour exprimer la prolongation d'un son... Mais, je le répète, plusieurs personnes l'emploient encore pour exprimer les prolongations de silence.

2° Pour les divisions de l'unité, Galin pose cette loi absolue: *Les diverses parties de l'unité seront toujours réunies en un seul groupe, sous une barre horizontale, et un groupe quelconque contiendra toujours les diverses parties de l'unité*, JAMAIS PLUS, JAMAIS MOINS.

Pour représenter les moitiés, Galin tire un trait qui recouvre deux signes; pour les tiers, le trait en recouvre trois.

Il écrit les moitiés de cette manière :	1 2	Pour les sons articulés.
	• •	Pour les sons prolongés.
	0 0	Pour les silences.
Il écrit les tiers de cette manière :	123	Pour les sons articulés.
	• • •	Pour les sons prolongés.
	000	Pour les silences.

Les moitiés et les tiers étant exprimés, il s'agit de marquer les moitiés et les tiers de moitiés (quarts et sixièmes); les moitiés et les tiers de tiers (sixièmes et neuvièmes); et il s'agit de le faire de manière que l'œil puisse toujours reconnaître si la première division a été binaire ou ternaire, et si la seconde a également été binaire ou ternaire. Galin les écrit ainsi :

Souche binaire : 1 2 / • • / 0 0	*Subdivision binaire.* — Moitiés divisées par deux. QUARTS.	12 34	Pour les sons articulés.
		• • • •	Pour les sons prolongés.
		00 00	Pour les silences.
	Subdivision ternaire. — Moitiés divisées par trois. SIXIÈMES.	123 456	Pour les sons articulés.
		• • • • • •	Pour les sons prolongés.
		000 000	Pour les silences.
Souche ternaire : 1 2 3 / • • • / 0 0 0	*Subdivision binaire.* — Tiers divisés par deux. SIXIÈMES.	12 34 56	Pour les sons articulés.
		• • • • • •	Pour les sons prolongés.
		00 00 00	Pour les silences.
	Subdivision ternaire. — Tiers divisés par trois. NEUVIÈMES.	123 456 543	Pour les sons articulés.
		• • • • • • • • •	Pour les sons prolongés.
		000 000 000	Pour les silences.

Ici, toujours chaque groupe vaut une unité de temps, qu'il contienne des chiffres, des points ou des zéros. Les moitiés et les tiers sont indiqués à l'œil par une barre simple, surmontant deux signes pour les moitiés, trois pour les tiers. Si les *moitiés* ou les *tiers* sont à leur tour subdivisés par deux, *deux* ou *trois petites barres*, placées sous la grande, *couvrent chacune deux signes* (chiffres, points, zéros) ; si ces *moitiés* ou ces *tiers* ont subi la subdivision par trois, *chaque petite barre couvre* trois signes (chiffres, points ou zéros).

En continuant l'application du même principe à toutes les coupes du tableau de la page 256, on écrit avec la plus grande netteté les huitièmes, les trois espèces de douzièmes, les trois espèces de dix-huitièmes et les vingt-septièmes, soit avec le chiffre, le point, ou le zéro, et de manière que l'œil saisit du premier coup l'idée qu'on lui présente. Comme on le voit, cette écriture est parfaite et ne laisse rien à désirer, pour la précision et la netteté.

Si le même temps contient à la fois des sons articulés et des sons prolongés ou des silences, l'écriture en est tout aussi simple, puisque le chiffre, le point de prolongation et le zéro, peuvent occuper chacune des places que couvrent les barres. Le compositeur prend donc celui des trois signes qui rend son idée, et, au moyen des barres, il lui impose la durée et la place qu'il doit prendre dans l'unité.

Terminons cette exposition de la division du temps par le tableau suivant, fait par Galin, et qu'il a nommé CHRONOMÉRISTE.

Il n'y a poussé la division de l'unité que jusqu'aux quarts, sixièmes et neuvièmes, et n'y a pas employé les silences : il a laissé à chacun le plaisir de pousser les subdivisions jusqu'aux huitièmes, douzièmes, dix-huitièmes et vingt-septièmes, et d'employer le zéro à sa fantaisie.

Les monosyllabes placés sous les notes du chronoméristе ne sont point de l'invention de Galin ; cette langue des durées a été créée par M. *Aimé Paris*. Au lieu de cette langue si commode pour apprendre l'effet des coupes les plus compliquées, et sans le secours de laquelle il est quelquefois presque impossible de suivre certains fractionnements de l'unité, Galin employait les noms de nombre de la manière suivante : Pour deux moitiés, il disait : une-deux ; M. Paris dit : TA-TÉ ; pour trois tiers, Galin disait : une-deux-trois ; M. Paris dit : TA-TÉ-TI ; pour quatre quarts, il disait : une-deux, trois-quatre ; M. Paris dit : TA FA, TÉ-FÉ ; pour les sixièmes n° 5, il disait : une-deux-trois, quatre-cinq-six ; M. Paris dit TA-RA-LA, TÉ-RÉ-LÉ ; pour les sixièmes n° 6, il disait : une-deux, trois-quatre, cinq-six ; M. Paris dit : TA-FA, TÉ FÉ, TI-FI ; pour les neuvièmes, Galin disait : une-deux-trois, quatre-cinq-six, sept-huit-neuf ; M. Paris dit : TA-RA-LA, TÉ-RÉ-LÉ, TI-RI-LI.

Pour les coupes mixtes, binaire avec ternaire ou réciproquement, Galin disait, Pour deux quarts et trois sixièmes : un-deux, trois-quatre-cinq ; M. Paris dit TA-FA, TÉ-RÉ LÉ ; pour trois sixièmes et deux quarts : un-deux-trois, trois-quatre ; M. Paris dit : TA-RA-LA, TÉ-FÉ, et ainsi de suite. La pratique nous a démontré l'immense supériorité de la langue créée par M. Aimé Paris, sur celle de Galin, que nous avons complètement abandonnée.

CHRONOMÉRISTE
DE GALIN,
AVEC LA LANGUE DES DURÉES
CRÉÉE PAR
M. AIMÉ-PARIS.

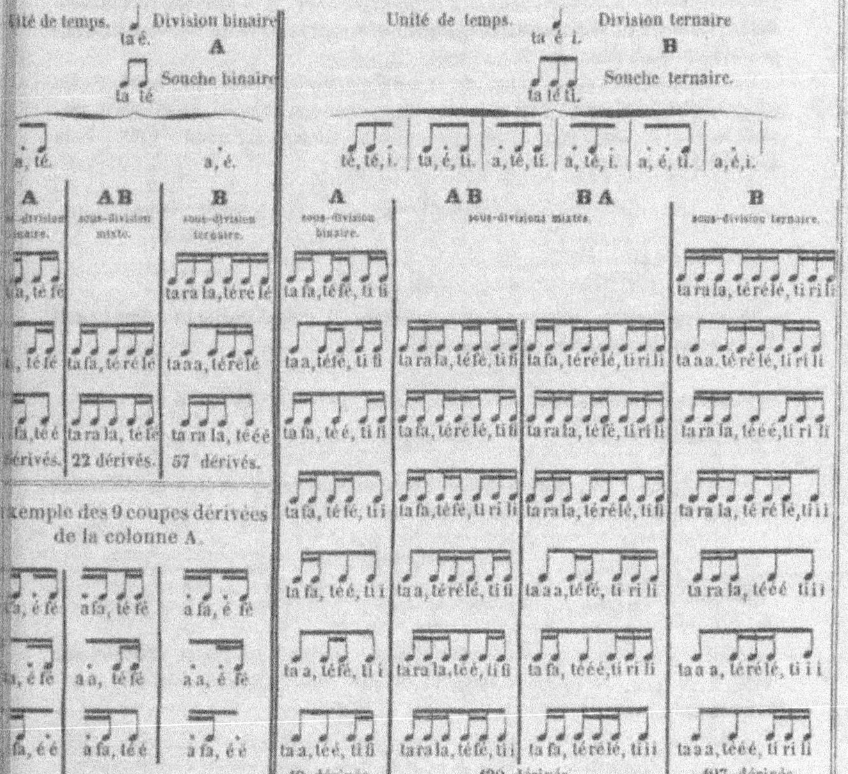

…ité de temps. ta é. Division binaire A

ta té Souche binaire

a, té. a, é.

A …-division …inaire.	AB sous-division mixte.	B sous-division ternaire.
…a, te fe		ta ra la, téré lé
…, té fé	ta fa, té ré lé	ta a a, té ré lé
…fa, té é	ta ra la, té fé	ta ra la, té é é
…érivés.	22 dérivés.	57 dérivés.

…xemple des 9 coupes dérivées de la colonne A.

…a, é fé	a fa, té fé	a fa, é fé
…, é fé	a a, té fé	a a, é fé
…fa, é é	a fa, té é	a fa, é é

Unité de temps. ta é i. Division ternaire B

ta té ti. Souche ternaire.

té, té, i. | ta, é, ti. | a, té, ti. | a, té, i. | a, é, ti. | a, é, i.

A sous-division binaire.	AB sous-divisions mixtes.	BA	B sous-division ternaire.
ta fa, té fé, ti fi			ta ra la, té ré lé, ti ri li
ta a, té fé, ti fi	ta ra la, té fé, ti fi	ta fa, té ré lé, ti ri li	ta a a, té ré lé, ti ri li
ta fa, té é, ti fi	ta fa, té ré lé, ti fi	ta ra fa, té fé, ti ri li	ta ra la, té é é, ti ri li
ta fa, té fé, ti i	ta fa, té fé, ti ri li	ta ra la, té ré lé, ti fi	ta ra la, té ré lé, ti i i
ta fa, té é, ti i	ta a, té ré lé, ti fi	ta a a, té fé, ti ri li	ta ra la, té é é ti i i
ta a, té fé, ti i	ta ra la, té é, ti fi	ta fa, té é é, ti ri li	ta a a, té ré lé, ti i i
ta a, té é, ti fi	ta ra la, té fé, ti i	ta fa, té ré lé, ti i i	ta a a, té é é, ti ri li
49 dérivés.	420 dérivés.		497 dérivés.

…ous ces nombres 9, 22, 57, 49, 420, 497 dérivés, indiquent le nombre de coupes que l'on peut obtenir dans chaque …onne, comme le montre le petit exemple des 9 COUPES DÉRIVÉES de la colonne A

Langue des durées créée par M. Aimé Paris.

Voici l'explication de la langue des durées créée par M. Aimé Paris, et dont l'emploi est si important pour faire sentir exactement toutes les subdivisions de l'unité, quelque compliquées que soient ces subdivisions.

Toutes les subdivisions de l'unité provenant des souches binaire et ternaire, M. Aimé Paris consacre les deux voyelles A, É, à la désignation des moitiés, et les trois voyelles A, É, I, à la désignation des tiers, de manière que pour la coupe binaire, A désigne toujours la première moitié, É la seconde, et pour la coupe ternaire, A désigne toujours le premier tiers, É le deuxième, I le troisième. Le son I est donc exclusif à la souche ternaire : les deux autres sont communs aux deux souches.

Pour distinguer l'articulation de la prolongation du son, M. Aimé Paris adopte la lettre T, qu'il joint à la voyelle pour le son articulé, tandis qu'il emploie la voyelle seule pour le son prolongé. Le silence, il l'appelle CHU, et la prolongation de silence il la nomme U. Exemple :

		Souche binaire.	*Souche ternaire.*
Moitiés et tiers.	Articulés. . . .	Ta té	ta té ti
	Prolongés. . . .	a é	a é i
	Silences.	Chû û	Chû û û

Pour exprimer *la première subdivision binaire*, il prend les deux articulations T, F, ce qui lui donne le résultat suivant :

Quarts, et sixièmes nº 6, du tableau de la page 256.	Articulés. . . .	Ta fa, té fé	Ta fa, té fé, ti fi
	Prolongés. . . .	a a, é é	a a, é é, i i
	Silences. . . .	Chû û, û û	Chû û, û û, û û

Pour exprimer *la première subdivision ternaire*, il prend les trois articulations T, R, L, ce qui lui donne le résultat suivant :

Sixièmes nº 8 et neuvièmes.	Articulés. . . .	Ta ra la, té ré lé	Ta ra la, té re lé, ti ri li
	Prolongés. . . .	a a a, é é é	a a a, é é é, i i i
	Silences. . . .	Chû û û, û û û	Chû û û, û û û, û û û

Pour exprimer *la seconde subdivision binaire*, il prend les quatre articulations T, Z, F, N (que l'on retrouve dans Ti Si PHo Ne), ce qui lui donne le résultat suivant :

Huitièmes et douzièmes nº 12.	Articulés. . . .	Ta za, fa na, té zé, fé né	Ta za, fa na, té zé, fé né, ti zi, fi ni
	Prolongés. . . .	a a, a a, é é, é é	a a, a a, é é, é é, i i, i i
	Silences. . . .	Chu u, u u, u u, u u	Chû u, u u, u u, u u, u u, u u

M. Aimé Paris a également donné des noms aux coupes n° 9, 10, 11, 13, 14 et 15 du tableau général de la page 256; mais comme ces coupes ne se rencontrent guère que dans la musique instrumentale, nous renvoyons au deuxième volume de cet ouvrage (à la méthode instrumentale), pour les expliquer. Nous simplifierons de cette manière l'étude de la langue des durées.

Toutefois, si l'on rencontrait dans la musique vocale les coupes 9, 10, 11, 12, 13, 14, 15, voici un moyen fort simple de s'en rendre maître :

On leur enlève, par la pensée, le trait supérieur, ce qui les ramène à former deux ou trois groupes de l'ordre précédent; on étudie alors isolément chacun de ces groupes; puis, quand on en est maître, on les reprend tous deux ou trois ensemble. Exemple :

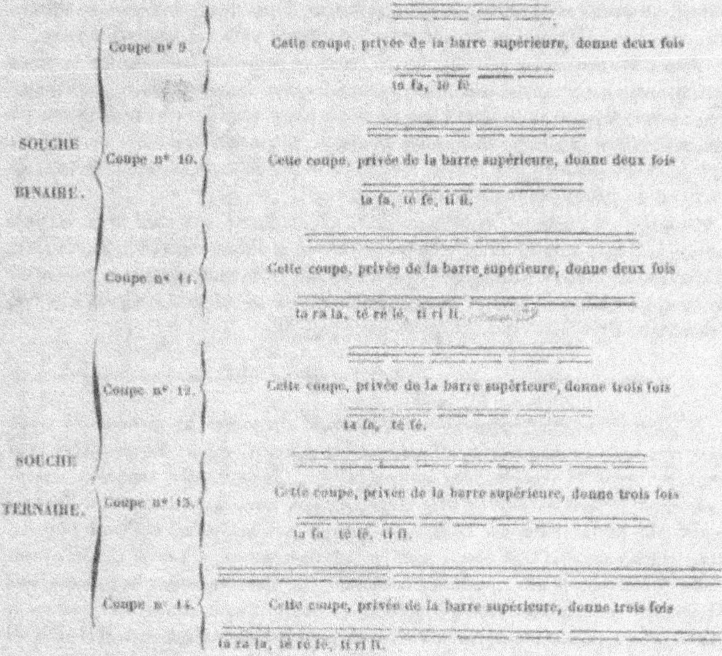

Nul ne peut se faire une idée de la puissance de cette langue des durées, s'il n'en a pas fait l'essai dans les coupes difficiles, entremêlées de syncopes, de silences et de triolets (1).

(1) Voir plus bas la signification des mots syncope et triolet.

CHAPITRE DEUXIÈME.

DES MESURES.

Maintenant que nous avons analysé toutes les subdivisions que notre oreille peut suivre dans l'unité de temps, et que nous connaissons les noms de ces subdivisions et le moyen de les exprimer, soit qu'elles se composent de sons articulés, de sons prolongés ou de silences, rien de plus facile que de composer les mesures à deux, à trois, ou même quatre temps, si, comme tous les solféges, on admet cette dernière. Il suffit, pour cela, de réunir deux, trois ou quatre unités, ou groupes contenant chacun la valeur d'une unité, soit en sons articulés, en sons prolongés ou en silences : on obtient ainsi les mesures à deux, à trois ou à quatre temps (1). Afin que le lecteur sache où faire porter le coup fort de la mesure, on met une barre verticale après chaque mesure, immédiatement avant chaque coup fort. L'œil trouvant ainsi deux temps, trois temps ou quatre temps d'une barre de mesure à l'autre, reconnait de suite la mesure, et le lecteur est prévenu que le coup fort doit revenir de deux en deux, de trois en trois ou de quatre en quatre temps.

Donnons un exemple de chacune des trois mesures, avec les deux variétés principales qu'y produisent la souche binaire et la souche ternaire. Je prendrai d'ailleurs les coupes au hasard ; mais l'écriture est tellement claire, tellement précise, qu'il ne peut y avoir le moindre doute sur la valeur des signes que l'on rencontre.

---

(1) Aujourd'hui que l'écriture de Galin permet d'exprimer les divisions du temps avec une rigueur mathématique, les compositeurs pourront user des mesures mixtes aussi largement qu'ils le voudront. Par mesures mixtes, j'entends celles composées alternativement de deux temps et de trois temps, de trois temps et de deux temps, de trois temps et de quatre temps, etc. Boïeldieu en a donné un exemple dans sa *Dame blanche*. Il est évident que pour tirer tout le parti possible de la mesure, il faut qu'elle puisse *moduler* (passez-moi le mot), comme l'intonation. — Alors seulement la musique sera complète. Il est impossible de se figurer de combien d'effets de mesure l'écriture sur la portée prive les compositeurs. On peut en avoir une très-légère idée en prenant la peine de traduire soi-même en musique sur la portée les exercices pratiques de mesure qui forment *la quatrième classe d'exercices* de la première partie de cet ouvrage. On verra combien une mauvaise écriture est nuisible ; non-seulement elle rend la science inapprenable pour le plus grand nombre ; mais elle prive encore les adeptes eux-mêmes d'une grande partie de ses richesses.

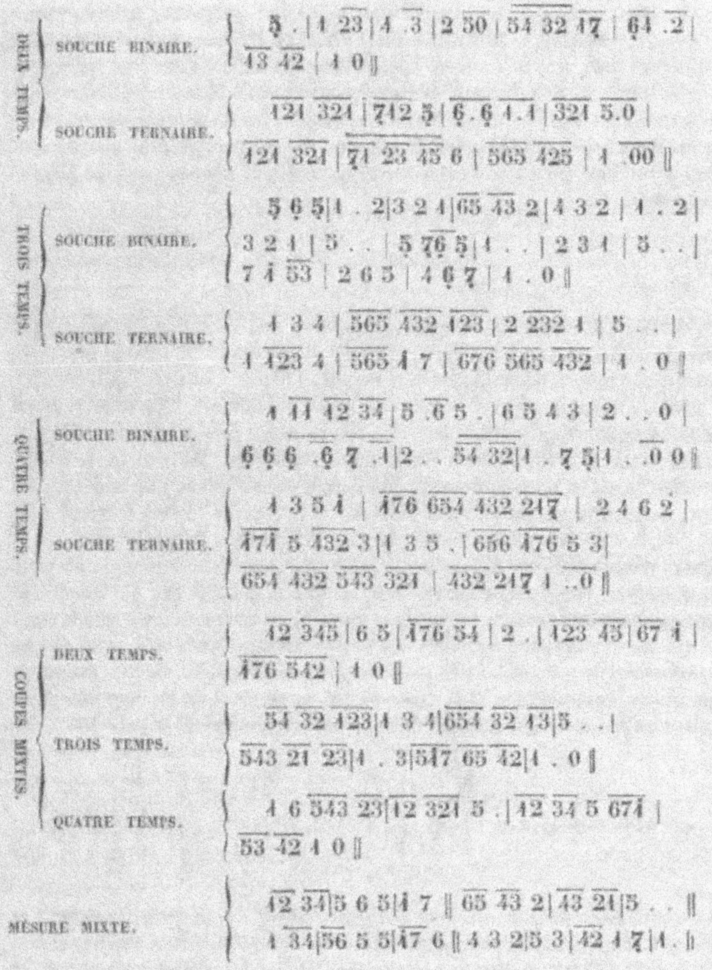

DEUX TEMPS.

SOUCHE BINAIRE.

5 . | 1 23 | 1 .3 | 2 50 | 54 32 17 | 61 .2 |
13 12 | 1 0 ||

SOUCHE TERNAIRE.

121 321 | 712 5 | 6 . 6 1 . 1 | 321 5.0 |
121 321 | 71 23 45 6 | 565 125 | 1 .00 ||

TROIS TEMPS.

SOUCHE BINAIRE.

5 6 5 | 1 . 2 | 3 2 1 | 65 43 2 | 1 3 2 | 1 . 2 |
3 2 1 | 5 . . | 5 76 5 | 1 . . | 2 3 1 | 5 . . |
7 1 53 | 2 6 5 | 4 6 7 | 1 . 0 ||

SOUCHE TERNAIRE.

1 3 4 | 565 432 123 | 2 232 1 | 5 . . |
1 123 4 | 565 1 7 | 676 565 432 | 1 . 0 ||

QUATRE TEMPS.

SOUCHE BINAIRE.

1 11 12 34 | 5 .6 5 . | 6 5 4 3 | 2 . . 0 |
6 6 6 .6 7 .1 | 2 . . 54 32 | 1 . 7 5 | 1 . .0 0 ||

SOUCHE TERNAIRE.

1 3 5 1 | 176 654 432 217 | 2 4 6 2 |
171 5 432 3 | 1 3 5 . | 656 176 5 3 |
654 432 543 321 | 432 217 1 ..0 ||

COUPES MIXTES.

DEUX TEMPS.

12 345 | 6 5 | 176 54 | 2 . | 123 45 | 67 1 |
176 542 | 1 0 ||

TROIS TEMPS.

54 32 123 | 1 3 4 | 654 32 13 | 5 . . |
543 21 23 | 1 . 3 | 517 65 42 | 1 . 0 ||

QUATRE TEMPS.

1 6 543 23 | 12 321 5 . | 12 34 5 671 |
53 42 1 0 ||

MESURE MIXTE.

12 34 | 5 6 5 | 1 7 || 65 43 2 | 43 21 | 5 . . ||
1 34 | 56 5 5 | 17 6 || 4 3 2 | 5 3 | 42 1 7 | 1 . ||

Dans ces exemples, que l'on peut multiplier à l'infini, l'œil reconnaît de suite la mesure qu'on lui présente : le nombre de groupes ou de signes isolés pris entre deux barres verticales lui montre de suite deux temps, trois temps ou quatre temps, sans qu'il soit besoin d'aucune autre indication. Avec la même facilité, on reconnaît si la division est binaire ou ternaire en voyant deux ou trois signes sous une seule barre horizontale ; les subdivisions sont reconnues avec la même facilité. Enfin, l'esprit n'éprouve jamais le moindre embarras à reconnaître les uns des autres les sons articulés, les sons prolongés et les silences. Il est donc toujours prévenu très-vite, très-nettement, sans aucune ambiguité, de l'idée qu'a voulu exprimer le compositeur : le but est donc pleinement atteint.

Du coup fort et du coup faible dans les subdivisions de l'unité de temps.

L'oreille, avons-nous dit, a besoin d'un coup fort de temps en temps pour pouvoir mesurer sûrement la durée des sons. Il en résulte que, quand toutes les unités d'une mesure sont subdivisées, l'oreille a besoin d'un plus grand nombre de jalons, c'est-à-dire de coups forts : si on les lui refusait, la confusion serait souvent inévitable, et le chant perdrait son véritable caractère, puisque la mesure ne serait plus appliquée d'une manière rigoureuse. Pour éviter la confusion dont je parle, on considère chaque temps comme étant une mesure complète ; et, s'il provient de la souche binaire, on le regarde comme composé d'*un coup fort* et d'*un coup faible*, tandis que s'il provient de la souche ternaire, on le regarde comme composé d'*un coup fort* et de *deux coups faibles*. Seulement, pour que la mesure, elle aussi, conserve son caractère, le coup fort qui marque le commencement du premier temps de la mesure, est plus prononcé que le coup fort qui marque le commencement des autres temps; d'après cela, voilà ce que nous donnent la souche binaire et la ternaire, sous le point de vue des coups forts et des coups faibles. (Les numéros qui surmontent les groupes indiquent la place qu'occupent ces groupes dans le tableau général de la page 256.)

	N° 2.			N° 3.	
SOUCHE BINAIRE	1 fort.	2 faible.	SOUCHE TERNAIRE	1 fort.	2 faible.	3 faible.

Ce que je viens de dire du coup fort relativement à la division binaire et à la division ternaire, s'applique exactement aux mêmes subdivisions binaires et ternaires ; c'est-à-dire que dans une subdivision binaire, le premier coup est fort, et le deuxième faible ; que dans une subdivision ternaire, le premier coup encore est fort, et les deux derniers sont faibles, et toujours ainsi, quelque loin que l'on pousse la subdivision. Exemple :

SOUCHE BINAIRE.

	N° 4.			
	1	2	3	4
	TRÈS-FORT.	faible.	*fort.*	faible.

N° 5.					
1	2	3	4	5	6
TRÈS-FORT.	faible.	faible.	*fort.*	faible.	faible.

SOUCHE TERNAIRE.

N° 6.					
1	2	3	4	5	6
TRÈS-FORT.	faible.	*fort.*	faible.	*fort.*	faible.

N° 7.								
1	2	3	4	5	4	3	2	1
TRÈS-FORT.	faible.	faible.	*fort.*	faible.	faible.	*fort.*	faible.	faible.

Et ainsi des autres coupes du tableau général de la page 256 ; la subdivision binaire donnant un coup fort et un coup faible, et la subdivision ternaire, un coup fort et deux coups faibles, (les nos 4, 5, 6, 7), placés au-dessus des quatre coupes, indiquent les groupes du tableau général de la page 256)

C'est le nombre et la position de ces coups forts qui caractérisent les mesures à deux et à trois temps et les coupes binaires et ternaires. Ce sont eux qui établissent une différence si grande entre les sixièmes, n° 5 (tableau de la page 256), deux coups forts et quatre faibles, et les sixièmes, n° 6, trois coups forts et trois coups faibles. Ce sont encore les coups forts qui font différer les trois coupes, nos 9, 10 et 12, qui offrent chacune douze douzièmes; et enfin les trois coupes, nos 11, 13 et 14, composées chacune de dix-huit dix-huitièmes. Je laisse au lecteur le plaisir de les analyser lui-même ; c'est dans ce but que j'ai omis de les comprendre toutes dans les exemples précédents.

Des prolongations et des syncopes. — Quand un son, articulé sur le temps fort d'une mesure ou sur le coup fort d'un temps, se prolonge sur un temps faible ou sur un coup faible, on dit qu'il y a *prolongation*. Exemple :

1 . ‖	1 . 1	2 . 3
Prolongation.	Prolongation.	Prolongation.

Quand un son articulé sur un temps faible de la mesure se prolonge sur un temps fort, ou quand un son articulé sur un coup faible se prolonge sur un coup fort, on dit qu'il y a *syncope*. Exemple :

1 2 | . 4 ‖	1 2 . 3	1 2 . 3	. 4	. 5
Syncope de mesure.	Syncope de temps.	Syncope de moitié.	Syncope de moitié.	Syncope de moitié.

Ces deux mots *prolongation* et *syncope* indiquent donc tous deux la prolongation d'un son ; mais le premier spécifie que le son a commencé sur un temps ou sur un coup plus fort, et s'est prolongé sur un temps ou sur un coup plus faible ; tandis que le second dit, au contraire, que le son a commencé sur un coup faible et s'est prolongé sur un coup plus fort.

Une observation remarquable est à faire sur les syncopes : c'est qu'elles privent l'oreille de son jalon en lui enlevant l'articulation des coups forts ; aussi rendent-elles la mesure beaucoup plus difficile. Quand elles sont très-multipliées, elles impriment à la musique un caractère tout-à-fait étrange, caractère qui tient à la contrariété qu'éprouve l'oreille d'être privée de tous ses jalons, et à la difficulté qui en résulte de mesurer sans eux un grand nombre de durées.

Quant à la manière de distinguer les prolongations des syncopes, rien n'est plus simple avec notre écriture, puisqu'il suffit de remarquer si l'articulation a commencé sur un coup plus faible (syncope), ou sur un coup plus fort (prolongation) que celui où se trouve le point de prolongation.

Nous verrons bientôt, qu'avec l'écriture sur la portée musicale, la chose n'est pas aussi claire ; quelquefois même elle est assez difficile à reconnaître, et partant fort difficile à exécuter. A la partie pratique, nous verrons le moyen fort simple de faire sentir les syncopes.

CHAPITRE TROISIÈME.

DES CADENCES ET DU RHYTHME.

En voyant avec quelle facilité et quelle précision les coupes de Galin permettent de former des mesures, il pourrait se faire que quelques personnes fussent portées à croire que, pour composer de la musique, pour faire un air, par exemple, il suffit d'écrire des sons pris au hasard, avec la seule précaution de faire que la durée de ces sons se trouvât soumise à la double loi de la division binaire ou ternaire. En agissant ainsi, on n'aurait pas plus de musique, que l'on n'aurait de phrases en prenant au hasard, dans le dictionnaire, des substantifs, des adjectifs et des verbes, et en les arrangeant sans autre précaution que celle d'écrire correctement chacun de ces mots. Pour qu'ils forment phrase, idée, il faut un sujet et un verbe, avec ou sans leurs accessoires. Il en est de même en musique : pour qu'il y ait air, il faut que l'oreille sente un commencement et une fin d'idée musicale ; autrement ce sont des enfilades de sons, et voilà tout.

Or, cette particularité que présente un son de faire sentir à l'oreille qu'il est le dernier de sa période ou de sa phrase, est ce qui, en musique, constitue la cadence. — La cadence est donc la fin d'une période, d'une idée ou d'une phrase musicale. — Un air bien cadencé est un air dans lequel l'oreille trouve la cadence à la place convenable ; un air mal cadencé est un air dans les conditions opposées. La cadence n'est donc autre chose que la *ponctuation musicale*. Mais, de même que la ponctuation du discours présente divers degrés, de même la cadence nous fait sentir la fin d'une partie de période, la fin d'une période ou la fin d'un air. On a rendu ces trois idées par les expressions de : *quart de cadence*, qui répond à la virgule ; *demi-cadence*, qui répond au point et virgule ; *cadence* ou *cadence parfaite*, qui répond au point. Dans certains cas, l'analogie avec le discours est poussée plus loin, et la cadence semble indiquer un point d'interrogation, un point d'interjection, une réticence, etc.

L'écriture musicale ne marque ni les quarts ni les demi-cadences ; elle laisse à l'oreille le soin de les découvrir. La cadence parfaite se marque quelquefois par une double barre de mesure, ainsi : ‖ ; l'interrogation, l'interjection, la réticence se rendent par ce qu'on nomme *point d'orgue* (⌒), dont nous étudierons plus tard les diverses significations.

Du rhythme. Avant de donner les exemples des diverses espèces de cadences, il nous reste à préciser le sens d'un mot très-fréquemment employé dans le langage musical ; il s'agit du mot rhythme, appliqué à la musique.

Qu'est-ce que le rhythme en musique?

Pour les uns, ce mot indique la division du temps, division binaire ou ternaire ; pour d'autres, il est synonyme du mot mesure et indique deux, trois, quatre temps ; pour ceux-ci, et je me range entièrement de leur côté, le mot rhythme indique le nombre des mesures prises entre deux cadences quelconques, cadences parfaites, demies ou quarts de cadences. Quelques-uns enfin, n'appliquant à ce mot rhythme aucune signification précise, en font quelque chose de vague, de mystérieux, qui n'est pas la division du temps, ni la mesure, ni les groupes de mesures, mais qui participe un peu de tout cela, et qui est comme le cachet, le caractère propre d'un morceau.

Pour nous, qui regardons les mots comme les étiquettes des idées, et qui n'avons rien tant à cœur que de rendre claires et précises toutes les idées que nous désirons communiquer à nos lecteurs, nous dirons : Les mots divisions binaires et ternaires peignent très nettement les divisions de l'unité ; le mot mesure indique très-clairement les groupes de temps ; réservons donc exclusivement le mot rhythme pour exprimer des groupes de mesure séparées par les virgules, les point-virgules et les points, et disons, dans ce sens, que le rhythme indique le nombre de mesures qui constituent la plus petite idée mélodique. C'est-à-dire, que le rhythme est l'ensemble de plusieurs mesures, comme la mesure est l'ensemble de plusieurs temps. La mesure est donc l'unité du rhythme, au même titre que le temps est l'unité de la mesure.

En général, le rhythme se sent de deux en deux, de trois en trois ou de quatre en quatre mesures ; le rhythme est alors à deux, à trois ou à quatre mesures ; on pourrait l'appeler binaire, ternaire, quaternaire. Cependant le compositeur peut donner à son rhythme toute l'étendue et la variété qu'il veut. *La variété*, il l'obtient en combinant les rhythmes binaire, ternaire ou quaternaire, comme il combine, par la modulation, les fragments des diverses gammes. Il fait, en un mot, des rhythmes myxtes. Ceci, du reste, est du ressort de la composition, et nous n'avons pas à nous occuper de la manière d'employer ces rhythmes. Nous renvoyons pour cela aux traités de composition.

Quant à *l'étendue*, quant aux rhythmes qui contiennent plus de quatre mesures, l'oreille les suit plus difficilement. Cependant, elle peut encore les suivre sans trop de peine quand ce sont des rhythmes à six, à huit ou à neuf mesures, parce qu'elle les subdivise en groupes de deux ou de trois mesures : elle fait alors pour les mesures, ce qu'elle a déjà fait pour les subdivisions binaires et ternaires du temps. Mais quand ce sont des rhythmes composés de cinq, sept, onze mesures, etc., rhythmes indiqués par des nombres premiers autres que deux et trois, ils sont insupportables pour l'oreille, par l'attention extrême qu'il faut pour les suivre. Aussi produisent-ils un effet traînant, pénible, extrêmement prononcé. Quand un air est bien rhythmé, il nous frappe du premier coup ; quand il ne l'est pas nous ne pouvons nous en rendre maître : c'est comme si l'on disait, quand une idée est rendue clairement, par des phrases bien faites, nous la saisissons de suite ; quand elle est noyée sous un déluge de paroles, au milieu de phrases interminables, nous avons besoin d'un effort extrême pour la comprendre : et encore tout le monde n'y arrive pas.

Terminons par quelques exemples de cadences et de rhythmes, en combinant d'une manière régulière les rhythmes à deux et trois mesures, avec les mesures à deux et à trois temps, et avec les coupes binaire et ternaire. Chacun pourra multiplier ces combinaisons dont nous ne donnons ici que quelques échantillons. Le petit tableau indique clairement les huit combinaisons que nous donnons.

RHYTHME	BINAIRE. — DEUX MESURES.	MESURE BINAIRE. — DEUX TEMPS.	Coupe binaire.	N° 1.
			Coupe ternaire.	N° 2.
		MESURE TERNAIRE. — TROIS TEMPS.	Coupe binaire.	N° 3.
			Coupe ternaire.	N° 4.
	TERNAIRE. — TROIS MESURES.	MESURE BINAIRE. — DEUX TEMPS.	Coupe binaire.	N° 5.
			Coupe ternaire.	N° 6.
		MESURE TERNAIRE. — TROIS TEMPS.	Coupe binaire.	N° 7.
			Coupe ternaire.	N° 8.

N° 1. 12 34 | 5 5 | 17 16 | 5 . | 76 42 | 54 3 | 42 67 | 1 . ||

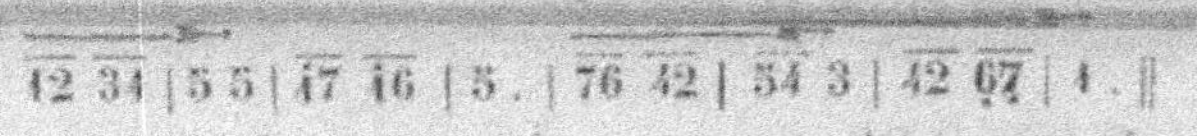

Rhythme à deux mesures. — Mesure à deux temps. — Souche ternaire.

N° 2. 343 347 | 6 5 | 654 432 | 1 2 3 | 343 345 | 6.7 1 | 543 467 | 1 . ||

Rhythme à deux mesures. — Mesure à trois temps. — Souche binaire.

N° 3. 56 53 17 | 12 34 5 | 7 1 6 | 5 .4 3 | 6 54 32 | 21 23 1 | 5 6 5 | 1 . 0 ||

Rhythme à deux mesures. — Mesure à trois temps. — Souche ternaire.

N° 4. 135 176 543 | 5 4 2 | 432 217 712 | 3 565 3 | 135 176 543 | 2 4 6 | 543 432 765 | 1 . 0 ||

Rhythme à trois mesures. — Mesure à deux temps. — Coupe binaire.

N° 5. 17 65 | 5 .4 | 3 . | 65 43 | 43 21 | 5 . | 17 65 | 5 .5 | 6 . | 21 76 | 54 42 | 1 . ||

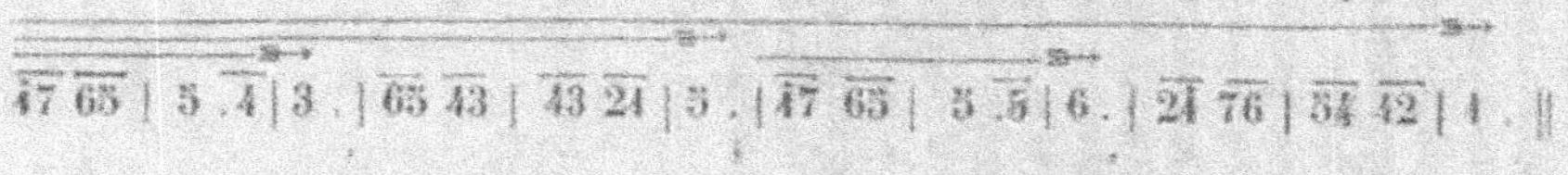

Rhythme à trois mesures. — Mesure à deux temps. — Coupe ternaire.

N° 6. 123 434 | 654 321 | 5 . | 171 765 | 543 321 | 1 2 | 123 434 | 654 321 | 6 . | 1 765 | 5 432 | 1 . ||

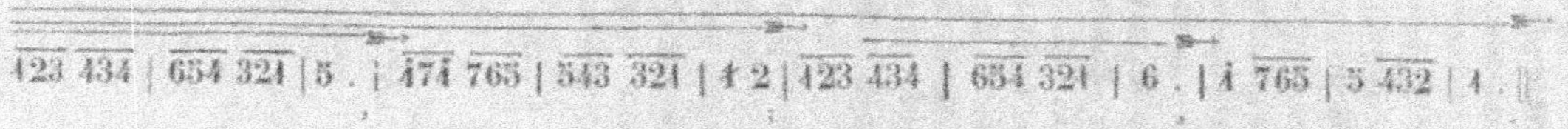

Rhythme à trois mesures. — Mesure à trois temps. — Coupe binaire.

N° 7. 1 2 1 | 4 3 2 | 1 . 0 | 50 60 40 | 43 43 21 | 5 . 0 | 2 1 2 | 43 54 32 | 6 . 0 | 7 6 5 | 4 3 2 | 1 . 0 ||

Rhythme à trois mesures. — Mesure à trois temps. — Coupe ternaire.

N° 8. 101 104 101 | 1 2 3 | 4 . . | 202 202 202 | 2 3 4 | 5 . . | 1.2 1.2 1.2 | 1 3 1 | 6 . . | 1.7 1.5 3.1 | 4 2 7 | 1 . 0 ||

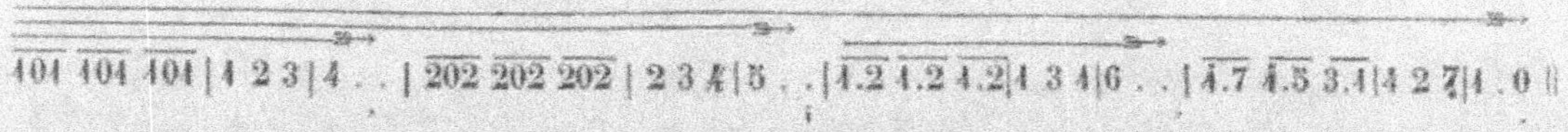

Remarques sur les huit exemples précédents :

1° Les virgules que présentent chacun des huit exemples ci-dessus, indiquent les quarts de cadence ; remarquez qu'à chacune de ces virgules il y a un très-léger repos, et qu'une nouvelle idée musicale succède à la première ; les deux petites flèches de chaque exemple marquent également les quarts de cadence.

2° Le point-virgule de chaque exemple marque les demi-cadences ; remarquez qu'à chacun de ces point-virgules, il y a un repos assez prononcé. La moyenne flèche de chaque exemple indique aussi la demi cadence.

3° Le point qui se trouve sous la dernière mesure de chacun des huit exemples marque la cadence parfaite. L'oreille sent que l'air est fini, et ne demande plus rien. Les grandes flèches marquent la même chose que le point.

4° Sous le point de vue du rhythme, c'est-à-dire, du nombre de mesures prises entre deux signes de ponctuation, les petites flèches vous indiquent, ainsi que les virgules, que les quatre premiers exemples présentent le rhythme à deux mesures, tandis que les quatre derniers présentent le rhythme à trois.

Je le répète, ce livre étant essentiellement élémentaire, je crois devoir ne pas pousser plus loin ces exemples de rhythmes et de cadences. Que le lecteur ait bien saisi les deux idées que j'attache à ces mots, et que j'ai tâché de traduire dans les exemples précédents, et mon but est atteint. J'arrête donc là ce que j'avais à dire de la durée, et je passe au troisième et dernier livre, dans lequel nous étudierons les signes de l'écriture musicale sur la portée. Ici finit notre théorie : tout ce qui reste à faire n'est plus du ressort du raisonnement. Nous n'avons plus qu'à traduire les idées que nous avons acquises au moyen d'un langage correct et d'une écriture précise, dans une langue plus ou moins barbare et dans laquelle les idées sont représentées par des signes mal combinés, et souvent détournés de leur signification première.

LIVRE TROISIÈME.

DE L'ÉCRITURE MUSICALE.

INTONATION.

Jusqu'ici nous avons employé, pour rendre nos idées musicales en théorie, l'écriture proposée par Galin. Cette écriture est si simple, si claire, si commode, qu'elle finira nécessairement par remplacer l'autre, du moins pour ce qui regarde la musique vocale et la théorie: c'est le seul moyen de comprendre la théorie, et de rendre populaire la lecture de la musique. Mais, comme en attendant ce changement d'écriture, il faut pouvoir se servir de la musique imprimée suivant l'autre système, étudions en détail les caractères qui le constituent, et tâchons de mettre un peu d'ordre dans ces débris de l'écriture ancienne, dans ces lambeaux que peu de personnes aujourd'hui pourraient rattacher à un tout homogène. Ici, comme pour la théorie, partageons notre travail en deux : étudions d'abord *l'écriture de l'intonation;* nous étudierons ensuite *celle de la mesure.*

CHAPITRE PREMIER.

DES CLEFS ET DES VOIX.

N. B. Pour éviter des répétitions fastidieuses, nous engageons le lecteur à relire avec attention les pages 113, 114, 115, 116, 117. Nous allons donc regarder comme déjà acquises les idées renfermées dans ces cinq pages.

Nous avons déjà vu, pages 113 et suivantes, comment on rendait les idées d'intonation sur la portée musicale, et comment, au moyen des trois signes appelés clés, on était arrivé à faire que chaque barreau représentât un son. Maintenant, arrêtons-nous à ces clés, pour les étudier avec plus de soin que nous ne l'avons fait jusqu'ici, et montrons dans quel but elles ont été créées. Ceci nous conduira naturellement à la classification des voix.

THÉORIE DES CLÉS ET CLASSIFICATION DES VOIX.

En prenant toutes les voix humaines, depuis la plus grave jusqu'à la plus aiguë, on trouve qu'elles parcourent une étendue d'environ trois octaves et demie, du grave à l'aigu, ou réciproquement. Pour écrire cette étendue de voix sur la portée, il a donc fallu prendre une portée qui eût au moins onze barreaux noirs, et qui permît d'écrire vingt-trois sons, sans avoir recours aux barreaux supplémentaires. La portée générale a donc été composée de onze barreaux noirs et de dix interlignes.

Le caractère des voix de basse étant de descendre jusqu'au *fa* fesant la dixième grave du diapason, on a écrit ce *fa* sous la portée générale et le premier barreau du bas s'est trouvé ainsi porter le *sol*.

Exemple :

En partant de ce *sol* pour nommer tous les barreaux, on a rencontré *l'ut* trois fois : 1° sur le deuxième interligne du bas ; 2° sur le barreau noir du milieu ; 3° sur le deuxième interligne du haut (vérifiez). On a dès-lors placé la *clé ut* sur le barreau du milieu, et le *fa grave* s'est trouvé placé immédiatement au-dessous de la portée comme on l'avait voulu. Ce barreau du milieu, appelé *ut*, se trouve correspondre exactement à *l'ut* du milieu du piano. La portée de onze lignes, ainsi armée de la *clé ut*, peut suffire à écrire pour toute l'étendue des voix humaines, que l'on ait à écrire pour des voix graves, pour des voix aiguës, ou pour des voix du médium.

Mais cette portée générale présentait un grave inconvénient ; c'est que l'œil ne jugeait qu'avec une extrême difficulté des distances des notes, et que la lecture rapide était impossible. D'ailleurs, chaque voix ne parcourant en général qu'une octave et demie, il était inutile de conserver tous les barreaux à la fois ; il suffisait d'en avoir cinq ou six pour pouvoir écrire tous les sons que peut chanter une seule voix. On s'est donc décidé à n'en prendre que cinq. Mais il fallait que le chanteur pût distinguer si les cinq barreaux qu'on lui présentait était des barreaux du bas, du haut, ou du milieu de la portée ; il fallait qu'il pût facilement reconnaître pour quelle voix était écrit le morceau, et à quelle hauteur prendre sa tonique.

Voici ce que l'on a imaginé pour arriver à ce résultat. Comme la *clé ut* se trouve sur le sixième barreau, elle ne peut servir quand on ne prend que les cinq du bas, ou les cinq du haut ; dès lors, on est convenu, pour les cas où l'on prendrait ces barreaux extrêmes, de désigner deux autres barreaux de la portée générale, un dans le groupe inférieur, le *barreau fa*, et un dans le groupe supérieur, le *barreau sol*; c'est-à-dire que l'on a créé deux autres signes appelés *clé fa* et *clé sol*; et la portée générale s'est alors trouvée armée de trois clés, de la manière suivante :

Ces trois clés une fois adoptées, il ne restait plus qu'à chercher le moyen de reconnaître au premier coup-d'œil à quelle partie de la portée générale appartiennent les cinq barreaux que l'on rencontre armés de l'une des trois clés.

Le tableau suivant montre comment chaque clé indique une voix particulière, selon qu'elle se rencontre sur tel ou tel barreau de la portée de cinq lignes, et comment elle indique toujours le même barreau de la portée générale, quoique paraissant être tantôt sur un barreau plus haut, tantôt sur un barreau plus bas. Ce tableau donne en même temps une classification simple et naturelle des voix, que nous proposons en remplacement de l'ancienne, et le rapport des voix avec les clés. La classification nouvelle des voix est écrite au-dessus de la portée; les noms anciens sont écrits au-dessous. Arrivons donc de suite à ce tableau général; nous l'expliquerons ensuite.

TABLEAU DES VOIX HUMAINES; LEUR RAPPORT AVEC LES CLÉS.

	VOIX D'HOMMES.				VOIX DE FEMMES.			
	VOIX DE BASSES.		VOIX DE TÉNORS.		VOIX DE CONTRALTOS		VOIX DE SOPRANOS.	
	1re	2me	2me	1re	1re	2me	2me	1re
Limites.	de $\underset{\cdot}{4}$ à 7	de $\underset{\cdot}{6}$ à $\dot{2}$	de 1 à $\dot{4}$	de 3 à $\dot{6}$	de $\underset{\cdot}{5}$ à $\dot{1}$	de $\underset{\cdot}{7}$ à $\dot{3}$	de 2 à $\dot{5}$	de 4 à $\dot{7}$
	ré, ut, fa	fa, ut, la	fa, ut, si	la, ut, mi	mi, ut, sol	mi, ut, si	sol, ut, ré	si, ut, fa
	Basse	Baryton	Ténor ou Taille	Alto ou Haute-Contre	Contralto	2e Dessus ou 2e Sopr.	1er Dessus ou 1er Sopr.	Contre-Haut-Dessus

Partageons en deux séries les remarques sur ce tableau : A, remarques sur les voix ; B, remarques sur les clés.

A. *Relativement aux voix :* 1° La classification des voix, telle que nous la présentons là, est des plus simples. Les voix se partagent naturellement en voix d'hommes et voix de femmes (les voix d'enfants rentrent dans celles de femme). Dans chacune de ces deux classes, on trouve des voix graves et des voix aiguës ; les voix graves d'hommes sont les voix de basse, les voix aiguës sont les voix de ténor ; les voix graves de femmes sont les voix de contralto, les voix aiguës sont les voix de soprano. Ces quatre espèces de voix, basse, ténor, contralto et soprano offrent chacune deux qualités : Si deux voix sont graves, la plus grave sera celle de première qualité, parce qu'elle descend plus bas que l'autre ; si deux voix sont aiguës, la plus aiguë sera celle de première qualité, parce qu'elle monte plus haut que l'autre. Voilà pourquoi, dans le tableau, la voix de deuxième basse et celle de deuxième ténor sont placées l'une à côté de l'autre, entre la voix de première basse et celle de premier ténor ; voilà pourquoi encore les voix de deuxième contralto et celle de deuxième soprano sont l'une à côté de l'autre, entre les voix de premier contralto et celle de premier soprano (vérifiez).

2° Au-dessous de la portée sont écrits les noms qui ont servi long-temps ou qui servent encore aujourd'hui à désigner les huit espèces de voix du tableau.

Nous pensons qu'il vaut mieux adopter les noms du tableau ; ils permettent de saisir très vite et de retenir facilement la classification des voix ; ce que ne permettent pas aussi bien les noms anciens.

3° Dans la colonne de chaque voix se trouve ses limites, grave et aiguë, ainsi que la portion de portée générale qui lui appartient ; la voix de première basse prend les cinq barreaux du bas ; les autres voix négligent successivement chacune un barreau du bas de la portée pour en prendre un de plus par en haut, de façon que chacune en a toujours cinq, et que chaque voix descend une tierce moins bas que sa voisine de gauche, et monte une tierce plus haut. Les voix sont donc échelonnées de tierce en tierce en montant, à partir *du fa* de la première basse (il est bien entendu que cette régularité dans la classification des voix n'est qu'un terme moyen ; mais il n'y a aucun inconvénient à considérer ainsi la question, et l'esprit s'en rend maître de suite).

4° La voix de premier contralto a pour son le plus grave le *sol*, qui forme neuvième avec le *fa grave* de la voix de première basse ; mais quand une femme le prend au diapason, il ne paraît former qu'une seconde avec ce *fa grave* de la basse. Cela tient à ce que la voix de femme donne naturellement l'octave aiguë du même son chanté par une voix d'homme ; particularité qui dépend de ce que le larynx de la femme est plus petit que celui de l'homme. Ainsi, quand un homme et une femme prennent un son à l'unisson, il y a véritablement une octave entre les deux voix.

5° Les limites des voix indiquées dans le tableau ne se rapportent qu'aux voix ordinaires, et nullement aux voix extraordinaires que l'on rencontre quelquefois dans nos théâtres ou dans les salons.

B. *Relativement aux clés:* 1° Entre elles trois, les clés peuvent occuper, en apparence, huit positions différentes, quoique chacune d'elles ne quitte jamais le barreau qu'elle occupe sur la portée générale. La *clé fa* occupe deux positions, les n°s 7 et 5; la *clé ut* en occupe quatre, les n°s 7, 5, 3, et 1; enfin, la *clé sol* en occupe deux, les n°s 3 et 1. — Ces huit positions de clés placent d'ailleurs successivement *l'ut* sur les numéros suivants: 4, 2, 7, 5, 3, 1, 6, 4. C'est-à-dire que les deux *clés fa* et *sol* placent *l'ut* sur un barreau blanc, et la *clé ut* sur un barreau noir (vérifiez). De plus, la première position de la *clé fa*, et la deuxième de la *clé sol*, placent *l'ut* sur le même barreau: au numéro 4; seulement ces deux *ut* sont à deux octaves de distance.

2° Quelle que soit la position apparente d'une clé, elle désigne toujours le même barreau de la portée générale. La *clé ut* désigne toujours *l'ut du milieu* du clavier du piano; la *clé sol* indique toujours la quinte au-dessus de *l'ut* du milieu; la *clé fa* désigne la quinte au-dessous de *l'ut* du milieu. C'est-à-dire que la note écrite sur le barreau qui porte une *clé ut* se frappe sur *l'ut* du milieu du piano; la note écrite sur le barreau de la *clé sol* se frappe à la quinte au-dessus de *l'ut* du milieu, et la note écrite sur le barreau d'une *clé fa* se frappe à la quinte au-dessous du même *ut*.

3° Il en résulte que, plus il y a de barreaux *au-dessous* d'une clé, de la *clé ut* par exemple, plus on peut écrire de sons graves; et que plus il y a de barreaux au-dessus, plus on peut écrire de sons aigus. La même clé appartient donc à une voix d'autant plus grave qu'il y a plus de barreaux au-dessous d'elle, et à une voix d'autant plus aiguë qu'il y a plus de barreaux par dessus (vérifiez).

4° La *clé fa* est exclusive aux voix de basses; la *clé sol* appartient aux voix de sopranos, et la *clé ut* est commune aux voix de ténors et de contraltos: remarquez que les voix d'hommes ont leurs clés aux n°s 7 et 5, et les voix de femmes aux n°s 3 et 1 (vérifiez sur les portées de cinq lignes, en vous rappelant le numérotage des barreaux donné à la page 113).

5° De nos jours l'usage des clés n'est plus ce qu'il a été. La *clé sol* au n° 3, celle du deuxième soprano, est employée pour écrire presque toute la musique vocale, pour quelque voix que l'on écrive; cependant, les morceaux de basse conservent encore assez souvent la *clé fa*. La *clé ut* se rencontre rarement pour la voix. Quant à ce qui regarde les instruments, ce n'est pas ici le lieu de nous en occuper; disons seulement que le piano emploie la *clé sol* au n° 3, pour la main droite, et la *clé fa* au n° 7, pour la main gauche. Dans le tome II, partie instrumentale, nous nous occuperons des clés dans leur rapport avec les instruments.

CHAPITRE DEUXIÈME.

ÉCRITURE DES DIÈSES ET DES BÉMOLS.

Tout ce que nous avons dit jusqu'ici de l'écriture de l'intonation sur la portée, pages 113 et suivantes, s'applique surtout à l'écriture des notes dites naturelles, c'est-à-dire qui n'ont ni dièses ni bémols. Arrivons maintenant à l'écriture des gammes autres que la gamme d'*ut*, de celles qui contiennent des dièses ou des bémols.

Voici la règle générale relative aux dièses et aux bémols, aux doubles-dièses et aux doubles-bémols : Qu'un son soit dièse, bémol, double-dièse ou double-bémol, il s'écrit comme s'il était naturel, c'est-à-dire sur le barreau qui le recevrait s'il n'était ni diésé ni bémolisé ; seulement, on fait précéder la note d'un signe qui signifie dièse, double-dièse, bémol ou double-bémol, de la manière suivante :

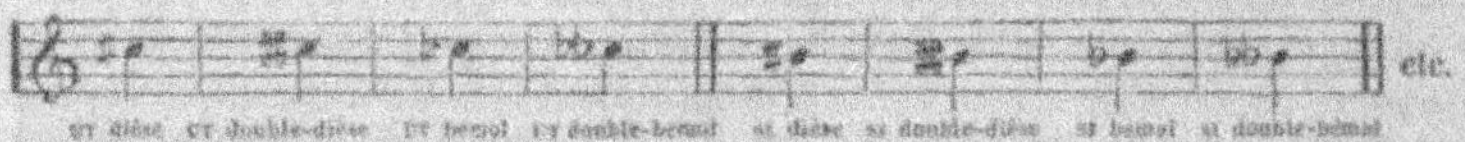

et ainsi de toutes les notes diésées ou bémolisés. Ainsi, quand on veut qu'une note soit diésée, on la fait précéder de ce signe ♯ ; quand on veut qu'elle soit un double-dièse, on emploie cet autre signe 𝄪 ou encore celui-ci ·X· ; le bémol se marque par se signe ♭, et le double-bémol par deux bémols ♭♭.

Quand les dièses ou les bémols se rencontrent accidentellement dans le courant d'un air, ils s'écrivent comme je viens de l'indiquer ; mais quand l'air est écrit dans une autre gamme que celle *d'ut*, on emploie les dièses et les bémols d'une autre manière. Pour éviter de répéter devant chaque note les signes dièses ou bémols que renferme la gamme dont on se sert, on n'écrit ces dièses et ces bémols qu'une seule fois sur chaque ligne, à droite de la clé ; et on convient que ces dièses et ces bémols, ainsi placés à la clé, auront de l'influence, *non seulement sur toute les notes qui seront écrites sur le même barreau qu'eux, mais encore sur les même notes prises à toutes les octaves supérieures ou inférieures.*

Ainsi, un dièse à la clé, *sur le barreau fa*, dit que tous les *fa* que l'on rencontrera seront diésés, à moins de contre-ordre ; un *dièse* à la clé, *sur le barreau ut*, dit que tous les *ut* seront diésés ; un bémol à la clé, *sur le barreau si*, rend bémols tous les *si* que l'on rencontre ; un bémol à la clé *sur le barreau mi* rend bémols tous les *mi* ; et ainsi de suite de tous les autres dièses et bémols. — Quant aux doubles-dièses et aux doubles-bémols, ils ne s'emploient jamais à la clé : on ne les rencontre qu'accidentellement.

Ainsi, quand on veut écrire une gamme majeure quelconque, on met à droite de la clé, et sur les barreaux convenables, les dièses ou les bémols qui la caractérisent, et on écrit ensuite les notes comme si elles n'étaient ni diésées ni bémolisées.

Les dièses et les bémols que l'on met ainsi à la clé ont reçu le nom de *dièses et bémols fondamentaux*, par opposition aux *dièses et aux bémols accidentels*, et leur ensemble forme *l'armure de la clé*. C'est en ce sens que l'on dit qu'une clé est armée par dièses ou par bémols. Donnons l'exemple de toutes les armures par dièses et par bémols, en nous rappelant le tableau général des gammes de la page 225. Nous donnons tous les exemples, en n'employant que la *clé sol* au numéro trois ; mais les armures s'emploient indifféremment avec toutes les autres clés.

TABLEAU GÉNÉRAL

DES ARMURES PAR DIÈSES ET PAR BÉMOLS

(GAMMES MAJEURES).

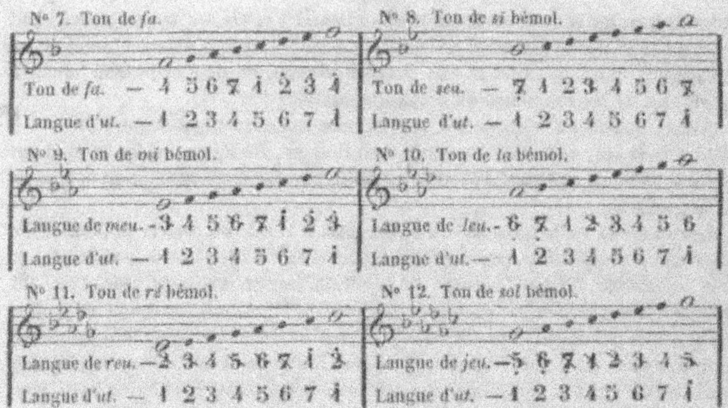

OBSERVATIONS SUR LES EXEMPLES PRÉCÉDENTS

1° Remarquez que :

Un dièse . . . ou *six bémols* . . mettent la tonique sur le même barreau.
Deux dièses . ou *cinq bémols* . mettent la tonique sur le même barreau.
Trois dièses . ou *quatre bémols* mettent la tonique sur le même barreau.
Quatre dièses ou *trois bémols* . mettent la tonique sur le même barreau.
Cinq dièses . ou *deux bémols* . mettent la tonique sur le même barreau.
Six dièses . . ou *un bémol* . . . mettent la tonique sur le même barreau.
Sept dièses . . ou *sept bémols* . . mettent la tonique sur le même barreau.

2° Nous avons démontré que les gammes majeures ne différaient entre elles que par la hauteur de leurs toniques. On peut donc, avec la gamme type d'UT, reproduire toutes les autres gammes majeures ; à la seule condition de prendre l'UT à la hauteur de la tonique qu'il est appelé à remplacer. Ainsi, nous pourrons chanter, avec la seule langue d'UT, les douze gammes qui sont écrites ci-dessus, en prenant successivement l'UT à la hauteur des six notes *sol*, *ré*, *la*, *mi*, *si*, *fè*, pour les gammes par dièses; et *fa*, *seu*, *meu*, *leu*, *reu*, *jeu*, pour les gammes par bémols. Par cette transposition de noms (voyez la gamme d'*ut* écrite au-dessous de chacun de ses douze représentants), on n'a plus à chanter ni dièses ni bémols fondamentaux, ou du moins on les déguise sous les noms de la gamme d'*ut*. Lors donc que l'on veut transposer, et chanter avec la langue d'*ut*, il suffit d'appliquer à la tonique, quelle qu'elle soit, le nom d'*ut*; et, cela fait, on chante sans plus s'occuper ni de la clé ni de l'armure; la transposition se fait d'elle-même. La traduction en langue d'*ut*, écrite sous chacun des exemples ci-dessus, est le résultat de cette transposition.

3° Remarquez que quand on a une armure par dièses, la tonique se trouve sur le barreau placé immédiatement au-dessus du dernier dièse écrit à partir de la clé.

Quand au contraire on a une armure par bémols, la tonique se trouve placée sur le barreau de l'avant-dernier bémol. Ces deux faits tiennent, le premier à ce que le dernier dièse qui entre dans une gamme est la sensible, et se trouve placé au-dessous de la tonique; le second, à ce que l'avant-dernier bémol est l'ancienne sous-dominante devenue tonique (vérifiez au tableau général, page 225).

MANIÈRE D'ÉCRIRE LES GAMMES MINEURES.

On ne met point à la clé l'armure des gammes mineures; la clé porte toujours une armure majeure: c'est l'armure du majeur relatif de la gamme mineure que l'on veut écrire. Voici pourquoi: c'est que chaque gamme mineure ne diffère que par une seule note de son majeur relatif, et qu'elle diffère au contraire par deux notes de son majeur de même base. On est donc convenu, après bien des essais, de mettre pour armure d'une gamme mineure l'armure de son majeur relatif. Mais comme le mineur a un dièse de plus que son majeur relatif, ou, ce qui revient au même, un bémol de moins (voir au tableau comparatif), lorsque la sensible mineure se rencontre, elle est précédée du signe d'élévation, pour indiquer que ce n'est pas une dominante majeure que l'on rencontre, mais bien une sensible mineure (les deux sons s'écrivent sur le même barreau).

Ecrivons pour exemples les trois gammes mineures de *la*, de *fé* et de *fa*. Pour la gamme de *la* mineur, nous mettrons à la clé l'armure d'*ut*, son relatif majeur; pour la gamme de *fé* mineur, nous mettrons l'armure de *la*, son relatif majeur; et pour la gamme de *fa* mineur, nous mettrons l'armure de *leu*, son relatif majeur. Exemples:

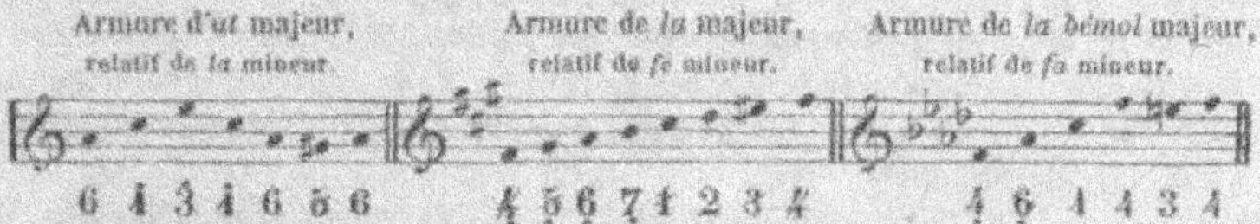

RECHERCHE DE LA TONIQUE AU MOYEN DE L'ARMURE DE LA CLÉ.

Il s'agit de pouvoir dire:

1° *Quelle est la tonique avec un nombre donné de dièses ou de bémols;* c'est-à-dire de répondre aux deux questions suivantes:

Quelle est la tonique avec { un dièse, deux dièses, trois dièses, etc.
un bémol, deux bémols, trois bémols, etc.

2° Combien y a-t-il de dièses ou de bémols, dans une gamme donnée; c'est-à-dire de répondre aux questions suivantes:

Combien y a-t-il de dièses dans la gamme de *sol*, de *ré*, de *la*, de *mi*, de *si*, de *fê*, de *tê*?

Combien y a-t-il de bémols dans la gamme de *fa*, de *seu*, de *meu*, de *leu*, de *reu*, de *jeu*, de *teu*?

La mnémotechnie va nous fournir ici le moyen de répondre vite et bien à ces diverses questions.

Moyen mnémonique pour les tons par dièses. — Remarquez que, lorsque l'on a une armure par dièses, la tonique porte successivement les noms *sol*, *ré*, *la*, *mi*, *si*, *fê*, *tê*, selon que l'armure présente *un*, *deux*, *trois*, *quatre*, *cinq*, *six*, *sept dièses*.

Si nous traduisons les mots *armure par dièses* par les mots *armure de la déesse*; et les mots *sol*, *ré*, *la*, *mi*, *si*, *fê*, *tê*, par les mots *sau rez l'a mi si fais taie*; nous pourrons construire la petite phrase suivante, dans laquelle l'idée d'*armure par dièses* se trouve forcément liée avec l'ordre des tons par dièses. Voici la phrase mnémonique:

Pallas pouvait dire au téméraire qui la bravait: «Essayez d'entamer l'ARMURE DE LA DÉESSE, et vous *saurez*, *l'ami*, *si fais taie* (c'est-à-dire si je fais seulement une taie sur l'œil).»

SOL, RÉ. LA, MI. SI, FÉ, TÉ.

On sera suffisamment maitre de la phrase mnémonique, lorsque l'idée d'*armure par dièses* réveillera celle d'*armure de la déesse*, et que celle-ci à son tour vous donnera la phrase *saurez*, *l'ami*, *si fais taie*: phrase que l'on traduit avec la plus grande facilité par les mots *sol*, *ré*, *la*, *mi*, *si*, *fê*, *tê*.

Apprenez donc par cœur cette petite phrase: *saurez*, *l'ami*, *si fais taie*, et vous y trouverez le nom de vos sept toniques par dièses: *sol*, *ré*, *la*, *mi*, *si*, *fê*, *tê*.

Pour trouver le nom de la tonique avec cette petite phrase, il suffit simplement de compter autant de monosyllabes qu'il y a de dièses à la clé. S'il y a un dièse à la clé, on dit: *sau*, ton de *sol*; s'il y a deux dièses, on dit: *sau-rez*, ton de *ré*; s'il y en a trois, on dit: *sau-rez*, *l'a*, ton de *la*, etc.; c'est-à-dire que la dernière syllabe appelée donne le nom de la tonique. Il suffit donc, pour avoir la tonique, d'appeler autant de syllabes qu'il y a de dièses à la clé; ce moyen est infaillible.

Si l'on désire savoir combien il y a de dièses dans une gamme donnée, il suffit de compter dans la petite phrase *saurez*, *l'ami*, *si fais taie*, combien il faut dire de syllabes pour arriver au nom de la gamme donnée: le nombre des syllabes comptées sera le nombre des dièses contenus dans cette gamme. Exemple: combien y a-t-il de dièses dans la gamme de *sol*? — *sau*, un; combien dans celle de *ré*? — *sau-rez*, deux; combien dans celle de *la*? — *sau-rez*, *l'a*, trois, etc. C'est-à-dire qu'il y a autant de dièses dans la gamme qu'il a fallu compter de syllabes pour arriver au nom de cette gamme.

Moyen mnémonique pour les tons par bémols. — Remarquez que, lorsque l'on a une *armure par bémols*, la tonique porte successivement les noms *fa*, *seu*, *meu*, *leu*, *reu*, *jeu*, *teu*, selon que l'armure présente *un*, *deux*, *trois*, *quatre*, *cinq*, *six*, *sept bémols*.

Si nous traduisons les mots *armure par bémols* par les mots *armure bien molle*; et les mots *fa*, *seu*, *meu*, *leu*, *reu*, *je*, *teu*, par les mots *fat! se meut l'heu re*, *je*, *te*; nous pourrons faire la phrase suivante dans laquelle l'idée d'armure par bémols est forcément liée avec l'ordre des tons par bémols; voici la phrase mnémonique :

Un paladin pouvait dire à son adversaire : «Si tu n'as pour te couvrir qu'une ARMURE BIEN MOLLE, *fat! se meut l'heu re, je te!*... (c'est-à-dire, l'heure arrive
FA - SEU - MEU - LEU - REU - JEU - TEU
où je te pourfendrai).»

Apprenez donc par cœur cette petite phrase *fat! se meut l'heu re, je te!* et vous y trouverez le nom de vos sept toniques par bémols: *fa*, *seu*, *meu*, *leu*, *reu*, *jeu*, *teu*.

Pour trouver une tonique par bémols, ou pour savoir combien il y a de bémols dans une gamme donnée, servez-vous de cette seconde petite phrase mnémonique comme vous vous êtes servi de la première pour les armures par dièses.

Comme l'armure est *toujours majeure*, les deux formules ne donnent que les toniques majeures. Mais il peut toujours se faire que la gamme que l'on rencontre soit mineure. — A cette question : dans quel *ton* se trouve-t-on avec *tant de dièses* ou *tant de bémols?* — Il faut répondre : dans *tel ton majeur*, ou dans *son relatif mineur*.

Il est inutile d'ajouter que quand il n'y a *ni dièses*, *ni bémols*, à la clé, la tonique est *ut majeur*, ou *la mineur*.

CHAPITRE TROISIÈME.

DU BÉCARRE.

Quand le compositeur désire ne plus faire un ou plusieurs des dièses ou des bémols de la clé, il l'indique en mettant ce signe ♮, appelé bécarre, devant les notes qu'il ne veut plus faire diésées ou bémolisées. Ce bécarre porte son influence jusqu'à la prochaine barre de mesure, et rend naturelles toutes les notes placées sur son barreau ou les octaves de son barreau, comprises entre lui et cette barre de mesure; mais il n'agit pas sur les notes de la mesure suivante, qui rentrent sous l'influence de l'armure de la clé. Donc : 1° Quand on veut qu'un son ne soit plus dièse ou bémol, on met devant lui un bécarre;

2° Quand on ne veut pas que le bécarre rende naturels tous les sons qui sont sur son barreau et après lui, dans la même mesure, il faut remettre le dièse ou le bémol de la clé devant la note qui ne doit pas subir l'influence du bécarre; 3° quand on veut que le bécarre porte son influence au-delà de la barre de mesure, il faut le répéter au commencement de chaque nouvelle mesure sur laquelle il doit encore agir.

1er EXEMPLE. — *Bécarre détruisant un dièse de la clé.*

1er cas. 2me cas. 3me cas.

Langue de *mi*. 3 5 7 | 3 2 1 2 2 1 | 7 6 || 3 7 1 7 1 1 | 2 3 || 3 7 1 | 1 1 7 3 ||
Traduct. en *ut*. 1 3 5 | 1 7 6 7 7 6 | 5 4 || 1 5 6 5 6 6 | 7 1 || 1 5 6 | 6 6 5 1 ||

2me EXEMPLE. — *Bécarre détruisant un bémol de la clé.*

1er cas. 2me cas. 3me cas.

Langue de *mi*♭. 3 5 7 6 || 7 3 7 6 6 | 5 4 3 7 || 6 6 6 | 6 6 7 1 2 | 3 1 6 4 | 7 ||
Traduction en langue d'*ut*. 1 3 5 4 || 5 1 5 4 4 | 3 2 1 5 || 4 4 4 | 4 4 5 6 7 | 1 6 4 2 | 5 ||

Dans les deux traductions en langue d'*ut* que nous avons placées au-dessous des deux exemples précédents, on peut remarquer les deux faits suivants: 1° Dans le premier exemple, celui qui a une armure par dièses, chaque fois que le *bécarre a détruit l'influence d'un dièse à la clé, il a fait arriver un bémol dans la gamme d'*UT (vérifiez). C'est qu'en effet, enlever un dièse ou prendre un bémol, c'est produire le même résultat; c'est changer une sensible en sous-dominante. 2° Dans le second exemple, celui qui a une armure par bémols, chaque fois que le *bécarre détruit l'influence d'un bémol de la clé, il fait arriver un dièse dans la gamme d'*UT (vérifiez). C'est qu'en effet, enlever un bémol ou prendre un dièse, c'est produire le même résultat; c'est changer une sous-dominante en sensible.

Or, toutes les fois que le bécarre vient agir sur les accidents de la clé, il produit le même effet; on peut donc poser en règle générale que, *quand on transpose*, c'est-à-dire, *quand on appelle la tonique* UT, *il faut faire un dièse quand le bécarre détruit un bémol de la clé, et il faut faire un bémol quand il détruit l'influence d'un dièse.*

Dièses et bémols accidentels. — Quand le compositeur veut, chemin faisant, prendre des dièses ou des bémols qui ne se trouvent pas à l'armure, il les écrit chaque fois qu'il veut les prendre, et la durée de leur influence est la même que celle du bécarre. Ainsi, ils agissent sur tous les sons placés après eux sur leurs barreaux, et jusqu'à la prochaine barre de mesure; si on les veut encore dans la mesure suivante, il faut les répéter; si au contraire leur influence ne doit pas s'étendre à tous les sons qui les suivent dans leur mesure, le bécarre vient se placer devant le son qui ne doit plus subir l'influence du dièse ou du bémol. Dans ce cas, que l'on transpose ou que l'on ne transpose pas, on fait un son naturel pour le bécarre, qui vous dit de ne plus continuer le dièse, ou le bémol accidentel que vous faisiez. Exemple:

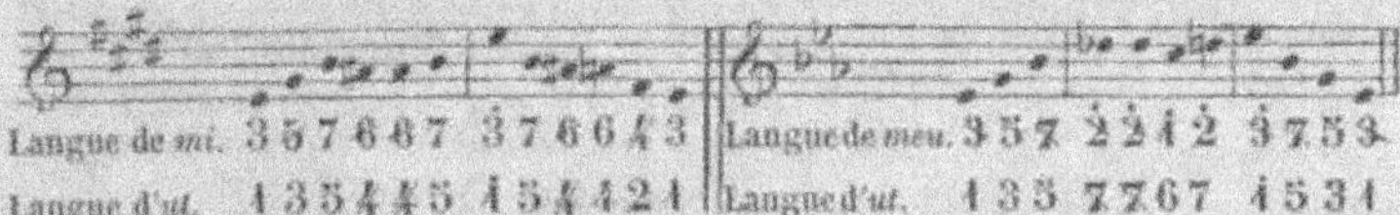

Quand il se trouve déjà un dièse ou un bémol à la clé sur le barreau que l'on veut frapper d'un nouveau dièse ou d'un nouveau bémol, on met le signe du double-dièse ou celui du double-bémol; et, quand on veut détruire l'influence de ces deux nouveaux signes, on met un dièse simple pour dire de ne plus faire le double-dièse, et un bémol simple pour dire de ne plus faire le double-bémol. Dans la transposition en *ut*, pour le double-dièse on chante un dièse simple; et, pour le double-bémol, un bémol simple. Pour le dièse simple qui détruit le double, et pour le bémol simple qui détruit le double, on fait des sons naturels, comme si ce dièse et ce bémol étaient des bécarres détruisant l'influence de dièses ou de bémols simples accidentels. Exemple:

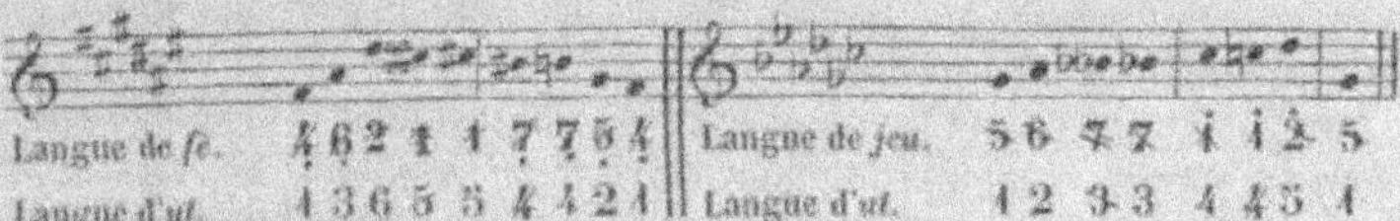

Vous voyez qu'en transposant en *ut*, le double-dièse de la première mesure est traduit par un dièse simple 5, et que le dièse simple de la même mesure est traduit par un son naturel 5. — Vous voyez de même que le double-bémol, dans la traduction d'*ut*, devient un bémol simple 3, et que le bémol simple devient un son naturel 3.

Passage du majeur au mineur même base, et réciproquement. Enfin, il arrive quelquefois de rencontrer, chemin faisant, un des changements suivants dans l'armure de la clé: 1° trois bécarres détruisant trois dièses; 2° trois bémols nouveaux; 3° trois dièses nouveaux; 4° ou enfin trois bécarres détruisant trois bémols.

Les deux premiers cas indiquent le passage brusque du majeur au mineur de même base; les deux derniers, au contraire, indiquent le passage du mineur au majeur de même base. Dans les quatre cas, on abandonne l'ancienne armure pour celle qui convient à la nouvelle gamme. Exemple:

Quand on passe directement du majeur au mineur de même base, on rencontre à l'armure l'un des deux changements suivants :

Quand on passe directement du mineur au majeur de même base, on rencontre à l'armure l'un des deux changements suivants :

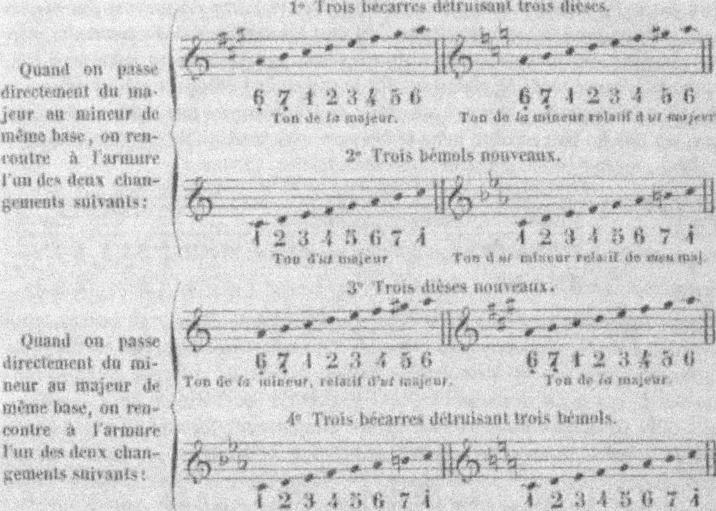

Quand on transpose en langue d'*ut*, et que l'on rencontre l'un des quatre changements d'armure que je viens d'indiquer, voici ce qu'il faut faire pour éviter les difficultés d'intonation :

1° et 2°. Quand on passe brusquement du majeur au mineur de même base, au lieu d'appeler la nouvelle tonique mineure UT, comme le dit l'armure, il faut l'appeler LA, en lui conservant le son de l'UT : de cette manière, on chante la gamme mineure à la hauteur de l'ancienne gamme majeure, en employant la langue de *la mineur* au lieu de celle *d'ut mineur* ; c'est-à-dire que l'on chante avec un dièse au lieu de chanter avec deux bémols, ce qui est beaucoup plus facile.

3° et 4°. Quand on passe brusquement du mineur au majeur de même base, au lieu d'appeler la nouvelle tonique majeure LA, comme le dit l'armure, il faut l'appeler UT, en lui conservant le son du LA. De cette manière, on chante la gamme majeure à la hauteur de l'ancienne gamme mineure, en employant la *langue d'ut majeur*, au lieu de *celle de la majeur* ; c'est-à-dire que l'on chante sans dièses ni bémols, au lieu de chanter avec trois dièses, ce qui est bien plus facile.

Quelquefois, pour éviter ces changements brusques d'armure qui déroutent au premier abord, et gênent souvent les commençants, les compositeurs préfèrent garder l'ancienne armure, et ils jettent comme accidents dans le courant du morceau, les dièses, bémols, ou bécarres, qui transforment les modales majeures en modales mineures, ou réciproquement. Exemple :

Quand on passe directement du majeur au mineur de même base, sans changer l'armure de la clé, on trouve les modales abaissées par deux bécarres détruisant deux dièses, ou par deux bémols.

Quand on passe directement du mineur au majeur de même base, sans changer l'armure de la clé, on rencontre les modales élevées par deux dièses, ou par deux bécarres détruisant deux bémols.

Quant aux *modulations de majeur en majeur*, si l'on change de gamme pour long-temps, on met à la clé l'armure de la nouvelle gamme que l'on prend ; mais si l'on ne change que pour quelques mesures, et pour revenir plus tard à la première tonique, on jette comme accidents, dans le courant du morceau, les dièses, bémols, ou bécarres qu'il faut pour indiquer la modulation voulue. On se conforme alors à ce que j'ai dit à propos du bécarre, du dièse et du bémol accidentels.

CHAPITRE QUATRIÈME.

ÉCRITURE DES GAMMES CHROMATIQUES, ET DE LA GAMME ENHARMONIQUE.

Les gammes chromatiques et la gamme enharmonique ne se marquent pas à la clé ; on met, comme accidents dans le courant du morceau, les dièses et les bémols qui les constituent. Nous ferons seulement une observation relative à la manière d'écrire la gamme enharmonique. On l'a, jusqu'ici, regardée comme inchantable, parce qu'on l'a écrite de la manière suivante : 1, 1, 2, 2, 2, 3, 3, 4, 4, 5, 5, 5, 6, 6, 6, 7, 7, 1 (1).

(1) Les anciens écrivaient le bémol avant le dièse ; aussi chantaient-ils la gamme enharmonique. Ce sont les musiciens des siècles derniers qui ont imaginé d'écrire l'*ut* dièse avant le *ré* bémol ; aussi n'ont-ils plus pu la chanter.

Or, *chaque dièse étant plus aigu que le bémol qui le suit immédiatement à droite*, il est impossible, quand on a chanté chacun de ces dièses, de rencontrer *au-dessus de lui* le son du bémol, puisque déjà ce son est franchi. Aussi, les musiciens disent-ils qu'en chantant la gamme enharmonique, on monte d'une tierce par octave; cela est vrai quand on suit leur marche, puisqu'il faut hausser les cinq bémols au-dessus des cinq dièses. Mais écrivez votre gamme enharmonique comme on doit l'écrire, de manière que chaque son de droite soit plus aigu que celui de gauche, et toute voix suffisamment exercée chantera juste la gamme enharmonique. Voici comme il faut l'écrire :

1, 2, 1, 2, 3, 2, 3, 4, 5, 4, 5, 6, 5, 6, 7, 6, 7, 1.

Gamme enharmonique mal écrite, inchantable.

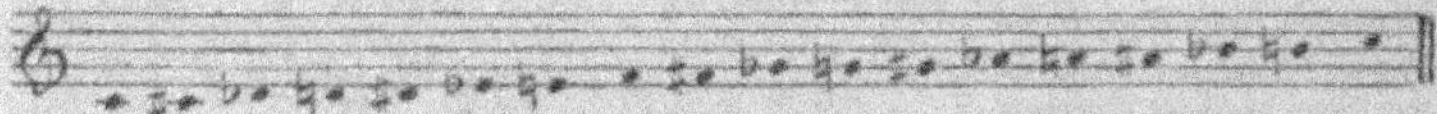

Gamme enharmonique correcte, chantable.

CHAPITRE CINQUIÈME.

MESURE.

Si nous sommes bien maîtres de tout ce qui a été dit sur la mesure, à partir de la page 251, c'est-à-dire si les mots *rhythme*, *cadence*, *mesure* (à deux trois ou quatre temps), *temps*, *divisions* et *subdivisions binaires* et *ternaires*, présentent à notre esprit des idées bien nettes, bien précises, dont nous puissions rendre compte immédiatement, nous n'avons plus ici qu'à exposer les signes au moyen desquels l'écriture musicale des solféges exprime ces idées si simples, et dont chacun se rend si facilement maître avec l'écriture de Galin. C'est ici que l'on va rencontrer le plus puissant obstacle qui se soit opposé à la vulgarisation de la musique : cette écriture sera toujours illisible pour les masses.

Nous savons que la chose pivotale en mesure est l'unité avec ses divisions; nous savons encore que notre oreille ne perçoit sûrement que la division binaire et la division ternaire, et les subdivisions de même nom ; nous savons enfin que toutes les subdivisions que peut subir l'unité peuvent s'appliquer à un son articulé, à un son prolongé ou à un silence. Dès lors notre plan est ici tout tracé : étudions d'abord les signes qui indiquent les subdivisions de l'unité, puis nous étudierons ensuite ceux qui distinguent chacune des trois idées de son articulé, de son prolongé et de silence ; nous finirons par les mesures.

UNITÉ, DIVISIONS ET SUBDIVISIONS DE L'UNITÉ.

Les anciens, n'ayant pas l'idée d'un métronome mobile pour prendre à volonté l'unité de durée, s'étaient crus obligés de donner au signe de l'unité une durée absolue; or, la durée de l'unité étant tout-à-fait variable selon les cas, ils avaient pensé qu'il fallait avoir plusieurs caractères pour représenter cette unité, selon la durée qu'elle devait exprimer.

Ils imaginèrent donc de créer quatre caractères pour l'unité, afin de représenter quatre durées différentes. Ces quatre unités étaient : 1° la ronde (𝅝), qui représentait une seconde de temps; 2° la blanche (𝅗𝅥), qui ne valait que moitié de la durée absolue de la ronde; 3° la noire (♩) qui ne valait que le quart de la durée absolue de la ronde; 4° la croche (♪), qui ne valait que le huitième de la durée absolue de la ronde.

Ces quatre signes d'unité une fois créés, on fut conduit à appliquer à chacun d'eux la division binaire, la seule peut-être qui ait d'abord été employée avec ses subdivisions, et on arriva à faire les quatre petits tableaux suivants qui représentent chacun les quatre n°s 1, 2, 4, 8 du tableau général des divisions de l'unité, page 256, c'est-à-dire les trois divisions binaires donnant successivement les *moitiés*, les *quarts* et les *huitièmes*.

Division binaire appliquée aux quatre signes de l'unité.

	La Ronde (𝅝) prise pour unité.	La Blanche (𝅗𝅥) prise pour unité.	La Noire (♩) prise pour unité.	La Croche (♪) prise pour unité.
Signes des unités.	𝅝	𝅗𝅥	♩	♪
Signes des moitiés.	𝅗𝅥 𝅗𝅥	♩ ♩	♪ ♪	𝅘𝅥𝅯 𝅘𝅥𝅯
Signes des quarts.	♩ ♩ ♩ ♩	♪ ♪ ♪ ♪	𝅘𝅥𝅯 𝅘𝅥𝅯 𝅘𝅥𝅯 𝅘𝅥𝅯	𝅘𝅥𝅰 𝅘𝅥𝅰 𝅘𝅥𝅰 𝅘𝅥𝅰
Signes des huitièmes.	♪ ♪ ♪ ♪ ♪ ♪ ♪ ♪	𝅘𝅥𝅯 𝅘𝅥𝅯 𝅘𝅥𝅯 𝅘𝅥𝅯 𝅘𝅥𝅯 𝅘𝅥𝅯 𝅘𝅥𝅯 𝅘𝅥𝅯	𝅘𝅥𝅰 𝅘𝅥𝅰 𝅘𝅥𝅰 𝅘𝅥𝅰 𝅘𝅥𝅰 𝅘𝅥𝅰 𝅘𝅥𝅰 𝅘𝅥𝅰	𝅘𝅥𝅱 𝅘𝅥𝅱 𝅘𝅥𝅱 𝅘𝅥𝅱 𝅘𝅥𝅱 𝅘𝅥𝅱 𝅘𝅥𝅱 𝅘𝅥𝅱

Voici les noms des divers signes contenus dans ces quatre colonnes :

1° Les 4 signes de l'unité se nomment : ronde (𝅝), blanche (𝅗𝅥), noire (♩) et croche (♪).

2° Les 4 signes des moitiés se nomment : blanche (𝅗𝅥), noire (♩), croche (♪) et double-croche (𝅘𝅥𝅯).

3° Les 4 signes des quarts se nomment : noire (♩), croche (♪), double-croche (𝅘𝅥𝅯), et triple-croche (𝅘𝅥𝅰).

4° Les 4 signes des huitièmes se nomment : croche (♪), double-croche (𝅘𝅥𝅯), triple-croche (𝅘𝅥𝅰), quadruple-croche (𝅘𝅥𝅱).

La vue de ce tableau, et des noms appliqués aux signes qu'il renferme, révèle immédiatement deux faits très fâcheux : le premier, c'est que chacune des quatre idées d'*unité*, de *moitié*, de *quart* et de *huitième* est représentée par quatre caractères différents, portant quatre noms différents. Profusion inutile de signes, embarras immense pour la lecture rapide.

Le deuxième fait très-fâcheux que révèle le tableau, c'est que, non seulement la même idée est représentée par quatre signes différents, mais encore le même caractère signifie quatre idées différentes selon qu'on le prend dans chacune des quatre colonnes. *La croche*, par exemple, *exprime le huitième* dans la première colonne, le *quart* dans la deuxième, la *moitié* dans la troisième et l'*entier* dans la quatrième. Ceci est extrêmement grave : d'un côté, superfluité de signes, plusieurs signes pour la même idée ; de l'autre, confusion des idées, représentées par le même signe. — Mais passons. Tout-à-l'heure, nous verrons mieux que cela : nous verrons le signe de l'unité, la ronde, par exemple, employée pour représenter deux, ou quatre unités dans les autres colonnes.

Remarquons encore que, quand l'unité de temps est représentée par la ronde, on ne dépasse pas les croches ; quand elle est représentée par la blanche, on ne dépasse pas les doubles-croches ; quand elle est représentée par la noire, on atteint les triples-croches ; enfin, ce n'est que quand elle est représentée par la croche que l'on arrive aux quadruples-croches. Mettre des doubles, triples, et quadruples-croches avec des rondes est donc une écriture vicieuse.

Voyons maintenant comment on a écrit la division ternaire de l'unité. Il est probable que quand cette écriture a été créée l'on ne se servait que de la division binaire ; du moins il n'existe aucun signe particulier pour représenter les tiers ; et certes, puisque l'on créait quatre signes pour indiquer les moitiés, autant pour les quarts, etc., on n'aurait pas manqué d'en créer au moins un pour les tiers. Or, les tiers n'ont point de signes qui leur appartiennent : on les écrit avec les signes des moitiés, ce qui va rendre l'écriture encore plus illisible. — Seulement, pour que l'on sache que les signes des moitiés que l'on emploie pour représenter les tiers ne sont plus des signes de *moitiés*, on met un point à côté du signe de *l'unité* (1). On est ainsi prévenu que, quand il y a un point après le signe de l'unité, les signes des moitiés ne représentent plus que les tiers. Voici l'exemple de cette convention, appliquée aux quatre signes de l'unité.

(1) Chose bizarre, c'est le signe des moitiés qui change de valeur en venant représenter les tiers, on ne le modifie pas ; mais en revanche, on modifie le signe de l'unité, qui, lui, représente toujours l'unité. On fouette le compagnon du prince, quand le prince ne sait pas sa leçon.

Division ternaire appliquée aux quatre signes de l'unité.

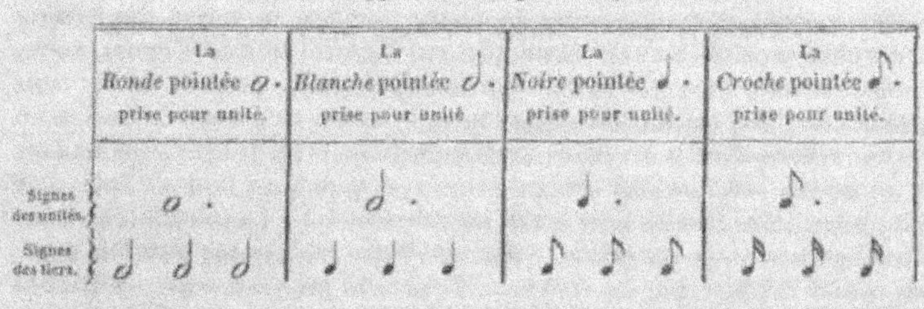

	La *Ronde* pointée prise pour unité.	La *Blanche* pointée prise pour unité.	La *Noire* pointée prise pour unité.	La *Croche* pointée prise pour unité.
Signes des unités.				
Signes des tiers.				

Les deux observations faites sur le tableau de la division binaire prennent encore plus de force en regardant le tableau des coupes ternaires, puisque, d'une part, l'unité est représentée par quatre nouveaux signes, *ronde pointée*, *blanche pointée, noire pointée, croche pointée;* et que, d'autre part, chacun des signes, blanche, noire, croche, double-croche, représentent encore une nouvelle idée: celle des tiers. Et encore nous n'avons donné que la première division ternaire, la seule probablement que l'on ait d'abord chantée. Mais plus tard, quand les progrès de la musique conduisirent à employer la subdivision ternaire, soit après la division binaire, soit après la division ternaire, on ajouta à l'écriture que je viens d'indiquer, et on lia par un petit arc les groupes des subdivisions ternaires, avec la précaution d'ajouter encore les chiffres 3, 6, 9, entre l'arc et les notes, pour que l'esprit fût bien prévenu que les signes de la division binaire exprimaient actuellement la division ternaire. Voici ces additions apportées au tableau précédent:

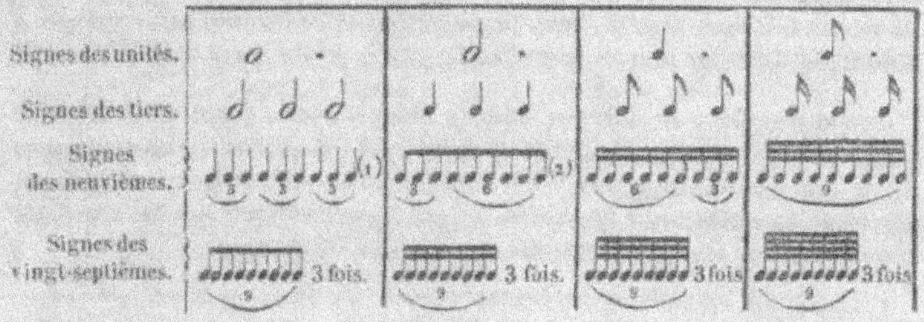

Signes des unités.				
Signes des tiers.				
Signes des neuvièmes.	3 3 3 (1)	3 6 (2)	6 3	9
Signes des vingt-septièmes.	9 3 fois.	9 3 fois.	9 3 fois	9 3 fois

Remarquons que les neuvièmes, qui sont successivement représentés par

(1) De là le nom de triolet appliqué aux subdivisions ternaires qui viennent après les moitiés ou les tiers; ou aux tiers qui se mêlent avec les moitiés, comme le montre le chronomériste, page 281, coupes mixtes.

(2) Quelques personnes désignent ces groupes de six par le mot de *sixtole* ou *sixtolet.*

la noire, la croche, la double-croche et la triple-croche, peuvent encore, dans chaque colonne, être représentés de quatre manière, au moyen des liaisons et des chiffres; ainsi, les neuvièmes, quel que soit celui des quatre signes: noire, croche, double ou triple-croche qui les représente, peuvent offrir trois groupes de trois, comme dans la première colonne; un groupe de trois et un de six, comme dans la seconde; un groupe de six et un de trois, comme dans la troisième; enfin un seul groupe de neuf, comme dans la quatrième. Cela fait encore seize formes pour écrire les neuvièmes. — La même observation s'applique aux vingt-septièmes, qui peuvent être groupés par trois fois neuf; par neuf et dix-huit; par dix-huit et neuf; ou enfin par vingt-sept. — Tout-à-l'heure, nous verrons que le soin que semblent prendre certains compositeurs de morceler, de séparer les diverses parties d'un même temps, et, d'autres fois, de réunir pêle-mêle plusieurs temps ou plusieurs parties de temps différents, rend souvent les signes de durée complètement inintelligibles. — Mais continuons.

Maintenant que nous voyons comment on écrit les divisions et subdivisions binaires et ternaires de l'unité, soit que l'on prenne la ronde, la blanche, la noire ou la croche pour unité, reconstituons le tableau général de la page 256, en le fesant quatre fois, pour prendre successivement pour unité la ronde, la blanche, la noire et la croche. Ces quatre tableaux nous offriront le double avantage de voir toutes les formes employées pour marquer les subdivisions du temps, quelle que soit l'unité employée, et de plus de nous montrer la supériorité immense de l'écriture de Galin, qui n'a qu'un caractère pour une idée, et chez qui le même caractère ne représente qu'une seule idée, tandis que, dans le système ancien, c'est tout le contraire. Fesons donc les quatre tableaux dont je viens de parler, en commençant par celui qui a la ronde et la ronde pointée pour unité. (Voir à droite, page 293)

Bien que ce livre ne soit pas un livre critique, mais simplement un livre élémentaire, je ne puis m'empêcher de faire ici les deux observations suivantes sur le tableau général que je vais donner: c'est que, 1° la même idée est représentée par une foule de signes; 2° que le même signe signifie une foule d'idées. Je n'en cite qu'un exemple pour chaque observation:

1° L'unité est représentée par les huit signes: 𝅝, 𝅗𝅥, ♩, ♪, 𝅝., 𝅗𝅥., ♩., ♪. (Vérifiez au tableau de droite, page 293).

2° La croche représente:

Dans le 1er tableau $\frac{1}{8}$, $\frac{1}{12}$ de trois espèces, $\frac{1}{18}$ de trois espèces, $\frac{1}{27}$: 8 idées.
Dans le 2e tableau $\frac{1}{4}$, $\frac{1}{6}$ de deux espèces, $\frac{1}{9}$ . . . . 4 —
Dans le 3e tableau $\frac{1}{2}$, $\frac{1}{3}$ . . . . 2 —
Dans le 4e tableau 1, $\frac{2}{3}$ . . . . 2 —

TABLEAU DES HUIT SIGNES DE L'UNITÉ

AVEC LEURS SUBDIVISIONS.

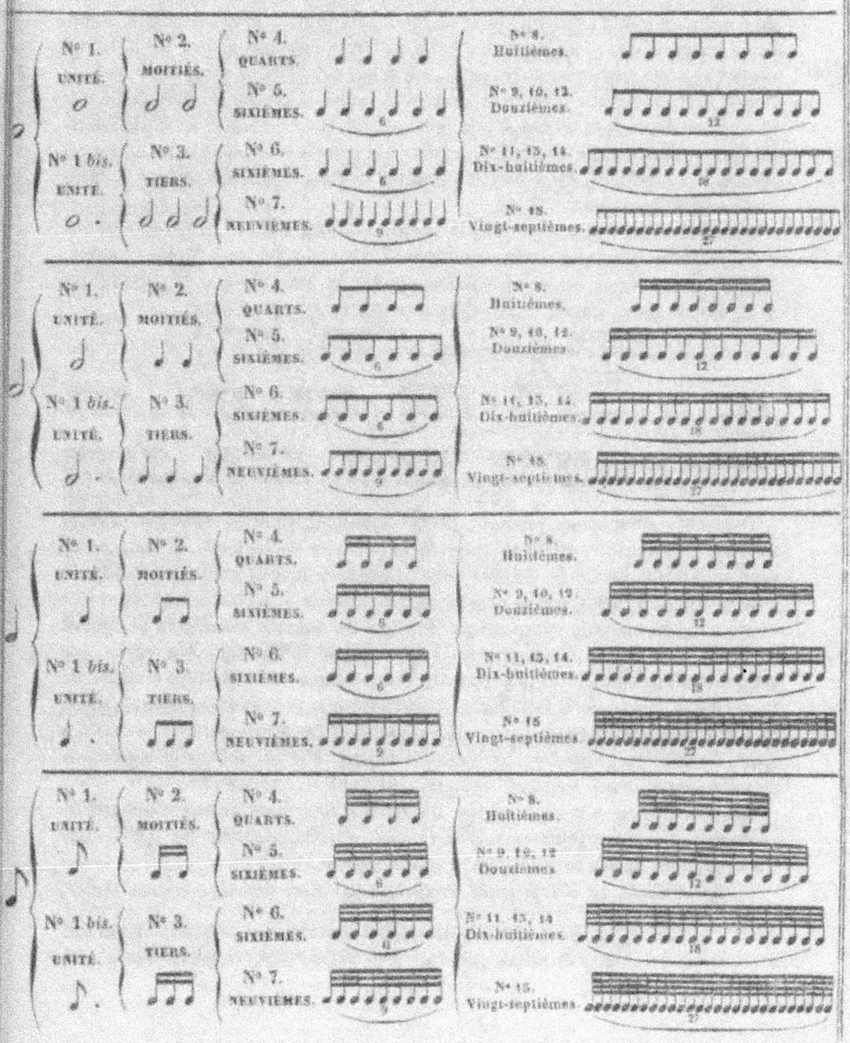

Ainsi, le même caractère, la croche, vaut, selon les cas, 1, $\frac{2}{3}$, $\frac{1}{2}$, $\frac{1}{3}$, $\frac{1}{4}$, $\frac{1}{6}$, $\frac{1}{8}$, $\frac{1}{9}$, $\frac{1}{12}$, $\frac{1}{18}$, $\frac{1}{27}$; et encore, elle représente deux espèces de sixièmes, trois espèces de douzièmes, et trois espèces de dix-huitièmes; en un mot, seize idées. Un signe unique qui représente seize idées! c'est-à-dire toutes les idées de subdivision de l'unité que peut suivre notre oreille; le même signe représente chacune des idées dont la somme entière constitue toutes les subdivisions que nous pouvons sentir; enfin, *quelle que soit la durée à exprimer*, depuis l'unité inclusivement, jusqu'aux vingt-septièmes, la croche peut l'exprimer!!. Et chacun des signes en fait à peu près autant. Hâtez-vous donc d'abandonner une écriture aussi absurde, ou jamais le peuple n'apprendra la musique; jamais vous-mêmes vous ne comprendrez la théorie : jamais surtout vous ne sortirez de l'harmonie.

L'imperfection de l'écriture sur la portée se révèle encore dans certains cas d'une manière bien plus forte; c'est quand il s'agit d'écrire 5, 7, 10, 11 notes, etc., pour un temps. En voici un exemple que je prends dans le tableau qui a la noire pour unité; chacun des groupes représente l'unité.

5 il peut signifier ou

7 il peut signifier ou ou ou ou

10 il peut signifier ou ou ou

etc.

Tous ces exemples se répètent perpétuellement dans la musique. Mais je ne veux pas abuser plus long-temps de la patience du lecteur; en voilà assez pour que toute personne de bon sens fasse avec moi la réflexion suivante : c'est que, quand des groupes pareils se rencontrent, il est impossible de savoir ce qu'a voulu écrire le compositeur, puisque les mêmes caractères signifient une foule d'idées. — Aussi chacun rend comme il l'entend ces effets, qui attestent de la manière la plus positive l'impuissance de l'écriture actuelle de la musique. D'une part, huit signes pour rendre la même idée; d'autre part, le même signe pour rendre seize idées. — Voilà l'écriture actuelle. — Quant à l'idée de faire vingt sons égaux dans un temps, elle est tellement au-dessus de notre intelligence musicale actuelle que je ne m'y arrête pas.

Son articulé, son prolongé, silence. Maintenant que nous savons comment on représente l'unité et toutes ses subdivisions, voyons comment on a distingué les trois idées de *son articulé, son prolongé, silence*.

1° *Son articulé.* Le son articulé s'exprime par l'un des sept signes 𝅝, 𝅗𝅥, ♩, ♪, 𝅘𝅥𝅯, 𝅘𝅥𝅰, 𝅘𝅥𝅱, posé sur le barreau qui lui donnera les noms *ut, ré, mi, fa*, etc., selon celui de ces noms que l'on veut écrire. La valeur de l'unité, et l'idée de durée à exprimer, décident quel est celui de ces sept caractères qu'il faut prendre. Nous n'avons donc ici rien de nouveau à apprendre : passons.

2° *Son prolongé*. Le son prolongé, *prolongation* ou *syncope*, se rend de l'une des trois manières suivantes :

A. En mêlant les divers signes de l'unité dans la même mesure, c'est-à-dire en prenant *la ronde* pour exprimer *deux temps*, quand *la blanche est l'unité*, ou pour exprimer *quatre temps* quand c'est *la noire* ; ou en prenant *la blanche* pour exprimer *deux temps*, quand *la noire* est l'*unité*, ou pour exprimer *quatre temps*, quand c'est la croche. Exemple :

Prolongations.
Ecriture de Galin.
Ecriture ordinaire.
etc.

Syncopes.
Ecriture de Galin.
Ecriture ordinaire.
etc.

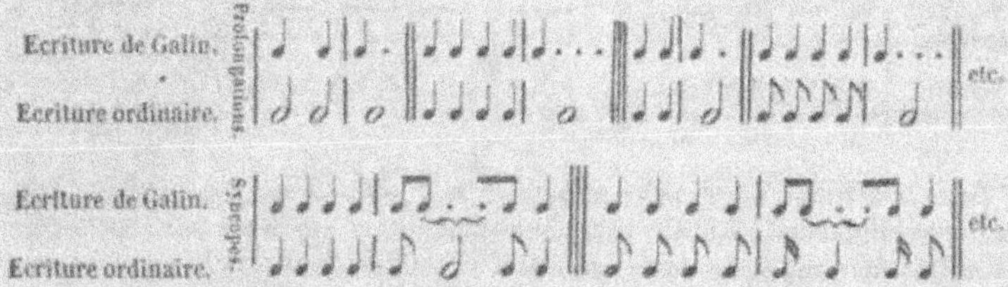

Il ne manquait plus, pour rendre l'écriture musicale indéchiffrable, que de prendre le signe de l'unité pour représenter les prolongations et les syncopes ! On se demande ce qui a pu inspirer une idée pareille ?

B. L'idée de prolongation et de syncope se rend encore par le point (·) placé après la note, quand la prolongation ou la syncope doit durer la moitié, les trois quarts, ou les sept huitièmes de la note déjà écrite[1], (quel que soit d'ailleurs le signe de l'unité). Exemple :

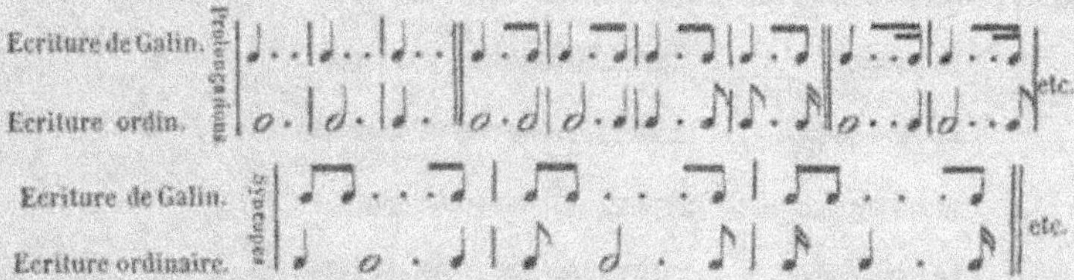

Voyez, dans ces exemples, Galin rendant toujours la même idée par le même signe, bien clair, bien précis ; et voyez en même temps ce que fait l'écriture ordinaire.

C. Enfin, quand la prolongation à exprimer ne peut se représenter par une unité plus forte, ni par le point ; ou quand la prolongation passe d'une mesure

(1) J'ai la conviction que le point a été créé exclusivement pour marquer l'unité, quand elle devait subir la division ternaire ; et que c'est plus tard qu'on l'a employé comme signe de prolongation dans la division binaire.

à l'autre, on répète la note à prolonger, en donnant à cette nouvelle note la durée de la prolongation que l'on veut exprimer, puis on lie ces deux notes par un petit arc horizontal. Exemple :

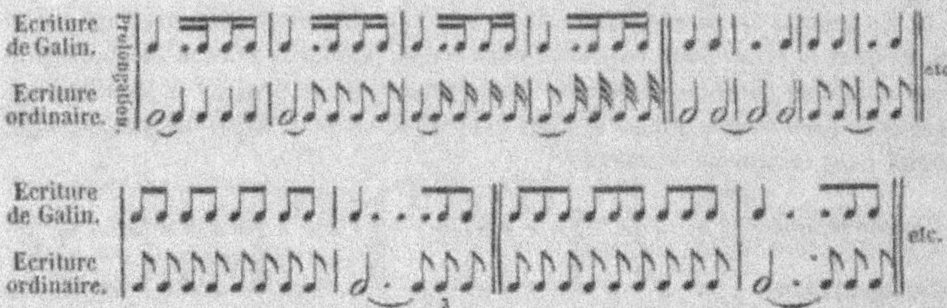

Dans la dernière ligne, la 2e mesure et la 4e nous montrent à la fois deux faits remarquables ; d'abord, la même prolongation exprimée par les trois signes à la fois : unité plus forte, point, et répétition de la note avec la liaison ; ensuite, ces deux mesures, *écrites en musique ordinaire*, se composent chacune d'une blanche pointée plus trois croches, et cependant la deuxième mesure est à quatre temps, et la quatrième à trois temps. Comme c'est clair !

Ainsi, la prolongation peut s'écrire de trois manières : par une note seule, par une note pointée, par la répétition de la même note, en liant ensemble les deux signes.

3° *Silence*. Reste enfin à exprimer l'idée de silence. Au lieu d'avoir un seul signe, comme Galin, les solféges en ont sept, qui sont :

La *pause* . . . qui équivaut à la *ronde* . . .

La *demi-pause* . . qui équivaut à la *blanche* . .

Le *soupir* . . . qui équivaut à la *noire* . . .

Le *demi-soupir* . . qui équivaut à la *croche*. . .

Le *quart de soupir* . qui équivaut à la *double-croche* .

Le *huitième de soupir* qui équivaut à la *triple-croche* .

Le *seizième de soupir* qui équivaut à la *quadruple-croche*

Tous ces signes de silence s'emploient de la même manière que les valeurs auxquelles ils correspondent pour la durée, en les fesant, au besoin, suivre du point, quand il faut les prolonger de la moitié de leur valeur. Ainsi, il y aura huit manières d'écrire l'unité de silence, comme il y en a huit de représenter l'unité chantée; ainsi, le demi-soupir, qui représente la croche, peut avoir seize valeurs, c'est-à-dire représenter toutes les fractions de durées comprises entre l'unité et le vingt-septième. En un mot, tout ce que j'ai dit, page 294, est applicable aux sept signes de silence; voilà donc les difficultés doublées.

Quant à la place des signes de silence sur la portée, ils se posent tous au n° 6, sur l'interligne qui sépare le barreau noir du milieu de celui qui le suit immédiatement en montant. La pause s'écrit *sous le n° 7*; la demi-pause *sur le n° 5*; le soupir représente un sept à l'envers, le demi-soupir, un sept à l'endroit. — Ces signes sont tout à fait mauvais.

En résumé, le son articulé s'écrit avec une note noire ou une note blanche; le son prolongé s'écrit avec une note noire ou blanche, avec un point, ou avec une note liée à celle qu'elle prolonge; enfin, le silence s'écrit avec l'un des sept signes de silence, soit seul, soit accompagné du point.

CHAPITRE SIXIÈME.

ÉCRITURE, SUR LA PORTÉE, DES MESURES A DEUX, A TROIS ET A QUATRE TEMPS. RHYTHME. CADENCE.

Maintenant que nous avons étudié la manière d'écrire les divisions de l'unité, et les trois idées de son articulé, de son prolongé et de silence, nous arrivons à la manière d'écrire les mesures, et aux noms qu'on a donné aux huit formes que peut offrir chacune des trois mesures.

Nous savons qu'il y a trois mesures: la mesure à deux temps, la mesure à trois temps et la mesure à quatre temps; nous savons aussi que l'unité peut subir la division binaire ou la division ternaire. Les anciens, ayant créé huit caractères pour représenter l'unité, et chacune des trois mesures pouvant être écrite avec chacun des huit signes de l'unité, on trouve *vingt-quatre formes* pour exprimer les trois idées *deux temps, trois temps, quatre temps*. Voici le curieux tableau de cet abus de signes; du reste, aucun solfége n'en a l'ensemble complet.

TABLEAU GÉNÉRAL DES TROIS MESURES

A DEUX, *à* TROIS *et à* QUATRE *temps, avec leurs vingt-quatre formes ;*

La *ronde* représente une *seconde*; la *blanche* une *moitié*, la *noire* un *quart*, et la *croche* un *huitième de seconde*.

	Mesure à **2** *Temps* : 8 formes	Mesure à **3** *Temps* : 8 formes.	Mesure à **4** *Temps* : 8 formes.
DIVISION BINAIRE.	$\frac{2}{1}$	$\frac{3}{1}$	$\frac{4}{1}$
	$\frac{2}{2}$	$\frac{3}{2}$	$\frac{4}{2}$
	$\frac{2}{4}$	$\frac{3}{4}$	$\frac{4}{4}$
	$\frac{2}{8}$	$\frac{3}{8}$	$\frac{4}{8}$
DIVISION TERNAIRE.	$\frac{6}{2}$	$\frac{9}{2}$	$\frac{12}{2}$
	$\frac{6}{4}$	$\frac{9}{4}$	$\frac{12}{4}$
	$\frac{6}{8}$	$\frac{9}{8}$	$\frac{12}{8}$
	$\frac{6}{16}$	$\frac{9}{16}$	$\frac{12}{16}$

N. B. Les 24 formes du tableau sont rendues par GALIN, par les trois formes :

2 3 4

La *ronde* (𝅝), qui représente ici l'unité, valant *une seconde*, on a pu dire que *deux temps*, *trois temps*, *quatre temps* étaient deux entiers $\frac{2}{1}$, trois entiers $\frac{3}{1}$, quatre entiers $\frac{4}{1}$; et appeler ces mesures deux-un, trois-un, quatre un.

La *blanche* ($\frac{1}{2}$ seconde), prise pour unité de temps, donne les trois formes :

$\frac{2}{2}$ $\frac{3}{2}$ $\frac{4}{2}$

La *noire* ($\frac{1}{4}$ de seconde), prise pour unité de temps, donne les trois formes :

$\frac{2}{4}$ $\frac{3}{4}$ $\frac{4}{4}$

La *croche* ($\frac{1}{8}$ de seconde), prise pour unité de temps, donne les trois formes :

$\frac{2}{8}$ $\frac{3}{8}$ $\frac{4}{8}$

La *ronde* pointée ($\frac{3}{2}$ de seconde), prise pour unité de temps, donne les trois formes :

$\frac{6}{2}$ $\frac{9}{2}$ $\frac{12}{2}$

La *blanche* pointée ($\frac{3}{4}$ de seconde), prise pour unité de temps, donne les trois formes :

$\frac{6}{4}$ $\frac{9}{4}$ $\frac{12}{4}$

La *noire* pointée ($\frac{3}{8}$ de seconde), prise pour unité de temps, donne les trois formes :

$\frac{6}{8}$ $\frac{9}{8}$ $\frac{12}{8}$

La *croche* pointée ($\frac{3}{16}$ de seconde), prise pour unité de temps, donne les trois formes :

$\frac{6}{16}$ $\frac{9}{16}$ $\frac{12}{16}$

Les quatre premières lignes du tableau présentent les douze formes usitées quand on doit employer la division binaire, et les quatre lignes du bas montrent les douze autres formes employées quand l'unité doit subir la division ternaire. Il est évident qu'aujourd'hui l'on doit s'en tenir à trois seules formes, à celles de Galin, si l'on veut, puisqu'il n'y a vraiment à exprimer que les trois idées : *deux temps, trois temps, quatre temps.* L'unité étant toujours l'unité, ne doit avoir qu'un signe représentatif. Que dirait-on des mathématiciens, si, dans leur calculs, ils employaient successivement les neuf chiffres pour représenter l'unité? Evidemment l'arithmétique serait inapprenable: que la musique fasse donc comme les mathématiques: qu'elle ait le sens commun.

Quant aux noms par lesquels on a distingué ces vingt-quatre formes des trois mesures, voici comment on a créé ces noms:

1° *Division binaire.* Quand l'unité employée a dû subir la division binaire, la fraction employée pour désigner la mesure a pour *numérateur le chiffre qui indique le nombre des temps de la mesure*, et pour *dénominateur le chiffre qui indique le rapport de l'unité employée avec la ronde prise pour unité principale de durée.*

Ainsi, dans la première ligne, la ronde, ou l'entier, étant l'unité, les trois mesures portent les noms de *deux-un, trois-un, quatre-un,* et se représentent par les trois expressions fractionnaires $\frac{2}{1}$, $\frac{3}{1}$, $\frac{4}{1}$;

Dans la seconde ligne, la blanche, ou la moitié de seconde, étant l'unité, les trois mesures portent les noms de *deux-deux, trois-deux quatre-deux*, et s'écrivent par les trois fractions $\frac{2}{2}$, $\frac{3}{2}$, $\frac{4}{2}$;

Dans la troisième ligne, la noire, ou quart de seconde, étant l'unité, les trois mesures portent les noms de *deux-quatre, trois-quatre, quatre-quatre*, et s'écrivent par les trois fractions $\frac{2}{4}$, $\frac{3}{4}$, $\frac{4}{4}$;

Enfin, dans la quatrième ligne, la croche, ou huitième de seconde, étant l'unité, les trois mesures portent les noms de *deux-huit, trois-huit, quatre-huit*, et s'écrivent par les trois fractions $\frac{2}{8}$, $\frac{3}{8}$, $\frac{4}{8}$.

2° *Division ternaire.* Quand l'unité employée a dû subir la division ternaire, on ne voit pas aussi bien comment on a pu trouver les fractions $\frac{6}{2}$, $\frac{9}{2}$, $\frac{12}{2}$, pour la première ligne; $\frac{6}{4}$, $\frac{9}{4}$, $\frac{12}{4}$, pour la seconde; $\frac{6}{8}$, $\frac{9}{8}$, $\frac{12}{8}$, pour la troisième; et $\frac{6}{16}$, $\frac{9}{16}$, $\frac{12}{16}$, pour la quatrième ligne du groupe ternaire. Pour comprendre ces mots, donnons une fois encore le tableau général, en ajoutant, dans chaque mesure, les moitiés ou les tiers dont l'ensemble forme les trois mesures à deux, à trois ou à quatre temps, avec chacune des huit formes de l'unité, et en mettant l'une au-dessus de l'autre la ligne binaire et la ligne ternaire qui emploient le même caractère, ronde, blanche, noire ou croche, avec ou sans point. Exemple:

TABLEAU COMPARATIF

DES DOUZE MESURES BINAIRES ET DES DOUZE MESURES TERNAIRES, AVEC LES NOMS QUI LES DÉSIGNENT.

Observations sur le tableau précédent :

1° La première ligne de chacun des quatre groupes, celle qui est marquée binaire, nous montre les mesures *à deux*, *à trois* et *à quatre temps*, *divison binaire*, écrites successivement de haut en bas, avec *la ronde*, *la blanche*, *la noire* et *la croche pour unité*; ce qui nous donne les douze formes binaires.

Les quatre lignes binaires sont surmontées des douze fractions $\frac{2, 3, 4}{1}$, $\frac{2, 3, 4}{2}$, $\frac{2, 3, 4}{4}$, $\frac{2, 3, 4}{8}$, indiquant que les mesures contiennent 2, 3, ou 4 entiers (𝅝); 2, 3 ou 4 moitiés (𝅗𝅥); 2, 3 ou 4 quarts (♩); 2, 3 ou 4 huitièmes (♪).

Remarquez qu'au-dessous de chaque temps se trouvent écrites les deux moitiés qui le remplacent dans la division binaire. Ainsi, sous la *ronde* sont *deux blanches*; sous la *blanche* prise pour unité sont *deux noires*; sous la *noire* prise pour unité se trouvent *deux croches*; enfin sous la *croche* prise à son tour pour unité sont *deux doubles-croches*. La *blanche*, la *noire* et la *croche* sont donc tour à tour unités et moitiés.

2° La ligne inférieure de chaque groupe, celle qui est marquée ternaire, contient les mesures *à deux*, *à trois* et *à quatre temps*, division ternaire, écrites successivement de haut en bas, avec *la ronde pointée*, *la blanche pointée*, *la noire pointée* et *la croche pointée* pour unité, ce qui nous donne les douze formes ternaires. Au-dessous de ces quatre lignes à division ternaire sont placées les douze fractions $\frac{6, 9, 12}{2}$, $\frac{6, 9, 12}{4}$, $\frac{6, 9, 12}{8}$ et $\frac{6, 9, 12}{16}$; mais cette fois les fractions n'indiquent pas le nombre des unités de la mesure et le nom de ces unités, *elles indiquent le nombre des tiers contenus dans chaque mesure, et ce que le signe de chacun de ces tiers vaut par rapport à la ronde*. Ainsi : la première ligne ternaire a les trois fractions $\frac{6}{2}$, $\frac{9}{2}$, $\frac{12}{2}$, ce qui veut dire que la mesure contient 6, 9 ou 12 des caractères dont deux font une ronde; c'est-à-dire que la mesure se compose de six blanches, de neuf blanches, de douze blanches. Mais ces blanches ne représentent plus des demi-temps, comme dans les mesures $\frac{2, 3, 4}{1}$; maintenant, groupées trois à trois, elles représentent des tiers, et forment *deux*, *trois* ou *quatre groupes* de trois, selon que la mesure a *deux*, *trois* ou *quatre temps*. Chaque groupe de trois blanches correspond d'ailleurs à une ronde pointée, ce qui a conduit à dire que *le point après la ronde valait une blanche*, *et augmentait* par conséquent *la ronde de la moitié de sa valeur*. C'est sans doute cette malheureuse remarque qui aura conduit à employer le point dans la division binaire.

La deuxième ligne ternaire a les trois fractions $\frac{6}{4}$, $\frac{9}{4}$, $\frac{12}{4}$, ce qui veut dire que la mesure contient 6, 9 ou 12 des caractères dont quatre font une ronde; c'est-à-dire que la mesure se compose ici de 6 noires, de 9 noires ou de 12 noires; mais ces noires ne représentent plus des demi-temps, comme dans les mesures $\frac{2,\,3,\,4}{2}$. Maintenant, groupées trois à trois, elles représentent des tiers, et forment *deux, trois* ou *quatre groupes de trois*, selon que la mesure est à *deux, trois* ou *quatre temps*. Chaque groupe de trois noires équivaut d'ailleurs à une blanche pointée, ce qui a fait dire que *le point après la blanche valait une noire*, et *augmentait* par conséquent *la blanche de la moitié de sa valeur*.

La troisième ligne ternaire a les trois fractions $\frac{6}{8}$, $\frac{9}{8}$, $\frac{12}{8}$, ce qui veut dire que la mesure contient 6, 9 ou 12 des caractères dont il faut 8 pour faire une ronde; c'est-à-dire que la mesure se compose de six, de neuf ou de douze croches. Mais ces croches ne représentent plus des demi-temps, comme dans les mesures $\frac{2,\,3,\,4}{4}$; groupées trois à trois, elles représentent ici des tiers, et forment *deux*, *trois* ou *quatre groupes* de trois, suivant que la mesure est à 2, 3 ou 4 temps. Chaque groupe de trois croches équivaut d'ailleurs à une noire pointée, ce qui a fait dire que *le point après la noire valait une croche*, et *augmentait* par conséquent *la noire de la moitié de sa valeur*.

Enfin, la quatrième ligne ternaire a les trois fractions $\frac{6}{16}$, $\frac{9}{16}$, $\frac{12}{16}$, ce qui veut dire que les trois mesures qu'elles représentent contiennent six, neuf ou douze des caractères dont il faut seize pour faire une ronde; c'est-à-dire que la mesure se compose de 6, 9 ou 12 doubles-croches; mais ces doubles-croches ne représentent plus des demi-temps comme dans les mesures $\frac{2,\,3,\,4}{8}$; groupées trois à trois, elles représentent ici des tiers, et forment 2, 3 ou 4 groupes de trois, suivant que la mesure est à 2, 3 ou 4 temps. Chaque groupe de trois doubles-croches équivaut d'ailleurs à une croche pointée, ce qui a fait dire que *le point après la croche valait une double-croche*, et *augmentait* par conséquent *la croche de la moitié de sa valeur*.

3° Faisons maintenant les deux remarques suivantes sur les douze mesures à division binaire, et sur les douze mesures à division ternaire.

A. Dans la division BINAIRE.	LE NUMÉRATEUR indique le nombre des unités contenues dans la mesure	Les numérateurs 2, 3, 4, indiquent donc une mesure à 2, 3, 4 temps.
	LE DÉNOMINATEUR indique combien la *ronde* contient d'unités.	Les dénominateurs 1, 2, 4, 8, indiquent donc que la *ronde* contient 1, 2, 4, 8 des unités employées.
B. Dans la division TERNAIRE.	LE NUMÉRATEUR indique le nombre des tiers contenus dans la mesure.	Les numérateurs 6, 9, 12, indiquent donc qu'il y a dans la mesure 6, 9, 12 tiers, ou 2, 3, 4 entiers.
	LE DÉNOMINATEUR indique combien la *ronde* contient de tiers.	Les dénominateurs 2, 4, 8, 16 indiquent donc que la *ronde* contient 2, 4, 8, 16 des tiers employés.

Donc tous les numérateurs 2, 3, 4 indiquent que la division est binaire, et que l'unité n'est pas pointée; tandis que les numérateurs 6, 9, 12, indiquent que la division est ternaire, et que le signe de l'unité est pointé. En résumé :

Tous les numérateurs	2	indiquent	2	*temps, division binaire.*		Ici on compte les entiers de la mesure.
—	3	—	3	*temps,*	— —	
—	4	—	4	*temps,*	— —	
Tous les numérateurs	6	indiquent	2	*temps, division ternaire.*		Ici on compte les tiers de la mesure.
—	9	—	3	*temps,*	— —	
—	12	—	4	*temps,*	— —	

4° Quand la division est binaire, le dénominateur est toujours 1, 2, 4 ou 8, puisqu'il indique toujours que l'unité est un des quatre signes 𝅝, 𝅗𝅥, ♩, ♪ (entier, moitié, quart, huitième.)

Quand au contraire la division est ternaire, le dénominateur est toujours 2, 4, 8, 16, puisqu'il indique toujours que le signe employé comme tiers, est une moitié 𝅗𝅥, un quart ♩, un huitième ♪, ou un seizième 𝅘𝅥𝅯 de la ronde.

Dès lors, il ne peut pas plus y avoir de mesures $\frac{2}{16}$, $\frac{3}{16}$, $\frac{4}{16}$, qu'il ne peut y avoir de mesures $\frac{6}{1}$, $\frac{9}{1}$, $\frac{12}{1}$. Que dire dès lors de la mesure $\frac{3}{16}$, que l'on rencontre dans la méthode de M. Wilhem ?

5° Quand on veut indiquer la mesure, on met immédiatement après l'armure de la clé la fraction qui marque la mesure à écrire ; mais elle ne se marque qu'une seule fois, en tête du morceau ; à moins qu'elle ne vienne à changer dans le courant du morceau : alors on écrit la fraction qui marque la nouvelle mesure. L'usage a introduit quelques modifications que voici : le $\frac{2}{2}$ s'écrit simplement **2**, ou **₵** ; le $\frac{4}{4}$ se marque simplement **4** ou **C** ; le $\frac{3}{4}$ s'écrit simplement **3** ; toutes les autres s'écrivent par leurs fractions.

6° Les musiciens désignent, par le nom de *mesures simples*, les douze formes binaires, $\frac{2.\,3.\,4}{1}$, $\frac{2.\,3.\,4}{2}$, $\frac{2.\,3.\,4}{4}$, $\frac{2.\,3.\,4}{8}$, et par le nom de *mesures dérivées*, les douze formes ternaires, $\frac{6.\,9.\,12}{2}$, $\frac{6.\,9.\,12}{4}$, $\frac{6.\,9.\,12}{8}$, $\frac{6.\,9.\,12}{16}$. Ces expressions sont tout à fait absurdes ; les tiers ne dérivent pas plus des moitiés que les moitiés ne dérivent des tiers. Du reste, les solféges ont tout-à-fait perdu le système général des mesures : en voici la preuve puisée dans le livre de B. Wilhem, tome 1, page 135.

TABLEAU GÉNÉRAL DES MESURES (B. WILHEM.)

MESURES SIMPLES indiquées par un seul chiffre.	MESURES COMPOSÉES contenant plus d'une ronde.	MESURES DÉRIVÉES contenant moins d'une ronde.
C ou **4**, **₵** ou **2**, **3**.	$\frac{2}{1}$, $\frac{6}{2}$, $\frac{6}{4}$, $\frac{3}{1}$, $\frac{3}{2}$, $\frac{9}{2}$, $\frac{9}{4}$, $\frac{4}{2}$, $\frac{12}{4}$.	$\frac{2}{4}$, $\frac{2}{8}$, $\frac{6}{8}$, $\frac{6}{16}$, $\frac{3}{4}$, $\frac{3}{8}$, $\frac{3}{16}$, $\frac{9}{8}$, $\frac{12}{8}$,

En voyant un pareil tableau, on se demande avec étonnement quelle idée

B. Wilhem pouvait se faire de la mesure, et quelles idées il pouvait communiquer à ses élèves?

Analysons un peu ce tableau, en le comparant au tableau intégral des mesures; c'est le seul moyen de savoir ce qui lui manque et ce qu'il a de trop.

Tableau intégral des mesures.

$\frac{2}{1}$,	$\frac{3}{1}$,	$\frac{4}{1}$	—	$\frac{6}{2}$,	$\frac{9}{2}$,	$\frac{12}{2}$.
$\frac{2}{2}$,	$\frac{3}{2}$,	$\frac{4}{2}$		$\frac{6}{4}$,	$\frac{9}{4}$,	$\frac{12}{4}$.
$\frac{2}{4}$,	$\frac{3}{4}$,	$\frac{4}{4}$		$\frac{6}{8}$,	$\frac{9}{8}$,	$\frac{12}{8}$.
$\frac{2}{8}$,	$\frac{3}{8}$,	$\frac{4}{8}$		$\frac{6}{16}$,	$\frac{9}{16}$,	$\frac{12}{16}$.

Tableau des mesures admises par WILHEM.

$\frac{2}{1}$,	$\frac{3}{1}$,	*	$\frac{6}{2}$,	$\frac{9}{2}$,	*	
$\frac{2}{2}$,	$\frac{3}{2}$,	$\frac{4}{2}$,	$\frac{6}{4}$,	$\frac{9}{4}$,	$\frac{12}{4}$.	Plus 3 temps
$\frac{2}{4}$,	$\frac{3}{4}$,	$\frac{4}{4}$,	$\frac{6}{8}$,	$\frac{9}{8}$,	$\frac{12}{18}$	et $\frac{3}{16}$.
$\frac{2}{8}$,	$\frac{3}{8}$,	*	$\frac{6}{16}$,	*	*	

En comparant ces deux tableaux, on fera les trois remarques suivantes:

1° Wilhem a négligé cinq mesures, on ne sait pas pourquoi; ce sont les mesures $\frac{4}{1}$, $\frac{4}{8}$, $\frac{12}{2}$, $\frac{9}{16}$ et $\frac{12}{16}$. (Vérifiez.)

2° Il admet deux fois la mesure $\frac{3}{4}$, une fois sous le nom de *trois-quatre*, et une autre fois sous le nom de *trois;* or, comme il admet les 4 mesures $\frac{3}{1}$, $\frac{3}{2}$, $\frac{3}{4}$ et $\frac{3}{8}$ et qu'il n'y a pas d'autre mesure ayant 3 pour numérateur, il faut bien que la mesure à trois temps soit une des quatre citées: c'est le $\frac{3}{4}$, souvent désigné dans les livres sous le nom de trois temps.

3° Enfin, il a créé la mesure $\frac{3}{16}$ qui ne peut exister; quand trois est numérateur [1], il marque des entiers, et on ne peut dépasser 8 comme dénominateur; et quand 16 est dénominateur, le numérateur ne peut-être plus petit que six, puisqu'il marque des tiers et non des entiers. On voit bien que les solféges eux-mêmes ne comprennent rien à leur écriture; c'est nous qui sommes obligés de la leur débrouiller.

Quand on compare cet horrible galimatias de mesures, galimatias rendu cent fois plus horrible encore par l'habitude des auteurs de mêler perpétuellement entre elles les fractions qui appartiennent à des unités différentes, quand on compare, dis-je, ces débris informes d'un système marqué au coin de l'enfance de l'art, à l'écriture si simple, si précise, si admirablement lisible de Galin, on ne peut s'empêcher de gémir profondément de voir l'esprit humain s'amuser à embrouiller les questions les plus simples, au point que lui-même ne sait plus comment s'en tirer. La musique est une chose *facile*, *très-facile*, et accessible à tous en très peu de temps, si l'on veut prendre des signes simples pour rendre les idées! Eh bien, aujourd'hui, et en conservant cette écriture, elle est complétement inintelligible, et à tout jamais mise hors de la portée des masses.

(1) Je ne m'arrête pas à relever cette niaiserie de la mesure à un temps; c'est une mesure très vive à trois temps.

Voici un petit exemple de cet abus des signes, abus qui devient tout-à-fait monstrueux quand on le prend en mode composé, c'est-à-dire quand on prend en même temps le signe de mesure et la clé. Qu'il s'agisse d'écrire une mesure composée de deux unités, et contenant, par exemple, l'air *ut-ré*, voici comment l'écrira Galin dans tous les cas possibles | 1 2 |; rien de plus simple, rien de plus clair. Voici maintenant les *cinquante-six manières* d'écrire cette seule idée en employant l'écriture usuelle de la musique. Les huit signes de l'unité donneront huit formes, et ces huit formes pourront s'écrire sur chacune des sept clés. (Je passe la *clé sol* au n° 1, parce qu'elle met *l'ut* au même numéro que la *clé fa* au n° 7).

Cinquante-six manières d'écrire *ut-ré* en deux temps égaux.

Du reste, l'immense difficulté de cette écriture est telle que, depuis longtemps, on a senti le besoin de simplification, et l'on a abandonné un grand nombre des 24 formes: ainsi, pour la division binaire, on ne rencontre presque plus que les cinq formes suivantes $\frac{2}{4}$, $\frac{3}{4}$, $\frac{4}{4}$, appelées $\frac{2}{4}$, **3** ou $\frac{3}{4}$ et **4** temps; $\frac{3}{8}$, qui est la mesure ordinairement usitée pour la valse; quelques auteurs emploie encore le $\frac{3}{2}$: tout le reste est presque inusité. Dans la division ternaire, on a presque tout laissé de côté, moins les trois formes $\frac{6}{8}$, $\frac{9}{8}$ et $\frac{12}{8}$.

Puisqu'on en est rendu là, pourquoi ne pas aller jusqu'au bout, et ne pas faire une réforme complète, qui rende la musique accessible à tous. N'ayez plus qu'un signe d'unité, LA NOIRE ; que le point soit exclusivement réservé aux prolongations; que le zéro remplace tous les signes de silence, et que l'on mette toujours ensemble, dans le même groupe, toutes les parties qui appartiennent à la même unité, le tout parfaitement distinct des unités voisines. Alors vous aurez fait la moitié du chemin : la mesure sera bien écrite. Restera l'intonation; eh bien, *ici* encore, rien de plus facile qu'une réforme intégrale et qui rendra la portée aussi claire que les chiffres. (Je ne parle ici que sous le point de vue de la pratique, et en ne m'occupant que de la musique vocale; quant à la théorie, rien ne peut remplacer le chiffre : y renoncer, c'est retomber dans le chaos dont nous avons tant de peine à sortir).

Voici comment on peut rendre la lecture de l'intonation facile sur la portée; il faut :

1° Supprimer l'armure de la clé, et écrire en toutes lettres le ton du morceau au-dessus de la première ligne ; ainsi, au lieu de mettre *deux dièses à la clé,* on écrirait *ton de ré;* au lieu de mettre trois bémols, on écrirait ton *de mi bémol;* et ainsi des autres tonalités.

2° La clé n'ayant plus jamais d'armure, convenir de placer la tonique toujours sur le même barreau, en appelant ce barreau *ut.* (Il va sans dire que l'*ut* est pris, d'après le diapason, à la hauteur de la tonique indiquée.) De cette manière les barreaux représentant toujours les mêmes notes, on apprend en huit jours à les lire couramment, et la lecture de la musique n'est plus rien.

On peut, si l'on veut, adopter pour tonique le barreau n° 6, ce qui met l'*ut* à la place que lui donne la clé de *sol;* de cette manière, tous les musiciens liraient immédiatement notre notation, et bien plus facilement que la leur, puisqu'ils chanteraient toujours en *ut majeur* ou en *la mineur,* sauf les modulations. Ce système ne présente aucun inconvénient.

Si l'on voulait, on pourrait appliquer à la note la barre du dièse ou du bémol, comme l'a fait Galin pour le chiffre; de cette manière, le caractère serait toujours parfaitement clair, et il ne faudrait pas deux signes pour un. Voici un exemple de cette écriture telle que je la conçois : on peut du reste employer simultanément les modifications de mesure et d'intonation, ce qui est le mieux, ou ne prendre que l'une ou l'autre modification : les deux choses sont indépendantes l'une de l'autre.

Dans la méthode instrumentale que nous publierons bientôt, nous donnerons la portée proposée par FOURIER pour remplacer celle qui est employée aujourd'hui. Cette portée sera surtout utile pour les instruments qui parcourent plusieurs octaves.

La première ligne de chaque groupe présente un fragment d'air écrit avec la notation usuelle.

La deuxième ligne de chaque groupe présente le même air écrit en langue d'*ut*, avec l'indication de prendre l'*ut* à la hauteur du *mi*, du *jeu*, du *teu*, *du fe*, selon la tonalité du morceau : de cette manière on chante dans le ton indiqué, en n'employant qu'une langue majeure et une langue mineure, et l'on n'a pas l'ennui perpétuel de la transposition. Il n'y a aucun inconvénient à adopter immédiatement cette modification ; les personnes habituées à l'ancienne manière liront ceci plus vite encore, puisque le morceau est en *ut majeur* ou en *la mineur*.

La troisième ligne présente la même modification que la deuxième, plus l'écriture de Galin pour la mesure. Le gros point noir représente le son articulé ; le petit point noir exprime la prolongation, et le zéro représente le silence. Cette écriture est irréprochable.

Du métronome; manière de marquer la durée absolue. Le métronome étant un pendule dont la longueur varie à volonté, il suffit d'indiquer une longueur fixe de ce pendule pour être sûr qu'il donnera des oscillations régulières. Le compositeur peut donc dire: donnez à votre pendule telle longueur, et prenez *pour unité de temps le temps qui s'écoule d'une oscillation à l'autre.* De cette manière, on prend la durée comme on prend la tonique; et de même que, grâce au diapason, on n'a plus besoin que d'une langue majeure et d'une langue mineure, de même, grâce au métronome, on n'a plus besoin que d'un seul signe d'unité. De cette façon, la musique se trouve immédiatement débarrassée de toutes les difficultés qui ne lui sont pas inhérentes, et dont l'avait écrasée l'esprit humain.

Comme les compositeurs emploient encore six signes d'unité: la blanche, la noire, la croche, la blanche pointée, la noire ou la croche pointée, on trouve en tête des morceaux de musique une des six indications suivantes, précédée des deux lettres M. M., qui signifient *Métronome de Maelzel*:

M. M. 𝅗𝅥 = 36. Cette indication signifie qu'il faut, par minute, 36 𝅗𝅥, ou 72 ♩, ou 144 ♪
M. M. ♩ = 72. Cette indication signifie qu'il faut, par minute, 36 𝅗𝅥, ou 72 ♩, ou 144 ♪
M. M. ♪ = 144. Cette indication signifie qu'il faut, par minute, 36 𝅗𝅥, ou 72 ♩, ou 144 ♪

M. M. 𝅗𝅥. = 24.	Chacune de ces trois indications signifie qu'il faut, par minute	24 𝅗𝅥. ou 36 𝅗𝅥
M. M. ♩. = 48.		48 ♩. ou 72 ♩
M. M. ♪. = 96.		96 ♪. ou 144 ♪

Du reste, j'ai pris pour exemple les nombres 36, 72, 144, 24, 48 et 96; mais il va sans dire que j'ai pris ces chiffres au hasard, et que l'on peut rencontrer à leur place un chiffre quelconque. Enfin, comme il serait fort ennuyeux et fort difficile de partager soi-même une minute en 40, 60, 150 parties, plus ou moins, l'instrument est construit de telle façon qu'une échelle graduée, placée derrière le balancier, présente écrits tous les nombres que l'on peut rencontrer en tête du morceau, devant l'un des six caractères que j'ai indiqués; il suffit, pour avoir le mouvement marqué, *de mettre le curseur du balancier devant le nombre indiqué;* l'oscillation donne alors l'unité cherchée.

Du Rhythme. Le rhythme ne se marque pas dans la musique; cela n'est pas étonnant, les musiciens ne peuvent parvenir à définir ce mot. Voyez plutôt: B. Wilhem le définit ainsi: « *Le rhythme musical résulte d'un emploi caractéristique des diverses valeurs de notes.* » Qu'est-ce que cela veut dire? Quel est celui des cent mille élèves de B. Wilhem qui ait jamais compris cette définition qui se trouve page 88, tome 2.

M. Fétis, dans la *Musique mise à la portée de tout le monde*, Paris, 1830, définit le rhythme de la manière suivante: « *La différence de vitesse et de lenteur,* RANGÉE

DANS UN ORDRE RÉGULIER QUELCONQUE, *constitue le rhythme en musique.* » Cette définition ne le cède en rien à la précédente pour la clarté et la précision; *elle est à la portée de tout le monde.*

Enfin, et pour en finir, M. Busset, dans sa *Musique simplifiée dans sa théorie et dans son enseignement*, Paris, sans date, dit, page 49 : « Le sentiment du rhythme « résulte de la division d'une certaine durée de temps par une succession de « bruits ou de sons qui frappent l'oreille à des intervalles égaux, ou sous-mul« tiples de ceux-ci. » Certes, cette définition n'est pas moins *simplifiée* que les précédentes; mais je le demande à tout homme de bon sens, est-ce avec des définitions pareilles que l'on simplifie les sciences et qu'on les met à la portée de tout le monde. Évidemment des définitions semblabes prouvent que les musiciens ne se font pas encore une idée nette et bien précise du rhythme. Je suis, je l'avoue, de l'avis du poète :

« Ce que l'on conçoit bien s'énonce clairement;
« Et les mots, pour le dire, arrivent aisément. »

CHAPITRE SEPTIÈME.

Ici devrait se borner notre tâche, car nous fesons un livre élémentaire, et non un livre de chant perfectionné; toutefois, comme les signes du chant perfectionné se rencontrent perpétuellement dans la moindre romance, nous allons consacrer encore quelques pages à l'explication abrégée de ces signes, que je vais passer en revue l'un aprés l'autre.

A. *Des* PETITES NOTES.

Souvent on rencontre dans des mesures, complètes d'ailleurs, des notes plus petites que les autres, et qui sont en supplément dans la mesure; c'est-à-dire qu'on peut ne pas les chanter, si l'on veut, et la mesure n'en est pas moins complète. Mais on peut les chanter, et alors leur durée est prise sur la note qui précède ou sur celle qui suit : ici se présente encore, pour le lecteur, une énigme à déchiffrer. Tâchons de débrouiller un peu ce chaos, autant du moins que nous le pourrons; car il est difficile d'expliquer clairement ce qui est écrit d'une manière obscure. Voici à peu près ce que l'on peut dire de précis :

1° Une petite note, lorsqu'elle a cette forme (♪), ou celle-ci (♪) (noire ou croche) prend, pour sa durée, *la moitié de la note suivante :*

1er EXEMPLE.

Traduction : 3 4 $\overline{04}$ $\overline{23}$ 0

2° Une petite note, lorsqu'elle a cette forme (𝅘𝅥𝅮), ou celle-ci (𝅘𝅥𝅮), ou cette autre ♫, (croche barrée ou double-croche), prend pour sa durée :
$\frac{1}{8}$ d'unité dans la division binaire } sur la durée de la
$\frac{1}{12}$ d'unité dans la division ternaire } *note suivante.*

3° Quand deux petites notes, à intervalles de seconde l'une de l'autre, produisent, avec la *note qui les précède*, un groupe dont les extrémités sont semblables, c'est-à-dire formées par la même note, leur durée est encore évaluée par la règle 2°, *mais elles sont prises sur la note précédente.*

4° *Le gruppetto*, (petit groupe) se compose de trois notes consécutives, dont les limites ne peuvent excéder une tierce mineure, soit en montant, soit en descendant. Chacune des notes du gruppetto est évaluée, pour sa durée, d'après la règle 2, et est *prise sur la note précédente.*

5° *Autre gruppetto.* Le signe ∾ indique qu'il faut ajouter à l'endroit où il se trouve un groupe de quatre notes. Voici comment : 1° on monte d'une seconde (majeure ou mineure) ; 2° on redescend cette seconde ; 3° on descend encore une seconde mineure, et 4° on remonte cette seconde mineure ; cette opération remet le chant où il était avant le gruppetto.

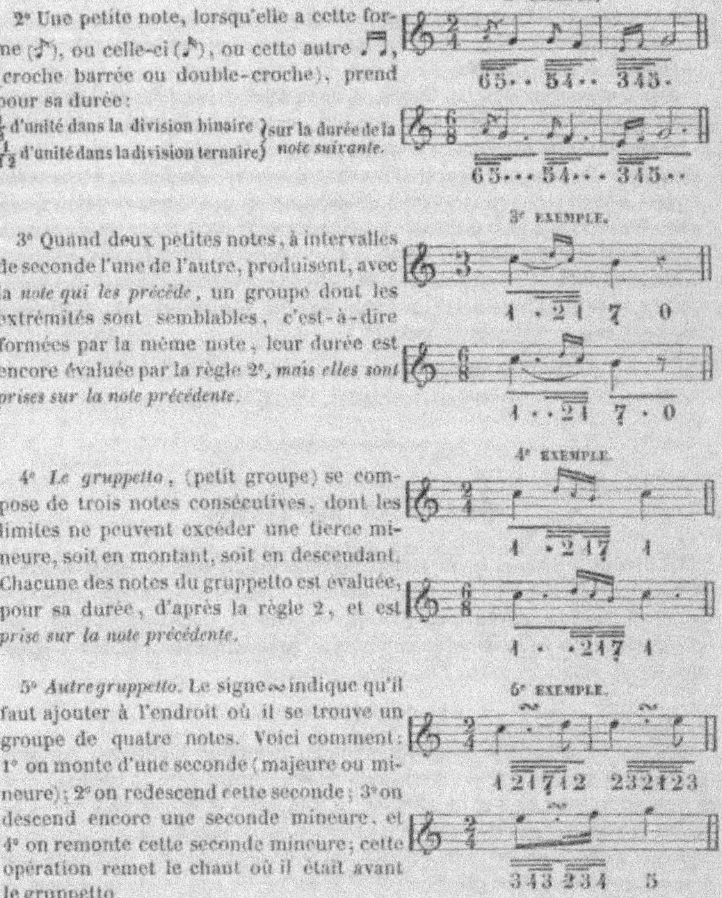

Espérons que l'époque n'est pas loin où les compositeurs comprendront que la première chose à faire quand on écrit, c'est de le faire d'une manière claire, nette, précise, qui soit saisie par tous, et qui n'expose pas à faire des contre-sens continuels, faute de pouvoir lire des caractères absurdes.

B. *Du* TRILLE *(tr) et du* MORDANT (∿∿).

Ces deux signes indiquent qu'il faut frapper rapidement et avec égalité la note qui en est marquée, contre le son immédiatement supérieur ou inférieur. Je n'en dis pas davantage pour ces deux signes, parce que leur exécution dépend d'exercices de la voix étrangers à ce qui se pratique dans un cours élémentaire.

C. *Des* NOTES DÉTACHÉES *ou* PIQUÉES.

Quelquefois on trouve, au-dessus ou au-dessous de certaines notes, des espèces de virgules ou de points; on ne doit donner à la note qui est surmontée de l'un de ces points que la moitié de sa valeur; la 2e moitié est un silence.

EXEMPLE.

D. *Du signe* 𝄐 *appelé* POINT D'ORGUE, POINT DE REPOS, POINT D'ARRÊT, POINT DE SUSPENSION.

1° Le signe 𝄐 se nomme *point d'orgue* ou *point final*, lorsque le son qui le porte est suivi d'une note qui a le signe du trille *(tr);* alors, prolongez autant que vous le voudrez, et ajoutez, si cela vous plaît, quelques traits; mais finissez par le trille.

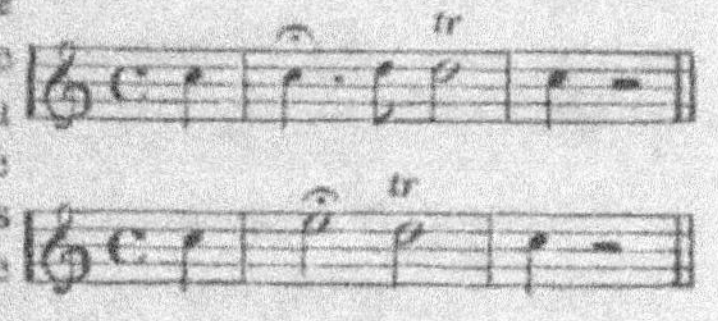

2° Le signe 𝄐 se nomme *point de repos, lorsqu'entre un son et un silence qui en sont couverts il se trouve un son qui en est exempt.* Alors il signifie: prolongez autant que vous voudrez, et ajoutez, si cela vous plaît, quelques traits entre la note qui porte le point d'orgue et la note suivante.

3° Le signe 𝄐 se nomme encore *point de repos*, quand il se trouve sur *un son qui dure au moins deux unités* et *qui est suivi d'un silence;* alors il signifie: prolongez autant que vous le voudrez, mais sans ajouter aucun autre son à la notation.

4° Le signe 𝄐 se nomme *point d'arrêt ou de suspension*, quand il se trouve sur un *son qui ne dure pas plus d'une unité*, et *que ce son est suivi d'un silence couvert du même signe*. Il signifie alors : attaquez nettement et abandonnez aussitôt après la note qu'il couvre.

On voit que ce signe 𝄐 a trois significations différentes : il eût été plus rationnel de créer trois signes différents, puisqu'il y avait trois idées à exprimer.

Quelquefois le compositeur indique la manière de remplir la durée que le point d'orgue laisse à la disposition de l'exécutant. Dans ce cas, il se sert de notes plus petites que celle du chant mesuré, et il les distribue en groupes, ou il se contente de les réunir sous un ou plusieurs traits qui les recouvrent en totalité. Exemple :

Voici encore une espèce de point d'orgue sous-entendu ; on n'écrit pas le point d'orgue, mais on fait comme s'il y en avait un ; c'est le trait de chant facultatif :

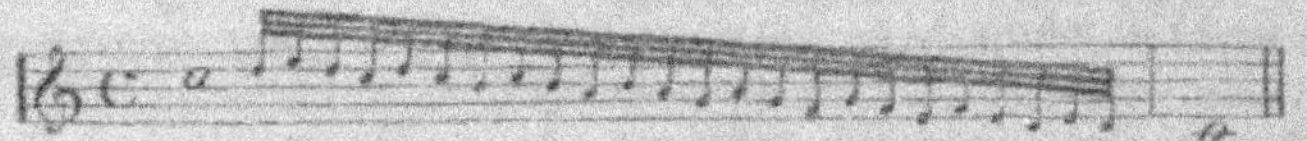

E. *De quelques autres signes employés dans la musique.*

Ce signe < signifie *renforcez le son* ; celui-ci > signifie *diminuez le son*. Un *F* veut dire fort ; *FF* très-fort. Un *P* veut dire doucement ; *PP* très-doucement. Deux barres précédées ou suivies de deux points :||, ||: veulent dire : chantez deux fois la phrase qui vient avant les deux points :||, ou la phrase qui vient après les deux points ||:. Quand il y a quatre points :||:, cela veut dire de chanter deux fois chacune des deux phrases.

Signes de silences prolongés.

Ces chiffres, placés au-dessus des mesures, indiquent *le nombre des mesures de silence*.

FIN.

(Procédés de Tantenstein et Cordel, 30, rue de la Harpe.)

TABLE ANALYTIQUE DES MATIÈRES.

Pages

Pourquoi la musique est si peu répandue en France. 7
Conditions que doit remplir une bonne méthode d'enseignement. 10
Les solféges remplissent-ils ces conditions. 11
Absurdité du ton absolu. 14
Les solféges ne sont que de simples recueils de musique (Galin). 14
Notre méthode satisfait-elle aux conditions que ne remplissent pas les solféges. 15
Galin n'a pas laissé de méthode pratique. 22
Concours général entre les diverses méthodes de musique. Conditions du concours. 22
Compte-rendu de l'expérience musicale faite à Lyon en 1842-43. 25
Post-scriptum. Opinion de M. Danjou sur les résultats produits par la méthode de B. Wilhem. 30
Avis important. Division générale de l'ouvrage. 31

PREMIÈRE PARTIE.

ÉTUDE PRATIQUE DE L'INTONATION ET DE LA MESURE.

Manière de représenter les notes. 34
L'étude de l'intonation contient *trois classes d'exercices* :

Première classe. Étude de la gamme d'ut, *mode majeur*. 36
Deuxième classe. Étude de la gamme de la, *mode mineur*. 54
Troisième classe. Étude des *modulations*. 67

Comment il faut étudier les exercices d'intonation. 34

PREMIÈRE CLASSE D'EXERCICES. Étude de la gamme d'ut, *mode majeur*, en treize séries d'exercices. 36

Première série. Étude des notes 12345 54321. 36
Deuxième série. Étude des notes $\dot{1}765$ $567\dot{1}$. 39
Troisième série. Étude des notes $1234567\dot{1}$ $\dot{1}7654321$. 41
— Étude des notes $135\dot{1}$ $\dot{1}531$. 42
Quatrième série. Étude des notes $\dot{1}7654321\underset{\cdot}{7}\underset{\cdot}{6}\underset{\cdot}{5}$ $\underset{\cdot}{5}\underset{\cdot}{6}\underset{\cdot}{7}1234567\dot{1}$. 43
— Étude des notes $\dot{1}3315\underset{\cdot}{5}$ $\underset{\cdot}{5}135\dot{1}$. 44
— Étude des notes $\dot{1}642\underset{\cdot}{7}\underset{\cdot}{5}$ $\underset{\cdot}{5}\underset{\cdot}{7}246\dot{1}$. 45
Cinquième série. Étude des notes 135 146 $\underset{\cdot}{7}25$. 45
Sixième série. Étude des notes $\underset{\cdot}{5}13$ $\underset{\cdot}{6}14$ $\underset{\cdot}{5}\underset{\cdot}{7}2$. 46
Septième série. Étude des notes $\dot{1}53$, $\dot{1}64$, 752. 47
Huitième série. Étude des notes 135, 136, $\underset{\cdot}{7}24$. 47
— Étude des notes $\underset{\cdot}{5}13$, $\underset{\cdot}{6}13$, $4\underset{\cdot}{7}2$. 48
— Étude des notes $\dot{1}53$, $\dot{1}63$, 742. 48

Pages.

NEUVIÈME SÉRIE. Étude des notes 135, 246, 735. 48

— Étude des notes 513, 624, 573. 49

— Étude des notes 153, 264, 753. 49

DIXIÈME SÉRIE. Étude des notes 135, 1246, 7245. 49

— Étude des notes 135, 1346, 7246. 50

— Étude des notes 135, 1356, 7235. 50

ONZIÈME SÉRIE. Étude des gammes harmoniques majeures, pour l'étendue de la voix humaine. 51

DOUZIÈME SÉRIE. Étude des marches harmoniques majeures, pour l'étendue de la voix humaine. 53

TREIZIÈME SÉRIE. Passage du mode majeur au mode mineur (rejeté à la troisième classe, Modulations). 53

DEUXIÈME CLASSE D'EXERCICES. Étude de la gamme de LA, *mode mineur*, en douze séries d'exercices. 54

PREMIÈRE SÉRIE. Étude des notes 67123—32176. 54

DEUXIÈME SÉRIE. Étude des notes 6543—3456. 55

TROISIÈME SÉRIE. Étude des notes 67123456—65432176. 56

— Étude des notes 6136—6316. 57

QUATRIÈME SÉRIE. Étude des notes 6543217 6543 —3456 7123456. 57

— Étude des notes 63163—36136. 59

— Étude des notes 642753—357246. 59

CINQUIÈME SÉRIE. Étude des notes 613, 624, 573. 60

SIXIÈME SÉRIE. Étude des notes 364, 462, 357. 60

SEPTIÈME SÉRIE. Étude des notes 631, 642, 537. 61

HUITIÈME SÉRIE. Étude des notes 613, 614, 572. 61

— Étude des notes 364, 464, 257. 61

— Étude des notes 631, 641, 527. 62

NEUVIÈME SÉRIE. Étude des notes 613, 724, 543. 62

— Étude des notes 364, 472, 354. 62

— Étude des notes 631, 742, 531. 63

DIXIÈME SÉRIE. Étude des notes 613, 6724, 5723. 63

— Étude des notes 613, 6124, 5724. 63

— Étude des notes 613, 4613, 5713. 64

ONZIÈME SÉRIE. Étude des gammes harmoniques mineures, pour l'étendue de la voix humaine. 64

DOUZIÈME SÉRIE. Étude des marches harmoniques mineures, pour l'étendue de la voix humaine. 67

TROISIÈME CLASSE D'EXERCICES. Étude des dièses et des bémols (modulations) en dix séries d'exercices. 67

— Comment on apprend à faire les dièses. 68

Pages.

PREMIÈRE SÉRIE. Dièses. 68
— Comment on apprend à faire les bémols. 69

PREMIÈRE SÉRIE BIS. Bémols. 70

DEUXIÈME SÉRIE. Étude des dièses et des bémols en montant et en descendant la gamme. 70
— Premier groupe. Dièses seuls. 70
— Deuxième groupe. Bémols seuls. 71
— Troisième groupe. Dièses et bémols réunis. 71

TROISIÈME SÉRIE. Étude du FA *dièse* et du SI *bémol*. 72
— Premier groupe. FA dièse accidentel pris en descendant, et SI bémol accidentel pris en montant. 72
— Deuxième groupe. FA dièse accidentel pris en montant, et SI bémol accidentel pris en descendant. 73
— Troisième groupe. FA dièse et SI bémol accidentels pris ensemble. 75
— Quatrième groupe. FA dièse et SI bémol fondamentaux, pris par degrés conjoints. 75
— Cinquième groupe. FA dièse et SI bémol fondamentaux, pris par degrés disjoints. 77

QUATRIÈME SÉRIE. Étude de l'UT *dièse* et du MI *bémol*. 78
— Premier groupe. UT dièse accidentel pris en descendant, et MI bémol accidentel pris en montant. 78
— Deuxième groupe. UT dièse accidentel pris en montant, et MI bémol accidentel pris en descendant. 79
— Troisième groupe. UT dièse et MI bémol fondamentaux pris par degrés conjoints. 81
— Quatrième groupe. UT dièse et MI bémol fondamentaux pris par degrés disjoints. 82

CINQUIÈME SÉRIE. Étude du SOL *dièse* et du LA *bémol*. 83
— Premier groupe. SOL dièse accidentel pris en descendant, et LA bémol accidentel pris en montant. 83
— Deuxième groupe. SOL dièse accidentel pris en montant, et LA bémol accidentel pris en descendant. 84
— Troisième groupe. SOL dièse et LA bémol fondamentaux pris par degrés conjoints. 86
— Quatrième groupe. SOL dièse et LA bémol fondamentaux pris par degrés disjoints. 87

SIXIÈME SÉRIE. Étude du RÉ *dièse* et du RÉ *bémol*. 88
— Premier groupe. RÉ dièse accidentel pris en descendant et RÉ bémol accidentel pris en montant. 88
— Deuxième groupe. RÉ dièse accidentel pris en montant et RÉ bémol accidentel pris en descendant. 89
— Troisième groupe. RÉ dièse et RÉ bémol fondamentaux pris par degrés conjoints. 91
— Quatrième groupe. RÉ dièse et RÉ bémol fondamentaux pris par degrés disjoints. 92

SEPTIÈME SÉRIE. Étude du LA *dièse* et du SOL *bémol*. 92
— Premier groupe. LA dièse accidentel pris en descendant et SOL bémol accidentel pris en montant. 92
— Deuxième groupe. LA dièse accidentel pris en montant et SOL bémol accidentel pris en descendant. 93
— Troisième groupe. LA dièse et SOL bémol fondamentaux pris par degrés conjoints. 96

HUITIÈME SÉRIE. Étude du MI *dièse* et de l'UT *bémol* fondamentaux. 96

Pages.

Neuvième série. Étude du si *dièse* et du fa *bémol* fondamentaux. 97
Dixième série. Étude des gammes chromatiques et de la gamme enharmonique. 97
— Gamme chromatique par dièses. 97
— Gamme chromatique par bémols. 98
— Gamme enharmonique. 98

QUATRIÈME CLASSE. Étude pratique de la mesure, trois séries d'exercices. 99
— Langue des durées. Premier tableau, coupes binaires. 101
— — Deuxième tableau, coupes ternaires. 102
— Conseils sur la manière d'étudier les tableaux de mesure. 103

Première série, division binaire. Tableau général des coupes. 105

Exercices sur les coupes des deux premières colonnes du tableau général. 106
— Premier groupe. Étude des entiers et des moitiés réunis, sans silences. 4 temps. 106
— Deuxième groupe. Étude des entiers et des moitiés, avec silences. 4 temps. 107
— Troisième groupe. Étude des entiers et des moitiés avec silences aux temps forts. 4 temps 108
— Quatrième groupe. Étude des entiers et des moitiés avec silences aux temps forts. 3 temps. 109

Exercices sur les coupes des trois premières colonnes du tableau général. 110
— Premier groupe. Étude des entiers, des moitiés et des quarts réunis, sans silences. 110
— Deuxième groupe. Étude des entiers, des moitiés et des quarts réunis, avec silences. 111
— Troisième groupe. Étude des entiers, des moitiés et des quarts réunis, avec silences au temps fort. 112

Exercices sur les coupes des deux dernières colonnes du tableau général. 97 *bis*.
— Un groupe. Étude des moitiés, des quarts et des huitièmes réunis, deux temps. 97 *bis*.

Deuxième série, division ternaire. Tableau général des principales coupes. 98 *bis*.

Exercices sur les coupes de la première colonne du tableau général. 99 *bis*.
— Un groupe. Étude des entiers et des tiers réunis, avec silences, 2 temps. 99 *bis*.

Exercices sur les coupes des deux premières colonnes du tableau général. 100 *bis*.
— Un groupe. Étude des entiers, des tiers et des sixièmes réunis, avec silences, 2 temps. 100 *bis*.

Exercices sur les coupes de la troisième colonne du tableau général. 101 *bis*.
— Un groupe. Étude des tiers et des neuvièmes réunis, avec silences, 2 temps. 101 *bis*.

Troisième série, division mixte. 102 *bis*.
— Premier groupe. Étude des entiers, des moitiés et des tiers réunis, 3 temps. 102 *bis*.
— Deuxième groupe. Étude des quarts et des sixièmes réunis, 3 temps. 103 *bis*.

Application des connaissances acquises. 104 *bis*.
Conseils aux commençants, sur la manière d'étudier seul un air. 104 *bis*.
Manière de lire les canons, quand on veut les chanter en parties. 104 *bis*.

Soixante-quatorze duos, trios ou quatuors, en canons, tirés de Happich, Hering, Glaser, Haydn, Gabbardi, Schultz, Silcher, etc. 105 *bis*.

DEUXIÈME PARTIE.

TRANSPOSITION ; MESURE SUR LA PORTÉE.

Pages

La deuxième partie contient trois classes d'exercices.
Première classe, Étude de la transposition seule. 113
Deuxième classe. Étude simultanée de la transposition et des modulations. 130
Troisième classe. Étude pratique de la mesure sur la portée. 170

PREMIÈRE CLASSE D'EXERCICES. Étude de la transposition, sans modulations. Deux séries d'exercices. 113
Portée musicale (Écriture de la musique sur la). 113
Position absolue des clés sur la portée. 115
Remarques importantes pour apprendre à trouver facilement le nom des barreaux. 116
Quand il convient de commencer l'étude de la transposition. 117

Première série. Exercices préparatoires sur les huit clés. 118

Deuxième série. Exercices sur les huit clés. 122

DEUXIÈME CLASSE. Étude simultanée de la transposition et des modulations. 130
Quand et comment il convient de faire cette étude. 130
Écueils à éviter. 132
Recherche du barreau tonique. 132
Bécarre, dièses et bémols accidentels. 133

Première série. *Dièse* précédé et suivi de la note supérieure. 135
Première série bis. *Bémol* précédé et suivi de la note inférieure. 137
Deuxième série. *Dièse pris en descendant*, précédé de la note supérieure. 139
Deuxième série bis. *Bémol pris en montant*, précédé de la note inférieure. 140
Troisième série. *Dièse pris en descendant*, intervalles chromatiques. 141
Troisième série bis. *Bémol pris en montant*, intervalles chromatiques. 142
Quatrième série. *Dièse pris en descendant*, suivi de la note supérieure, tierces. 143
Quatrième série bis. *Bémol pris en montant*, suivi de la note infér. ; tierces. 144
Cinquième série. *Dièse pris en montant*, suivi de la note supérieure. 145
Cinquième série bis. *Bémol pris en descendant*, suivi de la note inférieure. 146
Sixième série. *Dièse pris en montant*, privé quelquefois de la note supérieure. 147
Sixième série bis. *Bémol pris en descendant*, privé quelquefois de la note inférieure. 148
Sixième série ter. *Dièse et bémol*, par degrés conjoints. 149
Septième série. *Dièse pris en montant*, intervalles chromatiques. 149
Septième série bis. *Bémol pris en descendant*, intervalles chromatiques. 151
Huitième série. *Dièse pris en descendant*, à intervalle de tierce. 153
Huitième série bis. *Bémol pris en montant*, à intervalle de tierce. 154
Neuvième série. *Dièse pris en montant*, à intervalle de tierce. 155
Neuvième série bis. *Bémol pris en descendant*, à intervalle de tierce. 157
Dixième série. *Dièse* pris à intervalle de quarte. 158
Dixième série bis. *Bémol* pris à intervalle de quarte. 159
Onzième série. *Dièse* pris à intervalle de quinte. 160
Onzième série bis. *Bémol* pris à intervalle de quinte. 161
Douzième série. *Dièse* pris à intervalle de sixte. 162
Douzième série bis. *Bémol* pris à intervalle de sixte. 163
Treizième série. *Dièse* pris à intervalle de septième, etc. 164
Treizième série bis. *Bémol* pris à intervalle de septième, etc. 165
Quatorzième série. *Deux dièses* de suite par degrés conjoints. 167
Quatorzième série bis. *Deux bémols* de suite par degrés conjoints. 169

Pages.

TROISIÈME CLASSE. Étude pratique de la mesure sur la portée. 170

TABLEAU GÉNÉRAL DES COUPES, division binaire, sans silences. Tableau n° 1. 171
TABLEAU GÉNÉRAL DES COUPES, division binaire, avec silences. Tableau n° 1 *bis*. 172
Exercices sur les coupes des deux premières colonnes des tableaux généraux 1 et 1 *bis*. 173
Exercices sur les coupes des trois premières colonnes des tableaux généraux. 180
Exercices sur les coupes de la dernière colonne des tableaux généraux. 186

TABLEAU GÉNÉRAL DES PRINCIPALES COUPES, division ternaire. 187
Exercices sur les coupes de la première colonne du tableau général. 188
Exercices sur les coupes de la deuxième colonne du tableau général. 188
Exercices sur les coupes de la troisième colonne du tableau général. 190
Exercices sur des coupes mixtes. 192

TROISIÈME PARTIE.

THÉORIE.

LIVRE PREMIER. INTONATION. 194

CHAPITRE PREMIER. DES INTERVALLES. 194
Formation des intervalles et noms qu'on leur donne. 195
Des *intervalles simples*. Tableau des intervalles. 197
Des *compléments* ou renversements. 198
Des *intervalles redoublés*. 200

CHAPITRE II. DU RAPPORT DES INTERVALLES de même nom entre eux. 201
Comparaison de l'exacorde 123456 à l'exacorde 567123. 202
Les secondes 12-23-45-56-67 sont égales l'une à l'autre. 202
Les secondes 34 et 71 sont égales l'une à l'autre. 203
(Note sur la comparaison des secondes, origine probable de la gamme). 203
Comparaison des deux secondes 45 et 71. 205
Secondes majeures ; secondes mineures. 207
Tableau général de tous les intervalles, tant majeurs que mineurs. 208
Des intervalles particuliers à la gamme mineure. 210
Seconde et quinte maximes, septième et quarte minimes. 211
Des intervalles augmentés et des intervalles diminués. 211
Tableau comparatif des intervalles depuis le comma jusqu'à la tierce majeure. 212
Résumé de tous les intervalles de seconde que contiennent les cinq gammes. 213

CHAPITRE III. GAMME DIATONIQUE MAJEURE. GÉNÉRATION DES TONS. 213
Observation très-importante sur la gamme d'UT. 214
Explication des mots *tonique*, *médiante*, *dominante*, *sensible*, etc. 214
Diapason, en note. 215
Égalité des deux tétracordes 1234 et 5671. 216
Des dièses. Formation de la gamme de SOL ; *fa dièse.* 217
Formation de la gamme de RÉ ; *ut dièse.* 218
Tableau de la génération des gammes par dièses et par doubles-dièses. 219
Onze observations sur le tableau précédent. 219

Pages.

Des bémols. Formation de la gamme de FA; *si bémol*. 221
Formation de la gamme de SI BÉMOL; *mi bémol*. 222
Tableau de la génération des gammes par bémols et par doubles-bémols. 223
Onze observations sur le tableau précédent. 223
Tableau général de la génération des gammes (dièses et bémols). 225
Quatre observations importantes sur le tableau général. 225

CHAPITRE IV. GAMME DIATONIQUE MINEURE ; GÉNÉRATION DES TONS MINEURS 228
Comparaison des deux échelles, majeure et mineure. 228

Notes modales. Caractères des notes modales. 229
Moyen de transformer une gamme majeure en gamme mineure, *et vice versa*. 230
Tableau de transformation des gammes majeures en gammes mineures. 231

Mineur relatif; mineur de même base. 232
Tableau de transformation des gammes majeures en leurs mineurs de même base et en leurs mineurs relatifs. 233
Quatre observations sur le tableau précédent. 233

Variantes de la gamme mineure. Origine probable de ces variantes. 234
Tableau des transformations successives de la gamme mineure. 237

CHAPITRE V. GAMMES CHROMATIQUES; GAMME ENHARMONIQUE. 239
Comparaison du *ré bémol* et de l'*ut dièse*. 240
Intervalle chromatique. Intervalle enharmonique. Demi-ton, etc. 241
Résumé général des cinq gammes. 243

CHAPITRE VI. DES MODULATIONS. 244
Le mot moduler a trois significations. 245
Loi de la modulation naturelle. 246
Tableau général de l'enchaînement des modulations. 247
Remarques sur le tableau des modulations. 248

LIVRE DEUXIÈME. — DE LA MESURE. 251

CHAPITRE PREMIER. De l'*unité de durée* appelée TEMPS, et de ses divisions. 251
Note (Opinion de GALIN sur la mesure à quatre temps). 253
Le coup fort, ou le temps fort. Jalon de l'oreille. 253

Division et subdivision binaires et ternaires, appliquées à l'unité de temps. 255
Tableau des divisions de l'unité. 256
Remarques sur le tableau. 255

Son articulé. Son prolongé. Silence. 258
Chronomériste de Galin. 261
Langue des durées créée par M. AIMÉ PARIS. 262

CHAPITRE II. *Des mesures.* 264
Exemples des diverses espèces de mesures. 265
Du coup fort et du coup faible dans les subdivisions de l'unité de temps. 266
Des prolongations et des syncopes. 267

CHAPITRE III. *Des cadences et du rhythme.* 268
Exemples des principaux rhythmes. 271

LIVRE TROISIÈME. — DE L'ÉCRITURE MUSICALE SUR LA PORTÉE. 273

Pages.

Chapitre premier. *Théorie des clés et classification des voix.* 273
Tableau des voix humaines ; leur rapport avec les clés. 275
Chapitre II. *Écriture des dièses et des bémols.* 278
Tableau général des armures. 279
Manière d'écrire les gammes mineures. 281
Recherche de la tonique au moyen de l'armure de la clé. 281

Chapitre III. *Du bécarre.* 283
Bécarre détruisant un dièse ou un bémol de la clé. 284
Bécarre détruisant un dièse ou un bémol accidentel. 285
Passage du majeur au mineur de même base, et réciproquement. 286

Chapitre IV. Écriture des gammes chromatiques et enharmonique. 287

Chapitre V. Mesure. Unité de temps. 288
Divisions et subdivisions de l'unité. 289
Division binaire, appliquée aux quatre signes de l'unité. 289
Division ternaire appliquée aux quatre signes de l'unité. 291
Tableau des huit signes de l'unité avec leurs subdivisions. 293
La croche peut exprimer toutes les fractions comprises entre 1 et $\frac{1}{27}$ 294

Son articulé, son prolongé, silence. 294

Chapitre VI. Mesures a 2, a 3 et a 4 temps. Rhythme, cadence. 297
Tableau général des trois mesures, avec leurs vingt-quatre formes. 298
Noms donnés aux vingt-quatre formes des trois mesures. 299
Tableau comparatif des douze mesures binaires et des douze mesures ternaires. 300
Observations sur le tableau précédent. 301
Tableau général des mesures admises par B. Wilhem. 303
Cinquante-six manières d'écrire ut-ré *en deux temps égaux.* 305
Moyen de rendre la lecture de la musique vocale très-facile. 306
Exemples de la modification proposée. 307
Métronome. Manière de s'en servir. 308
Du rhythme. Quelques définitions. 308

Chapitre VII. Quelques signes de l'écriture musicale. 309
Des petites notes. 309
Du trille et du mordant. 311
Des notes détachées ou piquées. 311
Du point d'orgue. 311
De quelques autres signes employés dans la musique. 312

Fin de la table.

www.ingramcontent.com/pod-product-compliance
Lightning Source LLC
LaVergne TN
LVHW051954060726
842528LV00002B/299

* 9 7 8 2 3 2 9 2 2 9 1 2 6 *